歐亞學刊

International Journal of Eurasian Studies

新 10 輯

（總第 20 輯）

余太山　李錦繡　主編

商務印書館
创于1897 The Commercial Press

圖書在版編目(CIP)數據

歐亞學刊. 新10輯 / 余太山，李錦繡主編. 一 北京：
商務印書館，2020
ISBN 978-7-100-18414-4

Ⅰ. ①歐… Ⅱ. ①余… ②李… Ⅲ. ①東方學一叢刊
Ⅳ. ①K107.8-55

中國版本圖書館CIP數據核字（2020）第072083號

歐亞學刊
（新10輯）
余太山　李錦繡　主編

商　務　印　書　館　出　版
（北京王府井大街36號　郵政編碼 100710）
商　務　印　書　館　發　行
三河市尚藝印裝有限公司印刷
ISBN 978-7-100-18414-4

2020年10月第1版　　開本 889×1194　1/16
2020年10月第1次印刷　　印張 17 1/4　彩插 12

定價：108.00元

本學刊的出版，得到中國社會科學院
古代史研究所期刊建設項目經費資助

International Journal of Eurasian Studies
Vol. X

Manuscripts and correspondences should be sent to:

Prof. Li Jinxiu
Center for Eurasian Studies, Institute of Ancient History
Chinese Academy of History building 2
National Stadium North Road Compound 1
Chaoyang District, Beijing, 100101, P. R. China
E-mail: lijinxiu2100@yahoo.com

圖 版

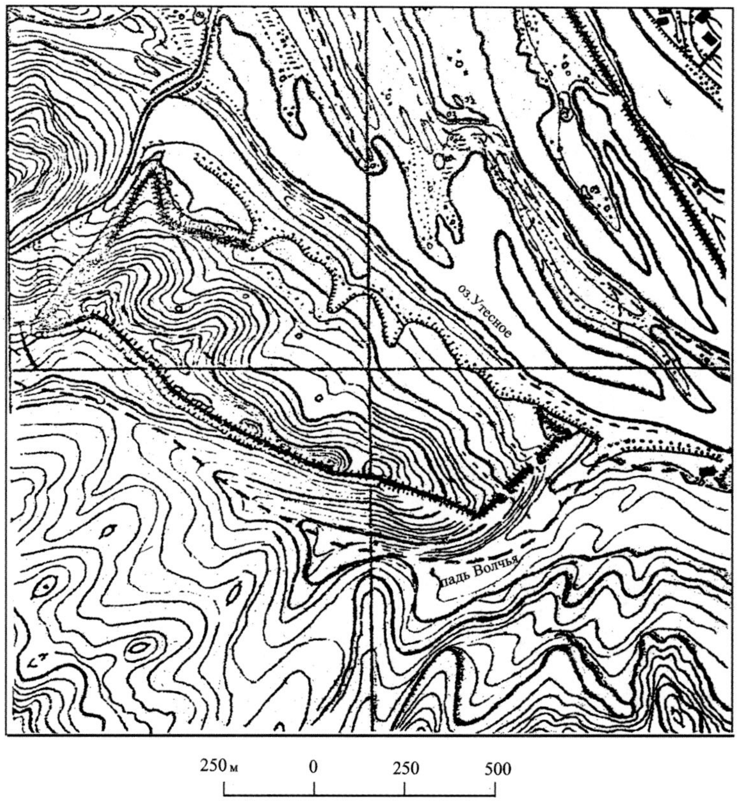

Plate I-1
“陡崖”女真古城平面圖（«История Амурской области с древнейших времён до начала XX века» // Под. ред. А. П. Деревянко, А. П. Забияко. Благовещенск, 2008. C.142）

Plate I-2
“陡崖”女真古城南城牆（A. П. 紮比亞科拍攝，2018 年）

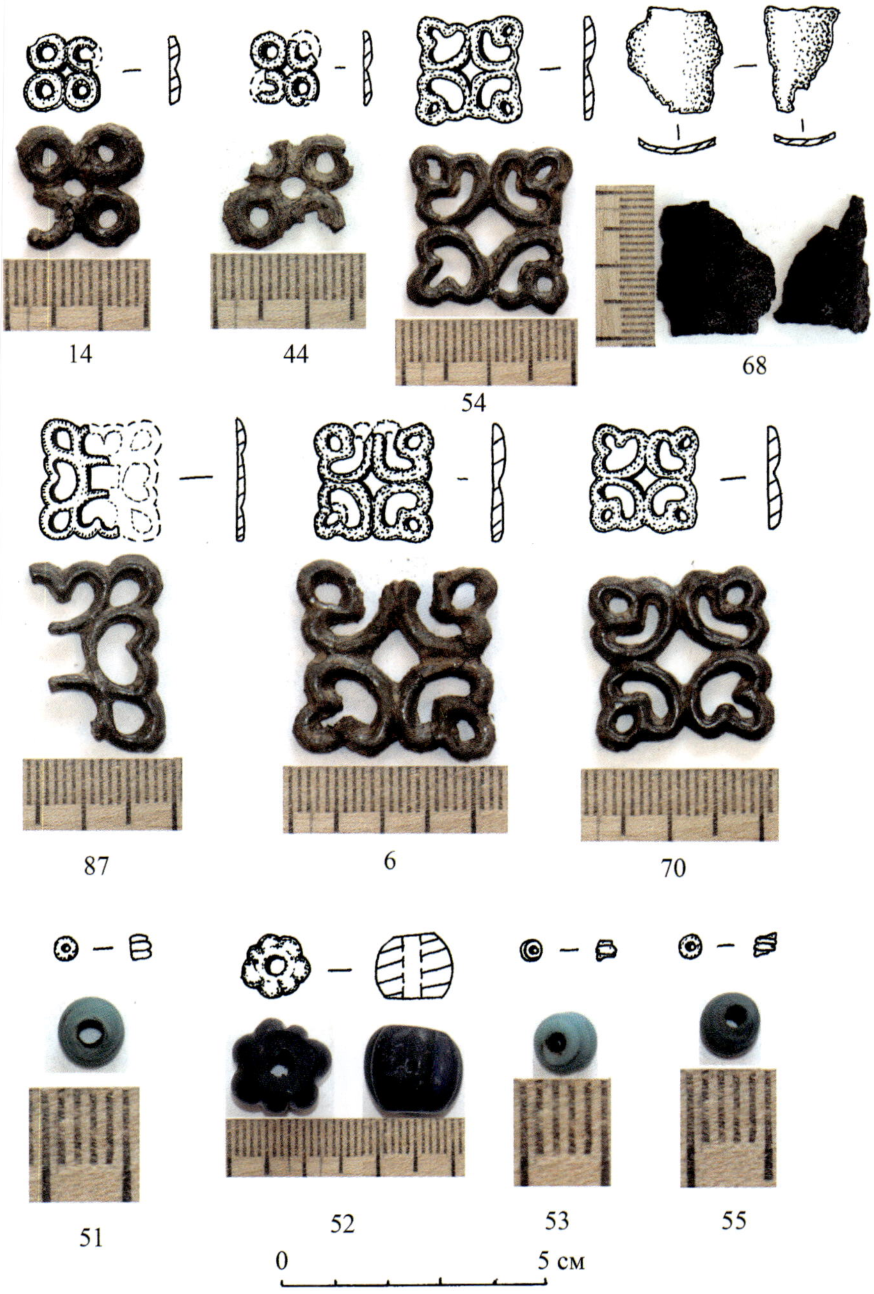

Plate I-3
弗拉基米洛夫卡文化安蓋伊墓葬出土器物

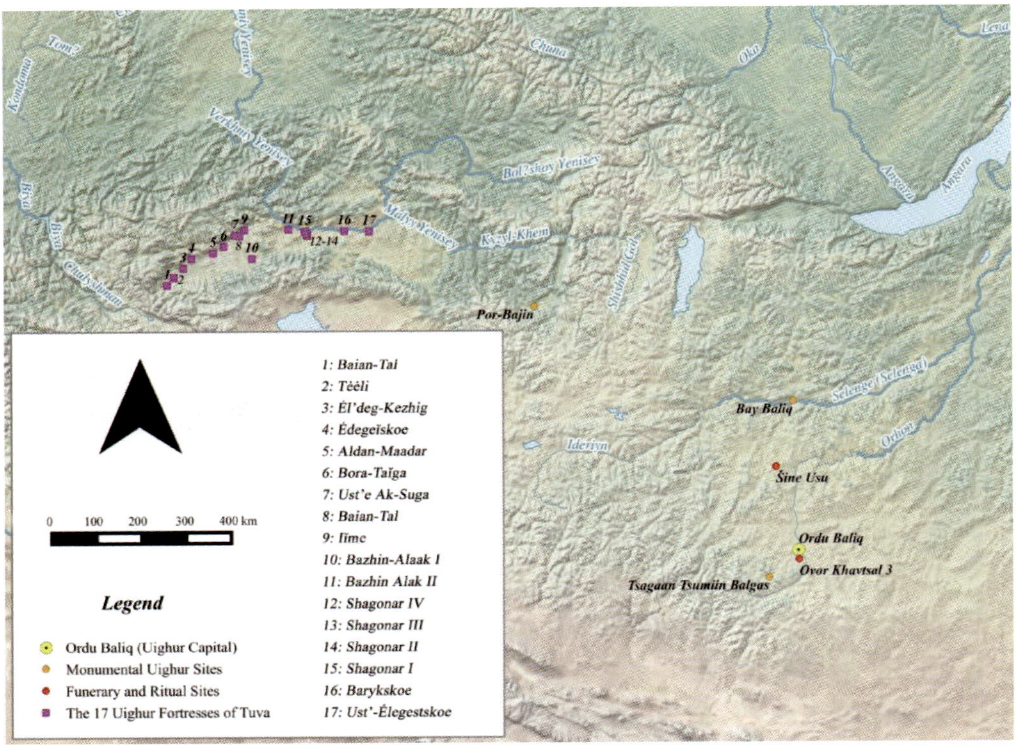

Plate II-1
Map indicating the main Eastern Uighur sites referred to in this paper. The Tuvan section has been adapted from Kyzlasov L. R. 1981, fig. 31E

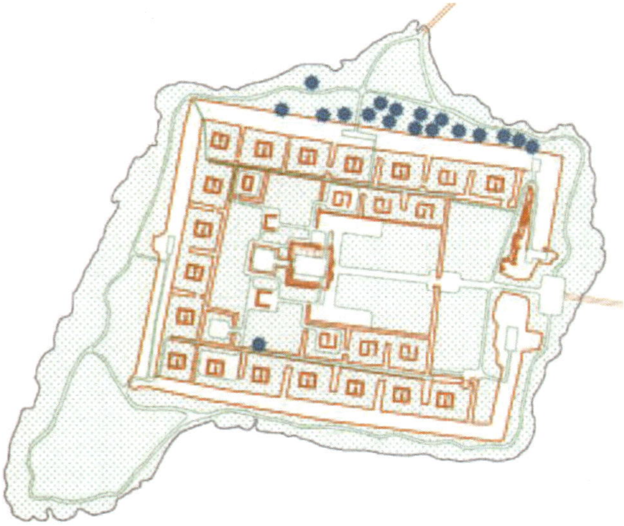

Plate II-2
Plan of Por-Bazhyn. After: Aržanceva et. al. 2012, p. 4, fig. 3a

Plate II-3
A roof eave end tile from Ordu Balïq. Copyright DAI

Plate II-4
Section of the Por-Bazhyn outer fortifications revealing the *hangtu* construction. After: Aržanceva et. al. 2012, p. 6, fig. 5

Plate II-5
The eastern face of the eastern structure of the so-called Manichaean complex at Ordu Balïq. After: Dähne 2010, p. 70, fig. 8

Plate III-1
常明（明界）。《宇宙全圖》局部（Gulácsi, *Mani's Pictures*, Figure 6/37, p. 446）

Plate III-2
盧舍那與五明。《宇宙全圖》局部（吉田豊、古川攝一:《中国江南マニ教絵画研究》, 圖版 5 部分）

Plate III-3
持世尊佛。《宇宙全圖》局部（吉田豊、古川攝一:《中国江南マニ教絵画研究》, 圖版 5 部分）

Plate III-4
玉皇尊佛（十天大王）。《宇宙全圖》局部（吉田豊、古川攝一：《中国江南マニ教絵画研究》，圖版 8 部分）

Plate III-5
電光佛。吐魯番出土絹綉殘片 MIK III 6251 局部（Gulácsi, *Mani's Pictures*, Figure 5/9 a, p. 239）

Plate III-6
夷數像。吐魯番出土旗幡 MIK III 6286 side 2 (?) 局部（Gulácsi, *Mani's Pictures*, Figure 5/26 a, p. 274）

Plate III-7
日宫與月宫。《宇宙全圖》局部（吉田豐、古川攝一:《中国江南マニ教絵画研究》, 圖版 5 部分）

Plate III-8
新明界。《宇宙全圖》局部（Gulácsi, *Mani's Pictures*, Figure 6/38, p. 448）

Plate III-9
電光王佛與摩尼。《宇宙全圖》局部（吉田豐、古川攝一:《中国江南マニ教絵画研究》, 圖版 9 部分）

Plate III-10
摩尼光佛。《宇宙全圖》局部（吉田豐、古川攝一:《中国江南マニ教絵画研究》, 圖版 5 部分）

Plate III-11
四大尊佛。《宇宙全圖》局部（吉田豐、古川攝一:《中国江南マニ教絵画研究》, 圖版 5 部分。Gulácsi, *Mani's Pictures*, Figure 6/17, p. 368）

Plate III-12
摩尼像。《冥王聖幀》局部（吉田豐、古川攝一：《中国江南マニ教絵画研究》，圖版 2 部分）

Plate III-13
釋迦文像。吐魯番出土卷軸殘片 MIK III 4947+III 5d（https://heiup.uni-heidelberg.de/journals/index.php/transcultural/article/viewFile/6173/2966/9262）

Plate III-14
耶穌像。日本棲雲寺傳虛空藏菩薩像局部（吉田豐、古川攝一:《中国江南マニ教絵画研究》，圖版20）

目　錄

論　文

書　評

Contents

Papers

Book Rviews

論　文

早期歐亞草原遊牧民族的遷徙與文化融合

——以薩夫羅馬泰人、薩爾馬提亞人爲例

張龍海

薩夫羅馬泰文化和薩爾馬提亞文化源自當地人群和外來人群的共同創造，並且在形成和發展中深受周邊文化的影響。薩爾馬提亞人歷史上發生過三次大的西遷浪潮，分别由奥爾西人、奄蔡人和阿蘭人開啟。每一次遷徙都伴隨著文化的流動，相互融合，創新發展。

薩夫羅馬泰人最早由希羅多德提到，是斯基泰人的東鄰，二者存在密切關係。薩爾馬提亞人在西方古代作家筆下，是繼斯基泰人之後稱霸北方草原的衆遊牧族群的共同稱謂。公元前3世紀，“Sarmat”作爲族名首次出現在西方古典文獻中，但囿於傳統，許多希臘和羅馬作家常用“Sauromat”代替“Sarmat”。① 普林尼曾指出，“Sarmatae, 希臘語叫作Sauromatae”②，一個是拉丁語拼寫，一個是希臘語拼寫。關於薩夫羅馬泰人與薩爾馬提亞人的淵源、演變以及二者之間的關係，學界一直存有不同觀點。因此，本文筆者將以考古學資料和古代文獻爲基礎，結合近現代學者的研究成果，對上述問題加以探討，以期給出較爲合理解釋，進而爲歐亞草原遊牧民族的遷徙和文化融合研究提供案例參考。

① Denis Sinor, *The Cambridge History of Early Inner Asia*, Cambridge: Cambridge University Press, 1990, p. 112.

② Pliny, *The Natural History*, IV. 25, Loeb Classical Library, Cambridge, Mass.: Harvard University Press, 1961.

一、學界所關注的薩夫羅馬泰人、薩爾馬提亞人的幾個問題

18世紀學者們對歐亞草原早期鐵器時代的遊牧族群產生了濃厚興趣。19世紀早期俄國歷史學家試圖利用古代作家的記載來確定薩夫羅馬泰人和薩爾馬提亞人的地理位置。19世紀末米勒（V. F. Miller）指出斯基泰人和他們的親族薩夫羅馬泰人都屬於伊朗語族。他的這一觀點得到了語言學界和歷史學界的一致贊同。[①]20世紀初戈羅佐夫（V. A. Gorodtsov）考察了一些位於黑海北岸的遊牧人豪華墓葬，並認定它們屬於歷史上的薩爾馬提亞人，此舉拉開了薩爾馬提亞文化考古研究的序幕。[②]1918年羅斯托夫采夫（M. I. Rostovtzeff）發文認爲魯金科（S. I. Rudenk）在南烏拉爾發現的早期遊牧人墓葬應屬於薩爾馬提亞文化。[③]1920年前後羅斯托夫采夫發表了一系列研究成果爲薩爾馬提亞歷史研究奠定了堅實基礎。1947年蘇聯考古學家格拉科夫（B. N. Grakov）一篇名爲《母系社會的遺風》的文章的發表則爲薩夫羅—薩爾馬提亞（Sauro-Sarmatian）歷史的進一步研究打開了新的局面。他認爲公元前6世紀到公元4世紀的近一千年時間裏頓河以東至南烏拉爾的廣闊地區被同一種考古學文化佔據著，而這種文化屬於薩夫羅—薩爾馬提亞遊牧族群。至今，薩夫羅—薩爾馬提亞歷史研究已百餘年。回顧其研究歷史，學者們探討較多的主要有以下問題。

首先，是關於薩夫羅馬泰文化和薩爾馬提亞文化的起源問題。斯米爾諾夫（K. F. Smirnov）將薩夫羅馬泰文化分爲伏爾加—頓河（Volga-Don）和薩爾馬若—烏拉爾（Sarmaro-Uralian）兩個地區，並強調其各自的當地起源，前者是木槨墓文化（Timber-Grave）的後裔，後者是安德羅諾沃文化（Andronovo）的後裔。[④]苏里米爾斯基（T. Sulimirski）進一步發展了斯米爾諾夫的觀點，認爲在前薩夫羅馬泰時期木槨墓和安德羅諾沃兩種青銅文化已發生很高程度的融合[⑤]，所以兩地薩夫羅馬泰文化都兼具以上兩種青銅文化的一些特徵。德沃尼琴科（V. V. Dvornichenko）在解釋薩夫羅馬泰文化起源時，提出"過渡時代"理論，認爲南俄草原在青銅時代晚期和鐵器時代早期之間存在一個過渡時代，在此期間人口遷徙和文化交流已相當頻繁，到薩夫羅馬泰時期這種動態流動仍在繼續，最終促成了薩夫羅馬泰文化體的形成。[⑥]

對於早期薩爾馬提亞文化的起源主要存在兩種觀點。一是羅斯托夫采夫的觀點，強調伏爾加河下游和南烏拉爾草原早期薩爾馬提亞人的伊朗文化特徵，認爲他們來自東方。[⑦]第二種觀

① Jeannine Davis-Kimball, Vladimir A. Bashilov, Leonid T. Yablonsky, *Nomads of the Eurasian Steppes in the Early Iron Age*, Berkeley, CA: Zinat Press, 1995, p. 90.

② Jeannine Davis-Kimball, Eillen M. Murphy, Ludmila Koryakova, Leonid T. Yablonsky, *Kurgans, Ritual Sites, and Settlements Eurasian Bronze and Iron Age*, BAR International Series 890, 2000, p. 3.

③ Archil S. Balakhvantsev, Leonid T. Yablonskii, "A Silver Bowl from the New Excavations of the Early Sarmatian Burial-Ground Near the Village of Prokhorovka," *Ancient Civilizations from Scythia to Siberia*, Vol. 15, 2009, p. 169.

④ Jeannine Davis-Kimball, Vladimir A. Bashilov, Leonid T. Yablonsky, *Nomads of the Eurasian Steppes in the Early Iron Age*, p. 93.

⑤ Tadeusz Sulimirski, *The Sarmatians*, London: Thames and Hudson, 1970, p. 40.

⑥ Jeannine Davis-Kimball, Vladimir A. Bashilov, Leonid T. Yablonsky, *Nomads of the Eurasian Steppes in the Early Iron Age*, pp. 101-104.

⑦ Michael Ivanovitch Rostovtzeff, *Iranians and Greeks in South Russia*, Oxford: Clarendon Press, 1922, pp. 113-146.

點認爲，早期薩爾馬提亞文化形成於南烏拉爾草原，是當地薩夫羅馬泰文化人群和外來族群共同參與創造的結果，之後他們向伏爾加—頓河地區擴張，該地的薩夫羅馬泰人部分被驅逐，部分被吸收，新形成的薩爾馬提亞文化中融入了一些土著文化元素，與源地的有些不同。①

對於伏爾加河下游早期薩爾馬提亞文化的起源還存在其他兩種觀點。一是該地區早期薩爾馬提亞文化以當地薩夫羅馬泰文化爲基礎發展而來，同時在形成過程中獨立於南烏拉爾早期薩爾馬提亞文化。②二是該地區早期薩爾馬提亞文化完全是由南烏拉爾擴張而來，當地的薩夫羅馬泰文化人群完全被消滅或驅逐。③

其次，是關於薩夫羅—薩爾馬提亞各文化族群之間的關係問題。薩夫羅馬泰文化由兩個地區文化體組成已是學界共識，但對這兩個地區文化體之間的關係還存在不同看法。有的學者強調共性，認爲兩地區屬於同一文化族群，儘管兩者之間有一些不同。④有的學者更強調個性，認爲兩地區文化的主要元素（如葬俗、陪葬品和動物風格裝飾）存在很大不同，因此是兩種不同的考古學文化，分屬兩個不同的族群。⑤

對於薩夫羅馬泰人和早期薩爾馬提亞人之間的關係主要存在兩種觀點。學界普遍認爲早期薩爾馬提亞文化是在南烏拉爾薩夫羅馬泰文化的基礎上發展起來，之後向西擴張，取代並部分吸收了伏爾加—頓河地區的薩夫羅馬泰文化。因此二者之間有繼承關係。但也存在不同看法。學者斯克里普金（A. S. Skripkin）發文指出，早期薩爾馬提亞文化是從南烏拉爾軍事擴張而來，因此它與希羅多德提到的薩夫羅馬泰人（伏爾加—頓河地區）之間存在親緣關係的可能性必須排除。他的這一觀點很難被接受，一是兩種文化相似程度很高，表明兩種文化人群有很近的族緣關係；二是可能後者完全被前者消滅或驅逐，但也可能兩種文化族群發生相互融合，產生了早期薩爾馬提亞文化伏爾加—頓河地區的變體，這種文化融合理論同樣可以用來解釋兩種文化之間存在的不同。⑥

再次，是關於薩夫羅馬泰人與薩爾馬提亞人從原居地向外遷徙擴張的問題。學者們的爭論主要集中在兩個方面：一是頓河以東薩爾馬提亞人⑦擴張開始的時間和強度，以及最大的遷徙浪潮發生在什麽時候；二是擴張的方向和對特定地區的影響。不同的觀點主要體現在遷徙擴張的時間框架、特徵，以及薩爾馬提亞人在黑海北岸草原政權建立的年代上。例如，關於狄奥多洛斯記載的薩夫羅馬泰人大規模入侵斯基泰人⑧的時間，大部分學者認爲發生在公元前 3 世紀末到前 2 世紀初；舍格洛夫（A. N. Scheglov）認爲發生在公元前 3 世紀早期；還有一種觀點

① Tadeusz Sulimirski, *The Sarmatians*, pp. 81-82.

② Jeannine Davis-Kimball, Vladimir A. Bashilov, Leonid T. Yablonsky, *Nomads of the Eurasian Steppes in the Early Iron Age*, p. 93.

③ Jeannine Davis-Kimball, Vladimir A. Bashilov, Leonid T. Yablonsky, *Nomads of the Eurasian Steppes in the Early Iron Age*, p. 95.

④ Jeannine Davis-Kimball, Eillen M. Murphy, Ludmila Koryakova, Leonid T. Yablonsky, *Kurgans, Ritual Sites, and Settlements Eurasian Bronze and Iron Age*, pp. 194-195.

⑤ Tadeusz Sulimirski, *The Sarmatians*, p. 50.

⑥ Jeannine Davis-Kimball, Vladimir A. Bashilov, Leonid T. Yablonsky, *Nomads of the Eurasian Steppes in the Early Iron Age*, p. 95.

⑦ 學界將薩夫羅馬泰人的歷史歸入薩爾馬提亞人的歷史研究中，此處的薩爾馬提亞人包括薩夫羅馬泰人，下文筆者會具體論述。

⑧ Diodorus Siculus, *Historical Library*, II. 43, Loeb Classical Library, Cambridge, Mass.: Harvard University Press, 1967.

認爲黑海北岸斯基泰人王國毀於氣候的惡化，薩爾馬提亞人大規模遷入斯基泰亞不早於公元前2世紀晚期。[①]

最後，是關於薩夫羅—薩爾馬提亞歷史的年代分期問題。儘管考古學材料相對缺乏，但羅斯托夫采夫嘗試將他研究的薩爾馬提亞考古學文化進行年代分期，他否認希羅多德提到的薩夫羅馬泰人與薩爾馬提亞人之間存在族緣關係，將其研究的墓葬年代分爲公元前5—前4世紀、公元前3—前2世紀和薩爾馬提亞人的遷徙浪潮期三個階段。[②] 隨著考古學材料的不斷積累，20世紀20年代末格拉科夫將伏爾加河下游和南烏拉爾草原的薩爾馬提亞遺址分爲兩個年代組，一組是公元前6—前4世紀上半期，另一組是公元前4世紀後期—前2世紀。20世紀40年代末格拉科夫和斯米爾諾夫在拉烏（P. D. Rau）年代學的基礎上，建立了薩夫羅—薩爾馬提亞歷史年代的基本劃分標準[③]，分爲四個階段：第一階段爲薩夫羅馬泰或布盧門菲爾德（Blyumenfeld）文化，公元前6—前4世紀；第二階段爲薩夫羅—薩爾馬提亞或普盧克洛夫斯卡亞（Prokhorovskaya）文化，公元前4—前2世紀；第三階段爲薩爾馬提亞或蘇斯洛沃（Suslovo）文化，公元前2世紀後期—公元2世紀；第四階段爲阿蘭或希波夫斯卡亞（Shipovskaya）文化，公元2—4世紀。[④]

之後幾十年這一年代分期方式一直被沿用，只是一些年代的名稱做了改變。第二階段改名爲早期薩爾馬提亞或普盧克洛夫斯卡亞文化，第三階段改爲中期薩爾馬提亞文化，第四階段改爲晚期薩爾馬提亞文化。20世紀80年代格拉科夫的年代學劃分受到挑戰，尤其是早期薩爾馬提亞文化結束的時間[⑤]，斯克里普金等學者認爲應更晚一些，早期薩爾馬提亞文化年代爲公元前3—前1世紀。後來隨著考古材料的不斷增多，各階段的內部劃分也更加細化。學者們對薩爾馬提亞人歷史年代劃分的爭論，有待通過進一步的考古發現和文獻研究去解決。

二、薩夫羅馬泰文化、薩爾馬提亞文化的淵源和形成

在希羅多德的記載中，薩夫羅馬泰人與斯基泰人有族源關係，前者是後者和阿馬宗人（Amazons）的後裔。阿馬宗人是一個神秘的部落，部落中沒有男人，由一群女戰士組成。在與希臘人作戰失敗後，她們被迫由卡帕多西亞的特爾梅河（Terme）地區乘船漂泊至亞速海邊的克列姆尼（Kremni）。之後，她們與斯基泰男人通婚，繁衍發展出一個新的民族，即薩夫羅馬泰人。根據希羅多德的描述，公元前6世紀薩夫羅馬泰人居住在亞速海和頓河下游以東地

---

① Jeannine Davis-Kimball, Vladimir A. Bashilov, Leonid T. Yablonsky, *Nomads of the Eurasian Steppes in the Early Iron Age*, p. 94.

② Jeannine Davis-Kimball, Vladimir A. Bashilov, Leonid T. Yablonsky, *Nomads of the Eurasian Steppes in the Early Iron Age*, p. 91.

③ Jeannine Davis-Kimball, Eillen M. Murphy, Ludmila Koryakova, Leonid T. Yablonsky, *Kurgans, Ritual Sites, and Settlements Eurasian Bronze and Iron Age*, p. 194.

④ Jeannine Davis-Kimball, Vladimir A. Bashilov, Leonid T. Yablonsky, *Nomads of the Eurasian Steppes in the Early Iron Age*, p. 92.

⑤ Jeannine Davis-Kimball, Vladimir A. Bashilov, Leonid T. Yablonsky, *Nomads of the Eurasian Steppes in the Early Iron Age*, pp. 92, 95.

區。[①] 雖然他的記載帶有傳奇色彩，但不可否認有真實成分的存在。

由於文獻資料的模糊和缺失，我們主要依靠考古學材料對薩夫羅馬泰文化的淵源和形成進行探討。一個多世紀以來，考古學家在伏爾加河下游地區發現了數量衆多的屬於公元前 6—前 5 世紀的遊牧人墓葬，可以確定他們屬於希羅多德提到的薩夫羅馬泰人。另外，考古學家還在南烏拉爾草原發現了衆多與伏爾加河下游同一時期且類似的墓葬。因此，在此期間兩地可能被同一種文化人群佔據著，共屬同一個薩夫羅馬泰文化體。[②]

青銅時代晚期，木槨墓文化人群已出現在伏爾加—頓河地區，安德羅諾沃文化人群則由東向西擴張至南烏拉爾地區。[③] 木槨墓文化是薩夫羅馬泰文化伏爾加—頓河地區一支的祖源，而安德羅諾沃文化則是薩夫羅馬泰文化南烏拉爾草原一支形成的主要來源。以上結論可以由人類學和考古學資料證實。伏爾加—頓河地區的薩夫羅馬泰人與木槨墓文化人群的人類學特徵相似，屬地中海人種（長顱型）。哈薩克斯坦草原最常見的安德羅諾沃人群屬短頭顱歐羅巴人種，這種特徵的人群在薩夫羅馬泰時期的南烏拉爾，甚至伏爾加河下游都有出現。[④] 伏爾加—頓河地區的薩夫羅馬泰文化墓葬保留了大量木槨墓文化的葬俗[⑤]；而複雜的墓葬建築結構，葬禮宴會遺跡中人和動物骨骼的發現則證實南烏拉爾一支受到了安德羅諾沃文化的深遠影響[⑥]。以上兩支青銅文化人群存在密切交往，以致二者之間存在著大量的相同元素，曾一度在頓河至南烏拉爾地區出現木槨墓—安德羅諾沃文化體。[⑦] 公元前 8—前 7 世紀來自北高加索的人流湧入，開啟了這一文化體向薩夫羅馬泰文化的轉變，大約進行了兩個世紀。伏爾加河和南烏拉爾地區都發現了庫班和新切爾卡斯克（Novocherkassk）型的青銅器物、武器、裝飾品和馬具。[⑧] 綜上所述，薩夫羅馬泰文化是由木槨墓文化和安德羅諾沃文化融合發展而來，不但有血緣的傳衍，也有文化的繼承。

薩夫羅馬泰文化在形成和發展中，既有自身的創新，也有來自外部的強烈影響。伏爾加河下游薩夫羅馬泰文化與黑海北岸斯基泰文化都處於之前木槨墓文化的分佈範圍，二者都繼承了木槨墓文化的一些元素。從斯基泰文化的高加索時期到黑海北岸時期，二者關係一直非常密切。這可以在希羅多德的記載中得到證實，二者共同對抗大流士率領的波斯聯軍，並使用同一種語言。通過比較發掘的墓葬，薩夫羅馬泰人在社會和經濟發展水準上明顯落後於同一時代的斯基泰人。[⑨] 前者文化在形成過程中受到後者文化的強烈影響。前者文化中包含許多後者文化元素，如青銅器物、武器裝備、馬具和動物裝飾藝術，有些直接取自後者文化，有些在當地仿

① Herodotus, *Histories*, VI. 110-116, Loeb Classical Library, Cambridge, Mass.: Harvard University Press, 1975.
② Jeannine Davis-Kimball, Vladimir A. Bashilov, Leonid T. Yablonsky, *Nomads of the Eurasian Steppes in the Early Iron Age*, p. 105.
③ 楊建華、邵會秋、潘玲：《歐亞草原東部的金屬之路》，上海古籍出版社，2016 年，第 48 頁。
④ Tadeusz Sulimirski, *The Sarmatians*, p. 24.
⑤ Jeannine Davis-Kimball, Vladimir A. Bashilov, Leonid T. Yablonsky, *Nomads of the Eurasian Steppes in the Early Iron Age*, p. 102.
⑥ Tadeusz Sulimirski, *The Sarmatians*, p. 58.
⑦ Denis Sinor, *The Cambridge History of Early Inner Asia*, p. 111; Tadeusz Sulimirski, *The Sarmatians*, p. 50.
⑧ Tadeusz Sulimirski, *The Sarmatians*, p. 50.
⑨ Denis Sinor, *The Cambridge History of Early Inner Asia*, p. 111.

製而成。[①] 該支薩夫羅馬泰文化在形成過程中還深受北高加索地區文化的影響，其遺物中發現了源自北高加索的青銅頭盔[②]、矛頭、匕首、骨制三翼和四翼有銎鏃、磨光陶器和金耳環等[③]。

南烏拉爾草原一支形成過程較爲複雜，形成時間稍晚。早段保留了前一時代的文化傳統，並與西部的伏爾加—頓河一支、斯基泰人保持一定程度的物質文化交往。希羅多德記載了這條貫穿他們之間的商貿路線。該支文化擁有不少斯基泰文化形制的器物，如帶有條形或觸角形劍柄首，心形、蝶形或蓓蕾形劍格的斯基泰式長劍和匕首[④]；柄首飾有貓科動物的奧爾比亞式銅鏡；馬鑣頰片；耳環和頭飾等[⑤]。

考古學資料顯示，公元前 5 世紀期間南烏拉爾薩夫羅馬泰文化與東方（尤其是中亞）的聯繫增強。一些新的文化元素開始出現在南烏拉爾地區，如偏室墓、對角線墓和放射狀木結構墓等，相似類型的墓廣泛分佈在鹹海以南至蒙古高原西部[⑥]；一些女性墓中出現中亞花剌子模人和薩卡人傳統的可移動式“祭壇”[⑦]；一系列帶有柔和曲線和圜底的梨形陶瓶，應是源自錫爾河下游地區[⑧]；東方特徵的大尺寸有鋌基部帶倒刺的箭鏃，西伯利亞風格的鶴嘴斧；哈薩克斯坦、阿爾泰和南西伯利亞常見的飾有動物形象的帶扣；中亞和西伯利亞藝術風格的狼和野山羊形象等。薩夫羅馬泰文化東支在形成過程中吸收了大量來自東方的文化元素。新元素的出現使其與西支之間存在一定程度的區別。當然，東西二支之間的交流也使一些來自東方的文化元素出現在伏爾加河下游地區。

隨著來自東部的人口和文化元素的不斷積累，公元前 5 世紀晚期—前 4 世紀早期，早期薩爾馬提亞文化的雛形在南烏拉爾草原開始出現。雖然保留了許多薩夫羅馬泰文化特徵，但新的文化元素已佔據主要地位，並成爲傳統。偏室墓數量增加，對角線墓奢侈豪華[⑨]，木質棺床開始使用[⑩]，墓主人一般仰身直肢，頭朝南（之前時代頭向西）[⑪]，新的制陶技術（黏土中摻入滑石粉）和陶器樣式出現[⑫]。葬式、葬俗和陶器風格的改變，說明南烏拉爾草原有新的人群進入

---

① Jeannine Davis-Kimball, Eillen M. Murphy, Ludmila Koryakova, Leonid T. Yablonsky, *Kurgans, Ritual Sites, and Settlements Eurasian Bronze and Iron Age*, p. 198.

② Tadeusz Sulimirski, *The Sarmatians*, p. 52.

③ Jeannine Davis-Kimball, Eillen M. Murphy, Ludmila Koryakova, Leonid T. Yablonsky, *Kurgans, Ritual Sites, and Settlements Eurasian Bronze and Iron Age*, p. 198.

④ Jeannine Davis-Kimball, Vladimir A. Bashilov, Leonid T. Yablonsky, *Nomads of the Eurasian Steppes in the Early Iron Age*, p. 106.

⑤ Tadeusz Sulimirski, *The Sarmatians*, p. 53.

⑥ Jeannine Davis-Kimball, Eillen M. Murphy, Ludmila Koryakova, Leonid T. Yablonsky, *Kurgans, Ritual Sites, and Settlements Eurasian Bronze and Iron Age*, p. 198.

⑦ Tadeusz Sulimirski, *The Sarmatians*, p. 61.

⑧ L. A. Kraeva, “Technological Analysis of Ceramic from Early Sarmatian Burial in the Southwestern Urals,” *Archaeology, Ethnology and Anthropology of Eurasia*, Vol. 39, no. 4, 2011, pp. 51-60.

⑨ Tadeusz Sulimirski, *The Sarmatians*, p. 86.

⑩ Jeannine Davis-Kimball, Vladimir A. Bashilov, Leonid T. Yablonsky, *Nomads of the Eurasian Steppes in the Early Iron Age*, p. 123.

⑪ Vladimir Y. Malashev, Leonid T. Yablonsky, “Early Nomads in the Southern Foothills of the Urals Based on Materials from the Pokrovka Burial-ground,” *Ancient Civilizations*, Vol. 10, no. 3-4, 2004, pp. 272-273.

⑫ L. A. Kraeva, “Technological Analysis of Ceramic from Early Sarmatian Burial in the Southwestern Urals,” pp. 51-60.

並長居，並且其中來自錫爾河三角洲地區的族群處於領導地位[①]，很可能就是他們主導了南烏拉爾地區的此次文化變革。

墓中陪葬品也呈現出新的文化氣象。可移動式“祭壇”先是演變爲圓形或橢圓形石盤，後由石制或陶制香爐所取代；帶有新月形柄首、條形劍格的長劍和匕首成爲典型；鐵制三翼有鋌鏃越來越多；器物上寫實風格的動物裝飾逐漸減少，簡化風格的動物形象出現[②]；來自中亞、伊朗甚至更遙遠南方的物品數量增加[③]。

自公元前 4 世紀開始，南烏拉爾早期薩爾馬提亞人群逐漸佔據伏爾加河下游地區，當地的薩夫羅馬泰人中部分屈服，部分向西或南遷徙。這一情況可以在考古學資料和古典文獻中找到證據。考古學家在伏爾加河下游發現了該時期分別屬於薩夫羅馬泰文化和早期薩爾馬提亞文化的墓地。[④] 據托勒密記載，公元前4—前3 世紀薩夫羅馬泰人支系雅齊吉人（Iazyges）[⑤] 已跨過頓河居於亞速海和第聶伯河之間的草原。[⑥] 另外，此地也發現了遷居而來的薩夫羅馬泰人文化特徵的墓葬。[⑦] 西遷到伏爾加河下游的早期薩爾馬提亞文化人群與當地留守的薩夫羅馬泰文化人群發生融合，形成早期薩爾馬提亞文化的西支。偏室墓、對角線墓、石制或陶制香爐和三翼有鋌鏃等逐步傳至伏爾加—頓河地區。至公元前 4 世紀末，早期薩爾馬提亞文化已覆蓋整個頓河以東至南烏拉爾草原地區。

公元前 3—前 2 世紀，兩支薩爾馬提亞文化之間的不同逐漸明顯。除了自身因素之外，商貿關係、人口遷徙、政治方向和地理條件等外在因素也在這些不同的產生中發揮了作用。儘管如此，與之前的薩夫羅馬泰文化體相比，早期薩爾馬提亞文化體更加穩定、統一，直到下一個文化時代的到來。

三、薩夫羅馬泰人、薩爾馬提亞人的遷徙浪潮

早期薩爾馬提亞文化人群出現在伏爾加河下游草原後，“薩爾馬提亞”作爲族名逐漸被古代西方世界所知。薩爾馬提亞人的歷史是衆多遊牧部落由東向西遷徙的歷史，後浪推前浪，一浪浪不斷前進，直到羅馬帝國的邊界。每一次族群的遷徙都會帶來所經各地人口和文化的變化

① 對角線墓在錫爾河三角洲地區出現最早，並且南烏拉爾地區的此類墓豪華富有，應屬於統治階層或貴族。參見 Tadeusz Sulimirski, *The Sarmatians*, p. 59。

② Jeannine Davis-Kimball, Vladimir A. Bashilov, Leonid T. Yablonsky, *Nomads of the Eurasian Steppes in the Early Iron Age*, pp. 124, 125, 131.

③ Tadeusz Sulimirski, *The Sarmatians*, p. 89.

④ Jeannine Davis-Kimball, Vladimir A. Bashilov, Leonid T. Yablonsky, *Nomads of the Eurasian Steppes in the Early Iron Age*, p. 121.

⑤ 雅齊吉人最早有多種稱呼，如 Iaxamatae, Ixibatai 等。參見 Tadeusz Sulimirski, *The Sarmatians*, p. 102。

⑥ Claudius Ptolemy, *The Geography*, V. 8, translated and edited by E. L. Stevenson, New York: New York Public Library, 1991.

⑦ Tadeusz Sulimirski, *The Sarmatians*, pp. 104-105.

與革新。西方古代文獻提到了許多屬於薩爾馬提亞人的部落，如奧爾西人（Aorsi）、羅克索蘭尼人（Roxolani）、雅齊吉人、西拉齊人（Siraces）、巴西利安人（Basileans）和阿蘭人等。儘管將他們與近現代的考古發現相對應存在較多困難，但文獻和考古學材料非常契合，通過分析考證我們可以大致還原薩爾馬提亞人的遷徙史。

發生在遠東亞洲草原的事件往往是古代歐亞草原遊牧民族由東向西遷徙的觸發器。公元前4世紀上半期，阿契美尼德王朝因國內各省叛亂和王室內鬥，實力衰落[①]，對邊疆控制力減弱，北方遊牧人趁勢增強實力。據斯特拉波記載，此段時期達海人勢力幾乎擴及整個里海東岸地區。[②]考古學證據顯示，這一時期南烏拉爾草原文化的許多方面與同時代的烏茲博伊（Uzboy）河谷和南土庫曼斯坦非常相似，尤其是葬俗、墓葬結構和陪葬品更是驚人的相似。[③]以上證據表明達海人與南烏拉爾地區的人群存在密切關係，並且很有可能達海人已進入南烏拉爾地區長居。新增加的人口和畜群爲南烏拉爾人群向西遷徙提供了動力，一些部落開始進入伏爾加河下游地區。

公元前4世紀後期，亞歷山大的遠征和之後塞琉古王朝的多次用兵，將希臘人勢力擴及錫爾河地區，引起中亞政局動盪，許多薩卡人遊牧部落因此失去牧場和冬季駐營之地，其中很大一部分向南烏拉爾地區遷徙。這次遷徙規模甚大，甚至可能帶有軍事征服的性質，他們的到來引起一系列的連鎖反應，南烏拉爾的早期薩爾馬提亞文化人群部分遷往伏爾加河下游；而該地區的薩夫羅馬泰文化人群部分越過頓河進入斯基泰人的地域，部分向南遷移到達庫班河和北高加索地區；斯基泰人中的一部分則退向克里米亞。學者們普遍認爲早期薩爾馬提亞文化的西支後來稱爲羅克索蘭尼人，而東支後來稱爲奧爾西人。[④]

公元前3世紀末一前2世紀早期，匈奴在冒頓單于的統治下迅速崛起，先後向東攻破東胡，向西擊走月氏，南並樓煩、白羊、河南王，北服渾庾、屈射、丁零、鬲昆、薪犁各族。隨後又夷滅月氏，定樓蘭、烏孫、呼揭及其旁二十六國。[⑤]匈奴的一系列軍事行動掀起了西伯利亞、阿爾泰和中亞草原遊牧民族遷徙的巨浪，很快薩爾馬提亞人也被捲入其中，開始了其向西遷移的第二次大浪潮。

狄奥多洛斯記載的薩爾馬提亞人大規模入侵斯基泰亞可能就是這次遷徙中的重要一環，並且這裏的薩爾馬提亞人應該就是羅克索蘭尼人。據斯特拉波記載，公元前2世紀，羅克索蘭尼人佔據頓河和第聶伯河之間的斯基泰亞，上奧爾西人統治著里海沿岸大部分地區，奧爾西人沿頓河東岸分佈，西拉齊人居住在庫班河沿岸，雅齊吉人和巴西利安人位於第聶伯河右岸。[⑥]斯特拉波的記載應是第二次大遷徙浪潮後，衆薩爾馬提亞部落新的分佈情況。

---

① 阿荀杜勒·侯賽因·紮林庫伯：《波斯帝國史》，張鴻年譯，昆侖出版社，2014年，第185—188頁。

② Strabo, *Geography*, XI. 7, 8, Loeb Classical Library, Cambridge, Mass.: Harvard University Press, 1961.

③ Marek J. Olbrycht, “Persia Beyond the Imperial Frontiers: the Nomads of the South Ural Region versus the Near East,” *Anabasis: Studia Classica et Orientalia*, Vol. 6, 2015, p. 272.

④ Tadeusz Sulimirski, *The Sarmatians*, p. 84.

⑤ 司馬遷：《史記》卷一百十《匈奴列傳》，中華書局，1975年。

⑥ Strabo, *Geography*, VII. 3, XI. 5.

這次遷徙浪潮的具體過程，我們可以借助考古學材料來建立。考古發現表明，公元前 2 世紀頓河和第聶伯河之間遊牧人墓葬特徵發生明顯變化，出現了與伏爾加河下游早期薩爾馬提亞文化相同的特徵，如偏室墓、對角線墓和墓主人朝南的安葬方式等。此地的羅克索蘭尼人應該是來自伏爾加河下游地區。雅齊吉人和巴西利安人在羅克索蘭尼人的壓力下，放棄頓河和第聶伯河之間的草原遷往第聶伯河西岸。他們很可能就是之前伏爾加河下游薩夫羅馬泰人的支系。第聶伯河下游東岸發現一處薩夫羅馬泰人特徵的墓地，年代爲公元前 4—前 2 世紀，其中出自王室墓穴的顱骨特徵與之前伏爾加河下游薩夫羅馬泰人的相似。而巴西利安人又稱“王族薩爾馬提亞人”[①]，這處墓地應是他們之前居於第聶伯河東岸時留下。

來自庫班河與北高加索地區的考古學資料顯示，公元前 4 世紀晚期一前 3 世紀早期，一些薩爾馬提亞人群開始進入這一地區。這些人群一方面帶來了之前頓河以東薩夫羅馬泰人的文化特徵，如墓主人頭朝西和一些葬禮儀式；一方面吸收融合了當地的文化元素，如洞室墓[②]，將肉與刀子一起放在陶器中和將卵石放在陶器中的葬禮儀式等。[③]這一地區的薩爾馬提亞人文化相對穩定，變化不大，一直持續至阿蘭人的到來。他們應該就是斯特拉波提到的西拉齊人。

南烏拉爾地區的新來者主要來自哈薩克斯坦中部，也有一些可能來自哈薩克斯坦東部。因爲他們之間的文化非常相似。[④]《史記・大宛列傳》載：“奄蔡在康居西北可二千里，行國，與康居大同俗。控弦者十餘萬。臨大澤，無崖，蓋乃北海云。”[⑤]據此可知奄蔡位置在里海、鹹海以北，也就是南烏拉爾地區。[⑥]一般認爲，奄蔡就是古代西方文獻中的奧爾西人。[⑦]但更確切地說，奄蔡應是斯特拉波提到的上奧爾西人，因爲二者存在的時間和位置非常相近。上奧爾西人的族名應得自奧爾西人。考古學資料表明，公元前 2 世紀之後伏爾加河下游地區葬俗與之前的早期薩爾馬提亞人文化東支幾乎一致，也就是這裏的奧爾西人應來自南烏拉爾地區。他們應是在上奧爾西人的驅逐下遷到此地。正因爲有這種接替關係，以及相同的族屬（短頭顱歐羅巴人種）[⑧]和“大同俗”，所以新到者從前人那裏繼承了“奧爾西”這個名字，而斯特拉波在其前加“上”以示區別。

《後漢書・西域傳》載：“奄蔡國，改名阿蘭聊國，居地城，屬康居。”[⑨]又據托勒密的記載推知，Alani 位於今哈薩克斯坦東部和新疆準噶爾盆地一帶，Alanorsi 位於今哈薩克斯坦中

---

① Tadeusz Sulimirski, *The Sarmatians*, p. 102. 巴西利安人的希臘原詞爲“βασίλειοι”，意爲“王族”。
② 洞室墓和偏室墓都是在墓坑之外再挖掘一壁龕安放屍體，但二者區別在於，洞室墓的壁龕與墓坑寬邊平行，而偏室墓的與長邊平行。
③ Jeannine Davis-Kimball, Vladimir A. Bashilov, Leonid T. Yablonsky, *Nomads of the Eurasian Steppes in the Early Iron Age*, pp. 165-183.
④ Tadeusz Sulimirski, *The Sarmatians*, p. 116.
⑤ 司馬遷：《史記》卷一百二十三《大宛列傳》。
⑥ 關於奄蔡的地理位置學界存有不同說法，筆者比較贊同里海、鹹海之北一說。詳見余太山：《奄蔡、阿蘭考》，《西北民族研究》1988 年第 1 期，第 102—103 頁。
⑦ 余太山：《塞種史研究》，商務印書館，2012 年，第 183 頁。
⑧ Tadeusz Sulimirski, *The Sarmatians*, p. 120.
⑨ 范曄：《後漢書》卷八十八《西域傳》，李賢等注，中華書局，1973 年。

部或南烏拉爾地區。[1]阿蘭聊國（奄蔡國）和 Alanorsi 的位置非常靠近，並且奄蔡改名的時間和托勒密描述的 Alanorsi 的情況也在相近時代。[2]因此“阿蘭聊”與“Alanorsi”可能是同一個名字的兩種音譯。Alanorsi 由奄蔡（即上奥爾西人）改名而來。“Aorsi”在伊朗語中意指“白色的人”，而在所有古代草原居民中“白色”意爲“西部”。因此，苏里米爾斯基認爲“Alanorsi”意爲“西部阿蘭人”。[3]來自中亞的上奥爾西人可能與阿蘭人（Alani）同屬一種族群，在後者聯盟形成後，前者改名以示區别，或更可能因附屬於後者而改稱“西部阿蘭人”。後一種可能與“阿蘭聊屬康居”並不衝突，可理解爲前者屬阿蘭，阿蘭屬後者。以上情況應該發生在阿蘭人西遷之前。

公元 1 世紀中期，在匈奴人的壓力下阿蘭人開啟了薩爾馬提亞人的最後一次大遷徙。[4]首先阿蘭人合併了“西部阿蘭人”，然後兵鋒繼續向前推進達頓河、亞速海和北高加索地區。頓河地區的奥爾西人和斯基泰亞的羅克索蘭尼人撤向第聶伯河以西，雅齊吉人和巴西利安人則早已居於多瑙河下游地區。西拉齊人部分退入高加索山區，部分撤向第聶伯河下游。

以上情況可以在古代文獻和考古資料中得到證實。據約瑟普斯（Josephus）記載，韋帕薌四年（約 72/73 年），居住在頓河和亞速海一帶的阿蘭人，經高加索山區入侵米底和亞美尼亞。[5]這表明阿蘭人已由哈薩克斯坦東部進入頓河和北高加索地區。又據塔西佗記載，公元 49 年，克提斯（Cotys）與其兄米特里達第（Mithridates）爭博斯普魯斯王位，前者與奥爾西人結盟，後者由西拉齊人相助。[6]由此可知，公元 49 年時頓河、北高加索地區仍由奥爾西人、西拉齊人佔據。因此，阿蘭人控制高加索以北地區當在公元 50—72 年之間。

對於阿蘭人擴張的範圍，據阿米阿努斯（Ammianus Marcellinus）的記述[7]可知，已越過頓

---

① 托勒密《地理志》第六卷第 14 章記載了伊毛斯山内側的斯基泰亞（Scythia within the Imaus mountains），其大致範圍西到伏爾加河（Rha river），北到未知之地（unknown land），東界靠著伊毛斯山沿經線向北延伸至未知之地，南界沿索格底亞那（Sogdiana）和瑪律吉亞那（Margiana）的邊界延伸至阿姆河口。在伊毛斯山内側的斯基泰亞，“沿未知之地南緣分布著 Alani-Scythae, Suobeni 和 Alanorsi”。托勒密在該章還提到一座名爲 Alani 的山，它位於“伊毛斯山與北部山脈的東部之間”。這裏的伊毛斯山應指帕米爾高原及其向各方伸展的山脈，北部山脈應是阿爾泰山脈。因此，這座 Alani 山應該是位於帕米爾高原與阿爾泰山脈之間的天山。在 Alani-Scythae, Suobeni 和 Alanorsi 三者中，Alani-Scythae 應更靠近 Alani 山，三者很可能是從天山北麓，沿未知之地南緣由東向西分佈。如此，Alani 應位於今哈薩克斯坦東部和新疆準噶爾盆地一帶，Alanorsi 應位於今哈薩克斯坦中部或南烏拉爾地區。參見 Claudius Ptolemy, *The Geography*, V. 8, VI. 14。

② 沙琬據《後漢書・西域傳》“建武中”西域諸國“皆遣使内屬，願請都護”，認爲漢人獲悉奄蔡改名在公元 22—55 年。余太山先生認爲漢人獲知“改名”在公元 73 年班超出使西域之後。參見余太山：《塞種史研究》，第 181、193 頁。筆者持沙琬一説。托勒密此處所記阿蘭人尚未西遷，應是公元 1 世紀中期前後的情況。

③ Tadeusz Sulimirski, *The Sarmatians*, pp. 116, 142. 對於斯特拉波提到的 Rhoxolani，閔斯認爲其詞意指“金髮碧眼的阿蘭人”，羅斯托夫采夫認爲其意指“白色阿蘭人”。二人主要根據詞素構成簡單將 Rhoxolani 理解爲阿蘭人的部族之一，頗顯牽強。此時 Rhoxolani 位於黑海北岸地區，中亞草原的 Alani 部落聯盟還未形成，二者似乎關係不大。參見 Ellis H. Minns, *Scythians and Greeks – A Survey of Ancient History and Archaeology on the North Coast of the Euxine from the Danube to the Caucasus*, Cambridge: Cambridge University Press, 1913, p. 120; Michael Ivanovitch Rostovtzeff, *Iranians and Greeks in South Russia*, p. 115。

④ Tadeusz Sulimirski, *The Sarmatians*, p. 144.

⑤ Josephus, *The Jewish War*, VII. 4, Loeb Classical Library, Cambridge, Mass.: Harvard University Press, 1961.

⑥ Tacitus, *The Annals*, VII. 15-17, trans. A. J. Woodman, Indianapolis, Cambridge: Hackett Publishing Company, 2004.

⑦ Ammianus Marcellinus, *Roman History*, XXXI. 2, Loeb Classical Library, Cambridge, Mass.: Harvard University Press, 1940.

河，西達多瑙河。又據《魏略・西戎傳》，奄蔡國一名阿蘭，其“西與大秦，東南與康居接，其國多名貂，臨大澤，故時羈屬康居，今不屬也”[①]。這表明阿蘭已征服阿蘭聊，獨立於康居，並且至少到公元3世紀左右疆域仍由里海北岸達黑海地區。

考古學證據顯示，公元1世紀中期之後，黑海地區至南烏拉爾草原的遊牧人文化發生巨大變化。窄坑偏室墓成爲主流，墓主人大都頭向北，適合“匈奴式”長弓使用的大號箭鏃佔主導，最爲明顯的是來自中亞的顱骨人爲變形[②]的習俗在頓河以東廣泛流行[③]。這表明以上地區確實有新的來自東方的人群進入。但是頓河以西的變化不如其以東明顯，窄坑偏室墓和頭向北安葬方式的比例小於後一地區，變形的顱骨更是非常少見。這又表明阿蘭人的勢力可能主要在頓河以東地區。阿米阿努斯之所以稱所有多瑙河以東的遊牧人爲阿蘭人，可能果如其所說是“因爲他們的習俗、野蠻的生活方式和武器均頗相似”[④]，而不是阿蘭人進入或統治以上所有地區。

據普林尼記載，多瑙河左岸地區有奧爾西人、雅齊吉人和其他薩爾馬提亞人部落。[⑤]另外，他還提到了這一地區的瓦尼烏斯（Vannius）王國。根據塔西佗的記載，瓦尼烏斯王國亡於公元50年前後[⑥]，那麼普林尼的以上記載涉及的時間應該在此之前。雅齊吉人和巴西利安人在公元前1世紀早期就已居於多瑙河左岸地區，他們曾與本都國王米特里達第六世聯合對抗羅馬人。[⑦]公元69年羅克索蘭尼人曾侵襲羅馬的美西亞行省（Moesia）。[⑧]這說明他們也已向西越過第聶伯河。奧爾西人和羅克索蘭尼人應是公元1世紀中期在阿蘭人聯盟的進攻下，遷至多瑙河與第聶伯河之間地區。

第聶伯河與頓河之間，屬於公元1世紀中期之後的墓葬，明顯帶有之前伏爾加河下游的特徵，與之前當地墓葬相比有新的變化。因此，埋葬在這些墓地裏的人群應該是來自伏爾加河下游及以東草原。[⑨]他們很可能就是阿蘭人的親族和盟友上奧爾西人。烏克蘭西部城市Horodenka附近發現一處墓地，其陪葬品與公元1世紀黑海北岸薩爾馬提亞人的相似。[⑩]它應該是薩爾馬提亞人部落之一，奧爾西人、羅克索蘭尼人或雅齊吉人等留下。兩處在第聶伯河下游地區發現的墓葬非常有意義，因爲它們提供了西拉齊人在阿蘭人壓迫下撤離的線索。兩處墓葬屬於同一時期，年代在公元2世紀晚期，都出土了中期薩爾馬提亞文化庫班地區的典型器物，尤其是最具庫班特點的帶有動物形把手的器皿。[⑪]

---

① 余太山先生認爲該段文字的主語是“阿蘭”（余太山：《塞種史研究》，第182頁）。

② 從孩提時期就用布或軟質材料纏頭，使其變長。

③ Jeannine Davis-Kimball, Vladimir A. Bashilov, Leonid T. Yablonsky, *Nomads of the Eurasian Steppes in the Early Iron Age*, pp. 149-160.

④ Ammianus Marcellinus, *Roman History*, XXXI. 2.

⑤ Pliny, *The Natural History*, IV. 25.

⑥ Tacitus, *The Annals*, XII. 29-30.

⑦ Appian, *Roman History*, XII, *Mithridatic Wars,* X, Loeb Classical Library, Cambridge, Mass.: Harvard University Press, 1962.

⑧ Tacitus, *Histories*, I. 79, Loeb Classical Library, Cambridge, Mass.: Harvard University Press, 1980.

⑨ Tadeusz Sulimirski, *The Sarmatians*, pp. 158, 160.

⑩ Tadeusz Sulimirski, *The Sarmatians*, p. 137.

⑪ Tadeusz Sulimirski, *The Sarmatians*, pp. 147-149.

四、結語

遊牧民族的生產和生活方式不同於農耕民族，具有很強的流動性。作爲文化的攜帶者，他們的移動、遷徙本身就是一種文化的傳播。追逐太陽的腳步，他們夏季放牧於北方草原，冬季畜牧於南方駐營之地。子午線方向的移動使他們成爲南方農耕區和北方森林草原定居者之間互通交流的中介。緯線方向的移動通常會引起牧場的爭奪，衝突、戰爭時常發生，當一方戰敗時，他們或是屈服成爲另一方的子民，或是遷往他處另覓牧場。遊牧民族的遷徙有一個很大的特點，被迫走向遷徙之路的往往是“王族”或統治部落，就像風吹過的水面，起波向前的是水體的上層。遷徙到新居之地後，外來文化與當地文化會經歷一個上與下的融合過程，文化元素日新月盛。薩爾馬提亞文化的形成和演變再次證明，純一封閉的文化體是不存在的，文化時刻在流動，互通有無，創新發展。

Migration and Culture Blending of Early Eurasian Steppe Nomads
– Sauromatians and Sarmatians

Zhang Longhai

Sauromatian and Sarmatian cultures were the co-creation of local peoples and immigrations and were deeply influenced by the surrounding cultures in their formation and development. There were three major waves of westward migration in Sarmatian history, launched respectively by the Aorsi, Yancai and Alani. Each was accompanied by a flow of culture, integration, innovation and development.

帕提亞人西征考論

王三三

本文結合古典文獻和考古材料，並在前人研究的基礎上，以期考述帕提亞人對赫卡通皮洛斯、拉伽、埃克巴塔納以及塞琉西亞等地區的逐步征服。作者認爲，帕提亞人的西征不僅是對希臘化時期絲綢之路西段交通體系的重整，而且爲內陸歐亞帝國時代絲綢之路的形成堅定了基礎。

自20世紀中期以來，隨著戰後西亞和中亞考古研究的全面開展，希臘化時期內陸歐亞史開始受到學者們越來越多的關注。然而，一些問題因史料的極度缺乏依然裹步難前。阿爾薩息斯（漢籍所記“安息”）王朝的建立和擴張即是一例。雖然古典文獻保留了帕提亞人的部分歷史，但所記內容集中於公元前1世紀中期羅馬控制敘利亞之後，而有關帕提亞人早期建國和大規模對外擴張的歷史，至多只是零星的追述，缺乏較爲細緻且連貫的記載。因此，在考古研究日漸豐富的形勢下，利用這些“零星的追述”來厘清帕提亞人這段模糊不清的歷史，不僅可能，而且必要。

從內陸歐亞交通發展史來看，雖然自亞歷山大東征以後，由印度西去地中海的交通已開，塞琉古立國後又廣建城市，以發展經濟，但塞琉古王朝在政治上的衰弱致使它並未能穩定地把握這條經濟命脈理應帶給它的更多利益。[①]且不說托勒密埃及對於巴勒斯坦和地中海沿岸地區的長期威脅，單以帕提亞對塞琉古的步步蠶食來看，帕提亞人將自己的領地由最初的里海東南擴展至從呼羅珊到敘利亞的廣闊地帶，最終取代塞琉古成爲絲路西段的新主人。作爲希臘化世界“非希臘的新勢力”，帕提亞人對塞琉古王國過境貿易控制權的攫取是它西征塞琉古王國之

① 長期以來，學者們對於塞琉古王朝都有一種“政治衰弱”的普遍印象。究其原因即在於塞琉古王朝在其發展的過程中，沒有較好地控制東部伊朗和中亞西南等邊緣地帶。雖然舍溫・懷特（S. Sherwin-White）認爲這種印象是學者們對塞琉古王朝的一種認識上的誤解，但她也不得不承認在安條克三世以後，塞琉古王朝出現了明顯由盛轉衰的跡象。S. Sherwin-White & A. Kuhrt, *From Samarkhand to Sardis: A New Approach to the Seleucid Empire*, University of California Press, 1993, p. 72.

結果。具體而言，這一過程大致自阿爾薩息斯一世（Arsaces I，約公元前247—前211年）之後開始一直持續到米特里達提二世（Mithridates II，約公元前124/123—前88/87年）時期，是以帕提亞人對赫卡通皮洛斯（Hecatompylos）、拉伽（Rhagae）、埃克巴塔納、塞琉西亞以及查拉塞尼（Characene）等地區的逐步佔領來實現的。本文主要結合古典文獻和考古材料，尤其是錢幣材料，並在借鑒前人研究的基礎上對帕提亞人建國後向西擴張的細節做一番力所能及的考證和梳理。

一、赫卡通皮洛斯

根據波里比烏斯的記載，赫卡通皮洛斯的重要性體現在兩個方面：一是從政治上講，它曾是帕提亞帝國的政治中心之一；二是從地理位置上看，它是通往周邊各個地區的一個交通樞紐。[①] 在整個希臘化世界的貿易交通網裏，赫卡通皮洛斯是從巴克特里亞西去兩河流域的必經之地。但是關於赫卡通皮洛斯地望的問題，曾像謎一樣纏繞著20世紀中期以前歷史學家的判斷。因此當塔恩（W. W. Tarn，1869—1957）觸及這一問題時，他採取了聰明的回避，同時也説“只有發掘才能決定”。[②]20世紀60年代以來，隨著斯特羅納克（David Stronach）和漢斯曼（John Hansmann）在里海以南地區長期調查與研究的深入，難題在一定程度上得以解決。因此，目前的研究者開始傾向於接受他們二人的觀點，即認爲帕提亞帝國的東部都城赫卡通皮洛斯，應該是位於今天伊朗西北塞姆南省（Semnān）達姆甘（Dāmghān）西南32公里處的沙赫伊庫密斯（Shahr-i Qūmis）地區。[③]

從詞源上講，赫卡通皮洛斯一名，係古希臘語“Ἑκατόμπυλος”的音譯，由“Ἑκατόμ”（一百）和“πῦλός”（門、門道）合成，意爲有一百個城門的。[④] 顯然，所謂“赫卡通皮洛斯”也只是希臘人給這個城市的一個綽號，而並非該城本有的名字，其原名已難以稽考。那麼，赫卡通皮洛斯城是誰且何時所建呢？古典文獻提供的信息往往有相互抵牾之處。如庫爾提烏斯在

---

① Polybius, *Histories*, X. 28. 7, Loeb Classical Library, with an English Translation by W. R. Paton, Harvard University Press, First printed 1927, Reprinted 1968.

② W. W. Tarn, *The Greeks in Bactria and India*, Cambridge, 1951, p. 14.

③ John Hansman, “The Problems of Qūmis”, *Journal of the Royal Asiatic Society of Great Britain and Ireland*, No. 3/4 (Oct., 1968), pp. 111-139; John Hansman, David Stronach and Harold Bailey, “Excavations at Shahr-i Qūmis, 1967”, *Journal of the Royal Asiatic Society of Great Britain and Ireland*, No. 1 (1970), pp. 29-62; John Hansman and David Stronach, “Excavations at Shahr-I Qūmis, 1971”, *Journal of the Royal Asiatic Society of Great Britain and Ireland*, No. 1 (1974), pp. 8-22; John Hansman, “The Measure of Hecatompylos”, *Journal of the Royal Asiatic Society of Great Britain and Ireland*, No. 1 (1981), pp. 3-9. 關於早期學者對赫卡通皮洛斯的認識，可見裕爾撰，考迪埃修訂，張緒山譯：《東域紀程錄叢》，中華書局，2008年，第149頁，注3。

④ H. G. Liddell & R. Scott (ed.), *A Greek-Englishlexicon*, with a revised Supplement, Oxford: Clarendon Press, 1996, p. 500. 荷馬在說到埃及的底比斯時，爲了將它與彼奧提亞的底比斯城相區別，故稱前者爲赫卡通皮洛斯。Charles Rollin, *The Ancient History of the Egyptians, Carthaginians, Assyrians, Babylonians, Medes and Persians, Grecians, and Macedonians*, W. Tegg and Company, 1851, p. 2.

《亞歷山大大帝史》中說，赫卡通皮洛斯爲希臘人所建（*Hecatompylos, condita a Graecis*）。[①] 羅林森（G. Rawlinson，1812—1902）因此認爲，赫卡通皮洛斯是亞歷山大所建的殖民地之一。[②] 可是阿庇安說，該城爲塞琉古一世所建。[③] 前些年來，考古學家在沙赫伊庫密斯平原發現了大量的陶器碎片，其中一部分可斷代爲鐵器時代初期。因此，結合古典文獻和考古發掘，可認爲該城在希臘人到来之前早已存在。由於該城戰略位置的重要性，亞歷山大很有可能在此地重新建城。塞琉古一世時期重整行政區劃，將赫爾卡尼亞和帕提亞合爲一省，赫卡通皮洛斯無疑成了該省區重要的中心城市而得以大規模重建。如此，才有了阿庇安的記載。

帕提亞時期赫卡通皮洛斯的情況，文獻記載極其缺乏。至於帕提亞人從塞琉古王朝手中奪取該城的時間，只能根據文獻和錢幣材料來間接推測。根據斯特拉波的記載：

> 如阿波羅多魯斯所說，從里海門到拉伽的距離是 500 斯塔迪爾，而到帕提亞人的皇家駐地赫卡通皮洛斯的距離是 1260 斯塔迪爾。（Strabo, 11. 9. 1）

研究者普遍認爲，阿波羅多魯斯生活於米特里達提二世時期。若此，則說明在米特里達提二世的時代，赫卡通皮洛斯已經是帕提亞王室的中心了。[④] 再根據波里比烏斯的記載，當安條克三世（Antiochus III，約公元前 223—前 187 年）從埃克巴塔納向東推進至里海門以東至赫卡通皮洛斯之間的沙漠地區時，帕提亞人堵塞沿途的水井以阻止塞琉古軍隊東進，安條克三世便派遣尼克米德斯（Nicomedes）率騎兵襲擊了帕提亞人。不久，安條克三世進入赫卡通皮洛斯並打算從拉布斯山（M. Labus）通道翻越厄爾布爾士山南下赫爾卡尼亞，帕提亞人再一次派軍予以阻攔。[⑤] 這似乎說明在安條克三世東征（約公元前 209 年）以前，帕提亞人其實就已經佔據了赫卡通皮洛斯及其以西的沙漠地區。安條克三世進入赫爾卡尼亞地區後，便在塔姆布拉克斯（Tambrax）紮營，不久又洗劫了赫爾卡尼亞的首城西林克斯（Sirynx）。[⑥] 至於安條克三世東征的結果如何，波里比烏斯沒有記載，但查士丁（M. I. Justin，約生活於公元 2 世紀）所著《龐培・特羅古斯〈腓力史〉概要》（以下簡稱《概要》）中說："他（即阿爾薩息斯二世）以極大的勇氣對陣塞琉古之子安條克。安條克當時率領有十萬步兵和兩萬騎兵，但最終與他

---

① Quintus Curtius, *History of Alexander*, VI. 2. 15, Loeb Classical Library, with an English Translation by John C. Rolfe, Harvard University Press, reprinted 1999.

② George Rawlinson, *The Sixth Great Oriental Monarchy: Or the Geography, History, and Antiquities of Parthia, Collected and Illustrated from Ancient and Modern Sources*, London: Longmans, Green, and Co., 1873, p. 45.

③ *Appian's Roman History*, XI. 57, Loeb Classical Library, edited by T. E. Page, London: William Heinemann Ltd., first printed 1912, reprinted 1962.

④ 關於阿波羅多魯斯及其《帕提亞》創作年代的問題，可參見 V. P. Nikonorov, "Apollodorus of Artemita and the Date of his Parthica Revisited", in: E. Dabrowa (ed.), *Ancient Iran and the Mediterranean World* (Electrum, Vol. 2), Krakau, 1998, pp. 107-122。

⑤ Polybius, *Histories*, X. 28-29.

⑥ Polybius, *Histories*, X. 31.

講和並成爲他的盟友。”[①] 因此，很可能的情況是，在安條克三世與阿爾薩息斯二世（約公元前211—前191年）和談後，塞琉古王朝承認帕提亞的屬國地位，而帕提亞人則正式佔有了赫卡通皮洛斯。[②]

但是如前所說，安條克三世東征前，帕提亞人就已侵入了赫卡通皮洛斯及其以西沙漠地區。即是說，約公元前210年帕提亞人已經侵入了赫卡通皮洛斯。那麼，這一事件最初在阿爾薩息斯一世時期還是在阿爾薩息斯二世時期發生的呢？查士丁在《概要》中記載：

> 阿爾薩息斯打敗並殺死了帕提亞的總督安德拉格拉斯，自立爲王。不久之後，他便侵入赫爾卡尼亞。（Justin, xli, 4. 7-8.）

此處阿爾薩息斯，當爲阿爾薩息斯一世。如此，查士丁則告訴我們約公元前238年後不久，阿爾薩息斯一世便侵入了赫爾卡尼亞。那麼，阿爾薩息斯一世是否也侵入了赫卡通皮洛斯呢？我們根據相關文獻和錢幣證據判斷，這種可能性似乎不大。首先，阿爾薩息斯一世時期，帕提亞人跨過厄爾布爾士山佔領赫卡通皮洛斯的可能性較小。約公元前239—238年前後，巴克特里亞和帕提亞的相繼獨立，激起了塞琉古二世（Seleucus II，約公元前246—前225年）收復失地的決心。德貝沃伊斯（N. C. Debevoise，1903—1992）認爲，塞琉古二世東征帕提亞當在公元前228年。再根據斯特拉波提供的間接信息：“當阿爾薩息斯從塞琉古・卡利尼克斯（Seleucus Callinicus）手裏逃脫後，他便退到了阿帕希亞卡人（Apasiacae）的國家。”[③] 這說明，帕提亞獨立後的10年裏，國勢衰弱，在塞琉古的反擊下只好東逃返回里海以東的草原地帶。塞琉古撤軍後，阿爾薩息斯雖西進奪得一些領地，但其主要的政治活動中心依然是達拉（Dara，大致今土庫曼Abivard）一帶；其次，安條克三世東征很可能就是因阿爾薩息斯二世即位後入侵赫卡通皮洛斯而引起的。從塞琉古一方來說，帕提亞人侵入厄爾布爾士山以北赫爾卡尼亞並不會影響由敘利亞、米底東去赫拉特的交通。雖然亞歷山大曾由里海門北上，越厄爾布爾士山后再南下至赫拉特，但亞歷山大是爲了征服赫爾卡尼亞才北行的。塞琉古時期，從米底東去赫拉特，主要是沿著山南取道赫卡通皮洛斯、尼沙普爾（Nishapur）至馬什哈德（Meshed）後再南下赫拉特。因此，帕提亞人進佔赫卡通皮洛斯必然會切斷塞琉古東去阿里亞和印度的交通。[④] 從錢幣學材料來看，目前一般認爲，阿爾薩息斯一世的錢幣沒有出自於赫卡通皮洛斯造幣場的情況。但根據塞爾伍德的研究，阿爾薩息斯二世時期可能已經從赫卡通皮洛斯造幣了，塞爾伍德類型5和6中阿爾薩息斯二世的1德拉克馬，很可能就

---

① Justin, *Epitome of the Philippic History of Pompeius Trogus*, xli. 5. 7, translated by J. C. Yardley, with introduction and explanatory notes by R. Develin, Scholars Press, 1994.

② Josef Wiesehöfer, *Ancient Persia: From 550 BC to 650 AD*, translated by Azizeh Azodi, I. B. Tauris & Co Ltd, 1996, p. 132.

③ Strabo, *Geography*, XI. 8. 8.

④ S. Sherwin-White & A. Kuhrt, *From Samarkhand to Sardis: A New Approach to the Seleucid Empire*, pp. 79-80.

是出自赫卡通皮洛斯。[①]

由此看來，阿爾薩息斯一世時期，帕提亞人的政治中心在阿特拉克河上游的達拉和阿薩克地區。其在位後期，很可能已經將勢力推進至赫爾卡尼亞地區，並在此建了新的城市西林克斯，但只限於厄爾布爾士山以北。阿爾薩息斯二世即位後，帕提亞人才侵入山南的赫卡通皮洛斯，由此引起了安條克三世的東征。雖然塞琉古曾一度收復失地，但帕提亞卻在與塞琉古和約的基礎上正式享有了整個赫爾卡尼亞地區以及山南的赫卡通皮洛斯，爲以後進佔米底奠定了基礎。

二、拉伽、埃克巴塔納

拉伽和埃克巴塔納都是塞琉古時期大米底地區的軍事重地，也是整個絲路西段中部線上的重要商站。[②]

一般認爲，拉伽即今天德黑蘭的雷伊（Rey）。在塞琉古時期，位於大米底的東北邊界一帶，距離里海門只有500斯塔迪爾。而里海門南爲沙漠，北爲厄爾布爾士山，在東西方位上又是米底與帕提亞兩地的邊界。因此，拉伽與帕提亞省也相距不遠。歷史上，拉伽曾是米底的宗教中心。《阿維斯塔》中出現的“Ragâ”一詞，應是拉伽早已存在的證據。[③] 塞琉古一世時期，重建該城，當地大批瑣羅亞斯德教的祭祀（Magi）遂遷至北部阿特洛派特奈米底（Atropatean Media）。[④] 從文獻記載來看，古典作家關於塞琉古時期拉伽的記載，極其貧乏。斯特拉波在說到塞琉古時期米底的城市時，只簡單地說：

> 在米底，有馬其頓人建立的一些希臘城市，其中有勞狄凱亞、阿帕米和靠近拉伽的城市（即赫拉克里亞）以及拉伽本身。拉伽爲尼卡托（Nicator）所建，他稱該城爲歐羅波斯（Europos），但帕提亞人稱之爲阿爾薩息亞（Arsacia）。阿爾特米塔的阿波羅多魯斯說，它距離里海門以南約有500斯塔迪爾。拉伽得名於此地發生過的地震，據波塞冬尼烏斯（Poseidonius[⑤]）說，這裏有很多城市和兩千多村莊毀於地震。

① David Sellwood, *An Introduction to the Coinage of Parthia*, Spink & Son Ltd, 1971, p. 32. http://www.parthia.com/arsaces2.htm#Type_5. 很可能的情況是，在安條克與阿爾薩息斯二世成爲“盟友”直至米特里達提一世前，帕提亞國王便遵循與塞琉古的附屬關係，再沒有自行造幣。因此，阿爾薩息斯的錢幣也應該是在其在位初的兩年間發行的。

② 亞歷山大征服米底後，將阿契美尼德時期的米底省一分爲二。以阿馬爾都司河（Amardus）爲界，以南爲大米底（Media Megna），其中重要的城市有拉伽和埃克巴塔納；以北爲小米底（Lesser Media），由於亞歷山大安排波斯貴族阿特洛派特奈統治該地，亦稱阿特洛派特奈米底（Atropates Media）。見 Strabo, *Geography*, XI. 13. 1; E. R. Bevan, *The House of Seleucus*, Vol. I, London: Edward Arnold, 1902, republished in 1966 by Routledge & Kegan Paul Ltd., p. 263。

③ *The Zend-Avesta, Part 1: The Vendidad*, Fargard I, 16, Translated by James Darmesteter, The Sacred Books of the East, Vol. IV, edited by F. M. Müller, Oxford: At the Clarendon Press, 1880, p. 8.

④ M. Boyce and F. Grenet, *A History of Zoroastrianism, Vol. III: Zoroastrianism under Macedonian and Roman Rule*, Leiden: E. J. Brill, 1991, pp. 70-71.

⑤ 此人生卒年約在公元前135年到前51年之間，稍晚於阿波羅多魯斯。

（Strabo, 11. 13.6）

伊西多爾在《帕提亞驛程志》中說：

……拉伽是米底最大的城市。[①]

顯然，不論是從戰略位置、繁榮程度還是從文化淵源來說，拉伽在塞琉古時期應是米底地區的邊防重鎮。塞琉古一世重建該城，並以自己的出生地歐羅波斯的名字稱呼該城，以及帕提亞人又改其名爲阿爾薩息亞皆可說明這一點。

前文論及，安條克三世在位時期，帕提亞人在阿爾薩息斯二世的領導下成功佔領了赫卡通皮洛斯。此後，地中海和敘利亞的形勢經歷了較大的變局，這一變化直接影響到帕提亞對於塞琉古的政策的變化。第二次布匿戰爭後，漢尼拔在羅馬的威逼下流落至塞琉古王國。公元前190年，小西庇阿（Lucius Cornelius Scipio）當選爲執政官，開始著手對抗東方的勁敵塞琉古。在同年的馬格尼西亞（Magnesia）一役中，安條克三世從帝國各地招募的大軍徹底爲小西庇阿所敗。根據戰後《阿帕米條約》，安條克在將小亞細亞拱手相讓與羅馬的同時，還要背負大量戰爭賠款和質子羅馬的恥辱。[②]公元前187年，安條克三世爲了籌集賠款不得不再次東征，然而在搶劫蘇薩的神廟時被殺。[③]安條克“大帝”的敗亡，致使塞琉古王國驟然變得衰弱不堪，從而爲帕提亞人提供了西侵米底的良機。

關於這一時期的帕提亞的情況，我們所知甚少。查士丁在《概要》中只說弗里阿帕提烏斯（Phriapatius，約公元前191—前176年）統治帕提亞有十五年。其後，他的兩個兒子中年長的一位繼承了王位，即弗拉阿特斯一世（Phraates I，約公元前176—前171年），並說弗拉阿特斯在位期間征服了驍勇善戰的馬爾迪人（Mardi）。[④]由於文獻記載稀缺，我們不知道弗里阿帕提烏斯是否侵入過米底，但可肯定在弗拉阿特斯一世時期，帕提亞人已經跨過里海門，進入了米底。[⑤]查士丁只說弗拉阿特斯一世征服了厄爾布爾士山中的馬爾迪人，但伊西多爾在《帕提亞驛程志》中提供的信息可補充接下來的空白。

［拉伽納］米底，有58雪尼（Schoeni）。這裏有10個村落和5個城市。7雪尼

---

① Isidore of Charax, *Parthian Station: An Account of the Overland Trade Route Between The Levant and India in the First Century B.C.*, translated by W. H. Schoff, Philadelphia: The Commercial Museum, 1914, p. 7.

② *Appian's Roman History*, Book XI. 38.

③ Justin, *Epitome of the Philippic History of Pompeius Trogus*, xxxii. 2. 1; Strabo, *Geography*, XVI. 1. 18.

④ Justin, *Epitome of the Philippic History of Pompeius Trogus*, xli. 5. 8-9.

⑤ 加德納曾將一些刻有阿爾薩息斯字樣的錢幣，斷定爲公元前188—前187年間。顧世密便依此認爲，在這個時間裏帕提亞人已佔據了大米底東境的阿帕米，這顯然是弗里阿帕提烏斯在位期間的事情。但是後來羅斯卻將加德納斷定的時間推後到公元前125年。如此，從錢幣材料來證明弗里阿帕提烏斯入侵米底的事實也就失去了依據。參见 E. R. Bevan, *The House of Seleucus*, Vol. II, p. 119, note 2。

> 後是拉伽和查拉克斯（Charax）。[1] 其中拉伽是米底最大的城市，查拉克斯是弗拉阿特斯國王安置馬爾迪人的地方，位於卡斯皮烏斯（Caspius）山下，過了該地，就是里海門。[2]

查拉克斯緊靠拉伽，戰略地位極其重要。弗拉阿特斯一世在位之初能將厄爾布爾士山中的馬爾迪人遷移至大米底的城市查拉克斯，則完全也有可能已經佔據了拉伽。因此，可推定弗拉阿特斯一世即位之初，帕提亞人就已入侵了米底東境的邊防重鎮拉伽，並將這裏改名爲阿爾薩息亞，從而爲其繼承者深入米底腹地，征服米底全境建起了根據地和跳板。[3]

拉伽是米底最大的城市，也是塞琉古王國軍事邊防重鎮。佔領了拉伽，就等於佔有了米底的東部地區，也取得了西進米底的門戶。雖然塞琉古王國將米底的政治中心安置於西部的埃克巴塔納，但東部米底更具有軍事要義。這裏是塞琉古騎兵的搖籃，塞琉古王國大部分的騎兵皆出自東部米底。[4] 斯特拉波說東部米底是非常好的“牧馬場地（ἱππόβοτος）”，這裏物產豐饒，生長著馬最愛的食物“米底草（Μηδικήν）”。尤其是涅賽昂平原所產的涅賽歐伊馬，早在希羅多德的時代就已經聞名天下，歷來是皇室最鍾愛的戰馬。[5] 埃克巴塔納造幣場所造錢幣反面常以馬爲標識，便是對於米底軍事意義的形象說明。從這個角度說，佔有米底對於本出身於遊牧的帕提亞人，具有極大的重要意義。若能進佔埃克巴塔納，完全佔有米底，帕提亞的鐵甲騎兵則顯然有了充足的保障。

埃克巴塔納（今哈馬丹附近）位於米底的核心地帶，是塞琉古王國米底總督的治所所在地。那麼，帕提亞人是何時入侵埃克巴塔納的呢？從當時的政治環境來看，塞琉古自安條克三世以後，國勢漸衰，疆土日蹙。公元前 164 年冬，安條克四世（Antiochus IV，約公元前 175—前 164 年）在東征途中病故，王國及其周邊形勢進一步惡化。他剛收復的失地，如亞美尼亞、查拉塞尼和波西斯又重新獨立。米底在總督提馬爾庫斯（Timarchus）的領導下，亦宣佈獨立。此人自安條克四世即位的公元前 175 年便被封爲米底總督，後於公元前 160 年爲國王德米特里一世（Demetrius I，公元前 162—前 150 年）所殺。他叛亂期間，自稱米底王，很可

---

① 查拉克斯，一說源於希臘語“Χάραξ”，意爲柵欄圍成的堡壘；一說源於阿拉米亞語“Karkâ”，意爲城堡，似以前說較爲可信。根據伊西多爾、托勒密和馬爾塞林等人的記載來看，查拉克斯應該緊靠阿帕米，但是現代學者關於查拉克斯具體的位置，卻衆說不一。不過其大致位置應該是在現在德黑蘭地區雷伊附近，具體爭論可見 A. Shapur Shahbazi, “CHARAX”, *Encyclopaedia Iranica*, http://www.iranicaonline.org/articles/charax-town-in-the-seleucid-and-parthian-province-of-rhagiana-the-area-around-modern-ray。

② Isidore of Charax, *Parthian Stations*, p. 7.

③ M.-L. Chaumont, “Études d’histoire parthe. II. Capitales et résidences des premiers Arsacides (IIIe-Ier S. AV. J.-C.)”, *Syria*, T. 50, Fasc. 1/2 (1973), pp. 197-222; A. D. H. Bivar, “The Political History of Iran Under The Arsacids”, *Cambridge History Iran*, Vol. 3 (I), Cambridge University Press, 1983, p. 31. 德貝沃伊斯認爲，帕提亞人佔領拉伽並更名爲阿爾薩息亞的時間似乎更早。見 N. C. Debevoise, *A Political History of Parthia*, The University of Chicago Press, 1938, p. 15。

④ Bezalel Bar-Kochva, *The Seleucid Army: Organization and Tactics in the Great Campaigns*, Cambridge University Press, Rreprinted with corrections, 1979, pp. 32-33.

⑤ Strabo, *Geography*, XI. 13. 7; Herodotus, *Histories*, VII. 40, Loeb Classical Library, with an English Translation by A. D. Godley, Harvard University Press, reprinted 1999.

能是因爲他的獨立得到了米底人民的擁護，所以他的錢幣上才出現“Basileus Megas”。查士丁在《概要》中稱呼他爲“Medorum rege”亦說明了這一點。[①] 按照查士丁的記載，米特里達提一世正是在這個時候發動了對米底的戰爭，他說：

> 正當巴克特里亞發生了這些事情的時候，戰爭在帕提亞人和米底人之間也展開了。起初，雙方皆有勝負，但最後的勝利還是倒向了帕提亞人。在受到實力增強的鼓舞之餘，他便命博卡息斯（Bocasis）監管米底，自己朝著赫爾卡尼亞進發了。（Justin, xli, 6. 6-7.）

米特里達提一世與提馬爾庫斯之間的戰爭持續了一段時間，但後來以帕提亞人的勝利而告終。雖然公元前 160 年提馬爾庫斯被殺，但帕提亞人並未立即佔領米底。詹金斯（G. K. Jenkins，1918—2005）關於錢幣材料的研究表明，在德米特里一世期間和亞歷山大·巴拉斯（Alexander Balas，約公元前 150—前 146 年）在位初年，埃克巴塔納造幣場仍打造著他們的錢幣。[②] 這即是說在公元前 150 年以後，埃克巴塔納便不再發行塞琉古的錢幣了。德貝沃伊斯認爲這次戰爭發生在公元前 161—前 155 年之間。[③] 但後來新發現的銘文材料，則提出了不同的意見。該銘文用希臘語和阿拉米亞語兩種語言所刻，1958 年發現於貝希斯敦地區。其內容如下：

> 164 年的帕勒莫斯月（Panemos）
> 潘圖庫斯（Pantauchos）之子希雅辛托斯（Hyakinthos）
> [豎立起了這個雕像]
> 勝利的赫拉克勒斯。
> 爲了克里昂米尼（Kleomenes）的平安
> 上行省的總督 [④]

塞琉古紀年的 164 年，大致相當於公元前 148 年，帕勒莫斯月相當於西曆的 7 月。研究者普遍認爲該銘文所反映的事件爲：公元前 148 年夏，塞琉古的米底總督克里昂米尼仍然佔據著米底，但是他的處境致使他焦慮不安，故豎立了赫拉克勒斯的雕像以示祈禱。原銘刻的阿拉米

---

① Justin, *Epitome of the Philippic History of Pompeius Trogus*, Prologue, 35.

② G. K. Jenkins, “Notes on Seleucid Conis”, *Numismatic Chronicle*, 1951, p. 8; S. Sherwin-White & A. Kuhrt, *From Samarkhand to Sardis: A New Approach to the Seleucid Empire*, p. 223.

③ N. C. Debevoise, *A Political History of Parthia*, p. 21.

④ 原希臘語銘文可參見 L. Robert, Rev. of P. M. Freser, Samothrace Vol. 11, Part 1 the inscriptions on stone, New York, 1960, *Gnomon*, 35. Bd., H. 1 (Mar., 1963), p. 76; 另見 A. D. H. Bivar, “The Political History of Iran Under The Arsacids”, p. 33。關於該銘文的相關研究，可參見 R. N. Frye, *The History of Ancient Iran*, C. H. Beck'sche Verlagsbuchhandlung, 1984, p. 210。

亞語是不完整的，很可能是帕提亞的突襲導致的結果。[1]

因此，綜合文獻、錢幣和銘文材料所提供的信息，可知米特里達提一世在公元前 148—前 147 年之間佔領了埃克巴塔納。由於帝國北部出現邊患，米特里達提一世便安排博卡息斯駐守米底，自己返回赫爾卡尼亞了。錢幣材料似乎也説明了米特里達提一世時期，帕提亞人征服米底的事實。以塞爾伍德 12.9 類型爲例（圖 1），該幣爲較爲少見的 4 德拉查柯斯（Tetrachalkos）銅幣，正面爲國王面右胸像，反面爲尼克面右駕雙馬雙輪戰車像，幣文爲“ΒΑΣΙΛΕΩΣ ΑΡΣΑΚΟΥ”。

圖 1　塞爾伍德 12. 9 **類型**

不論是從幣制還是幣圖來看，均與絕大多數帕提亞幣十分不同。塞爾伍德根據正面幣圖出現的字元“ΔΧ”，認爲該幣出自埃克巴塔納造幣場。從反面幣圖來判斷，這很可能是米特里達提一世征服埃克巴塔納之後才發行的。[2] 雖然塞琉古在此以後暫時奪回米底，但帕提亞人最終又重新奪回米底並建立了穩定的統治，這也意味著帕提亞對西部絲路重鎮的有效控制已是大勢所趨。

① M. J. Olbrycht, “Mithradates I of Parthia and His Conquests up to 141 B.C.”, in: *Hortus Historiae. Studies in Honour of Professor Józef Wolski on the 100th Anniversary of His Birthday*, edited by E. Dąbrowa, M. Dzielska, M. Salamona, S. Sprawskiego. Kraków, 2010, p. 238.

② 不過阿薩爾根據錢幣材料認爲，米特里達提一世在征服米底的 20 年前（公元前 167 年），就已經用埃克巴塔納造幣場的名義發行錢幣了，塞爾伍德 10.14 類型即是一例。G. F. Assar, “Genealogy and Coinage of the Early Parthian Rulers I”, *Parthica* (6), Rome, 2004, pp. 69-93; 關於帕提亞諸王在米底地區發現的相關錢幣的研究，可參見 Farhang Khademi Nadooshan, Seyed Sadrudin Moosavi, Frouzandeh Jafarzadeh Pour, “The Politics of Parthian Coinage in Media”, Near Eastern Archaeology, Vol. 68, No. 3, *Archaeology in Iran* (Sep., 2005), pp. 123-127。

三、塞琉西亞

從帕提亞人的西進戰略來看，佔領米底也就獲得了西進兩河流域的門戶。兩河流域的中心城市，以巴比倫尼亞地區的塞琉西亞最爲重要。如塔恩所說，塞琉古時期巴比倫尼亞最重要的城市就是塞琉西亞，這裏是塞琉古王朝在東方最大的根據地。在歷史上，很少有一個城市能像塞琉西亞一樣支配整個希臘化時期的亞洲貿易。[①] 因此對於帕提亞人來說，奪取塞琉西亞無疑成了整個西進戰略最爲重要的一個環節。雖然古典文獻關於塞琉西亞的記載並不是很多，但由於學者們長期以來傾力於此，加之考古發掘和對巴比倫楔形文書等研究的深入，目前有關帕提亞時期塞琉西亞的大致情況亦有了較爲明確的線索。根據一份破損的巴比倫天文日誌的記載，我們得知帕提亞最初侵入巴比倫尼亞的情況。該日誌內容如下：

> …] 士兵（?）被集合（?）[…
> …] 去（?）米底的城市 […
> …] …? 那個月，第 22 天，被集合起來（?）[…
> …]（在 ?）將軍進入（?）阿卡德 […
> … 阿爾] 薩息斯，國王，到塞琉西 [亞 …
> ……
> … 到？] 亞述，這在他之前，他去 [… 到了塞琉西亞] 進入了王城。同月，第 28 天，[他登上王位?
> 171 年，阿爾薩息斯國王，第 4 月：那個月，第 3 天，
> 尼卡 [托
> …] 阿爾薩息斯 [國王？] … 王室 […
> …] 阿爾薩息斯王的，“法令”（？）在 …
> 安] 條克，勞狄凱亞王后，到？[②]

根據范德斯佩克（R. J. van der Spek，1949—　）的研究，由於該日誌僅晚於塞琉古紀年 170 年末月的一篇日誌，所以該日誌所記乃是塞琉古紀年 171 年第一個月的事件。因此，我們可推定約公元前 141 年的 6—7 月間，米特里達提一世侵佔了塞琉西亞。[③] 此外，錢幣材料

---

① W. W. Tarn, *The Greeks in Bactria and India*, p. 60.

② *Late Babylonian Astronomical and Related Texts*, copied by T. G. Pinches and J. N. Strassmaier, Providence: Brown University Press, 1955, p. 418. 轉引自 S. Sherwin-White & A. Kuhrt, *From Samarkhand to Sardis: A New Approach to the Seleucid Empire*, p. 224. Abraham J. Sachs, Hermann Hunger, *Astronomical Diaries and Related Texts from Babylonia. Vol. III: Diaries from 164 B.C. to 61 B.C. Texts*。

③ R. J. Van der Spek, “New Evidence from the Babylonian Astronomical Diaries concerning Seleucid and Arsacid history”, in Archiv für Orientforschung , 44/45, 1997/8, p. 171.

也說明了這一點。公元前 139 年德米特里二世被俘，西部諸省皆歸於帕提亞。[①] 米特里達提一世便隨即發行了一系列 4 德拉克馬幣。[②] 以塞爾伍德 13.2 類型幣爲例，這些出自塞琉西亞造幣場的，有 1 德拉克馬和 4 德拉克馬兩種，其中的 4 德拉克馬幣（圖 2），正面爲國王蓄須面右胸像，反面爲赫拉克勒斯面左裸身站像。幣文爲“ΒΑΣΙΛΕΩΣ ΜΕΓΑΛΟΥ ΑΡΣΑΚΟΥ ΦΙΛΕΛΛΗΝΟΣ”（愛希臘的阿爾薩息斯大王）。很顯然，“愛希臘”這一讚語的出現表明了米特里達提一世對於塞琉西亞的政策導向，帕提亞人在塞琉西亞的統治需要希臘人的支援。[③]

图 2　塞爾伍德 13. 2 類型 4 德拉克馬銀幣

但是塔恩認爲，米特里達提一世佔領巴比倫尼亞的時間要比天文日誌所謂的公元前 141 年 6—7 月爲早。他認爲米特里達提一世在將米底兼併以後，便東去攻打巴克特里亞的尤克拉提德，並收回了早期爲巴克特里亞所奪去的領地大布里亞和特蘭西亞奈。接著他便西進侵佔了埃蘭米斯，打開了通往巴比倫尼亞的通道。公元前 145 年，亞歷山大・巴拉斯死後，塞琉古王國的將軍特里豐（Diodotus Tryphon）擁立巴拉斯之子爲王，即安條克六世（Antiochus VI，公元前 145—前 141/140 年），與德米特里二世內戰不已。約公元前 142 年，米特里達提一世兼併巴比倫尼亞，但是並未佔領塞琉西亞。此後，米特里達提一世北上佔領了兩河流域北部的阿迪亞伯尼（Adiabene），在返回巴比倫尼亞不久，於公元前 141 年 7 月佔領塞琉西亞。[④] 塔恩的觀點與比爾瓦和舍溫・懷特等人看法的不一致之處，並不在於米特里達提一世進佔塞琉西亞的時間，而在於米特里達提一世兼併巴比倫尼亞的時間。

---

① W. W. Tarn, “Parthia”, *Cambridge Ancient History*, Vol. IX, The Roman Republic: 133-44BC, edited by F. E. Adcock, Cambridge University Press, 1932, pp. 581-582.

② R. H. McDowell, *Coins from Seleucia on the Tigris Ann Arbor*, University of Michigan Press, 1935, p. 201.

③ Klaus Schippmann, *Grundzüge der parthischen Geschichte*, Wissenschaftliche Buchgesellschaft, 1980, p. 25.

④ W. W. Tarn, “Parthia”, pp. 579-580.

雖然米特里達提一世以“愛希臘”的形象極力籠絡希臘人，但塞琉西亞的希臘人和塞琉古王朝並未放棄收復失地的決心。公元前 140 年，德米特里二世在結束了與特里豐的戰爭後，便立即著手東征以對付帕提亞人。根據約瑟夫（Flavius Josephus，約 37—97 年）的記載：

> 與此同時，德米特里跨進了美索不達米亞，希冀通過佔領上行省以奪取兩河地區和巴比倫，從而以此爲根據地再控制整個王國。①

由於文獻記載模糊，學者們關於德米特里二世東征的時間、路線等問題爭論不一，如《馬卡比書 I》認爲他東征的時間是塞琉古紀年 172 年，即公元前 140 年，然而巴比倫楔形文書提供的時間卻是公元前 138 年的 7 或 8 月。② 從德米特里被奉爲“尼卡托”（Nicator，勝利者）這一點來看，在米特里達提一世的晚年時期，塞琉古很可能又從帕提亞手中奪回一些失地。約公元前 138 年，德米特里被帕提亞人俘虜後，巴比倫尼亞地區對帕提亞人的反抗暫時得以緩解。在他被帕提亞國王軟禁的 10 年間，塞琉古王國由其兄弟安條克七世（Antiochus VII，公元前 138—前 129 年）執政，帕提亞正處於弗拉阿特斯二世（Phraates II，約公元前 138—前 128/127 年）的治理之下。安條克七世在處理完特里豐和猶太人的反抗後，便開始對帕提亞的東征。根據文獻記載和塔恩、比瓦爾（A. D. H. Bivar，1926—2015）等人的研究，可知約公元前 131/130 年，安條克七世集合了一支 8 萬人的大軍展開了對帕提亞的進攻。在得到東方地區的一些支援後，安條克打敗了帕提亞的將軍尹達提斯（Indates）。由於最初三場勝利奪取了巴比倫尼亞，從而獲得“大帝”的稱號。狄奧多魯斯說，當帕提亞國王弗拉阿特斯二世意欲與安條克和談時，安條克以對方須放棄帕提亞本土以外的所有領土爲前提，致使戰勢更趨緊張。約公元前 130/129 年冬，安條克七世進入米底，準備在埃克巴塔納過冬，分遣軍隊至鄰近的城市駐守。但由於塞琉古士兵的冒犯行爲，米底的很多城市轉而支持帕提亞人，驅逐塞琉古軍隊。由於形勢逆轉，安條克七世最終在與帕提亞人的戰爭中喪生。弗拉阿特斯趁機收復巴比倫尼亞後打算進攻敘利亞，但由於東境的邊患便返回了東疆戰場，派其部將赫然卡尼亞人希密魯斯（Himerus）代管巴比倫尼亞。③

安條克七世的去世，標誌著塞琉古王朝結束了對伊朗本土的控制。帕提亞人對塞琉古的逐步蠶食，引發了原屬於塞琉古王國控制的領土紛紛脫離塞琉古，美索不達米亞的部分地區或者獨立，或者半獨立。但是從弗拉阿特斯派希密魯斯駐守巴比倫尼亞至米特里達提二世即位

---

① Josephus, *Jewish Antiquities*, XIII. 184-185, with an English Translation by H. St. J. Thackeray, Harvard University Press, first published 1930, reprinted 1998.

② Richard Tada, *Apollodorus of Artemita and Rise of the Parthian Empire*, University of Washington, 2008, UMI: 3303409, pp. 128-131.

③ Justin, *Epitome of the Philippic History of Pompeius Trogus*, xxxviii, 10. 1-10, xlii. 1; Diodorus Siculus, *Library of History*, 34/35. 15-18, Loeb Classical Library, with an English Translation by C. H. Oldfather, Harvard University Press, reprinted 1998; Josephus, *Jewish Antiquities*, XIII, 247-252; W. W. Tarn, “Parthia”, pp. 581-582; A. D. H. Bivar, “The Political History of Iran Under The Arsacids”, pp. 36-38; N. C. Debevoise, *A Political History of Parthia*, pp. 34-35.

前的 5—6 年裏，塞琉西亞及其周邊地區應該並未被有效地納入帕提亞的控制範圍內。一是在公元前 127—前 126 年間，查拉塞尼的希斯帕歐希尼斯（Hyspaosines）很可能受到希臘人的請求，北上巴比倫尼亞稱王 ①；二是在接下來的公元前 124—前 123 年間，希密魯斯的背叛和自立爲王 ②。根據錢幣材料判斷，塞琉西亞出土的 4 德拉克馬“勝利幣”（ΒΑΣΙΛΕΩΣ ΜΕΓΑΛΟΥ ΑΡΣΑΚΟΥ ΝΙΚΗΦΟΡΟΗ），打造時間約爲公元前 124/123 年，極可能是希密魯斯稱王時所發行的。③ 希密魯斯之所以能稱王，在一定程度上也是由於東境塞人擾邊給他提供了機會。米特里達提二世即位後先以平定西部的亂局爲目標，他不僅重新收回了巴比倫尼亞，而且成功地征服了波斯灣的查拉塞尼。希斯帕歐希尼斯錢幣上印有米特里達提二世的頭像，便是很好的說明。④ 不久，他又向兩河流域北部地方進發，征服了亞美尼亞地區。至此，帕提亞人最終確立了對整個巴比倫尼亞南北地區的正式統治。⑤

由此看來，雖然安條克七世曾一度收回巴比倫尼亞，但在帕提亞人的西進攻勢下旋而復失，塞琉古王國只能偏安於幼發拉底河以西的小片領地內苟延殘喘。帕提亞人最終入主巴比倫尼亞的事實，表明絲路西段交通出現了歷史性的重整。其結果是，從阿姆河至美索不達米亞的陸路交通完全被納入了帕提亞帝國的有效控制範圍，帕提亞最終取代了塞琉古在歐亞內陸交通中的角色，開始成爲帝國時代洲際貿易交通的中介商。

四、結語

學術界對帕提亞歷史的興趣之一，即在於它與絲綢之路所形成的互動共生關係。帕提亞人對東、西部絲路的拓通，是隨著它與周邊國家的關係變化而逐漸完成的。在東境對塞人和希臘—巴克特里亞人戰爭的勝利，確保了木鹿—撒馬爾罕道的暢通；在西境與塞琉古王國長年累月的拉鋸戰中，帕提亞人利用自身的優勢和有利的時機步步推進，終獲取了自里海門西去米底和美索不達米亞的黃金交通線。因此，就絲路西段交通的變遷而言，帕提亞人正是通過有效的征服，才確立了新的貿易交通格局，即以中道骨幹爲主，南北支線爲輔，且各主、支線枝蔓密集的路網。⑥ 現在的研究日趨表明，作爲羅馬人眼中的東方“蠻族”，帕提亞人實際上很善於進行大規模的遠途貿易，他們在絲綢之路貿易中獲利甚豐的事實便是最好的說明。

---

① T. G. Pinches, “A Babylonian Tablet Dated in the Reign of Aspasine”, *Babylonian and Oriental Record*, Vol. IV, 1890, pp. 131-135; N. C. Debevoise, *A Political History of Parthia*, pp. 38-39.

② Diodorus Siculus, *Library of History*, 34. 19.

③ Robert Harbold McDowell, *Coins from Seleucia on the Tigris*, pp. 183, 202. 費耐生對希密魯斯的獨立持否定意見，參見 R. N. Frye, *The History of Ancient Iran*, p. 213。

④ E. T. Newell, *Mithradates of Parthia and Hyspaosines of Characene: A Numismatic Palimpsest* (Numismatic Notes and Monographs, No. 26), New York, 1925, p. 11f.

⑤ N. C. Debevoise, *A Political History of Parthia*, pp. 40-42.

⑥ 王三三：《帕提亞時期絲路西段交通路線考述》，《暨南學報》2019 年第 8 期。

結合史實而論，約公元前 115 年，帕提亞帝國與漢帝國建立正式外交關係。約 20 餘年後的公元前96 年（另一說是公元前94 年）[①]，米特里達提二世派使臣奧羅巴佐斯（Orobazos）等人在幼發拉底河的西岸會見蘇拉，帕提亞與羅馬開始了直接的對話。這兩個相繼發生的外交事件，看似偶然，但其背後也隱藏著一種歷史發展的趨勢。起碼可以這樣說，在米特里達提二世的時代，帕提亞人的東征西戰成功地將中國通地中海的絲綢之路直接地聯繫了起來。絲綢之路完全被拓通，帕提亞人逐漸躋身爲漢帝國和印度與羅馬帝國之間最大的中介者。[②] 雖然從絲路貿易的發展史來看，在帕提亞人入侵巴比倫尼亞以前，從中亞和印度西去地中海的陸路貿易已經很發達了，但是自公元前 2 世紀中期以後，歐亞內陸帝國秩序的變化和各區域間政治一體化趨勢的增強，勢必會更有力地刺激以帕提亞帝國爲中介、以羅馬帝國和漢帝國爲兩極的文化經濟交流體系。總之，正是帕提亞人的東征西戰開啟了內陸歐亞絲綢之路發展史上的帝國時代。

本文係國家社科基金青年項目“帕提亞與絲綢之路文化交流研究”（批准號：15CSS029）的階段性研究成果。

A Study of the Western Conquests of the Parthians

Wang Sansan

This paper analyzes the Parthians' successive conquests of Hecatompylos, Rhagae, Ecbatana and Seleucia on the Tigris with reference to classical literature, archaeological materials, and predecessors' studies. The author believes that the western conquests of the Parthians reorganized traffic in the western sections of the Silk Roads during the Hellenistic period, and laid the foundation for the formation of the Silk Roads of the Age of Empires of Inner Eurasia.

---

① 早期的學者如施普曼（K. Schippmann）、舍溫・懷特認爲此事發生於公元前 96 年。近期的研究則以奧布瑞切特（M. J. Olbrycht）爲代表，認爲此事發生於公元前 94 年。K. Schippmann, "ARSACIDS ii. The Arsacid dynasty", *Encyclopaedia Iranica*, II/5, pp. 525-536, available online at http://www.iranicaonline.org/articles/arsacids-ii; A. N. Sherwin-White, "Ariobarzanes, Mithridates and Sulla", *CQ* 27, 1977, pp. 173-183; M. J. Olbrycht, "Mithridates VI Eupator and Iran", in Jakob Munk Højte (ed.), *Mithridates VI and the Pontic Kingdom*, Aarhus University Press, 2009, pp. 167-168.

② 王三三：《帕提亞和漢代中國的交往與絲綢之路的延伸》，萬明主編：《絲綢之路的互動與共生學術研討會論文集》，中國社會科學出版社，2018 年，第 233—246 頁。

薩珊帝國與嚈噠關係考述

余太山

本文考述薩珊波斯與嚈噠的關係。

第一部分　薩珊帝國與嚈噠人的最初接觸——巴赫蘭五世和嚈噠人

一

薩珊帝國和嚈噠人最初接觸發生在巴赫蘭五世（Bahram V，420—438 年在位）治期。其過程僅見載於阿拉伯語和波斯語著述。

太伯里（Al-Ṭabarī，838—923）著《太伯里史》（*History*）[①] 所述大意如次：巴赫蘭五世即位後，一度花天酒地，因而遭其臣民譴責，而鄰國則開始覬覦其領土。[②]“突厥”可汗最先發難，率大軍 25 萬進犯。當這位可汗率軍逼近波斯領土、波斯舉國上下驚恐不已之際，巴赫蘭五世命其弟納爾西（Narsī）留守國都，自己則遠赴阿塞拜疆，向彼處祆廟獻祭，然後前往亞美尼亞狩獵。[③]

波斯大臣皆以爲巴赫蘭五世的行徑是逃避國難。他們認爲，若要避免“突厥”可汗入侵、國家軍隊被消滅之厄運，只有俯首稱臣一途；於是遣使謁見可汗，承諾進貢。“突厥”可汗因而停止進攻，後撤其軍隊。然而，巴赫蘭五世業已獲悉有關“突厥”可汗之動靜，乃夜襲敵軍，手刃可汗，殺戮其兵將，並俘獲可汗之妻，奪得其輜重。[④]

---

① Ṭabarī, 見 Bosworth 1999。

② Bosworth 1999, p. 93.

③ Bosworth 1999, pp. 94-95.

④ Bosworth 1999, pp. 95-96.

之後，巴赫蘭五世任命一位 Marzbān（意爲“邊境守護者”）管理他所征服的地區。這些地區均表示服從，並請求勘界。巴赫蘭五世乃建高塔一座作爲界碑。同時，他命一將深入入侵者領土，直抵“河外地區”（Transoxania），大戰之餘，殺戮甚衆。入侵者被迫稱臣納貢。[①]

巴赫蘭五世凱旋泰西封，任命其弟納爾西爲呼羅珊（Khurāsān）總督，駐守巴爾赫（Balkh）。[②] 在途經阿塞拜疆時，他將“突厥”可汗的寶劍及其冠冕上的珠飾等獻給當地的祆廟，命“突厥”可汗之妻——可敦（Khātūn）在廟中服役。[③]

在太伯里冗長的敘述中，值得我們特別注意的有以下幾點：

1. 入侵的時間：太伯里沒有明確記載。我們似乎可以認爲，“突厥”可汗的這次入侵發生在巴赫蘭五世即位後不久。

2. 入侵者：“突厥”可汗。如所周知，突厥興起於公元 6 世紀中葉，不可能在巴赫蘭五世的治期入侵波斯。但《太伯里史》稱入侵者爲“突厥”，顯然表明入侵者之族屬有別於伊蘭人。薩珊帝國以及此前的阿喀美尼帝國和帕提亞帝國均不斷受到來自其東北方向的遊牧部族的侵掠。在《太伯里史》所據原始史料描述的時代，波斯東北主要是突厥人，時人或出於習慣將歷史上自東北方入侵波斯的遊牧諸族泛指爲“突厥”。既無從確指入侵者的族屬，《太伯里史》亦稱巴赫蘭五世時期波斯遭“突厥”入侵。

3. 巴赫蘭五世迎戰入侵“突厥人”之地點：《太伯里史》沒有清楚的記載。揆情度理，初戰當發生在波斯東北邊境。巴赫蘭五世任命的 Marzbān 之轄地，雖然太伯里沒有明言，但是應該就是被“突厥”可汗侵佔又被巴赫蘭五世收復的地區，也就是“突厥”可汗喪命之地。

4. 巴赫蘭五世手刃“突厥”可汗之後，命將深入“河外地區”。其地蓋在阿姆河北岸，可能指索格底亞那，當時應爲入侵者之腹地。在與“突厥”人激戰、其人請降納貢之後，巴赫蘭五世命納爾西爲呼羅珊總督而駐守巴爾赫。這或許表明，前此“突厥”人已越過阿姆河，佔有巴克特里亞，原薩珊波斯任命的地方政權已不復存在，蓋被來自阿姆河北岸的“突厥”人所推翻。巴赫蘭五世似未試圖佔領阿姆河北岸。他勘界建塔應以阿姆河爲準。揆情度理，請求巴赫蘭五世勘界者應爲該地區原居民。

5. 其他：可敦——“突厥”可汗之妻在可汗被殺時被俘，蓋隨可汗出征故。[④]

另一阿拉伯語史家迪奈韋里（Dīnawarī，815—896）著有《通史》（*General History*）[⑤]，對這一“突厥”入侵波斯事件亦有記述。他的記述與《太伯里史》大同小異，而可補充《太伯里史》者有以下幾點：

1.“突厥”可汗入侵波斯在巴赫蘭五世統治業已鞏固之時[⑥]，僅讀《太伯里史》，似可認爲

① Bosworth 1999, p. 96.
② Bosworth 1999, pp. 96-97.
③ Bosworth 1999, pp. 98-99.
④ 參見 YuTsh 2012, p. 100。
⑤ Al-Dīnawarī, 見 Bonner 2010。
⑥ Bonner 2010, p. 360.

這次入侵發生在巴赫蘭五世即位後不久。

2. 入侵波斯的“突厥”可汗進軍直抵呼羅珊（Ḫurāsān）。① 比《太伯里史》明確了一些，儘管還是很籠統。

3. 巴赫蘭五世夜襲“突厥”可汗，其行軍路線乃自里海東南的Jurjān（即戈爾甘，Gurgān，在Mazandaran東部），經由Nasā（呼羅珊北境），抵達木鹿（Marv）。“突厥”可汗的駐地則在木鹿附近的Kušmayhan村。《太伯里史》僅載巴赫蘭五世的出行路線：自阿塞拜疆、沿高加索山，直至花剌子模沙漠。

4. 巴赫蘭五世殺死“突厥”可汗後，率部追擊逃敵，經呼羅珊的Āmul，越過巴爾赫河（今阿富汗北部），進入河外地區（Transoxiana）。② 這似乎表明，入侵的“突厥”人根據地在阿姆河北，而前此已渡河南下，佔領了巴克特里亞。

5. 巴赫蘭五世建造一座界塔，以區隔波斯和臣服的“突厥”。③ 這一界塔當在阿姆河北岸。

記述這一事件的阿拉伯語著作，除了上述太伯里和迪奈韋里的之外，還有優提基烏斯（Eutychius，877—940）的《年代記》（*Annals*）④ 等，但似乎沒有提供可進一步推敲的資料。

二

除阿拉伯語著述外，波斯語著述亦有關於上述“突厥”入侵波斯事件的記載。其中最重要的是菲爾道西（Firdausī，約940—1020）的長篇史詩《列王詠》（*Sháhnamá*）⑤。總的來說，《列王詠》所載這次外族入侵的過程與太伯里、迪奈韋里所載是一致的。以下列述其不同處：

1. 菲爾道西記載最主要的特色在於：巴赫蘭五世即位後入侵波斯的是“秦（Chin）”可汗。⑥ 既然“秦”是古代中亞人對中國的稱呼⑦，菲爾道西有關記述頗有可玩味處。

一則，據菲爾道西，“秦”可汗乃自于闐（Khutan）起兵。⑧ 這似乎表明《列王詠》的“秦”僅指中國西域。

二則，據菲爾道西，巴赫蘭五世花天酒地的消息，除傳到印度、羅馬外，還傳到了“突厥”和秦國。這似乎暗示：在東方覬覦波斯領土者除“秦”人外，還有“突厥”人。菲爾道西還記述波斯大臣誤以爲巴赫蘭五世逃避國難，因而遣使者Humái前往求和，而“秦”可汗接見波斯使者後，面對“突厥”人吹嘘自己不戰而屈人之兵云云。這似乎表明接受波斯投降的不

① Bonner 2010, p. 360.
② Bonner 2010, pp. 360-361.
③ Bonner 2010, pp. 360-361.
④ Eutychius, 見 Pearse 2015-16。
⑤ Firdausī, 見 Warner 1905。
⑥ Warner 1915, pp. 84-89.
⑦ “秦”係當時北亞和中亞人對中國的稱呼，說見 YuT 2016, pp. 27-28。
⑧ Warner 1915, pp. 84-89.

僅僅是“秦”可汗，“突厥”亦參與其間。

今案：雖然中亞人以“秦”指稱中國，但此處顯然不可能指當時的中原王朝。果真進犯波斯者既有“秦”人，又有“突厥”人，若非兩者聯手，便是“突厥”爲“秦”之附庸；而從菲爾道西的敘述不難看出，“秦”人應是主角，“突厥”人衹是附庸。

2. 菲爾道西記載“秦”可汗經由木鹿進犯波斯，在波斯大臣遣使稱臣後、等待納貢時也屯兵木鹿；則較阿拉伯語史料所載更加明確。

3. 不僅如此，菲爾道西還記載了巴赫蘭五世夜襲“秦”可汗的路線：乃自 Ázargashasp（阿塞拜疆西部，巴赫蘭行獵處），經 Ardabíl（一伊朗古城），前往呼羅珊的 Ámul，復自 Ámul 經戈爾甘和 Nisá（呼羅珊北境），最後抵達木鹿，亦即“秦”可汗駐蹕處。當時“秦”可汗正在木鹿附近的 Kashmíhan 圍獵。[1]

4.“秦”可汗係被俘而非被殺。俘獲“秦”可汗後，巴赫蘭五世接着就向布哈拉（Bukhárá）進軍。他自木鹿東，渡阿姆河和 Farab 的沙漠，經 Mái 和 Margh（兩者位於阿姆河和布哈拉之間），與“突厥”人激戰。在其人俯首稱臣後，凱旋 Farab（位於今哈薩克斯坦南部 Kusulkum 地區）。[2] 這些記載顯然又較太伯里或迪奈韋里詳盡。

5. 凱旋前，巴赫蘭五世接受臣服的圖蘭人（Túrán）之請，建一石塔，作爲伊蘭人和圖蘭人之界標。雙方以阿姆河爲界，圖蘭人不得越過 Khalaj 部落居地進入波斯。[3] 菲爾道西稱巴赫蘭五世勘界乃應圖蘭人之請，較之太伯里或迪奈韋里更合情理。蓋“圖蘭”這一稱呼可以包括被“秦”或“突厥”征服的阿姆河流域原居民。

6. 菲爾道西還記載巴赫蘭五世任命了一位軍人 Shahra 爲圖蘭之主，統治阿姆河北岸地區。[4]Shahra 應該就是太伯里所載 Marzbān，在征服地區命將監守亦題中應有之義。

7. 巴赫蘭五世大功告成，石汗那（Chaghán）、Khatlán（今塔吉克斯坦西南）、巴爾赫（Balkh）和布哈拉（Bukhárá）等地均遣使納貢。

可能有人認爲，菲爾道西年代晚於太伯里或迪奈韋里，所載反而較後兩者詳盡，其真實性可疑。其實並不盡然。我們要對有關記述做具體的分析，不能一概而論。這是因爲太伯里、迪奈韋里和菲爾道西具有共同資料來源的可能性不能排除，區別或者在於各人取材有詳有略而已。

其次，由薩曼王朝史家 Abu Ali Muhammad Balʿami（生卒年不詳）譯爲波斯語的《太伯里史》[5] 記載：巴赫蘭五世治世第七年之末（426/427），“突厥”可汗率軍 25 萬進犯 Perside（Fars）。巴赫蘭卻前往阿塞拜疆和亞美尼亞。當波斯大臣遣使突厥求和時，巴赫蘭乃自亞美尼

① Warner 1915, pp. 89-90.

② Warner 1915, pp. 90-92.

③ Warner 1915, pp. 90-92. Khalaj，古部族名，居於阿姆河兩岸。

④ Warner 1915, pp. 90-92.

⑤ 見 Balʿami 1869。

亞邊界，進入 Persid，襲擊“突厥”可汗。可汗軍隊倉皇逃跑，巴赫蘭追擊逃敵越過伊拉克，進抵紀渾河畔的呼羅珊地區。他命將一人追逐逃敵直至河外地區，大獲全勝。巴赫蘭五世在設立界柱後歸國。[①]

值得注意的是，與阿拉伯語原文不同，《太伯里史》的波斯語譯明確記載了“突厥”可汗入侵的年代，這一年代也應該是巴赫蘭五世戰勝嚈噠的年代。又，按照波斯語譯，“突厥”可汗大軍直抵 Fars，亦即進入了薩珊帝國腹地。巴赫蘭五世追擊逃敵經由的路線也說明了這一點。果然，這次入侵對薩珊帝國的威脅是巨大的。但揆情度理，就“突厥”可汗入侵路線而言，阿拉伯語《太伯里史》應較近實際。

此外，波斯語作者米爾孔德（Mirkhond，1433/1434—1498）的《清淨花園》（The Rauzat-us-safa）[②] 亦記述了巴赫蘭五世和入侵的“秦”可汗之間的鬬爭，和菲爾道西所載大同小異，玆不一一。

三

以下試就上引阿拉伯、波斯史家的有關記述涉及的若干問題做一些分析：

1. 如所周知，突厥興起於公元 6 世紀中葉，不可能在巴赫蘭五世治期入侵波斯。按之年代以及其他證據，入侵者應該是新興的嚈噠人。[③]

公元 4 世紀，嚈噠在中國塞北登上歷史舞臺；約在 4 世紀 70 年代初，越過金山卽阿爾泰山，西徙索格底亞那（Sogdiana），控制了柴拉夫善（Zarafshān）河流域。[④] 客觀上，它在 5 世紀 20 年代（426）入侵波斯是完全可能的。

其人與鮮卑淵源頗深，鮮卑統治者有“可汗”號，因而其首領亦有“可汗”號。可汗妻則以“可敦”（迪奈韋里記作 ẖātūn）爲號。可敦與可汗同理軍政，隨軍出征以致遭擒。[⑤]

值得懷疑的似乎只是有關“突厥”可汗擁兵 25 萬的記載，蓋中國史料記載嚈噠人有衆不過 10 萬，但波斯語和阿拉伯語史家對此衆口一詞。如果相信這些記載，則是嚈噠人在進入中亞後擴充了它的兵力。

2.“突厥”果爲嚈噠，則《列王詠》等所載巴赫蘭五世時代的“秦”很可能指柔然。

一則，毋庸置疑，在巴赫蘭五世在位期間中國中原王朝不可能派兵入侵波斯。而按照菲爾道西所描述的“突厥”與“秦”人之間的關係，似乎表明前者役屬後者。而據漢文史料可證嚈噠確曾役屬於柔然。其時間當在 402—437 年之間，亦即在嚈噠南遷索格底亞那之後、佔領吐

① Balʿami 1869, pp. 119-120.
② Mirkhond, 見 Rehatsek 1892, pp. 357-360。
③ YuT 2012, pp. 80-92.
④ YuT 2012, pp. 53-79.
⑤ YuT 2012, pp. 38-45.

火羅斯坦、建立並鞏固其政權之前。[①] 換言之，嚈噠於426年進犯波斯，受柔然驅使的可能性不能排除。

一個可以類比的例子是，匈奴在驅逐月氏的勢力而領有西域之後，曾支持當時遊牧於今哈密一帶的烏孫進攻業已西遷伊犁河、楚河流域的大月氏，迫使大月氏再次西遷。

既然匈奴可能支持河西的烏孫進攻伊犁河、楚河流域的大月氏，柔然也就有可能支持索格底亞那的嚈噠進攻波斯。和匈奴一樣，柔然也是塞北一個強大的遊牧部族，除了控制西域的人力、財力之外，垂涎絲路貿易之利益是可以理解的，而打擊波斯是達到這一目標的可行手段。

二則，漢文史料表明，至遲在434年左右，柔然勢力一度伸向阿姆河北岸，確實試圖直接染指葱嶺以西。如《魏書·西域傳》所載，柔然曾一再侵擾盤踞巴克特里亞的寄多羅貴霜。[②] 而柔然很可能早就支持嚈噠勢力西進，最初的目的很可能僅限於爭奪薩珊帝國在中亞的勢力範圍。而由於初戰獲勝，才長驅直入逼近木鹿等地，最後則被巴赫蘭五世擊退。

三則，正如漢文史料所載，柔然最高統治者亦號“可汗”。菲爾道西所載“秦”可汗應指某位柔然最高統治者。這位柔然可汗支持業已越過阿爾泰山西遷索格底亞那之嚈噠人，在巴赫蘭五世在位期間侵犯波斯。而公元426年在位的柔然可汗是大檀（牟汗紇升蓋可汗）。大檀即汗位於414年，但早就鎮守柔然西界。西域南北道諸國役屬柔然最早也可能在大檀治期。[③] 換言之，當時柔然在西域和塞北的勢力足以使當時的波斯人稱之爲“秦”。

雖然柔然在大檀時期越過葱嶺進一步西向發展的可能性不能排除，但是《列王詠》逕稱“秦”可汗親率大軍入侵波斯而被俘則恐怕是傳聞失實。蓋中國史籍所載柔然可汗的世系一清二楚，包括大檀在內，沒有任何一位可汗的經歷包括因入侵波斯而被俘。因此，被殺或遭擒的可汗只能是作爲“秦”可汗前驅的嚈噠可汗。蓋入侵波斯的主力應是嚈噠人。換言之，在這一點上阿拉伯語著述應較波斯語著述準確。菲爾道西或對所據資料未加甄別，將嚈噠可汗和柔然可汗混爲一談了。當然，也可能柔然曾派遣一位類似匈奴右賢王一類的角色率領嚈噠兵將入侵，以致被俘。薩珊人則以爲被俘的是一位“秦”即柔然可汗。

四則，在菲爾道西《列王詠》中，將和庫薩和一世（Khosrow I，531—579年在位）聯手滅亡嚈噠的突厥也稱爲“秦”。這是最明確的證據，表明在菲爾道西筆下，所謂“秦”實際上指的是中國西域，“秦”可汗則是領有西域的塞北遊牧部族統治者。既然“秦”在6世紀無疑指稱突厥，則在5世紀指稱的只能是柔然。[④]

五則，果真嚈噠得到柔然的支持，似乎進軍波斯的軍隊人數多達25萬也可以理解了。

六則，“秦”可汗自于闐起兵也不是無跡可尋。儘管沒有在巴赫蘭五世時代于闐役屬柔然的明確資料，但已知早在柔然社崙可汗時代（402—410），焉耆、鄯善、姑墨等南北道諸國已

---

① YuT 2012, pp. 74-76.

② YuT 2012, pp. 80-92.

③ YuT 2016, pp. 275-306.

④ Warner 1915, pp. 328-333.

役屬柔然[①]，于闐在5世紀20年代淪爲柔然屬國的可能性也是存在的。再說，菲爾道西或他所依據的資料，連中國中原王朝和塞北遊牧政權之間的區别也不甚了了，將于闐視作“秦”可汗起兵的地點也就不難理解了。于闐或者是菲爾道西時代波斯—阿拉伯人所知不多的幾個中國西域城市之一。

要之，“突厥”和“秦”既可指代嚈噠和柔然，則前者就有可能在後者的支持下入侵波斯。

3. 上述“突厥”入侵波斯事件涉及烏孫、悅般問題：

一般說來，嚈噠西遷和柔然進軍西域，都有可能通過伊犁河、楚河流域。其地早在公元前130年左右就是烏孫的領地。直至公元5世紀柔然勢力西向擴張之際，烏孫才放棄伊犁河、楚河流域，西遷帕米爾。烏孫西遷後，原居龜兹北的遊牧部族悅般北上，佔領了伊犁河、楚河流域。我們不知道悅般北上的確切時間，只知道最早可能在社崙時代，亦即公元410年之前。此後，悅般盤踞伊犁河、楚河流域直至5世紀五六十年代。

巴赫蘭五世在位期間，柔然可汗果然經由伊犁河、楚河流域出兵，聯合嚈噠進犯薩珊波斯，則悅般人北上可能要遲至公元426年之後，亦即在巴赫蘭五世擊退柔然、嚈噠聯軍之後。而由於柔然大軍西征，烏孫或者因此放棄伊犁河、楚河而西遷葱嶺；而正因爲柔然和嚈噠入侵波斯敗績，悅般才可能乘機北上伊犁河、楚河流域，佔有烏孫舊壤。

4. 已知薩珊帝國滅亡貴霜後，曾在巴克特里亞建立“貴霜—薩珊”政權，統治其地其人。但上述阿拉伯語、波斯語文獻，卻載巴赫蘭五世在擊退來自東方的入侵者後，任命了新的呼羅珊總督，該總督駐地爲Balkh。這似乎表明入侵者，亦即柔然和嚈噠聯軍此前已佔領了Balkh，薩珊的地方政權已不復存在。只是無從得知，嚈噠和柔然人究竟何時越過阿姆河南下的，巴克特里亞或其首府Balkh究竟在426年還是在此前淪陷的。

5. 上述阿拉伯語、波斯語文獻的記述還表明，426年時寄多羅貴霜尚未崛起，而所謂寄多羅貴霜人很可能是乘巴赫蘭五世擊退入侵的“突厥”人之後，乘呼羅珊長官管理巴克特里亞鞭長莫及之隙崛起的。

6. 巴赫蘭五世不僅任命新的呼羅珊總督，管理被柔然或嚈噠摧毀了地方政權的巴克特里亞，據《太伯里史》和《列王詠》，他還命將監領阿姆河北岸地區。此說也不是空穴來風，業已由布哈拉出土的錢幣證實。這些錢幣中有仿製巴赫蘭五世的錢幣。這表明巴赫蘭五世時代薩珊帝國的勢力一度確實伸向“河外地區”，其契機應該是426年擊退來犯的嚈噠和柔然人。[②]

四

依據以上阿拉伯語、波斯語文獻的記載，以及結合漢文史料所做研究，巴赫蘭五世時代薩

① YuT 2016, pp. 275-306.

② Frye 1984, p. 352.

珊帝國和中亞之間的關係可大致勾勒如下：

薩珊帝國巴赫蘭五世即位之際，正值北亞新興的遊牧部族柔然不斷西向擴張其勢力範圍。柔然西向擴張的重要目的之一是爭奪商道霸權、壟斷中繼貿易，以滿足其遊牧經濟本身發展的需要。柔然一度稱霸塔里木盆地南北，並以此爲基地繼續西向，迫使伊犁河、楚河流域的烏孫放棄故地，西遷帕米爾，業已遷往索格底亞那的嚈噠人也受其役使。

於是，在巴赫蘭五世即位第七年，柔然支持嚈噠，合軍25萬，入侵薩珊帝國東境，直抵木鹿城。波斯大臣畏敵乞和，客觀上起了麻痹入侵者的作用；巴赫蘭五世乘機夜襲，殺死（或俘虜）了嚈噠可汗，收復了失地，乘勝渡過阿姆河，掠地直至被嚈噠佔領的索格底亞那，乃置將監領之。

很可能在波斯大軍撤退之後，嚈噠人就殺死了索格底亞那的波斯守將。而在阿姆河以南地區，也由於巴赫蘭五世設在呼羅珊的總督鞭長莫及，原貴霜遺民得以乘機崛起，一統吐火羅斯坦，史稱寄多羅貴霜。準此，不妨認爲426年是寄多羅貴霜興起的時間上限。此前，巴克特里亞相繼在薩珊帝國地方政權和入侵嚈噠人治下，後者佔領巴克特里亞可能在入侵波斯之前不久，爲期很短。

而由於柔然和嚈噠這一次入侵波斯的失敗，原在龜兹北的悅般乘機北上佔領了烏孫舊壤，且和北魏聯合，遏阻了柔然西進的勢頭，客觀上也爲嚈噠脫離柔然的控制創造了條件。至遲在437年，亦即巴赫蘭五世去世前一年，嚈噠人再渡阿姆河南下，逐走吐火羅斯坦的寄多羅貴霜人，開始以該地區爲中心，四出經略，成爲中亞一強國。

另一方面，薩珊帝國遭受來自東方的威脅之際，巴赫蘭五世正在和羅馬交戰。東西兩線作戰，始終是薩珊帝國歷代君主的噩夢。爲了面對來自東方的麻煩，巴赫蘭五世纔與羅馬媾和。而在擊退東方的入侵者後，巴赫蘭五世得以騰出手來處理亞美尼亞事務，終於在428年將亞美尼亞併入薩珊帝國，成爲巴赫蘭五世任命的總督轄地。

要之，在5世紀20年代，嚈噠在柔然的支持下發動了對薩珊帝國的入侵。這是薩珊帝國和嚈噠的首次接觸。

第二部分　伊嗣俟二世與嚈噠的鬭爭

一

巴赫蘭五世去世，其子即位，史稱伊嗣俟二世（Yazdgird II，438—457年在位）。伊嗣俟二世與嚈噠的關係主要見諸亞美尼亞史家的記錄，拜占庭史家也偶有涉及。

伊嗣俟二世即位兩年後便對羅馬帝國開戰，但不久就和迪奧多西二世（Theodosius II，

408—450年在位）握手言和。[①] 這很可能出自雙方的需要。由於汪達爾人（Vandal）入侵北非並佔領迦太基（Carthage），使羅馬帝國覺得其南部壓力陡增；而就波斯而言，同意議和，極可能是其東境出現了麻煩。和歷代薩珊統治者一樣，伊嗣俟二世不得不掉頭東向，爲捍衛東境的安定而戰。就在和羅馬帝國議和後，他就派兵進入業已歸屬薩珊的亞美尼亞，強迫亞美尼亞人遷往波斯東部邊境，爲薩珊抵抗來自東方的入侵者。

與伊嗣俟二世同時代的亞美尼亞史家埃利塞（Eḷishē，410—475）的《瓦爾丹和亞美尼亞戰爭史》（*History of Vardan and the Armenian War*）[②] 記載了波斯拜火教祭師對伊嗣俟二世的一席話。祭師建議他組建一支軍隊，向“貴霜人（Kushans）”的土地進軍；希望他統治“貴霜人”的土地。[③]

埃利塞又載，伊嗣俟二世接受了祭師的建議，向各地頒佈詔書，立即進軍也被稱爲“貴霜人”的匈人王國，但經過兩年的戰鬥，未能取得顯著的戰績。伊嗣俟二世在位第四至第十一年（441—448）間，這位薩珊統治者一直在其東部邊境尼沙普爾（Niwšapuh）築壘堅守。[④]

嗣後，又據埃利塞，在伊嗣俟二世治期的第十二年（449/450），這位波斯統治者又糾集一支大軍進犯T‘etals地區（Tālākā，位於木鹿和Bactra之間）。貴霜統治者自知不敵，遁入沙漠，隱蔽部隊。伊嗣俟二世則攻击各地，佔領了許多堡壘和城市，將戰俘、戰利品，都帶回了自己的國家。[⑤] 很可能，伊嗣俟二世在這次獲勝後，纔得以轉身處理亞美尼亞事务，於是有451年的Avarayr之戰。[⑥]

但是，至遲在其治世的第十六年（453），伊嗣俟二世又怒率大軍進攻貴霜人的領土，戰火復燃。伊嗣俟二世乃自Vrkan（Hyrcania）直抵Apar地區（首府尼沙普爾，自伊朗本土赴呼羅珊的必經之途）。[⑦] 很可能，這一次也不是伊嗣俟二世主動發起攻擊，而是其東部邊境的敵人又捲土重來。但這一次被打敗的是波斯人。

據埃利塞載，由於同情被伊嗣俟二世迫害的基督徒，在波斯軍中服役的一位有貴族血統的匈人Bēl叛變。由於他投奔“貴霜人”，後者盡得有關波斯人之情報，預做準備，不從正面迎戰，而是從背後襲擊波斯軍，終於以少勝多，迫使波斯人撤軍。“貴霜人”窮追不捨，劫掠了波斯多個地區，然後安全返回。[⑧]

453年波斯人敗績，不僅見諸埃利塞的記載，且有年代較埃利塞稍後的亞美尼亞史家拉扎

---

① Frye 1983, p. 145.

② Eḷishē (Elisaeus), 見 Thomson 1982。

③ Thomson 1982, p. 63.

④ Thomson 1982, pp. 65-66. 參見 Frye 1983, p. 146。而據中古波斯語文獻 *Šahrestānīhā ī Ērānšahr*（passage 18），伊嗣俟二世還曾於Qumes城（即Dāmgān）築工事抵禦Huns部落Čōl（阿拉伯語作Sōl）。見 Daryaee 2002, p. 18。一般認爲這裏所指Huns來自里海東南，可能和嚈噠無關。

⑤ Thomson 1982, p. 72.

⑥ Frye 1983, p. 147.

⑦ Thomson 1982, pp. 192-193.

⑧ Thomson 1982, pp. 192-193.

爾（Łazar，約 442 至公元 6 世紀初）《亞美尼亞史》的記載。[①] 兩者可以互證。據拉扎爾載，在這一年，伊嗣俟二世又命全軍投入與“貴霜人”的鬥爭。大軍經由 Apar 地區，入駐其首府尼沙普爾。他們抵達敵境後被徹底擊敗，國王的目標完全未能實現，不得不蒙羞而歸。經此一役，波斯軍中精英喪失多半，騎兵也損失慘重。蓋“貴霜人”並未和波斯軍主力決戰，而是出其不意從兩側進攻。許多波斯人成了刀下之鬼，“貴霜人”卻全身而退。這一戰術使波斯軍精疲力竭。[②]

而據 5 世紀的拜占庭史家普里斯庫斯（Priscus，生於 410—420 年間，死於 472 年以後）的記載，可以推知，直至 456 年，伊嗣俟二世還在東部邊境同“寄多羅匈人（Kidarite Huns）”作戰。[③]

由此可見，伊嗣俟二世在位期間主要精力用於捍衛波斯東北邊境的安定。而直至伊嗣俟二世末年，波斯人未能戰勝自東方來犯之敵。

二

以上亞美尼亞史家關於伊嗣俟二世和“貴霜人”關係的記載，結合漢文史料可得到進一步的說明：

1. 貴霜王朝早在 3 世紀已經衰亡。新興的薩珊王朝在貴霜王朝的領土巴克特里亞等地曾設官置吏進行統治，史稱“貴霜—薩珊”政權。此後直至 5 世紀初，沒有證據表明貴霜遺民有復辟之舉。[④]

據《魏書·西域傳》等，可知至遲在公元 437 年，亦即巴赫蘭五世的末年，原貴霜王朝的統治中心巴克特里亞爲所謂的“大月氏國”亦即“寄多羅貴霜”所統治。[⑤] 寄多羅貴霜人很可能是一直接受薩珊帝國地方政權“貴霜—薩珊”統治的原貴霜帝國遺民。他們崛起的時間上限是 426 年，亦即巴赫蘭五世擊退來犯“突厥”人之後。

2. 又據《魏書·西域傳》，盤踞吐火羅斯坦的寄多羅貴霜政權屢次遭到自東向西伸張其勢力的遊牧部族柔然的侵擾。可能是苦於柔然的侵擾，其王寄多羅一度越過興都庫什山南下，攻佔了乾陀羅以北五國，試圖覓一新的棲息地。多次遭到柔然的侵擾的寄多羅貴霜人，最終被“匈奴”逐出巴克特里亞而西遷。這“匈奴”無疑就是新興的嚈噠人。[⑥] 其人當時業已佔領阿姆河北岸的索格底亞那。嚈噠人之所以被稱爲“匈奴”，可能是因爲他們一度自稱“匈奴”，

---

① Łazar, 見 Thomson 1991。

② Thomson 1991, p. 133.

③ Priscus [Fr. 33.1 (Excerpta de Legationibus, Rom. 8)], see Blockley 1983, p. 337. Marquart 1901, pp. 55-56. 案：456 年，Priscus 出使東方，獲悉伊嗣俟二世正在其東境與“寄多羅匈人”作戰。

④ YuT 2015, pp. 89-98.

⑤ YuT 2015, pp. 99-129.

⑥ YuT 2012, pp. 219-226.

也可能因爲他們和歷史上的匈奴人有類似的習俗，因而被周鄰稱爲“匈奴”。這一事件的時間上限是 437 年。

3. 被“匈奴”亦即嚈噠人逐出巴克特里亞而西遷的寄多羅貴霜人當然可能衝擊波斯東境，但這是一支沒有後方的軍隊，沒有足夠的力量給薩珊帝國造成威脅，薩珊帝國東境的防禦力量足以抵擋其騷擾。這也許是伊嗣俟二世即位後敢於和羅馬開戰的原因。

4. 伊嗣俟二世和羅馬議和，且接受祭師的建議，舉國動員，似乎表明他準備迎擊的“貴霜人”已經不再是寄多羅貴霜人，而是接踵而來的嚈噠人。其實，波斯人以及參與其事的亞美尼亞人也已經覺察到來者有別於此前的貴霜人，因而又稱之爲“匈人”。

5. 儘管如此，亞美尼亞人還是將這些“匈人”和“貴霜”聯繫在一起，很可能是因爲這些入侵者來自巴克特里亞 —— 原貴霜王朝的統治中心。

6. 伊嗣俟二世和這些又被稱爲“貴霜人”的“匈人”鬥爭的形勢也説明了這一點。换言之，能和伊嗣俟二世長期對峙、反復鬥爭，且在最後擊敗波斯大軍的只能是嚈噠人。[①]

要之，至遲在公元 437 年，索格底亞那的嚈噠人渡阿姆河南下，寄多羅貴霜人不敵，被逐出巴克特里亞。貴霜的寄多羅王命其子堅守興都庫什山以南地區，自己則率部西遷。嚈噠人緊隨其後，嚴重威脅薩珊波斯東境。這應該就是波斯祆教祭師提出進剿“貴霜人”的建議的背景，也是這位伊嗣俟二世在位期間波斯在東方戰事不斷的原因。

三

如果將亞美尼亞史料和阿拉伯—波斯史料有關記載結合起來，我們對於伊嗣俟二世即位前後中亞地區的大勢不妨做如下推測：

1. 早在 4 世紀六七十年代，原居中國塞北的遊牧部族嚈噠越過阿爾泰山西遷，征服並佔領了索格底亞那（見《魏書・西域傳》）。按之年代，阿拉伯—波斯史籍所載入侵巴赫蘭五世時代入侵波斯的“突厥”很可能就是來自索格底亞那的嚈噠人。但應該強調指出，此時的嚈噠很可能還役屬於北亞的遊牧部族柔然。因此，這時入侵波斯的“突厥”，確切説應該是受到柔然役使的嚈噠，甚至是柔然和嚈噠的聯軍。波斯史料所謂“秦”人顯然就是指的柔然人。毫無疑問的是，在此之前，嚈噠人（或嚈噠和柔然的聯軍）已跨過阿姆河，佔領了巴克特里亞，薩珊波斯設在該處的地方政權很可能已經遭到破壞。

2. 據阿拉伯—波斯史籍的記載，當巴赫蘭五世擊退侵犯東北邊境的“突厥”人之後，曾逐北直至阿姆河北，在河南巴克特里亞之地恢復了薩珊波斯的統治。巴克特里亞的貴霜遺民很可能是乘嚈噠勢力被逐出巴克特里亞，以及巴赫蘭五世回軍後忙於應付羅馬和亞美尼亞事务之際，起而驅逐了設在巴克特拉的波斯統治者，才確立了貴霜人（即寄多羅貴霜）的統治。

---

① YuT 2012, pp. 219-226.

3. 嚈噠的首次入侵被巴赫蘭五世擊退，不僅丟失了在波斯東境佔領的土地，也撤出了巴克特里亞，而由於波斯置將監領，甚至對索格底亞那的統治也搖搖欲墜。但是，在巴赫蘭五世去世後不久，波斯東北邊境又陷入動蕩不安的局面。這表明嚈噠人在巴赫蘭五世時期對波斯的入侵雖被擊退，但很快就恢復了元氣。不僅再一次佔領索格底亞那，而且又越過阿姆河南下，將盤踞該處的寄多羅貴霜的勢力逐出巴克特里亞。後者不得不西向逃竄，這才衝擊了波斯的東北邊境。嚈噠人則緊隨其後，再次侵犯波斯。

4. 於是，伊嗣俟二世不得不進行反擊。但是，伊嗣俟二世並沒有能力像巴赫蘭五世那樣，直搗入侵者老巢，而是採取守勢，自其在位第四年直至第十一年，一直堅守在尼沙普爾。儘管在第十二年，一度攻入巴克特里亞，但很快撤軍，未能駐守，於是嚈噠人很快捲土重來。從波斯史料或可得到啟示：在對抗伊嗣俟二世的鬥爭中，嚈噠也得到柔然的支持，於是伊嗣俟二世才有其第十六年的慘敗。

伊嗣俟二世在其即位第十六年的失敗，使嚈噠人有機會最終鞏固了他們在巴克特里亞的統治，同時也擺脫了柔然的控制，四出征伐，成爲中亞一強國。此後，強盛的嚈噠在客觀上阻遏了柔然西進的勢頭，但雙方依舊維持着很好的關係。漢語史料表明，嚈噠和柔然統治者曾經聯姻，嚈噠還曾幫助柔然打擊和控制高車——後者的叛臣。[①]

要之，嚈噠人在中亞的經略，始於巴赫蘭五世，成於伊嗣俟二世在位時期。嚈噠人不僅繼貴霜之後成爲中亞霸主，控制絲路貿易，而且兩度操縱波斯的王位廢立，在很長一段時期內一直構成薩珊波斯的嚴重邊患。

第三部分　卑路斯一世與嚈噠

卑路斯一世（Peroz I，459—484年在位）和嚈噠的關係，拜占庭史料、亞美尼亞史料、敘利亞史料、阿拉伯史料、波斯史料均有記載。

一

伊嗣俟二世身後，二子爭位，次子嗢沒斯三世（Hormizd III，457—459年在位）登基。長子卑路斯逃亡，托庇於嚈噠。嚈噠王借兵助其奪位。卑路斯的這番經歷僅見載於阿拉伯語和波斯語文獻。

記載此事的阿拉伯語文獻主要有以下三種：

1. 據《太伯里史》的記載，因嗢沒斯三世施政不善，嚈噠王答應助卑路斯爭位，卑路斯允

① YuT 2012, pp. 157-174.

諸將塔里堪（Ṭālaqān，在 Murghab 河流域）割讓給嚈噠。於是卑路斯率嚈噠兵將回國，殺死嗢沒斯三世，解散其軍隊，控制全國，登上君位，是爲卑路斯一世。①

《太伯里史》引 Hishām b. Muḥammad（即阿拉伯史家 Hisham Ibn Al-Kalbi，737—819）的記載則稱，嗢沒斯三世即位後，卑路斯利用呼羅珊的資源備戰，號召“吐火羅斯坦（Ṭukhāristān）和鄰近地區的人”支持他。所謂“吐火羅斯坦和鄰近地區的人”應該就是嚈噠人。② 至伊嗣俟二世末年，嚈噠人已逐走寄多羅貴霜人，佔領吐火羅斯坦。③

2. 據迪奈韋里《通史》，卑路斯所托庇的嚈噠，當時領有吐火羅斯坦（Tuẖaristān）、石汗那（Ṣaġāniyān）、喀布爾（Kābulistān）以及毗鄰“大河”（阿姆河）的巴爾赫（Balẖ）諸地。嚈噠王出兵三萬，助卑路斯奪位。嚈噠王的條件是將其邊境推進到泰爾梅兹（Tirmiđ，位於巴爾赫赴撒馬爾罕途中）。和太伯里所載不同，卑路斯登基後赦免了嗢沒斯三世。④

3. 優提基烏斯的《年代記》沒有記載卑路斯投奔嚈噠，嚈噠助卑路斯奪位事。僅載伊嗣俟二世身後，二子爭位，結果嗢沒斯被殺，卑路斯登基，後者統治了 27 年。（16.1）⑤

波斯語文獻有關記載可概括如下：

1. 據菲爾道西《列王詠》的記述，嗢沒斯（Hurmuz）三世登基後，其兄卑路斯（Pírúz）逃亡嚈噠（Haitálian），求助嚈噠王 Faghánísh（被稱爲 Chaghán 之幼君）。嚈噠王出兵三萬助卑路斯奪位，條件是波斯割讓 Wísagird（位置不詳）和泰爾梅兹兩城。和迪奈韋里一樣，菲爾道西亦載，卑路斯奪得寶座，嗢沒斯戰敗遜位，未被處死。案：Chaghán 可能指石汗那。果然，表明當時石汗那爲嚈噠人領土，這和迪奈韋里所載一致。⑥

2. 據《太伯里史》的波斯語譯（II, 23），卑路斯出亡時，嚈噠領有噶吉斯坦（Ghardjistàn）、吐火羅斯坦（Tokharistàn）、巴爾赫（Balkh）、弗敵沙（Bedekhschàn）等地，以割讓塔里堪（Tàleqàn）爲條件，嚈噠王 Khouschnewàz 出兵助卑路斯奪得王位，殺死嗢沒斯三世。⑦

3. 米爾孔德（Mirkhond）《清淨的花園》（*The Rauzat-us-safa*）也載卑路斯托庇嚈噠，嚈噠王（沒有名諱）助其奪位事（出兵千人）。嚈噠王的條件是波斯人必須離開圖蘭人的土地（Turân）。和菲爾道西一樣，在米爾孔德筆下，嗢沒斯三世也沒有被殺。⑧

要之，據阿拉伯語和波斯語文獻，伊嗣俟二世身後，其子嗢沒斯繼位。嗢沒斯的同母兄弟卑路斯投奔嚈噠，得嚈噠軍隊之助，歸國奪得帝位。

---

① Bosworth 1999, pp. 106-108.

② Bosworth 1999, pp. 109-110.

③ 參見 YuTsh 2012, pp. 80-103。

④ Bonner 2010, p. 362.

⑤ Pearse 2015-16.

⑥ Warner 1915, pp. 157-158.

⑦ Balʿami, pp. 127-128.

⑧ Rehatsek 1892, pp. 363-364.

二

阿拉伯語和波斯語文獻均載，即位後的卑路斯曾發動對嚈噠戰爭：

（一）據《太伯里史》的記載，卑路斯發動的對嚈噠戰爭凡兩次：

1. 卑路斯在鞏固了君位，建造了 Rām Fayrūz 等三城堡以加強邊防之後，就率軍前往呼羅珊和嚈噠王 Akhshunwār 作戰。這次戰爭的結果是卑路斯中了嚈噠人的苦肉計，身處絕境，不得已乞和，在起誓決不再犯嚈噠，且劃定雙方界限之後，纔得以脫身。[①]

這次波斯一嚈噠戰爭的起因，據太伯里所引 Hishām b. Muḥammad 的記載，卑路斯認爲嚈噠人有惡俗（sodomy），不甘心一些疆土落入其手，纔與嚈噠兵戎相見。[②] 其實，這次戰爭很可能是卑路斯不願兑現其割讓領土的承諾而引起的，或者説卑路斯試圖奪回他業已割讓的領土。

2. 卑路斯一意孤行，毀棄誓約，對朝臣進諫，拒而不納，再次發動了對嚈噠戰爭，結果中伏，波斯全軍覆沒，卑路斯本人陣亡。嚈噠人大獲全勝，俘獲了隨行的國王眷屬、波斯大臣（包括祭司）、輜重等。[③]

又據《太伯里史》所引另一位阿拉伯史家的記述，在前一次卑路斯發動的波斯一嚈噠戰爭後雙方明確的邊界就是巴赫蘭五世所建區隔波斯人和“突厥”人領土的界塔。爲表示自己並未違約，卑路斯再次進攻嚈噠時，用五十頭大象和三百個人拖著此界塔在前面移動，大軍隨後跟進。[④]

3. 據《太伯里史》以及所引 Hishām b. Muḥammad 的記載，卑路斯陣亡後，嚈噠勢盛，一度佔領了呼羅珊。多虧波斯大臣蘇赫拉率軍出征，纔收復了呼羅珊。[⑤]

（二）迪奈韋里《通史》僅記載了 484 年的波斯一嚈噠戰爭，卑路斯就在這次戰爭中陣亡了：卑路斯越過了巴赫蘭五世所建波斯和“突厥”之間的界塔。卑路斯陣亡後，由波斯大臣 Šūẖar 出面和嚈噠王講和簽約，接回了被俘人員等。[⑥] 這些和太伯里所述大同小異。值得注意的是，迪奈韋里稱嚈噠爲“突厥”，稱嚈噠首領 Āẖšuwān（應即太伯里所述 Akhshunwār）爲“可汗（ẖāqān）”。

（三）優提基烏斯《年代記》則和太伯里一樣，詳盡記載了卑路斯發動的兩次對嚈噠（Hayātilah）戰爭。情節大同小異：他所記載的第一次波斯一嚈噠戰爭也是以卑路斯中苦肉計失敗告終。爲了活命，卑路斯起誓永不再犯嚈噠邊界，且立界塔爲標誌。可是，卑路斯違約再次發動對嚈噠戰爭，力圖一雪前恥。爲規避誓約，他自欺欺人，讓大軍跟隨被大象拖動的界塔

---

① Bosworth 1999, pp. 113-115.

② Bosworth 1999, pp. 109-111.

③ Bosworth 1999, pp. 113-115.

④ Bosworth 1999, pp. 118-119.

⑤ Bosworth 1999, pp. 110-111, 117.

⑥ Bonner 2010, p. 364.

前進。這次波斯—嚈噠戰爭又以波斯的失敗告終。卑路斯陣亡，衆大臣被俘，隨軍財物全部落入嚈噠人之手。鎮守塞斯坦的波斯貴族蘇赫拉（Sūkhrān）獲悉卑路斯陣亡的消息，立即整兵前往迎戰 Hayātilah，與嚈噠王 Akhshunwār 講和締約，嚈噠人送回戰俘和虜獲的財物。①

以上是主要阿拉伯語文獻的有關記述。

（一）據菲爾道西《列王詠》記載，卑路斯即位後遭遇了七年大旱，旱災結束，卑路斯就發動了對嚈噠戰爭。卑路斯於是役陣亡，其子居和多被俘。當時嚈噠可汗是 Khúshnawáz（應即太伯里所述 Akhshunwār）。② 既然卑路斯死於 484 年，知作者於年代未嘗措意。

（二）《太伯里史》的波斯語譯本（II, 24-25）和阿拉伯語《太伯里史》同樣記載了卑路斯發動的前後兩次對嚈噠戰爭。前一次卑路斯發動對嚈噠戰爭的動因是嚈噠人染有 Lot 人之惡俗，其統治者又失德。這次戰爭的結果是卑路斯中了嚈噠人的苦肉計，身陷絕境，只能起誓永不再犯嚈噠領土，並立界塔。爲雪前恥，卑路斯再次發動了對嚈噠戰爭。他以五十頭大象拖動界塔，大軍隨後跟進，以示並未食言，結果中伏陣亡。其女以及大祭司等均成了階下囚。③ 於是，有波斯大臣蘇赫拉（Souferaï）挺身而出，集合大軍向嚈噠進軍。最後波斯與嚈噠議和，蘇赫拉索回被俘人員和被繳獲的財物等。回國後，蘇赫拉擁立巴拉斯（Balash，484—488 年在位）即位。④

（三）米爾孔德《清淨的花園》也記載了卑路斯發動的兩次對嚈噠戰爭，第一次卑路斯中苦肉計，被迫按嚈噠王要求宣誓後得以脫困。⑤ 第二次卑路斯中伏陣亡。⑥ 關於前一次戰爭，米爾孔德也只是籠統地說發生於七年旱災之後，並未提供新的信息。

以上是主要的波斯語文獻有關卑路斯治期波斯—嚈噠戰爭的記述。

卑路斯即位後發動的對嚈噠戰爭，除菲爾道西《列王詠》只記載一次外，其餘阿拉伯語和波斯語著述均記載了兩次。

三

除阿拉伯語和波斯語著述外，拜占庭史家也記載了卑路斯對嚈噠發動的戰爭：

（一）普里斯庫斯的《拜占庭史》僅記載了一次波斯—嚈噠戰爭。

1. 據載（Fr. 41.1），卑路斯認爲羅馬人應該用金錢資助他們和“寄多羅匈人”的戰爭。波斯人的勝利對羅馬是有利的。但羅馬人認爲：波斯人針對“寄多羅匈人”的戰爭是爲了維護自

① Pearse 2015-16 (16.7-9).
② Warner 1915, pp. 163-169.
③ Balʿami 1869, pp. 141-142.
④ Balʿami 1869, pp. 142-144.
⑤ Rehatsek 1892, pp. 365-366.
⑥ Rehatsek 1892, p. 367.

身的利益，羅馬人沒有必要給予金錢的支援。[①]

2. 又載（Fr. 41.3），卑路斯在波斯和“寄多羅匈人”接界處接見了拜占庭使臣 Constantius，當時戰事正在進行。戰爭起因是匈人未能收到波斯前任統治者們（伊嗣俟二世、嗢沒斯三世？）的貢金。卑路斯的前任拒絕納貢，且發動戰爭。卑路斯繼承王國的同時，也繼承了戰爭。結果，波斯被拖垮了，指望玩弄詭計來結束戰爭。於是卑路斯去信“寄多羅匈人”首領 Kunchas，聲稱渴望和解，表示願意和 Kunchas 聯姻。年輕的 Kunchas 答應了。然而，Kunchas 娶到的只是一位冒牌的公主。Kunchas 識破了卑路斯的詭計後，爲了懲罰他，僞稱他正和鄰國作戰，不缺少戰士，只缺少指揮作戰的軍官。卑路斯信以爲真，給他派去三百名軍官。Kunchas 殺死了其中一部分，其餘亦在受到殘害後被遣返。於是戰端重開，鋒鏑交加。卑路斯在其紮營的 Gorga 接見了 Constantius，慷慨款待之。[②]

3. 又載（Fr. 51.1），467 年，一位波斯使者来到拜占庭，以野蠻人的方式炫耀：卑路斯戰勝了 Kidarite Huns，佔領了他們的城市 Balaam。[③]

（二）普洛科庇烏斯（Procopius，約 500—554）的《戰爭史》記載了卑路斯發動的兩次對嚈噠戰爭。

1. 據載（I, iii），卑路斯因陷入與 Ephthalitae Huns（嚈噠匈人）的邊境糾紛而引起戰爭。後者領土位於波斯北方，其城市 Gorgo 就在波斯邊界，因而雙方衝突不斷。嚈噠人從未入侵羅馬人的領土，除非和波斯人聯手。而當卑路斯率軍征討嚈噠時，羅馬皇帝齊諾（Zeno，474—475、476—491 年在位）派往波斯的使節 Eusebius 隨行。嚈噠人佯敗，誘敵深入，卑路斯落入圈套，不得不起誓永不再起戰端，得以全身而退。[④] 普洛科庇烏斯此處所述，似乎就是阿拉伯語和波斯語文獻所見卑路斯發動的前一次對嚈噠戰爭。

2. 又載（I, iv），此後不久，卑路斯爲雪前恥，背棄誓言，在全國範圍內招兵買馬，再次進攻嚈噠。他越過 Gorgo，貪功冒進，終致其本人及諸子均落入嚈噠人所設陷阱而身亡。波斯大軍全軍覆沒，倖存者淪爲階下囚。時在 484 年。波斯國人擁立其子居和多，是爲居和多一世（Kavad I，488—496、498—531 年在位）。波斯從此淪爲嚈噠屬國，進貢長達兩年。[⑤]

（三）阿伽提阿斯（Agathias，約 530—582/594）的《史記》（*The Histories*, IV, xxvii, 4）記載了卑路斯發動的一次對嚈噠戰爭。據載，此役發生於卑路斯在位第二十四年，卑路斯於是役陣亡。他稱嚈噠是“匈人”之一支。[⑥]

（四）莫里斯（Maurice，約 582—602）的《戰略學》（*Strategikon*, IV, 3）則從軍事的角度

① Blockley 1983, p. 347.
② Blockley 1983, p. 349.
③ Blockley 1983, p. 361.
④ Dewing 1914, pp. 13-15.
⑤ Dewing 1914, pp. 21-31.
⑥ Frendo 1975, p. 130.

考察了卑路斯中計陣亡的過程。作者將 Hephthalites 記作 Nephthalites。[①]

（五）忒俄法涅斯（Theophanes Confessor，約 758/760—817/818）的《年代記》（*The Chronicle*）記載了卑路斯發動的前後兩次對嚈噠戰爭。

1. 據載（AM 5967, 474/475 CE），在前一次對嚈噠戰爭中，卑路斯中計被困，不得已向嚈噠王行俯伏之禮，且起誓決不再犯嚈噠。[②] 這應該就是普洛科庇烏斯（I, iii）所述卑路斯發動的第一次對嚈噠戰爭。

2. 該書（AM 5968, 475/476 CE）也記載了卑路斯發動的又一次對嚈噠戰爭，這一次以卑路斯的陣亡告終。[③] 這應該就是普洛科庇烏斯（I, iv）所述卑路斯發動的第二次對嚈噠戰爭。

3. 值得注意的是忒俄法涅斯稱這兩次戰爭發生在同一年。[④] 和莫里斯一樣，忒俄法涅斯稱嚈噠爲 Nephthalite Huns。

（六）尼科弗魯斯·卡里斯圖斯（Nikephoros Callistus，約 1320 年在世）《教會史》（*Historia Ecclesiastica*, xvi, 36）只是簡單地轉述了 Procopius 關於卑路斯發動的兩次對嚈噠戰爭。[⑤]

四

本節略述亞美尼亞語和敘利亞語著述中有關卑路斯和嚈噠關係的記載。

（一）拉扎爾（Łazar，約 442 至公元 6 世紀初）的《亞美尼亞史》（iii. 79, 85, 90, 91）從亞美尼亞人的角度記載了卑路斯發動的一次對嚈噠戰爭。[⑥] 其中提到卑路斯在 Vrkan 集結軍隊，準備征伐嚈噠。作者強調卑路斯一意孤行，導致失敗。卑路斯陣亡後，倖存者逃往 Vrkan，Vrkan 人則逃奔 Asorestan（在美索不達米亞）。[⑦] 亞美尼亞人則乘機要求信仰基督教的自由。[⑧]

（二）喬舒亞（Pseudo-Joshua，約 6 世紀）的《年代記》：

1. 據載（IX），卑路斯對“貴霜人”或“匈人”的戰爭經常得到羅馬人金錢的支援，蓋後者有公元 395—396 年匈人蹂躪羅馬造成破壞的記憶，期待波斯人能阻止蠻族入侵其領土。[⑨]

2. 又載（X），由於得到羅馬人金錢的援助，卑路斯制服了“匈人”，將從“匈人”處奪取的土地加入了自己王國的版圖；但最後他還是被“匈人”俘虜了。希臘皇帝 Zēnōn 聽說此事，用他自己的錢使卑路斯獲得自由，並使卑路斯和“匈人”和好。卑路斯與“匈人”達成了一項條約，即他不會再次穿越其領土與他們交戰。但他一回國就背約，又發動戰爭，他的軍隊

① Dennis 1984, p. 53.
② Mango 1997, p. 188.
③ Mango 1997, pp. 189-190.
④ Mango 1997, p. 189.
⑤ Nikephoros Callistus, 見 YuTsh 2018, pp. 36-40。
⑥ Thomson 1991, pp. 204-205, 213-215, 223, 226-227.
⑦ Thomson 1991, pp. 214-215.
⑧ Thomson 1991, pp. 226-227.
⑨ Trombley 2000, pp. 9-10. 參見 Wright 1882, pp. 7-8。

全部被毀滅和驅散，他本人被活捉。他承諾支付三十頭騾子馱載的銀幣贖命；由於先王的財寶已在此前進行的戰爭中耗盡，他幾乎無法收集滿二十馱載貨物，因而只能留下其子居和多（Ḳawād）爲人質，頂替另外十個馱載。就這樣，他第二次與“匈人”達成協議，承諾決不再戰。①

3. 又載（XI），卑路斯回國後，對整個國家強行徵收了一項人頭稅，給“匈人”送去十馱載銀幣，以交換其子。很快，他又召集一支軍隊進攻“匈人”。戰鬥爆發，雙方混戰。他的軍隊被徹底摧毀，本人不知所終。②

五

關於嚈噠人支持卑路斯奪取君位問題：

伊嗣俟二世死後，卑路斯爲爭奪大位求助嚈噠既見諸多種阿拉伯語和波斯語的文獻，或係史實。通過中外文獻的研究可知，當時的嚈噠人已經在巴克特里亞站穩腳跟。嚈噠王答應出兵助卑路斯爭位，條件是波斯割讓領土，儘管諸書所載不一，但嚈噠對波斯有領土要求則可無疑。

不僅如此，通過有關文獻，還可以窺見嚈噠人另有企圖；這就是迫使波斯稱臣朝貢，也就是通過控制波斯來控制絲路貿易。嚈噠支持卑路斯爭奪君位，並非如太伯里所說，因爲喎沒斯三世施政不善。這對於嚈噠王和卑路斯來說，無非是一個藉口。除了想藉此攫取塔里堪外，嚈噠另有其更深的謀略：意在使卑路斯成爲傀儡，通過他操控波斯政權。

爲什麼卑路斯東逃投奔嚈噠人，而不是西奔羅馬或亞美尼亞？

原因之一是宗教信仰問題。卑路斯是祆教徒，羅馬和亞美尼亞主要信仰基督教，卑路斯西奔得不到理解和支持。相反，嚈噠人進入中亞後，對宗教採取兼收並蓄的態度，至少有一部分人已經接受了祆教。《梁書・西北諸戎傳》稱其人崇拜天神、火神，可以爲證。而如果嚈噠和波斯人信仰不同，卑路斯起誓以規避懲罰就不好理解了。

另外，在波斯人心目中，巴克特里亞地區自古以來就是波斯的一部分，不過是不斷被異族侵佔而已。太伯里曾引用史家Hishām b. Muḥammad的記載稱：“卑路斯打算利用呼羅珊的資源作戰，要求吐火羅斯坦及其臨近地區的人民支持他向Rayy、喎沒斯所在地進軍。”③ 這似乎表明，在卑路斯心目中，他向嚈噠求助，無非是外出尋求勤王的力量。

再者，卑路斯很可能知道嚈噠人一定會對自己的繼承人身份感興趣，因而如太伯里所述，他竭力向嚈噠可汗證明自己是長子，具有法定繼承權。④

---

① Trombley 2000, pp. 10-11. 參見 Wright 1882, p. 8。

② Trombley 2000, p. 11. 參見 Wright 1882, pp. 8-9。

③ Bosworth 1999, pp. 109-110.

④ Bosworth 1999, pp. 106-108.

在另一方面，嚈噠人支持卑路斯奪取君位，是一種深謀遠慮。嚈噠人知道自己沒有力量完全征服波斯，只有通過操縱其君主才能控制這樣一個大國。因此，嚈噠王一次次放卑路斯歸國，除了可以索取贖金外，顯然是不願意失去這樣一位有把柄在握的波斯王中之王。不難設想，484 年那場戰爭中，如果卑路斯不是陣亡而是被俘，嚈噠王還是可能放他生還的。

六

卑路斯即位後一再發動的對嚈噠戰爭，見載於多種語言的文獻。只是由於詳略不同，著重點也不一樣，以致戰爭發動的年代，甚至發動的次數，在學界都存在分歧。以下略述已見：

1. 普利斯庫斯所載的一次波斯—嚈噠戰爭肯定發生於拜占庭皇帝利奧一世（Leo I，457—474 年在位）治期。普利斯庫斯沒有說明戰爭爆發的起因。這次戰爭似乎佔上風的是卑路斯。這一次卑路斯率軍一路東進，一度紮營於 Gorga，在該處接見了拜占庭使臣 Constantius。然後他繼續東進，直至佔領了 Balaam，且於 467/468 年遣使向拜占庭報捷。

2. 普洛科庇烏斯所載波斯—嚈噠戰爭凡兩次。

第一次無疑在拜占庭皇帝齊諾治期，蓋普洛科庇烏斯明載齊諾的使臣隨卑路斯大軍出征。這次征討因卑路斯中伏被困，不得已面對嚈噠王行俯伏之禮，始得以脫身。

第二次以卑路斯陣亡告終，無疑在 484 年。

3. 忒俄法涅斯所載波斯—嚈噠戰爭凡兩次。就情節而言，忒俄法涅斯所載應該就是普洛科庇烏斯所述兩次戰爭。只是忒俄法涅斯聲稱這兩次戰爭發動於同一年，即 475 年，亦即齊諾即位之次年。

既然卑路斯陣亡於 484 年，則忒俄法涅斯的繫年無疑是錯誤的，但不妨認爲普洛科庇烏斯和忒俄法涅斯所載第一次戰爭發動於 475 年。

這樣，依據拜占庭史家的記載，可知卑路斯發動的對嚈噠戰爭凡三次。

4. 但據喬舒亞《年代記》，卑路斯在 484 年和嚈噠作戰陣亡之前，曾兩次被俘。第一次被俘，他被拜占庭皇帝齊諾出錢贖回。第二次被俘，他用三十馱騾子的銀幣自贖。這是非常可能的，亦即在他陣亡之前，甚至就在 484 年，卑路斯還發動過一次對嚈噠戰爭。

5. 阿拉伯語、波斯語文獻僅記載了卑路斯發動的兩次對嚈噠戰爭，亦即上述第一次和第四次對嚈噠戰爭。

據《太伯里史》，在卑路斯即位之初，波斯遭遇了一場持續七年的旱災；由於沒有明確的年代，只能根據太伯里的行文，將旱災大致定在卑路斯治期最初七年間（459—466）。揆情度理，卑路斯發動對嚈噠戰爭，應在這場旱災結束之後，再加上他建造三座城堡的時間，發動這第一次戰爭的時間上限是 468/469 年，亦即利奧一世在位期間。[①]

---

① Frye 1983, esp. p. 146, 認爲卑路斯發動的第一次對嚈噠戰爭在 469 年。

但《太伯里史》的波斯語譯文明確記載，這一場持續七年的旱災發生於卑路斯即位七年之後。如果記載不誤，卑路斯首次發動對嚈噠戰爭的時間有兩種可能：一是在即位後七年之內（459—466），亦即旱災發生之前。另一種可能是在他即位第十四年（473），亦即旱災結束之後不久。儘管無論哪一種可能，均落在利奧一世治期（457—474）之內；但是，還是不能認爲《太伯里史》波斯語譯文的有關記載有助於推出卑路斯發動的對嚈噠戰爭的確切年代。蓋波斯語譯文稱，爲雪前恥，在上一次戰爭之後三或四年，卑路斯便起意再次發動對嚈噠戰爭，爲此備戰一年多。這和卑路斯在所載後一次對嚈噠戰爭中陣亡（484）無法協調。

要之，很可能卑路斯共發動四次對嚈噠戰爭，兹總結如下：

第一次對嚈噠戰爭發生在拜占庭皇帝利奥一世在位時，戰爭起因於嚈噠人向波斯索取貢金。卑路斯因戰況不利，試圖通過假聯姻脱身，因被識破，精英損失慘重。467/468年卑路斯遣使向拜占庭報捷，若不是虛張聲勢，便是企圖得到拜占庭金錢的支援。

其餘各次均發生在拜占庭皇帝齊諾在位時期：

第二次對嚈噠戰爭的結果是卑路斯被俘。這也許就是卑路斯對太陽起誓的那一次。喬舒亞《年代記》稱，卑路斯是被齊諾用金錢贖回的。普洛科庇烏斯則明載卑路斯進軍嚈噠時有齊諾使臣 Eusebius 隨行，再結合喬舒亞《年代記》關於卑路斯對“貴霜人”或“匈人”的戰爭經常得到拜占庭人金錢的支援的記載，似乎波斯和拜占庭曾達成某種契約。看來，卑路斯這次能夠安全返回不僅是起誓那麼簡單。

第三次對嚈噠戰爭的結果是卑路斯再次被俘，以三十馱載銀幣贖命。這次戰爭的年代不明，如果它和第二次或第四次戰爭發生於同一年，或許因此導致忒俄法涅斯繫年失誤。

第四次對嚈噠戰爭以卑路斯陣亡告終。

第四部分　居和多一世與嚈噠

本節主要考察各種文獻所載居和多一世與嚈噠的關係。

一

首先來看希臘一拉丁語文獻的記載：

（一）普洛科庇烏斯《戰爭史》：

1. 卑路斯死後，由其子居和多直接繼位。居和多在此後的兩年内向嚈噠人納貢。（I, iv）[①]

① Dewing 1914, p. 31.

2. 居和多繼位後因施政不善，被貴族廢黜、監禁。波斯人乃立卑路斯之兄弟 Blases 爲君。（I, v）[①]

3. 居和多得其妻之助，越獄投奔嚈噠，娶嚈噠王之女爲妻，因得嚈噠軍隊之力，歸國復辟，Blases 則被刺瞎雙目、囚禁起來。他統治波斯僅二年。（I, vi）[②]

4. 居和多無力償付欠下嚈噠的債款（嚈噠出兵幫助居和多復辟的代價），向拜占庭皇帝阿納斯塔修斯（Anastasius，491—518 年在位）索要。拜占庭人認爲不應支付金錢以鞏固波斯和嚈噠的關係，上策是破壞他們之間的關係。居和多於是發動對拜占庭之戰。（I, vii）[③]

5. 居和多在與拜占庭作戰時，一度得到嚈噠人的幫助。（I, viii）[④]

6. 後來居和多對"匈人"開戰，以至於影響了他和拜占庭之間的戰事，最後不得不簽約講和。（I, ix）[⑤] 波斯和拜占庭簽訂和約後，阿納斯塔修斯在Daras 修城，威脅波斯邊境的安全。但居和多無力阻止，因爲他與"匈人"的戰事久拖未決云云。（I, x）[⑥] 這裏提到的"匈人"或許就是嚈噠人，但也可能另有所指。

（二）阿伽提阿斯《史記》：

1. 卑路斯死後，其兄弟 Blases（Valash）繼位。後者在位四年後，由居和多（Kavad）即位。（IV, xxvii, 5-6）[⑦]

2. 此後居和多一度被廢黜、投入監獄，卑路斯另一個兒子 Zamasp 代立。居和多得其妻之助，越獄投奔嚈噠，娶嚈噠公主，得嚈噠王之助，率軍歸國復辟。（IV, xxviii, 1-4）[⑧]

（三）忒俄費拉克圖斯・西摩卡塔斯（Theophylact Simocatta，7 世紀初在世）《史記》：

卑路斯陣亡，波斯貴族立其子居和多（Kabades）爲君，後居和多因故被廢黜，卑路斯的兄弟 Blases（Valas）被立爲國君。居和多得其妻之助，越獄逃亡嚈噠，得嚈噠人之助復辟。（作者認爲嚈噠是一個"匈人"部落，屬於突厥族）（iv. 6-10）[⑨]

（四）忒俄法涅斯《年代記》：

卑路斯死後，由居和多直接繼位。和普洛科庇烏斯一樣，這位作者也說，居和多因故被廢黜後，由卑路斯的兄弟 Blases（Valas）代立。被投入監獄的居和多得其妻之助，逃亡 Nephthalite Huns。嚈噠王妻以公主，以軍隊助其復辟。（AM 5968, 475/476 CE）[⑩]

（五）尼科弗魯斯・卡里斯圖斯《教會史》：

---

① Dewing 1914, pp. 31-35.
② Dewing 1914, pp. 43-47.
③ Dewing 1914, pp. 49-51.
④ Dewing 1914, pp. 65-67.
⑤ Dewing 1914, pp. 75-77.
⑥ Dewing 1914, p. 81.
⑦ Frendo 1975, p. 130.
⑧ Frendo 1975, p. 131.
⑨ Whitby 1997, pp. 111-112.
⑩ Mango 1997, pp. 189-190.

卑路斯死後，波斯人立其幼子居和多爲主，後因故廢黜之，而立卑路斯另一子 Blases（Vlassos）爲主。居和多得其妻之助，越獄投奔嚈噠，嚈噠王妻以公主，以軍隊助其復辟。可能是爲了支付嚈噠的賠款，居和多向拜占庭借貸，遭拒後發動了對拜占庭的戰爭。（XVI, 36）①

以上各書對於居和多登基的過程記載多有不同，但無一例外，均載居和多登基乃得嚈噠人之助。

二

敘利亞語文獻喬舒亞《年代記》有如下記載：

1. 居和多（Kawad）曾被卑路斯留在嚈噠做人質，後被贖回。卑路斯死，其兄弟 Blases（Balash）繼位。（XIX）②

2. Blases 執政四年後，被貴族廢黜，由居和多取代。（XIX）③

3. 居和多亦因故被廢，由其兄弟 Zamasp（Zamashp）繼位。居和多逃亡嚈噠，在嚈噠娶其姊妹之女。後得嚈噠王軍援復辟。（XXIII-XXIV）④

此書亦載居和多即位得嚈噠人相助。

三

阿拉伯語文獻有如下記載：

（一）太伯里《太伯里史》：

1. 卑路斯死後，由其子Blases（Balāsh）即位。⑤居和多對他的繼位表示異議，便投奔“突厥”可汗，請求可汗給予軍援。在往赴“突厥”的途中，他娶了庫薩和之母。在“突厥”可汗處，他等待了四年。直至他認“突厥”可汗之妻爲母，才得到可汗軍援而歸國奪得君位。⑥

2. 居和多因支持馬資達克信徒，被波斯貴族廢黜，投入監獄，而立卑路斯另一子 Zamasp（或 Jāmāsb，496—498 年在位）爲國君。在其妻的幫助下，居和多越獄投奔嚈噠（Hepththalites），最終得嚈噠王 Abarshahr 之助得以復辟。⑦

3. 居和多僑居嚈噠國時，與一嚈噠人之女結合，生下庫薩和一世。⑧

---

① Migne 1865. 亦見 YuTsh 2018, pp. 36-38。

② Trombley 2000, p. 16. 參見 Wright 1882, p. 12。

③ Trombley 2000, pp. 16-17. 參見 Wright 1882, pp. 12-13。

④ Trombley 2000, pp. 20-22. 參見 Wright 1882, pp. 15-16。

⑤ Bosworth 1999, p. 120.

⑥ Bosworth 1999, pp. 126-127.

⑦ Bosworth 1999, pp. 128-129.

⑧ Bosworth 1999, pp. 135-136.

（二）迪奈韋里《通史》：

1. 卑路斯死後，其子 Blases（Balās）嗣位。Blases 在位四年。Blases 死後，Šūẖar 立卑路斯之子、巴拉士兄弟居和多（Qubāđ）爲王。[①]

2. 十年之後，居和多因支持馬資達克被廢黜、投入監獄，卑路斯之子 Zamasp（Jāmāsf）代立。[②]

3. 居和多得其姊妹之助越獄投奔嚈噠（Hephthalites），尋求嚈噠王之助。嚈噠王出兵三萬，助其復辟。居和多逃亡嚈噠時，途經 Ahwāz，得娶美妻，即庫薩和之母。居和多率嚈噠軍回國，寬恕了 Zamasp。[③]

（三）優提基烏斯《年代記》[④]：

1. 卑路斯身後二子居和多（Qabād）和 Blases（Balābis）爭位，失敗者居和多逃亡“突厥”（即嚈噠），求其可汗出兵助其奪位。（16.9）

2. Blases 統治四年後去世，居和多在“突厥”（嚈噠）處四年，得其可汗支持，歸國即位。（16.10）

3. 作者也談到因受馬資達克（Marzīq）利用，居和多遭到波斯人反對，但沒有提及他被廢黜、越獄和投奔嚈噠爭取軍援復辟之事。（17.12）

居和多被廢黜原因各不相同，但衆口一詞，都說他得登大位乃嚈噠人之助。

四

波斯語文獻有如下記載：

（一）菲爾道西《列王詠》所載要點如下：

1. 據載，卑路斯（Pírúz）最後一次出征嚈噠（Haitálian）時，居和多（Kubád）則隨軍出發，而以另一王子巴拉士（Balásh）留守，結果卑路斯陣亡，而居和多被俘。巴拉士繼位。[⑤]因貴族 Súfarai 挺身而出，率軍抵達木鹿附近的 Kashmíhan，決心和嚈噠開戰，嚈噠王也陳兵 Baigand（即昆都斯）。結果是波斯和嚈噠簽訂和約，居和多得以返回波斯。四年後，巴拉士讓出君位。[⑥]

2. 居和多被廢黜，因爲他殺了功臣 Súfarai。居和多被廢黜後，其弟伽瑪斯普（Jámásp）代立。[⑦]居和多得 Súfarai 之子相助，逃亡嚈噠，途中經由 Ahwáz 城時娶了庫薩和（Núshírwán）

① Bonner 2010, p. 364.

② Bonner 2010, pp. 368-369.

③ Bonner 2010, p. 369.

④ Pearse 2015-16.

⑤ Warner 1915, pp. 173-176.

⑥ Warner 1915, pp. 176-182.

⑦ Warner 1915, pp. 188-197.

之母。[①] 居和多求助嚈噠王，後者不僅出資，還出兵三萬助其復辟，而索要石汗那（Chaghán）作爲報酬云云。[②]

（二）米爾孔德《清淨的花園》所載要點如下：

1. 卑路斯身後由其子巴拉士（Bellâsh）繼位。居和多逃亡“突厥”，避難期間，巴拉士去世，居和多歸國即位。[③]

2. 嗣後，居和多因支持馬資達克教徒遭廢黜，並被投入監獄，由其兄弟伽瑪斯普（Jâmasp）繼位。他得其姊妹之助，越獄成功，投奔嚈噠。

3. 居和多得到嚈噠人三萬軍隊的支援歸國復辟。沒有提到嚈噠王索要石汗那作爲報酬。[④]

（三）《太伯里史》的波斯語譯要點如下：

1. 在卑路斯死後，Souferaï 率軍對抗嚈噠，索回卑路斯的遺體、俘虜和財物等，扶卑路斯之子 Balâsch 爲國君，居和多逃亡“突厥”可汗處，得到軍援，歸國奪取君位。[⑤]

2. 嗣後，居和多因支持馬資達克教徒被貴族廢黜，投入監獄，由伽瑪斯普（Djâmâsp）繼位。他成功越獄，再次投奔“突厥”，在那裏居住了五年後，得到三萬人的軍援，回國復辟。[⑥]

三種波斯語資料異口同聲說居和多是得到嚈噠人相助才得以登基或復辟的，和《太伯里史》一樣，後兩者也稱居和多得嚈噠人相助不止一次。

五

通過以上對各種語文史料的梳理，可知當時薩珊帝國和嚈噠之間最主要的關係就是居和多得嚈噠人相助奪取君位，其背景則是卑路斯去世後波斯國內的鬥爭。這種鬥爭的複雜性是上引各種語文史料記載出入很大的關鍵原因。

1. 卑路斯身後，究竟由誰繼位，各史記載不一，主要有兩說：一說由居和多直接繼位，另說由巴拉士（Balash）繼位。

在希臘—拉丁語作者中，主前說者爲普洛科庇烏斯、忒俄法涅斯、忒俄費拉克圖斯・西摩卡塔斯和尼科弗魯斯・卡里斯圖斯。主後說者爲阿伽提阿斯，繼位者記作 Valash。

敘利亞語文獻喬舒亞《年代記》亦主後說。阿拉伯語作者如太伯里、迪奈韋里和優提基烏斯均主後說。波斯語文獻菲爾道西《列王詠》、米爾孔德《清淨的花園》和《太伯里史》的波斯語譯均認爲卑路斯是由巴拉士繼位的。由此可見，記載居和多直接繼位者僅三種希臘—拉丁語文獻。其餘各種資料均未載卑路斯由居和多直接繼位。

---

① Warner 1915, p. 197.

② Warner 1915, pp. 197-198.

③ Rehatsek 1892, pp. 367-368.

④ Rehatsek 1892, pp. 369-371.

⑤ Balʿami 1869, pp. 142-144.

⑥ Balʿami 1869, pp. 149-152.

2. 除居和多外，Blases 的身份亦有兩說，一說是卑路斯的兄弟，一說是居和多的兄弟。

希臘—拉丁語文獻均主前說。只是普洛科庇烏斯、忒俄費拉克圖斯·西摩卡塔斯、忒俄法涅斯作Blases，而阿伽提阿斯作Valash，尼科弗魯斯·卡里斯圖斯作Vlassos。數者均指同一人。

敘利亞語文獻喬舒亞《年代記》稱卑路斯的直接繼位者是其兄弟 Balash。

《太伯里史》、迪奈韋里《通史》和優提基烏斯《年代記》均稱卑路斯的直接繼位者是卑路斯之子，其名三者分別作 Bālāsh、Balās 和 Balābis。

波斯史料菲爾道西《列王詠》、米爾孔德《清淨的花園》和《太伯里史》的波斯語譯說同阿拉伯語史料。

3. 居和多被廢黜後之繼位者及其身份，記載亦不盡相同。一說卑路斯之子，一說卑路斯之兄弟。

阿伽提阿斯和尼科弗魯斯·卡里斯圖斯均以爲代立者爲卑路斯之子，其名兩者分別作 Zamasp 和 Vlassos。其餘幾位希臘—拉丁語作者則指代立者爲卑路斯之兄弟 Blases。

敘利亞語文獻喬舒亞《年代記》則以爲代立者爲卑路斯之兄弟 Jamashp。

《太伯里史》、迪奈韋里《通史》以爲代立者爲居和多之兄弟，其名分別作 Jāmāsb、Jāmāsf。

波斯史料菲爾道西《列王詠》、米爾孔德《清淨的花園》和《太伯里史》的波斯語譯說同阿拉伯語史料。

關於卑路斯之後，薩珊帝國繼位之爭的具體過程，各種語文資料的記載莫衷一是，時至今日，已經很難一一辨明。

例如：凡認爲居和多因隨卑路斯大軍出征而被俘，直至波斯大臣和嚈噠王簽訂和約後才得以歸國的史家（如太伯里），顯然願意接受由卑路斯之兄弟繼位的說法。而認爲卑路斯去世時，居和多在國內留守的史家（如普洛科庇烏斯），都接受居和多直接繼位的說法。這也許是在由誰直接繼承卑路斯這個問題上，史家各執一詞的原因。

以上考述無非想表明卑路斯身後，薩珊帝國內部曾出現複雜的政爭，其核心自然是君位。這可以視爲居和多時期，波斯和嚈噠關係的背景。

六

按照上面的引述，可見居和多和嚈噠關係最主要的內容就是這位波斯君主曾亡命嚈噠，得嚈噠人相助奪取君位。換一個角度，就是嚈噠人繼續操縱薩珊波斯帝國君位之爭。

居和多得嚈噠相助，一說凡兩次，一次是登基，另一次是復辟。另說只有一次，得嚈噠相助復辟。

阿拉伯語史家均主前說。既然居和多和巴拉士是兄弟，奪位之爭在兄弟之間展開合情合理，也許這正是這些文獻記載居和多第一次出亡嚈噠的原因。這等於重演了卑路斯奪位一幕。

於是，當居和多即位後因支持馬資達克而遭貴族廢黜時，便有了居和多再次得到嚈噠相助得以復辟的故事。

波斯語文獻除《列王詠》外，所載和阿拉伯語文獻相似。《列王詠》儘管也認爲繼位者是居和多的兄弟，但未載居和多得嚈噠相助奪位之事。值得注意的是，阿伽提阿斯儘管也認爲卑路斯死後，繼位者是居和多之兄弟，但並未提及嚈噠人助其奪位之事。

要之，我們不妨認爲，卑路斯死後，由其兄弟繼位（484），四年後（488），被廢黜（一說去世），即位者爲居和多。八年後（496），因支持馬資達克教徒，居和多被廢黜，投入監獄，其兄弟代立。居和多越獄投奔嚈噠，得嚈噠人之助復辟（498）。這是居和多與嚈噠關係的主要情節。

鑒於我們所掌握的史料的性質，嚈噠人究竟是相助居和多登基還是復辟，是一次還是兩次，在根本上不影響我們討論居和多與嚈噠的關係。

七

居和多和嚈噠人的關係的核心是居和多藉助嚈噠人的力量爭奪君位。這和其父卑路斯的行徑如出一轍。

前文在討論卑路斯逃亡嚈噠時指出，作爲王子的卑路斯之所以逃往嚈噠，而不是拜占庭或其他國家，很可能是因爲嚈噠人和波斯人有共同的宗教信仰。在此則重點說一說事情的另一面，嚈噠人爲什麽熱衷於幫助波斯貴族爭奪君位。

毫無疑問，通過借兵相助奪位，可以得到割地和賠款。正如卑路斯割讓塔里堪，居和多也答應將石汗那割讓給嚈噠；而父子均曾用金錢回報嚈噠王的相助。這些都表明嚈噠人的軍援不是無償的。

居和多的情況和卑路斯有所不同，指出這一點能更好地說明問題：居和多曾有一段時間生活在嚈噠人中間。一說，卑路斯發動對嚈噠戰爭失利被俘，以金錢自贖，但數量不足，居和多曾被作爲人質留在嚈噠，直到其父湊足贖銀才得以回國。另說，居和多在 484 年卑路斯陣亡的那次戰役中被俘，後來因波斯貴族 Súfarai 挺身而出，迫使嚈噠王簽訂和約才得以回國。不管怎樣，居和多在登基前曾在嚈噠待了一段時間。但是，殺父之仇，加上作爲人質或俘虜的遭遇，似乎並沒有使居和多仇恨嚈噠人，一旦情況緊迫，投奔嚈噠還是他的首選。這不是宗教信仰相同能夠說明的。唯一合理的解釋，是嚈噠人認爲居和多奇貨可居，在居和多滯留嚈噠國期間曾刻意籠絡，下足功夫結納。最能說明問題的是，在居和多被廢黜流亡到嚈噠後，嚈噠王竟妻以公主。

由此可以推測，除割地賠款外，嚈噠人還有更大的謀圖：通過對波斯統治者的操縱來控制波斯這樣一個大國。漢語史料的相關研究表明，通過扶植親嚈噠政權控制和統治中亞是嚈噠人一貫的做法。[①] 現在這種情形又出現在它和波斯的關係中。除了借兵相助卑路斯父子奪位之外，嚈噠人的這一企圖還體現在以下幾個方面：

1. 卑路斯一再發動對嚈噠戰爭，但嚈噠人在戰勝波斯軍後，並沒有趕盡殺絕，而是在滿足提出的條件後，放卑路斯回國。

2. 卑路斯陣亡後，波斯貴族 Súfarai 率軍挑戰。其時嚈噠勢力正盛，嚈噠王卻沒有和 Súfarai 對抗，主動提出議和，交回卑路斯遺體，釋放俘虜，交出戰利品，使得 Súfarai 體面凱旋。

3. 嚈噠人不是慈善家，他一再對波斯君主寬大，一定有實際利益在。囿於史料，我們不得其詳而知。可以肯定的也許只是冰山一角。例如，卑路斯用以自贖的三十馱騾子的銀幣等。Súfarai 完勝而歸，應該也是表象，嚈噠王和 Súfarai 之間簽訂的和約中應有納貢的條款。普洛科庇烏斯（I, iv）明確記載，卑路斯去世後，繼位的巴拉士向嚈噠人納貢二年。[②] 而居和多復辟後，也曾因爲無力清償嚈噠人的款項，求助於拜占庭遭拒，導致和拜占庭的戰爭。這已清楚地說明了嚈噠支持居和多復辟的實質。中國境內業已發現若干薩珊銀幣上打有嚈噠的印記，這些銀幣很可能就是薩珊波斯向嚈噠繳納的貢品。[③]

4. 502—506 年，據普洛科庇烏斯（I, vii-viii），爲了支付欠嚈噠的錢，居和多向拜占庭皇帝阿納斯塔修斯一世索取，遭拒後，雙方爆發戰爭。[④] 波斯和拜占庭交惡，亦嚈噠人所樂見。居和多和拜占庭作戰時，嚈噠人曾出兵助戰，犧牲了 800 人。[⑤] 一年後因波斯東部動蕩，居和多不得不停止和拜占庭的戰爭，但這動蕩未必是嚈噠引起的。因爲波斯和拜占庭停戰未必符合嚈噠人的利益。

嚈噠人採取以上措施，表明嚈噠人深深懂得其最大利益所在。波斯是大國，嚈噠不可能徹底征服之，而長期對抗也弊多利少，乘勝簽約，迫使波斯割地賠款才是上策。

第五部分　庫薩和一世與嚈噠

本節主要考察各種文獻所述庫薩和一世（531—579 年在位）與嚈噠的關係。一般認爲，庫薩和一世與新興的突厥聯手滅亡了稱霸中亞一個多世紀的嚈噠汗國。這段歷史僅見諸阿拉伯語和波斯語記載；但這些記載詳略不一，且互相矛盾；因此，這一過程目前只能臚列其可能性，推測其大概。

---

① YuTsh 2012, pp. 157-174.

② Dewing 1914, p. 31.

③ XN 1974.

④ Dewing 1914, pp. 49-51.

⑤ Dewing 1914, pp. 65-67.

二

1. 嚈噠被波斯和突厥聯手滅亡說的主要依據來自阿拉伯語史籍，而記載最詳盡的是太伯里。但是，只要我們仔細分析太伯里等人的記載，不能不得出結論：嚈噠主要亡於突厥，波斯可能只是起了輔助作用，甚至可以說波斯只是突厥和嚈噠衝突的獲益者。

據《太伯里史》，當時的突厥可汗是 Sinjibū。太伯里贊他堅強、勇敢，兵多將廣。正是這位可汗戰勝了嚈噠人，殺死了嚈噠王 Wazr，消滅了嚈噠軍隊，佔領了除庫薩和一世所佔以外全部的嚈噠領土。值得注意的是，《太伯里史》接著記載，庫薩和一世欲雪其祖卑路斯之恥而用兵嚈噠，因此前已聯姻突厥，"出發前庫薩和寫信給可汗，告訴可汗他的行止，吩咐可汗向嚈噠進兵。他則進擊嚈噠，殺其王，屠其族。他穿越 Balkh 以及河外地區，駐軍拔汗那"。這和此前的記載自相矛盾。很顯然，嚈噠王既死於突厥人之手，便不可能再被庫薩和所殺。這應該是因太伯里依據的史料是自相矛盾的，而太伯里沒有給予必要的說明。至於戰後庫薩和進駐拔汗那，這顯然不是一次軍事行動，只是爲了迎娶突厥可汗之女。①

顯然，僅僅依據《太伯里史》，我們不能清晰地描述波斯和突厥聯手滅亡嚈噠的過程。

2. 據迪奈韋里《通史》，突厥可汗 Sinǧibū 向呼羅珊進軍，一路佔領了柘支（Šāš）、拔汗那（Farġāna）、薩末鞬（Samarkand）、佉沙（Kišš）和那色波（Nasaf 或 Našaf）等地，最後進駐捕喝（Buẖārā）。庫薩和則派遣軍隊進入嚈噠的領土，征服了吐火羅斯坦、謝颶（Zābulistān）、迦布羅（Kābulistān）和石汗那（Ṣiġānīyān）。②石汗那即《大唐西域記》卷一所見赤鄂衍那，地望難以確定，但很可能在鐵門之南，屬吐火羅斯坦。

在此，迪奈韋里明確記載，庫薩和率軍進入嚈噠領土，征服了阿姆河南岸原嚈噠的領土；突厥則是進軍阿姆河以北，征服的地區也全部在河北。這似乎表明，在對嚈噠開戰前雙方有明確分工。

依據迪奈韋里，拔汗那（Farġāna）無疑爲突厥所佔。因此，太伯里所載庫薩和拔汗那之行只是爲了迎娶突厥可汗之女。

3. 優提基烏斯《年代記》（ch. 17）也記載了突厥和波斯聯手滅亡嚈噠事。③但是，其文本學界似乎有不同的解讀：

一種釋讀爲：庫薩和一世率軍征討嚈噠，爲其祖卑路斯復仇。"他已與該可汗聯姻，故致函可汗，通知他已抵達［嚈噠領土］，且會在他［可汗］來到之前攻入嚈噠領土。於是，他突襲嚈噠人。這位［波斯］王殺死了他［嚈噠王］。Balkh 和呼羅珊周圍均落入 Anūshirwān（即庫薩和一世）之手。他進駐拔汗那，與大可汗之女完婚。"④

---

① Bosworth 1999, pp. 152-153.

② Bonner 2010, pp. 371-372.

③ Pearse 2015-16.

④ Pearse 2015-16.

另一種釋讀爲：庫薩和一世欲攻嚈噠，“以復其祖卑路斯之仇，乃先同（突厥）可汗聯姻。庫薩和——居和多之子——將他進軍的消息函告可汗，請求他（可汗）在他到達之前就向嚈噠進軍。於是，他（可汗）來到（嚈噠）那裏，殺死其王，並將Balch，包括其中和其後呼羅珊的一切，都移交給Anōšarvān（庫薩和一世）。後者則駐軍於拔汗那，與大可汗之女完婚”①。

兩種釋讀的分歧在於前者認定阿姆河南岸的嚈噠人領土是庫薩和征服，嚈噠王是庫薩和所殺，後者則以爲佔領阿姆河南岸嚈噠領土者是突厥，嚈噠王亦突厥所殺。

4. 據馬蘇迪《黃金草原》(ch. 24)② 記載，在突厥可汗出兵之前，庫薩和已經出兵吐火羅斯坦，“Anouchirwân（庫薩和一世）越過了Balkh河（Transoxiane），完成了到Khottolàn③ 的遠征；他殺死了嚈噠（Heyatilites）王Akhochnawaz，爲他的祖父卑路斯報了仇，並征服了他的王國，將它併入波斯帝國”。Khottolàn（Khuttal、Khuttalān）應即《大唐西域記》卷一所見珂咄羅。④ 其地在Vakhsh河以東至Panj河之地。⑤

質言之，馬蘇迪的記載和迪奈韋里比較一致。和後者相比，差別在於馬蘇迪明確記載嚈噠王死於庫薩和一世之手，也可以說如果接受馬蘇迪的記載，上述對優提基烏斯的第一種釋讀是正確的。

歸納以上阿拉伯語文獻的記載，薩珊帝國庫薩和一世確與突厥可汗Sinjibū合謀進攻嚈噠，且在軍事行動之前雙方已決定聯姻。當庫薩和赴費爾干那（Farġāna）迎娶突厥公主時，嚈噠汗國已不復存在。但是，具體過程有分歧：

嚈噠在阿姆河北岸的領土無疑是突厥所攻佔。但嚈噠在阿姆河南岸的領土有兩說，一說是波斯所攻佔，另說是突厥攻佔後轉交波斯。嚈噠可汗之死亦有死於波斯人和突厥之手兩說。應該指出的是，嚈噠的統治中心一直在吐火羅斯坦，只有當其地被波斯和突厥聯軍佔領後，嚈噠汗國才在真正意義上宣告滅亡。

儘管如此，嚈噠亡國後，阿姆河南岸爲波斯所佔，北岸爲突厥所佔，是可以肯定的。這就是說，突厥和波斯共謀嚈噠，以阿姆河爲界劃分勢力範圍。蓋河南吐火羅斯坦等地早在阿喀美尼王朝時已歸屬波斯，將河南歸屬薩珊帝國在情理之中。

總之，阿拉伯語史家在一些問題上含糊不清，給後人留下了疑團。

二

1. 記載嚈噠（Haital）汗國滅亡過程的波斯語史料首推菲爾道西的《列王詠》。

---

① Altheim 1962, p. 139.

② Barbier de Meynard 1863.

③ Barbier de Meynard 1863, pp. 151-241, esp. p. 203.

④ JXJ 1985, p. 111.

⑤ Minorsky 1970, p. 359.

據菲爾道西，滅亡嚈噠的是“秦（Chín）”可汗。他敘述了“秦”可汗和嚈噠人之戰。

詩人贊賞“秦”可汗的實力：其聲譽直抵紀渾河。駐軍 Gulzaryún，連營至 Chách。Gulzaryún 地望不明，一說乃指今錫爾河。Chách 或即中國史籍所見“者舌”（今塔什干）。“秦”可汗爲結好庫薩和，備厚禮遣使前往波斯。途徑嚈噠（Haitálians）領土（自粟特直至紀渾河）。守將 Ghátkar 獲悉“秦”可汗欲結好庫薩和，認爲這將不利於嚈噠，使嚈噠腹背受敵，於是他殺死“秦”可汗的使者，劫奪禮物。“秦”可汗得悉使臣被殺，立即自 Káchár Báshí 調兵遣將，傾國出動，役屬諸國均日夜兼程趕往 Chách 和 Gulzaryún，Khutan 成了空城。Ghátkar 亦從 Balkh、Shaknán、Ámwí、Zam、Khatlán、Tirmid 和 Wísagird 徵兵、徵糧，紮營於布哈拉。“秦”可汗大軍在 Mái 和 Margh 集結，與嚈噠人決戰於布哈拉（Bukhárá）。結果是嚈噠人敗績。石汗那（Chaghán）人 Fagháních 取代 Ghátkar，成了嚈噠新領袖，由於走投無路，只能投奔薩珊。（III, § 4）①

因卑路斯被嚈噠人殺害，波斯和嚈噠有仇。儘管如此，嚈噠被“秦”可汗打敗的消息傳到波斯，庫薩和一世似乎並沒有因此感到高興，反而對“秦”可汗的強大憂心忡忡。他和大臣們廷議，如何對付屯兵 Chách 的“秦”可汗。他認爲真正值得警惕的不是嚈噠，而是“秦”可汗。儘管波斯大臣怯戰，但庫薩和還是決定出兵呼羅珊，不許“秦”可汗和嚈噠人在波斯領土上祈禱。於是，波斯大軍從 Madá'in（泰西封）出發，直指 Gurgán。（III, § 5）②

波斯大軍直奔粟特方向“秦”可汗的所在。“秦”可汗亦已準備迎戰，自信能夠直搗波斯本土，但最終接受了祭師的勸告，決定和庫薩和一世講和，乃遣使致函。信中炫耀戰勝嚈噠的武功，但表達了修好的意願。庫薩和一世復函“秦”可汗，表示願意修好。“秦”可汗復函庫薩和一世，建議聯姻，嫁女給庫薩和一世。最後，庫薩和一世迎娶了“秦”可汗之女。（III, § 6-9）③

在菲爾道西筆下，嚈噠之亡全是“秦”可汗所爲，波斯並未出動一兵一卒。庫薩和一世僅在嚈噠亡國後才出兵呼羅珊，卻主要是爲了對付“秦”可汗。

另外，菲爾道西沒有提到“秦”可汗征服阿姆河南岸，但是，從字裏行間，似乎可以找到證據，阿姆河南岸也是“秦”可汗征服的。

證據之一：菲爾道西稱，“秦”可汗和嚈噠將領 Ghátkar 大戰前夕，貴霜人和粟特人一起爲這場戰事的後果擔憂。（III, § 4）此處“粟特”無疑指阿姆河北岸嚈噠領土，而“貴霜”應指阿姆河以南的嚈噠領土。後者曾是貴霜王朝的統治中心，一直被波斯人稱爲“貴霜”。

證據之二：波斯大臣廷議如何對付“秦”可汗時提到，已被“秦”可汗佔領的“貴霜”本來就是波斯的領土。（III, § 5）這似乎表明，當時“貴霜”即阿姆河南岸的嚈噠領土已經被“秦”可汗所佔。

① Warner 1905, pp. 329-333.

② Warner 1905, pp. 333-337.

③ Warner 1905, pp. 342-349.

由此可見，“秦”可汗和嚈噠人的戰場不分河南河北。質言之，“秦”可汗同時出兵阿姆河兩岸的可能性不能排除。或者在河北摧毀嚈噠主力後，立即渡河南下，佔領吐火羅斯坦。

綜觀以上菲爾道西的描述過程，嚈噠是“秦”可汗所滅，波斯事實上並未插手。只是在嚈噠被滅後，“秦”可汗氣焰囂張，庫薩和一世才出兵，以防“秦”可汗入侵波斯。

至於所謂“秦”可汗，無疑就是新興的突厥可汗。菲爾道西曾指稱柔然可汗爲“秦”可汗，可以佐證。“秦”，至少在菲爾道西的筆下乃指控制西域的塞北強大的遊牧政權。

2. 米爾孔德《清淨的花園》則記載“秦”可汗攻佔了嚈噠領土爲費爾幹那、撒馬爾罕、布哈拉和庫什（Kush）。而當庫薩和一世命其子率軍抵擋時，可汗立即撤軍，放棄所佔土地。無疑，“秦”可汗放棄的只是阿姆河南岸的嚈噠領土。質言之，《清淨的花園》所載和菲爾道西十分接近，可以參看。[①]

3.《太伯里史》的波斯語譯則稱：因嚈噠王曾殺死卑路斯，且征服了吐火羅斯坦和噶吉斯坦，庫薩和一世欲進軍巴爾赫，殺死嚈噠王。嚈噠與突厥接壤，一向和睦相處。庫薩和一世乃設法與突厥可汗聯姻，離間兩者的關係。終於，突厥可汗派出大軍進攻巴爾赫，而庫薩和一世亦親征嚈噠，殺死其王，奪其財寶，蹂躪其領土，復經費爾幹那歸國。[②]

有意思的是，這裏說波斯和突厥聯姻是波斯主動，目的是離間突厥和嚈噠。

三

綜觀以上阿拉伯和波斯史料關於嚈噠覆亡的記載，矛盾之處不少。按之情理，我認爲以菲爾道西所載最接近事實。

菲爾道西寫《列王詠》乃爲波斯人張目，詩中隻字未及庫薩和一世進攻嚈噠，殺死嚈噠王，當是事實。而所謂波斯和突厥聯手滅亡嚈噠，起意於突厥欲結好波斯，共謀嚈噠。此舉自然不利於嚈噠。因此其使者被殺、禮物被奪。於是，突厥起兵討伐。很可能在阿姆河北摧毀嚈噠主力後，突厥人便掉頭南下，渡河直搗嚈噠國都，殺死嚈噠王。也可能是同時出兵阿姆河南北，嚈噠首尾不能相顧，終於亡國。

突厥可汗乘得勝之威，一度覬覦波斯本土，終因庫薩和一世及時整軍開赴東境，突厥可汗自覺力量不逮，及時刹車。嚈噠新亡，阿姆河南北廣大土地，一時難以全面控制，突厥可汗只能將河南之地交付庫薩和，以示兩國交好。

對於薩珊波斯而言，嚈噠稱得上是它的世仇。但在庫薩和一世時期，嚈噠國力已經開始走下坡路，對薩珊的威脅很小，而真正對波斯有威脅的是新興的突厥。如果結好突厥，和突厥一起，從東西兩面鉗制嚈噠，對於波斯而言是上策。嚈噠的存在，可以成爲波斯和突厥之間的一

① Rehatsek 1892, p. 371.

② Belʻami 1869, pp. 161-162.

個緩衝。這種對新興的突厥的擔憂，很可能使波斯對聯手突厥滅亡嚈噠持消極態度。知道突厥將嚈噠的有生力量徹底摧毀之後，庫薩和一世才派出大軍。其動機不僅僅是分一杯羹，更重要的是要向突厥顯示自己的力量，遏阻突厥進一步西進。嚈噠剛滅，對於突厥來說，一時無力再西向擴張，於是和波斯媾和，將所佔阿姆河南岸的嚈噠領土轉交波斯以示好。

如果以上理解可以接受，則各種資料的矛盾可以得到調和：

1.《太伯里史》本身的矛盾可以這樣解釋：太伯里只是說，突厥可汗佔領了庫薩和佔領之外全部嚈噠領土，並未明確記載突厥是否進兵阿姆河南岸亦即後來被波斯所佔嚈噠領土。因而，依據其記載，既可以認爲波斯所佔嚈噠領土是庫薩和一世攻取的，又很難完全排除突厥曾進軍阿姆河南岸，只是在嚈噠汗國滅亡後，才將河南領土交付波斯的可能性。所謂突厥可汗佔領了庫薩和佔領之外全部嚈噠領土，只是最後的結果。突厥可汗佔領阿姆河兩岸嚈噠領土後，爲了示好庫薩和，將河南移交波斯，而阿姆河南岸嚈噠餘衆完全可能立新主，揭叛旗，遂遭庫薩和鎮壓。

2.《太伯里史》的波斯語譯稱嚈噠王死於波斯人之手或者是爲了消除《太伯里史》的矛盾。當然，也可能被庫薩和一世所殺嚈噠王，是嚈噠餘衆在其國被突厥破滅後另立的新主。

至於突厥和波斯聯盟究竟是哪一方主動？我認爲儘管波斯不會坐視嚈噠和突厥聯手，但時過境遷，一個走下坡路的嚈噠是不足爲懼的。當時，真正能夠對波斯構成威脅的是新興的突厥，而不是嚈噠。即使庫薩和主動向突厥示好，以離間突厥和嚈噠的關係，也還是不願意看到嚈噠滅亡後突厥直接和波斯接壤的局面。如果突厥和波斯聯盟是波斯起意，很難說是爲了和突厥聯手滅亡嚈噠，而僅僅是爲了避免昔日柔然支持嚈噠進犯波斯的局面重現而已。

3. 迪奈韋里明確記載了嚈噠國家滅亡後薩珊波斯佔有的領土，這樣的記載仍無妨認爲庫薩和所佔位於阿姆河南岸的嚈噠領土，是突厥攻佔後轉交給波斯的。蓋迪奈韋里並沒有記載庫薩和具體的軍事行動，也沒有記載嚈噠王死於庫薩和一世之手。

4. 關於優提基烏斯《年代記》記載的兩種釋讀，無疑後一種是正確的。《太伯里史》的波斯語譯亦稱進攻巴爾赫的是突厥。

5. 對於馬蘇迪的記載，不妨這樣理解，庫薩和是從突厥可汗手中接收嚈噠在阿姆河南岸主要領土後再東向拓展直至噴赤河流域的。被殺死的嚈噠王應該是嚈噠餘衆所擁立之新主，其名 Akhochnawaz，亦作 Akhshunwar，不過是粟特語“王”的音譯，並非特定人物之專稱。也就是說這位被庫薩和一世殺死的嚈噠王和其父祖所遇見的 Akhshunwār（Āẖšuwān）不是同一個人，也不是《太伯里史》所載被突厥可汗殺死的 Wazr。

6. 同爲波斯語史料，Mirkhond 的記載和菲爾道西基本一致。

要之，種種矛盾歸結起來，就是波斯人和突厥人在嚈噠覆亡過程中所起的作用問題。較合理的解釋應該是，阿姆河兩岸嚈噠的主要領土均由突厥攻佔，作爲突厥盟國的波斯，在嚈噠滅亡的過程中只是起了輔助作用。

事實上，儘管庫薩和迎娶了突厥可汗之女，突厥可汗讓出了他所佔阿姆河南岸的嚈噠領土，但是波斯和突厥很快就面臨衝突。

四

至於嚈噠汗國破滅的時間，歷來有不同看法。① 今綜合各種原始史料，參考有關諸說，申述如下：

1. 據歐格里烏斯（Evagrius）《教會史》②（V, 1），558 年阿瓦爾人因被突厥驅逐，西逃至於黑海，致函拜占庭皇帝查士丁尼（Justinianus I，527—565 年在位），以求庇護。這可以旁證嚈噠之亡在 558 年或之前。③

今案：西史所謂阿瓦爾，無疑即漢文史料所見悅般，原居伊犁河、楚河流域，因不堪柔然侵擾，已於 550 年左右放棄故地西遷。④ 由此可見，當突厥興起時，阿瓦爾即悅般之居地應在嚈噠之西。558 年阿瓦爾西逃，可見此前嚈噠汗國已經崩潰。

而據中國正史，突厥興起後，其首領土門於 552 年發兵擊破柔然；柔然可汗阿那瓌自殺。土門死，子科羅立；科羅死，弟俟斤立，號木杆可汗。木杆於 555 年滅亡柔然汗國，突厥西境遂同嚈噠鄰接，緊接著就滅嚈噠。於是，周明帝二年（558）成爲嚈噠朝貢中原王朝的最後年份（《周書・異域傳》）。當嚈噠使臣抵達周都時，其本國已經破滅。這和西史的記載可謂若合符契。⑤

至於彌南所載突厥於 562 年發動的對嚈噠戰爭（4.2: Exc. de Sent. 3）⑥，應該是對嚈噠餘衆的掃蕩。

2. 據彌南，僞阿瓦爾人於 558 年行抵阿蘭族（Alans）境，並致使拜占庭請求避難之地。（5.1: Exc. de Leg. Gent）⑦ 而據忒俄費拉克圖斯・西摩卡塔（Theophylact Simocatta）記載，598 年，突厥可汗遣使莫里斯（Maurice）皇帝，呈一函炫耀其戰績。這位可汗曾戰勝 Abdeli 族（應卽嚈噠）之主，乘戰勝之威，征服了 Avar 和 Ogur。Ogur 有部分逃亡歐洲，行抵高加索時，以阿瓦爾自居。忒俄費拉克圖斯・西摩卡塔稱這些西逃的 Ogor 人爲僞阿瓦爾人。（VII, 7-14）⑧ 由此亦可見，在征服柔然之後，突厥依次征服嚈噠、阿瓦爾和僞阿瓦爾。僞阿瓦爾人既在 558 年逃亡抵達拜占庭境，則嚈噠之亡，必定在 558 年之前。

---

① YuTsh 2012, pp. 126-138.
② Walford 1846, p. 246. Whitby 2000, pp. 255-256.
③ Haussig 1953, esp. pp. 370-371; Haussig 1969, p. 260.
④ YuTsh 2016, pp. 307-340.
⑤ Uchida 1988, esp. pp. 434-438.
⑥ Blockley 1985, pp. 45-47.
⑦ Blockley 1985, p. 49.
⑧ Whitby 1997, p. 189.

第六部分　結束語

一

薩珊波斯和嚈噠汗國的關係歷時一個多世紀。其間幾經起伏，但嚈噠未能侵佔波斯本土，其兵鋒最西不過抵達呼羅珊。而直至居和多一世即位，薩珊波斯也一直未能征服嚈噠，收復它認爲的故土巴克特里亞等地。

薩珊波斯的主要利益在於同羅馬爭奪地中海特別是小亞等地區的霸權。爲此，它需要一個安定的東部邊疆。嚈噠的崛起難免使波斯的西進計劃受到掣肘。征服嚈噠，一勞永逸消除來自東方的威脅，始終是薩珊列帝的目標，但未能如願。

對於嚈噠而言，它的西方是歷史悠久的大國波斯，東方是中國塞北強大的遊牧政權。它立國以來便身處東西兩強之間，深諳不可陷於東西兩面作戰困局的道理，力求至少結好其中一方。具體而言，它的東鄰最初是柔然，此後便是突厥。

嚈噠和柔然是主從關係——嚈噠役屬柔然。它進入中亞後，一度還充當柔然的馬前卒，進軍波斯，爲柔然火中取栗。此後，雙方不僅從未以兵刃相見，還互通婚姻。柔然的叛臣高車，也成爲嚈噠打擊的對象。消除了來自東面的威脅，嚈噠便能夠全力以赴對付波斯。它的主要目標，退一步說，是爲了保全自己在中亞的霸主地位；進一步說，是爲了迫使波斯納貢稱臣，以獲取東西貿易之利。如所周知，對於一個遊牧部族而言，貿易是生死攸關的；而直至其滅亡前夕，嚈噠始終只是一個遊牧部族。

從卑路斯一世即位起，嚈噠對波斯採取的方針主要是挾戰勝之威求和。這是因爲嚈噠人深知像波斯這樣一個大國，它自己的力量不足以兼併之，只能通過操控其統治者以獲利。嚈噠人先後協助失意的波斯貴族卑路斯奪位和下台的王中之王居和多復辟等等一系列行爲，都是爲了通過操控波斯統治者來操控這個大國。雖然有時並不很成功，但大致維持了對波斯的優勢。這是嚈噠能夠長期和波斯抗衡的原因，這也是嚈噠立足於中亞的保障。

這一局面直到庫薩和一世即位後才發生了變化，變化的主要因素，既不在嚈噠，也不在波斯，儘管經過庫薩和一世的改革，波斯的國力有所增強。這一局面發生變化的主要原因在於突厥的崛起。

新興的突厥和中興的波斯具有各自的利益訴求。突厥的利益在於西向拓展領土，既可獲得人力和財力的支援，也有利於打通絲綢之路，掌握貿易的主動權。薩珊波斯則企圖收復它在中亞的故土如巴克特里亞等地，消滅嚈噠汗國這個世仇。波斯和突厥聯手，共謀嚈噠，似乎勢在必行。

但是，作爲歷史悠久的波斯帝國，和中亞遊牧部族打交道可謂由來已久，有豐富的經驗和教訓。具體到庫薩和一世時代，嚈噠對波斯的威脅已經讓位於新興的突厥。波斯人固然不願意見到突厥和嚈噠結盟，卻也並不樂見嚈噠汗國滅亡，因爲這將使波斯直接面對強大的突厥。

對嚈噠而言，一旦柔然被突厥破滅，形勢驟變，嚈噠不得不面對一個蒸蒸日上的東鄰——突厥。一開始它應該試圖結好突厥，一旦見到突厥勾結波斯，就加以破壞。突厥結好波斯，自有遠圖，不能容忍嚈噠的破壞，何況嚈噠勢力已經衰落。

嚈噠一旦滅亡，波斯立即面對一個新的強大東鄰——突厥。突厥的利益訴求和嚈噠相仿佛，但野心更大、實力更強。它在滅亡嚈噠後，繼續沿著草原之路向西，原來役屬波斯的高加索諸部均轉而役屬突厥。① 在此基礎上，突厥進而謀求和拜占庭勾結，形成從東西雙方壓迫波斯的局面。

要之，隨著嚈噠覆亡出現的是突厥和薩珊波斯對抗的新局面。突厥的勢力不久就渡阿姆河南下，遲至7世紀20年代，拓地直至罽賓，佔有了全部嚈噠舊壤。② 由於突厥和拜占庭的夾擊，波斯國力逐漸耗盡，終於爲阿拉伯鐵騎的長驅直入敞開了大門。

波斯和嚈噠乃至突厥的博弈就是這樣按照上述邏輯展開的。

二

薩珊帝國和嚈噠之間長達一個多世紀的和戰關係勢必影響到波斯與拜占庭、亞美尼亞之間的關係。這在以上各部分已有所涉及，在此綜述其梗概：

1. 亞美尼亞在428年被併入薩珊波斯，淪爲薩珊波斯一個省，亞美尼亞的阿薩克（Arshak）王朝於是壽終正寢。③ 此事緊接在巴赫蘭五世（420—438年在位）戰勝"突厥"即嚈噠人之後，或非偶然。很可能是巴赫蘭五世挾戰勝之威，才完成了這件薩珊波斯夢寐以求的大事。

2. 伊嗣俟二世即位不久便向拜占庭宣戰，但雙方很快就媾和。這當然和狄奥多西二世因汪達爾人入侵而無意和波斯作戰有關。而波斯方面同意與拜占庭媾和則很可能是由於其東境出現麻煩。事實上，伊嗣俟二世緊接著就投入了和嚈噠人的鬥爭。伊嗣俟二世在其東北邊境與嚈噠作戰多年，一度獲勝，立即轉身撲滅了亞美尼亞的叛亂。而亞美尼亞人顯然是乘伊嗣俟二世無暇西顧時起事的。④ 但是，伊嗣俟二世在他治期的最後幾年還是不得不致力於和嚈噠的鬥爭，他對於亞美尼亞和波斯國內基督徒的迫害也因此不得不終止。⑤

3. 伊嗣俟二世身後，二子爭位，一子卑路斯逃亡嚈噠，率領嚈噠軍隊回國。乘這場波斯內戰，阿爾巴尼亞 Transcaucasian 地區宣告脫離伊朗獨立，因此，卑路斯登基後最先處理這件事

---

① 據《太伯里史》，突厥可汗征服嚈噠後，用金錢支援艾布黑兹（Abkhiz）、班杰爾（Banjar）、白蘭杰爾（Balanjar）等高加索諸部。諸部皆歸順之。見 Bosworth 1999, pp. 152-153。

② 《新唐書·突厥傳下》："統葉護可汗（618—628）勇而有謀，戰輒勝，因并鐵勒，下波斯、罽賓，控弦數十萬，徙廷石國北之千泉，遂霸西域諸國，悉授以頡利發，而命一吐屯監統，以督賦入。"

③ Hacikyan 2000, p. 168.

④ Frye 1983, pp. 145-146.

⑤ Frye 1983, pp. 145-146.

情。[①]5世紀60年代末，卑路斯挑起第一次對嚈噠戰爭失敗，不得不支付沉重的贖金和嚈噠媾和。但這次媾和使得他得以抽身西顧，以對付亞美尼亞的動亂。[②]卑路斯陣亡前亞美尼亞的基督徒乘薩珊波斯全力對付嚈噠之機暴動，波斯接連派遣大軍鎮壓，均未能獲勝。亞美尼亞人逐走波斯總督，建立了自己的政權。

據普里斯庫斯（Fr. 41.1）記載，波斯人認爲羅馬人該用金錢資助他們和寄多羅匈人的戰爭，波斯人的勝利有利於羅馬。但羅馬人認爲：波斯人是爲了維護自身的利益，沒有必要給予支援。就是說波斯卑路斯的要求遭到拒絕。而據喬舒亞《年代記》（IX），卑路斯曾獲得拜占庭大量金錢的支援，這是因爲公元395—396年匈人曾蹂躪羅馬，造成了巨大的破壞，拜占庭希望波斯人能夠阻止蠻族西侵。若調和上述兩條記錄，則不妨認爲拒絕卑路斯要求者爲Marcian（450—457年在位）或Leo一世（457—474年在位）。喬舒亞《年代記》稱用金錢支持卑路斯發動對嚈噠作戰的拜占庭皇帝是齊諾，普里斯庫斯所述卑路斯被拒絕應爲齊諾即位（474）之前的情況。又據普里斯庫斯（Fr. 41.3）記載，卑路斯在對嚈噠戰爭期間曾在Gorga接見拜占庭使臣Constantius。又載（Fr. 51.1），467年，波斯遣使拜占庭炫耀對嚈噠作戰的勝利——佔領Balaam。可見羅馬人非常關心卑路斯發動的對嚈噠戰爭的成敗，而卑路斯遣使報捷則是爲了獲得羅馬人金錢的援助。案：卑路斯曾和拜占庭達成協議，共同保衛高加索，免受東方遊牧人的侵略。[③]這可能是卑路斯對抗嚈噠時向拜占庭索取金錢的依據。

4. 巴拉士和亞美尼亞關係也受到和嚈噠關係的影響。據亞美尼亞史家拉扎爾的《亞美尼亞史》，他登基後不得不和亞美尼亞叛亂領袖Vahan Mamikonean和平共處，承認亞美尼亞人有信仰基督教的自由。這很可能是因爲卑路斯死於對嚈噠發動的戰事、波斯不得不向嚈噠納貢，以致財政拮据、國力衰弱。[④]

5. 據普洛科庇烏斯，居和多無力償付欠下嚈噠的債款，向羅馬皇帝阿納斯塔修斯索要。羅馬人認爲不應支付金錢以鞏固波斯和嚈噠的關係，上策是破壞他們之間的關係。居和多乃發動對拜占庭之戰。（I, vii）[⑤]居和多得嚈噠支持才得以復辟。可能是爲了支付嚈噠的賠款，居和多向羅馬借貸，遭拒後發動了對羅馬的戰事。（Nikephoros Callistus, XVI, 34）[⑥]值得注意的是，居和多與拜占庭戰爭中，一度得到嚈噠人的幫助。（I, viii）[⑦]

但後來居和多和嚈噠（Huns）之間似乎也衝突不斷，以至於影響了他和拜占庭之間的戰事，最後不得不簽約講和。（I, ix）[⑧]和約簽訂後，Anastasius在Daras修城，威脅到波斯邊境的

① Frye 1983, p. 146.
② Frye 1983, p. 147.
③ Daryaee 2013, p. 25.
④ Thomson 1991, pp. 218-239.
⑤ Dewing 1914, pp. 49-51.
⑥ Migne 1865, pp. 196-197.
⑦ Dewing 1914, pp. 65-67.
⑧ Dewing 1914, pp. 75-77.

安全，但居和多無力加以阻止，因爲他與 Huns 的戰事久拖未決。(I, x) ①

6. 嚈噠和薩珊波斯的對抗，持續了一百多年。長期戰爭的開支、失地和賠款，大大削弱了薩珊波斯的國力。這在一定程度上促成了庫薩和一世的改革。556 年，在和突厥聯手對付嚈噠之前（嚴格說來，是爲了認真對付新興的突厥），需要西部的穩定，庫薩和一世開始了和拜占庭的和談，經過長時間的討價還價，終於在 561 年簽訂了一個爲期五十年的和約。②

凡此，皆可見嚈噠對薩珊帝國向西發展的制約作用，儘管我們沒有發現嚈噠試圖結好拜占庭的資料。只要嚈噠繼續佔領著貴霜滅亡後屬於薩珊帝國的領土，嚈噠就是薩珊帝國的心腹之患。

參考文獻

Altheim1962 = F. Altheim, *Geschichte der Hunnen*, Bd. V, Berlin, 1962.

Altheim1969 = F. Altheim, *Geschichte der Hunnen* II, Berlin, 1969.

Barbier de Meynard1863 = Maçoudi, *Les Prairies d'or*, Arabic edition and French translation of *Muruj al-dhahab* by Barbier de Meynard and Pavet de Courteille (II), Paris, 1863.

Belʿami1869 = *Chronique de Abou Djafar Moʿhammed ben Djarir ben Yezid Tabari* (Tome Deuxième). Traduite sur la version persane d'Abou-ʿAli Mohammed Belʿami, par H. Zotenberg, Paris, 1869.

Blockley1981-83 = R. C. Blockley, *The Fragmentary Classicising Historians of the Later Roman Empire I, II, Text, Translation and Historiographical Notes* (Eunapius, Olympiodorus, Priscus and Malchus). ARCA Classical and Medieval Texts, Papers and Monographs 10, Francis Cairns, 1981-83.

Blockley1985 = R. C. Blockley, *The History of Menander the Guardsman, Introductory Essay, Text, Translation, and Historiographical Notes*. Published by Francis Cairns Ltd., Printed in Great Britain by Redwood Burn Lid. Trowbridge, Wiltshire, 1985.

Bonner2010 = *An Historiographical Study of Abū Ḥanīfah Aḥmad Ibn Dāwūd Ibn Wanand Al-Dīnawarī's Kitāb al-Aḫbār al-Ṭiwāl* (Especially of that part dealing with the Sasanian kings) by Michael Richard Jackson Bonner submitted for the degree of Doctor of Philosophy in Oriental Studies, 2010. (http://www.mrjb.ca/current-projects/abu-hanifah-ahmad-ibn-dawud-al-dinawari)

Bonner2012 = Al-Dīnawarī, Abū Ḥanīfah Aḥmad b. Dāwūd. *Kitāb al-akhbār al-ṭiwāl* (the General History or the Book of Lengthy Histories), translated by Michael Richard Jackson Bonner,

① Dewing 1914, p. 81.

② 參見 Frye 1983, p. 156。

2012. (https://archive.is/xvb0p)

Bosworth1999 = C. E. Bosworth, tr., *The History of al-Ṭabarī (Ta'rīkh al-rusul wa'l-mulūk)*, Vol. 5, The Sāsānids, the Byzantines, the Lakhmids, and Yemen (Abu Ja'far Muhammad bin Jarir al Tabari), State University of New York Press, 1999.

Daryaee2002 = *Šahrestānīhā ī Ērānšahr: A Middle Persian Text on Late Antique Geography, Epic, and History, with English and Persian Translations and Commentary*, ed., and tr., by Touraj Daryaee. Mazda Publishers, Inc. Costa Mesa, California 2002.

Daryaee2013 = Touraj Daryaee, *Sasanian Persia: The Rise and Fall of an Empire*. I. B. Tauris, 2013, p. 25.

Dennis1984 = George T. Dennis, tr., *Maurice's Strategikon: Handbook of Byzantine Military Strategy*, Philadelphia: University of Pennsylvania Press, 1984.

Dewing1914 = H. B. Dewing, tr., Procopius, *History of the Wars, with an English Translation*, Vol. 1. New York, 1914.

Frendo1975 = Joseph D. Frendo, *Agathias: The Histories*, Translated with an Introduction and Short Explanatory Notes by Joseph D. Frendo, Walter de Gruyter, Berlin, New York, 1975.

Frye1983 = Richard N. Frye, "Iran under the Sasanians". In *The Cambridge History of Iran* III/1, ed., Ehsan Yarshater, Cambridge, 1983, pp. 116-180.

Frye1984 = R. N. Frye, *The History of Ancient Iran*, München: 1984.

Guirgass1888 = Abu Ḥanifa Dinavari, *Ak̲bār al-ṭewāl*, ed. V. Guirgass, Leiden, 1888.

Hacikyan2000 = Agop Jack Hacikyan *et al. The Heritage of Armenian Literature: From the Oral Tradition to the Golden Age*, 1. Detroit: Wayne State University Press. 2000.

Haussig1953 = H. W. Haussig, "Theophylakts Exkurs über die skythischen Völker". *Byzantion* 23 (1953): pp. 275-462.

Haussig1969 = H. W. Haussig. "Die Quellen über die Zentralasiatische Herkunft der Europäischen Awaren". *Central Asiatic Journal* II (1956), pp. 21-43; F. Altheim. *Geschichte der Hunnen* II, Berlin, 1969.

JiXl1985 = 季羨林等《大唐西域記校注》，中華書局，1985 年。

Mango1997 = *The Chronicle of Theophanes Confessor Byzantine and Near Eastern History A.D. 284-813*, Translated with Introduction and Commentary by Cyril Mango and Roger Scott, with the assistance of Geoffrey Greatrex, Clarendon Press, Oxford, 1997.

Marquart1901 = J. Marquart, *Ērānšahr nach der Geographie des Ps. Moses Xorenac'i*. Berlin, 1901.

Migne1865 = Nicephori Callisti Xanthopuli, *Ecclesiasticæ Historiæ*, Libri XVIII, accurante et denuo recognoscente J.-P. Migne, Parisiis: excudebatur et venit apud J.-P. Migne, 1865.

Minorsky1970 = V. Minorsky, *Ḥudūd al-ʿĀlam "The Regions of the World", A Persian Geography* (372 A.H. - 982 A.D.), London: 1970.

Pearse2015-16 = *The Annals of Eutychius of Alexandria, or Sa'id ibn Bitriq* (*c.* 10th CE) (Ch. 15-17), Translated by Roger Pearse, 2015-16. (http://www.roger-pearse.com/weblog/tag/eutychius)

Rehatsek1892 = *The Rauzat-us-Safa; or Garden of Purity* (part I, 1), translated from the Original Persian by E. Rehatsek, edited by F. F. Arbuthnot, London. 1892.

Thomson1982 = *Eḷishē, History of Vardan and the Armenian War*. Translation and Commentary on the Literary Sources by R. W. Thomson. Harvard University Press Cambridge, Massachusetts, London, 1982.

Thomson1991 = Łazar Pʿarpecʿi, *The History of Łazar Pʿarpecʿi*, tr. Robert W. Thomson, Atlanta, 1991.

Thomson1991 = Robert W. Thomson, *The History of Łazar P'arpec'i*, Atlanta, Georgia: Scholars Press, 1991. [5th to 6th]

Thomson1999 = Sebeos, *The Armenian History Attributed to Sebeos* I, tr. with notes Robert W. Thomson, historical commentary by James Howard-Johnston, Assistance from Tim Greenwood, Liverpool, 1999.

Trombley2000 = *The Chronicle of Pseudo-Joshua the Stylite,* translated with notes and introduction by F. Trombley and J. W. Watt, Liverpool University Press, 2000.

Uchida 1988 = 内田吟風“西突厥初世史の研究”,《北アジア史研究・鮮卑柔然突厥篇》,京都:同朋舍,1988 年,pp. 429-493。

Walford1846 = E. Walford, tr. Evagrius Scholasticus, *Ecclesiastical History (A.D. 431-594).* London, 1846.

Warner1905 = Firdausī, *Sháhnama*, Translation of A. G. and E. Warner, Vol. 1, London, 1905.

Warner1915 = A. G. and E. Warner, tr., *Firdausī, Sháhnama*, Vol. 7, London, 1915.

Whitby1997 = Michael and Mary Whitby, *The History of Theophylact Simocatta: An English Translation with Introduction and Notes*, Oxford, 1997.

Whitby2000 = *The Ecclesiastical History of Evagrius Scholasticus*, translated with an introduction by Michael Whitby, Liverpool University Press, 2000.

XN 1974 = 夏鼐“綜述中國出土的波斯薩珊銀幣”,《考古學報》1974 年第 1 期,pp. 91-110。

YuTsh 2012 = 余太山《嚈噠史研究》,商務印書館,2012 年。

YuTsh2015 = 余太山《貴霜史研究》,商務印書館,2015 年。

YuTsh 2016 = 余太山《古代地中海和中國關係史研究》，商務印書館，2016 年。

YuTsh2018 = *Sources on the History of the Hephthalites*, Compiled by Yu Taishan, Beijing: The Commericial Press, 2018.

Study on the Relations of the Sassanian Empire and Hephthalites

Yu Taishan

This paper studies relations between the Sassanian Empire and the Hephthalites.

上古波斯帝國騎馬風習管窺

劉雪飛

在歐亞草原專化遊牧業和近東世界先進技術的刺激下，波斯人及波斯帝國治下衆多族群諳習騎馬術。因爲缺乏馬鐙、馬鞍等關鍵馬具，波斯人與當時其他族群的騎馬術以當今眼光來看，尚未盡善盡美，仍有許多待完善之處，但在當時已經堪稱先進了。圍繞著騎馬術，波斯人及其他族群也形成了一整套方便騎馬的米底式騎馬服裝，包括坎迪斯、長袖束腰外衣、褲子等。在宗教禮儀和社會文化方面，波斯帝國騎馬風習也影響頗深。

自專化遊牧業在歐亞草原產生以後，遊牧民騎射結合，威力巨大，騎馬術因而在歐亞大陸四散傳播。在東方，趙武靈王胡服騎射後，中原騎馬之風由涓涓細流到南北朝、唐朝發展成爲時代風尚。在西方，騎馬術流行時間稍早，在波斯阿黑門尼德帝國時期即蔚然成風。他們將馬匹用於交通、作戰，從動力機制上解決了遠距離交通的工具問題，從而成就了規模龐大的帝國，對歐亞大陸的歷史產生了深遠影響。

對於波斯帝國的騎馬習俗，中外學術界一般很少有人專門研究，但許多學者在研究其他問題時經常旁及。德魯兹（Robert Drews）綜合軍事歷史學家和馬學家的研究成果，詳細梳理了歐亞大陸早期騎馬習俗的生成與演變，從服裝、馬具和騎乘方式等方面探討了波斯帝國流行的騎乘文化。他認爲波斯的騎乘文化在波斯人對外征戰過程中發揮了重大作用。[①] 多納吉（Thomas Donaghy）則從馬匹的馴化開始，逐一研究了希臘—波斯世界中的馬匹品種和養馬業，認爲波斯崛起在於擁有大量騎兵，而波斯帝國的養馬業功不可沒。[②] 塔普林（Chrisopher Tuplin）則從肖像、陶器、近東及古希臘各種文獻入手，對與波斯騎兵有關的歷史記載條分縷

① Robert Drews, *Early Riders: The Beginnings of Mounted Warfare in Asia and Europe*, New York and London: Routledge Taylor & Francis Group, 2004.

② Thomas Donaghy, *Horse Breeds and Breeding in the Greco-Persian World*, Cambridge Scholars Publishing, 2014.

析，否認波斯騎兵在波斯帝國對外軍事征戰中發揮重大作用，認爲波斯騎兵在波斯軍隊中不是主力。[①] 而中國學者雷海宗曾在闡述遊牧民族對世界文明的貢獻時，談到騎馬對波斯維繫龐大帝國具有不可想像的重要性。[②]

乘騎與騎射關聯密切，兩者有頗多交集。騎射中的騎馬技術能夠體現當時的技術水準，從騎兵規模能夠看出一個族群騎馬的普及程度。乘騎因射箭而興，並因軍事威力巨大而得以傳播。[③] 但乘騎又不同於騎射，兩者各有文化旨趣。騎兵以軍事功能爲主，其馬上武器與排兵佈陣主要用於戰爭。而乘騎則功能單純，有其獨特的文化審美和精神趣味，且其流行往往滯後於騎兵兵種的出現時間。例如在中國古代，南北朝以前貴族出行講究乘車而不提倡騎馬，舍車騎馬被認爲是失禮之舉；騎馬風尚在南北朝才逐漸流行，遠遠晚於騎兵在中國的出現。[④]

在前人基礎上，本文主要從騎馬風習角度，以波斯帝國的族群爲主要闡述對象，來探究波斯帝國的騎馬習俗。

一、波斯帝國騎馬術之淵源

波斯帝國族群衆多，要想厘清騎馬術的起源傳播主線是困難的。我覺得可以從兩個地域去探討波斯帝國騎馬術的淵源。一個是近東世界，一個是伊朗以東以北的歐亞草原。歐亞草原上的族群其騎馬術起源於專化的遊牧業，這一觀點目前來看沒有什麼爭議。而對於近東世界騎馬術的起源，學術分歧較大。吉爾什曼（R. Ghirshma）認爲，在伊朗人進入波斯高原之前，西亞是不知道騎兵的；正是伊朗騎兵的威脅，迫使亞述等國學習騎射。[⑤] 換言之，騎馬術是由伊朗人傳入西亞的。古德柴爾德（R. G. Goodchild）也認爲騎馬術源自波斯，最初幾個世紀只有貴族騎乘。[⑥] 默里（Roger Moorey）認爲伊朗對阿黑門尼德波斯帝國物質文化的典型貢獻就是馬背乘騎，而騎馬術及相關器物在札格洛斯山脈以西的近東是沒有譜系的，在公元前 1000—前 800 年的伊朗也沒有先例。[⑦] 概括地說，上述學者總體上認爲伊朗人將騎馬術帶入了近東世界，這裏伊朗人不僅涉及米底人和波斯人，還包括進入近東地區的遊牧族群——辛梅里安人和斯基泰人。

細究歷史則會發現，這種觀點也不無罅隙，它忽視了近東世界的騎馬技術一直在發展的事

---

① Christopher Tuplin, "All the King's Horse: In Search of Achaemenid Persian Cavalry", in Garrett G. Fagan and Matthew Trundle (eds), *New Perspectives on Ancient Warfare*, Leiden-Boston: Brill, 2010, pp. 101-182.

② 雷海宗：《上古中晚期亞歐大草原的遊牧世界與農耕世界》，雷海宗：《伯倫史學集》，中華書局，2002 年，第 342—373 頁。

③ Askold I. Ivantchik, "Early Eurasian Nomads and the Civilizations of the Ancient Near East (eighth-seventh centuries BCE)", in Reuven Amitai, Michal Biran (eds), *Mongols, Turks, and others Eurasian Nomads and the Sedentary World*, Brill Academic Publishers, 2004, p. 103.

④ 郭物：《國之大事：中國古代戰車戰馬》，四川人民出版社，2003 年，第 136—137 頁。

⑤ R. Ghirshma, *Iran from the Earliest Times to the Islamic Conquest*, London: The Penguin Group, 1954, pp. 76, 89.

⑥ R. G. 古德柴爾德：《道路和陸路交通》，查爾斯・辛格等編：《技術史》第 2 卷，上海科技教育出版社，2004 年，第 352 頁。

⑦ Roger Moorey, "The Iranian Contribution to Achaemenid Material Culture", *Iran*, Vol. 23 (1985), p. 22.

實。在公元前1千紀初，亞述即開始發展騎兵。因此斯塔克（Frank Starke）否認軍事騎兵來自伊朗的“騎馬族群”一說，主張近東世界的騎馬術源於之前近東的馭車術（chariot driving），根據是幾乎所有重要的術語（例如敏捷、服從、集合）和騎馬術原則都已經在公元前2千紀亞述馬拉戰車的訓練中出現了。他甚至認爲，斯基泰人的軍事騎兵技術在與烏拉爾圖和亞述接觸之前沒有發展。① 無獨有偶，德塞（Tamás Dezső）根據頭盔、魚鱗盔甲的傳承判斷，斯基泰人、米底人和波斯人的騎兵毫無疑問是亞述軍事騎兵傳統的繼承者。② 近東世界騎馬術之起源因涉及考古、冶金、動物學等衆多學科，目前想徹底厘清其起源傳承主線，尚需諸多學科合力解決。

但有一點可以肯定，在波斯帝國興起之前，受益於亞述等國的技術進展和歐亞草原上興起的專化遊牧業，近東諸族如烏拉爾圖人、弗里幾亞人、希臘人、呂底亞人、亞述人都在改良騎射技術，提升騎兵的軍事地位。米底國王庫阿克薩列斯命米底人向斯基泰人學習馬背騎射，將之前混編的部隊分兵種組建，形成了一支訓練有素裝備優良的騎兵部隊。③ 呂底亞人擅長騎術，希羅多德記載呂底亞人“通常是在馬上作戰的，他們手持長槍而且操縱戰馬的技術也非常高妙”④，所以希臘人中流行一句諺語“一個呂底亞人是騎在驢（或馬）上的人”。而呂底亞國王阿律阿鐵斯（Alyattes）爲發展騎兵，不惜謀害強悍的柯洛封（Colophonians）騎手，奪取他們的良馬。⑤ 而東方族群大都處於歐亞草原及農牧毗鄰地帶，在騎馬術傳播過程中，都學會了騎馬。例如希羅多德記述，馬薩格泰人在居魯士入侵之時也有騎兵，而且他們還用青銅和黃金織品來裝飾馬匹。⑥

據色諾芬記載，波斯地區山巒起伏，馬匹很少，也難以飼養，而居魯士是在米底學會騎馬的。⑦ 斯特拉博也說“他們（波斯人）熱衷的箭術、馬術”都是由米底人傳給波斯人的。⑧ 這一說法目前很難考證。因爲在之前的蘇美爾語中，波斯（Fārs）卻是“盛產馬匹的土地”之意。而波斯人本身是個遊牧農耕混雜的人群，原先就以馬拉戰車聞名。因此，波斯人無論是向外界學習還是自身發展出騎馬術都不無可能。

二、波斯帝國騎馬之風

希羅多德說，波斯兒童在5歲到20歲之間接受教育，主要學習三件事情，即騎馬、射箭

---

① H. Cancik, H. Schneider & M. Landfester, *Brill's New Pauly: Encyclopaedia of the Ancient World*, V6, Leiden-Boston: Brill, 2005, *s.v.* Horsemanship.

② Tamás Dezső, *The Assyrian Army*, Budapest: Eőtvős University Press, 2012, p. 53.

③ 希羅多德：《歷史》（上冊），王以鑄譯，商務印書館，1985年，第54頁。

④ 希羅多德：《歷史》（上冊），第40頁。

⑤ Polyaenus, *Stratagems*, 7.2.2. http://www.attalus.org/translate/polyaenus7.html.

⑥ 希羅多德：《歷史》（上冊），第107頁。

⑦ Xenophon, *Cyropaedia*, London: William Heinemann, NewYork: The Macmilian co, 1914, 1.3.3.

⑧ 斯特拉博：《地理學》（下），李鐵匠譯，上海三聯書店，2014年，第780頁。

和說老實話。[①]斯特拉博的記載與此大同小異。他說，波斯人從5歲到24歲學習使用弓箭、扔標槍、騎馬和講真話。[②]顯然，騎馬是波斯男子從小學習的主要技能。對此，波斯文獻和希臘文獻都能提供許多例證。

作爲建國者，居魯士應會騎馬無疑。大流士在《納克希·魯斯坦銘文》提到波斯馬匹衆多，並誇耀自己擅長騎馬：我手腳靈活。作爲騎手，我是優秀的騎手。作爲弓箭手，無論步行還是在馬背上，我都是優秀的弓箭手。作爲槍手，無論步行還是在馬背上，我都是優秀的槍手。[③]斯特拉博也提到了大流士自詡騎術高明：我是朋友中的朋友，我證明了自己是比其他一切人更優秀的騎手和弓箭手。[④]當然，當時不僅國王會騎馬，其他會騎馬的波斯人也應該不少。大流士與六名波斯貴族爲爭奪王位，比賽馬匹嘶鳴的故事就證明當時波斯貴族大都會騎馬。[⑤]在著名的貝希斯敦銘文中，大流士沒有使用諸如“步兵”和“騎兵”這樣的字眼來指稱軍隊。然而很明顯，輕型騎兵部隊對大流士及其對手都非常重要。例如，他曾自誇如何帶領一支軍隊到東伊朗，和帶著尖頂帽的薩迦人作戰。可以肯定地說，薩迦人和大流士的士兵都在馬背上。在出征尼丁圖·貝爾過程中，波斯大軍在渡過底格里斯河時，有一部分騎馬。而反對大流士的各地首領如尼丁圖·貝爾、弗拉歐爾鐵斯（Phraortes）、瓦希亞兹達塔（Vahyazdata）在叛變失敗之後也都是騎馬逃亡的。[⑥]

在希波戰爭期間，部分波斯人及其他族群以騎兵身份入侵，給了希臘人近距離觀察波斯騎術的機會。埃斯庫羅斯在《波斯人》開篇，通過歌隊就說波斯大軍離開蘇撒和埃克巴塔納上路時，有的駕馬馳騁，而阿米斯特瑞斯等諸將麾下士兵擅長騎馬術。[⑦]而希羅多德提到隨波斯人出征希臘的各色族群如米底人、巴克特里亞人、印度人、阿里亞人、帕爾提亞人、花拉子米歐伊人、粟格多伊人、健達里歐伊人、迪達卡伊人、卡斯皮人、薩郎伽伊人、派克杜耶斯人、烏提歐伊人、米科伊人和帕利卡尼歐伊人、里巨埃斯人、瑪提耶涅人、瑪麗安杜尼亞人和敘利亞人、普里吉亞人、呂底亞人、色雷斯人等都有騎兵，總數有8萬名。可見當時騎馬術在波斯帝國普及程度很高。

此後，薛西斯及其繼承人在銘文中既不誇耀騎術，也不提波斯是良馬之地，似乎後來的波斯人已經不再以騎馬爲榮。但從古希臘作家的著述中，我們發現波斯人並沒有丢棄這一傳統。波斯國王喜歡巡遊，陪同人員衆多，他們大部分人騎馬出行。而波斯國王在巡遊過程中，也常常在御苑中騎馬狩獵。在色諾芬筆下，小居魯士酷愛寶馬，精於養馬，並擅長騎射，在御苑

---

① 希羅多德：《歷史》（上册），第70頁。
② 斯特拉博：《地理學》（下），第1068頁。
③ 李鐵匠選譯：《古代伊朗史料選輯》，商務印書館，1992年，第51頁。
④ 斯特拉博：《地理學》（下），第1065頁。
⑤ 希羅多德：《歷史》（上册），第234—235頁。
⑥ 李鐵匠選譯：《古代伊朗史料選輯》，第39、41、44—45頁。
⑦ 埃斯庫羅斯：《波斯人》，埃斯庫羅斯：《古希臘悲劇喜劇全集：埃斯庫羅斯悲劇》，王焕生譯，鳳凰出版傳媒集團、譯林出版社，2007年，第75、76頁。

裏，他經常騎騁狩獵。[①]波斯貴族也非常熱衷騎馬。而色諾芬在《居魯士的教育》中提到，一般波斯人很少徒步行軍，都是在馬背上，目的是爲了讓他們能夠嫺熟地掌握騎馬技術。[②]在這種時風流韻中，給一個波斯人最好的禮物是一匹馬。顯然，作爲地位和財富的標誌，馬匹在波斯貴族出行、狩獵和競賽過程中發揮了主導作用。

在波斯末季，騎馬之風繼續盛行。大流士三世也會騎馬，在伊蘇斯拉戰役時，曾棄車騎馬逃亡。[③]而波斯騎兵的規模也很可觀。在伊蘇斯戰役中，波斯帝國軍隊中騎兵規模雖然不及步兵，但相對人數也很多，其中波斯人 30000 名、米底人 10000 名、巴爾卡部落 2000 名、亞美尼亞人 7000 名、赫卡尼亞人 6000 名、德爾比克人 2000 名、里海沿岸 6000 名。[④]

三、馬具與騎馬術

騎手需要馬具來輔助駕馭馬匹。當時波斯人的馬具有馬銜、馬韁繩，沒有馬蹄鐵、馬鐙和馬鞍。對於馬鞍，波斯人有一種替代品。色諾芬說，波斯人在馬背上墊的毛毯甚至比在床上鋪的還要厚實，他們所關心的並不是鞍轡是否合用，而在意鞍座是否軟和。[⑤]由此看來，波斯人最在意的馬具是鞍座。這種鞍座不是現代意義上的馬鞍，而是騎乘時在馬背上放置了一塊由地毯或毛氈製成的鞍布，巴澤雷克的冰凍墓曾出土了一件類似帶有花樣紋飾的鞍布地毯（公元前 5—前 4 世紀）。[⑥]這種鞍布與中國古代的鞍墊相似。它只用一條肚帶栓在馬體上，另有一條革帶從馬尾下穿過尻部來幫助固定。它在馬背上的位置，較現代裝鞍位置偏後。[⑦]在當時，這種鞍布已經算是技術上的突出進步了：一方面它可以讓騎手乘坐舒適，另一方面它可以將騎手體重一定程度上分散在馬的背部胸腔。然而騎手體重大部分仍直接壓在馬胸椎的背側棘突，會造成馬的脊椎異常。而使用木質框構的馬鞍，則不會接觸到胸椎，能把乘騎者的體重均勻地分散到馬的背部胸腔。[⑧]不过，這種馬鞍到羅馬帝國時期才出現。

因此，波斯人的騎乘裝備從現在來看尚不完備成熟。[⑨]鞍座位置偏後，沒有馬蹄鐵和馬鐙，尤其沒有馬鐙對騎乘影響較大。現代人騎馬主要靠馬鐙來承載雙腳。沒有馬鐙，則上馬不便。

---

① 色諾芬：《長征記》，崔金戎譯，商務印書館，1997 年，第 4 頁。

② Xenophon, *Cyropaedia*, 4.3.23, 8.8.19.

③ 阿里安：《亞歷山大遠征記》，李活譯，商務印書館，1979 年，第 63 頁。

④ 李鐵匠選譯：《古代伊朗史料選輯》，第 96 頁。

⑤ Xenophon, *Cyropaedia*, 8.8.19.

⑥ http://www.iranicaonline.org/articles/asb-horse-equus-cabullus-av#pt2.

⑦ 郭物：《國之大事：中國古代戰車戰馬》，第 144 頁。

⑧ 瑪莎・萊文等：《馬的胸椎異常及其利用方式的演變》，劉一婷譯，李志鵬校，《南方文物》2013 年第 2 期，第 164—170 頁。

⑨ 在公元前 1 千紀，有些騎手既不穿褲子，也不用鞍墊。在希臘的古風後期和古典時代，當波斯騎手都已經成熟之時，雅典的騎手依然騎馬不用馬鞍。他們認爲波斯人使用馬鞍和鞍墊過於柔弱，且觀察到如果使用鞍墊，上馬會困難。

爲此，波斯人有時找一個平臺上馬，有時則訓練馬匹下跪，但這種上馬方法並不普遍。[①]最常用的方法是當時地中海世界熟知的跳躍跨馬法（ἀνάβἄσις）。色諾芬記載，波斯國王居魯士及其敵人採取這種方式上下馬。[②]而大流士通過戰馬嘶鳴當選國王後，其他六個貴族立刻跳躍下馬，向他致敬。[③]不過跳躍跨馬常常伴隨著危險，大流士在捕獵時，從馬上跳下來，曾扭傷了腳踝。所以跳躍跨馬必須經過長期練習，才能嫺熟。色諾芬對此做了詳細介紹：首先必須用左手握住拴在馬嘴或鼻子上的韁繩，緊接著右手攥住馬耳邊的鬃毛或在矛的幫助下跳躍上馬；上馬時，應該用左手提拉自己的身體，接著用右手；這樣的話，他不必弄彎腿，也不會用膝蓋碰到馬背，而可以把腿放到馬背兩側；上馬時，左手不能猛拽連著馬嘴或馬鼻子的韁繩。[④]根據相馬隆的研究，這是在戰場上臨陣迎敵的最理想的迅速上馬方法。[⑤]在下馬時，必須確保周圍沒有馬匹和人，且馬匹停止跑動，才能跳下來。[⑥]

波斯貴族還有一種上馬方式，即被“給予幫助”來上馬，這種上馬方式被冠以“波斯方式”(Persian fashion)。[⑦]色諾芬提到一個亞美尼亞行省副總督提里巴組斯是波斯國王的朋友，只要他在，他是唯一可以幫助國王上馬的貴族。[⑧]當時在希臘，這種波斯方式上馬法頗受鄙視，只有身體不佳或一跳不能上馬的人才被認爲適合這種方式，即在馬夫的幫助下上馬。[⑨]然而，馬其頓國王腓力二世對波斯上馬法大有好感。他規定，凡是馬其頓顯要人物的兒子在服侍國王期間，當國王外出時，要從馬夫手中接過禦馬，帶到國王面前，説明國王用波斯方式上馬。[⑩]至於波斯式上馬的具體細節，文獻語焉不詳。相馬隆推測，這種上馬法大概先由馬夫將雙手握成輪狀，手指交叉在一起，形成一個類似馬鐙的腳踏板，然後將想要騎乘的人投擲到馬背上。[⑪]

因爲沒有馬鐙，缺乏支點，騎手一旦上馬，不能放鬆，爲保持平衡和駕馭馬匹，必須用大腿內側夾緊馬腹，姿勢如直立。這個類似漢代中國的乘馬姿勢“踞坐”[⑫]，騎馬時雙腿捲曲，被時人鄙夷。以這種姿勢騎馬，人容易失去平衡栽下馬來。色諾芬在比較希臘步兵和波斯騎兵的優劣時指出：我們（希臘步兵）比（波斯）騎兵根基鞏固得多，他們懸空在馬背上，不但怕我

---

① 相馬隆：《輪鐙源流考》，相馬隆：《流沙海西古文化論考》，山川出版社，1977 年，第 150 頁。

② Xenophon, *Cyropaedia*, 1.4.4, 1.4.8, 4.2.28.

③ 希羅多德：《歷史》（上冊），第 234—235 頁。

④ Xenophon, “On the Art of Horsemanship”, in Xenophon, *Scripta Minora*, London: William Heinemann LTD, Cambridge, Massachusetts: Harvard University Press, 1946, 7.1-4.

⑤ 相馬隆：《輪鐙源流考》，相馬隆：《流沙海西古文化論考》，第 150 頁。

⑥ Xenophon, “On the Art of Horsemanship”, 7.19.

⑦ Xenophon, “The Cavalry Commander”, in Xenophon, *Scripta Minora*, 1.17; “On the Art of Horsemanship”, 6.12.

⑧ 色諾芬：《長征記》，第 97 頁。

⑨ Xenophon, “The Cavalry Commander”, 1.17; “On the Art of Horsemanship”, 6.12.

⑩ 阿里安：《亞歷山大遠征記》，第 136 頁。

⑪ 相馬隆：《輪鐙源流考》，相馬隆：《流沙海西古文化論考》，第 154 頁。

⑫ 孫機：《唐代的馬具與馬飾》，《文物》1981 年第 10 期，第 82 頁。

們，而且怕落馬。[①] 由於當時沒有馬鐙，騎兵在馬背上不易保持平衡，波斯騎兵當時既不適合對正前方組織嚴密的步兵發動直接攻擊，也不適合與敵近戰。[②]

然而，如果訓練得當，騎術也可以非常出色，並且騎手可以邊騎邊射。色諾芬記載，波斯將領彌特拉達特率領的二百騎兵，即使在逃跑撤退途中也能從馬背上向後射箭，殺傷敵人。[③] 這就是後世著名的帕提亞射（Parthian shot）[④]。這種射術在馬鐙沒有發明之前，對騎術要求很高。騎手要在扭頭側身、雙手搭弓引箭的同時，單純依靠雙腿來駕馭馬匹。另外，當時騎馬也可以達到很快的速度。希羅多德記載波斯帝國信差在雨雪、暑熱和黑暗當中都能全速騎馬馳騁，及時抵達目的地。[⑤] 色諾芬記載，波斯帝國信差騎馬傳遞信劄像飛鶴一樣快。[⑥] 不過，由於沒有馬鐙，缺乏支點，騎手一直用雙腿夾緊馬腹，連續騎乘會很疲勞，所以當時波斯帝國對信劄主要採取晝夜換人歇馬的方式交替傳遞。

另外，還有幾則材料體現出波斯人對騎馬術的熱愛和擅長。希羅多德記載，大流士曾通過控制馬匹響鼻來當選國王。這個故事在希臘人中非常有名，克泰夏斯（Ctesias）在記載阿黑門尼德歷史時，對此也有描述。[⑦] 色諾芬提到波斯人和奧德利西亞人一樣，喜歡下山賽馬，它無害於馬匹的健康。[⑧] 色諾芬還說居魯士建立了一種騎馬比賽，讓波斯馬匹和希臘馬匹比拼速度。

伊朗族群騎馬之風盛行，當時帝國境內許多族群都會騎馬。不過，將騎馬射箭技術等融合較好的還是薩迦人、巴克特里亞人等族群，波斯國王在歷次戰役中都徵召他們。

四、騎馬服裝

雷海宗先生曾以塞人爲例指出，騎射需要配套服裝——尖帽或風帽、馬褂、長靴、絝或褲子等。尖帽或風帽都不兜風，沒有阻力，利於騎手馬上奔馳。馬褂護衛上身保暖，同時又不妨礙兩腿活動。長靴爲雙腳及脛部禦寒，同時又擋住了內脛與馬腹的摩擦。絝爲騎射戰術所必需，一般的騎馬無需有絝，經常在馬上急馳則要求穿絝。絝後被塞人發展爲合襠褲，具高度禦寒之功用。[⑨]

---

① 色諾芬：《長征記》，第 69 頁。

② 色諾芬：《希臘史》，徐松岩譯注，上海三聯書店，2013 年，第 119 頁。

③ 色諾芬：《長征記》，第 74 頁。

④ 對帕提亞射的詳細研究可參閱 M. Rostovtzeff, "The Parthian Shot", *American Journal of Archaeology*, Vol. 47, No. 2, pp. 174-187；相馬隆：《安息式射法雜考》，相馬隆：《流沙海西古文化論考》，第 65—90 頁。

⑤ 希羅多德：《歷史》（下冊），第 598 頁。

⑥ Xenophon, *Cyropaedia*, 8.6.18.

⑦ Lloyd Llewellyn-Jones, James Robson, *Ctesias' "History of Persia": Tales of the Orient*, London and New York: Taylor & Francis Group, 2010, p. 180.

⑧ Xenophon, "On the Art of Horsemanship", 8.6.

⑨ 雷海宗：《上古中晚期亞歐大草原的遊牧世界與農耕世界》，雷海宗：《伯倫史學集》，第 342—373 頁。

因地處農耕世界和遊牧世界交匯處，波斯服裝既有遊牧服裝的特色，又融入了美索不達米亞的部分服飾元素。波斯式長袍可能是波斯人向亞述等民族吸收的服裝樣式，它衣身呈披掛式，大而寬鬆，主要在正式場合作爲禮服來穿。① 而米底式服裝則爲騎馬所穿，包括坎迪斯（candys）、長袖束腰外衣（chiton）、褲子和帽子等。希羅多德、色諾芬、斯特拉博等認爲這種服裝是由米底人傳給波斯人的。② 當然，雖名爲“波斯式”或“米底式”衣服，但實際穿戴者並不限於命名民族，覆蓋範圍很廣。下面擇要敘述一下“米底式”及相關服裝。

（一）米底式服裝

1. 坎迪斯

西方古典作家狄奧多羅斯、普魯塔克等都提過坎迪斯，但沒有具體介紹。③ 相比之下，色諾芬的記載較多，非常珍貴。他指出，追隨小居魯士的波斯貴族所穿紫色外衣爲坎迪斯；在坎迪斯裏面，波斯人穿短袍、彩色褲子等。④ 而色諾芬對坎迪斯服裝的介紹和後世《蘇達辭書》對坎迪斯的定義——波斯式的束腰寬鬆外衣非常吻合。⑤ 在《居魯士的教育》裏，色諾芬則提到居魯士穿著一個紫色的坎迪斯或紫色的束腰寬鬆外衣和猩紅色的褲子。色諾芬說，當國王檢閱騎兵的時候，騎兵將他們的武器放到坎迪斯裏面。⑥ 波律克斯（Pollux）將坎迪斯列爲典型的波斯服裝，但有純紫的皇家坎迪斯和普通紫色的坎迪斯之區別，且補充道，許多坎迪斯是用皮革做成的。⑦

究其實質，坎迪斯就是束腰寬鬆外衣。它從肩膀下垂，長袖，袖子呈喇叭狀，腰部收緊，在後肘處有許多褶裥，形成優美的下擺。⑧ 這種樣式的服裝出現在波斯波利斯及其他地方的壁畫中。而這符合波律克斯對坎迪斯“有袖”和“沿著肩部固定的”描述。⑨ 有時坎迪斯邊緣會縫上軟毛。顯然，只有當氣候惡劣，短袍和褲子無法保暖時，人們才會穿坎迪斯。

---

① Georgina Thompson, “Iranian Dress in the Achaemenian Period: Problems Concerning the Kandys and other Garments”, *Iran*, Vol. 3 (1965), p. 123.

② 希羅多德：《歷史》（上冊），第 70 頁；斯特拉博：《地理學》（下），第 780 頁；Xenophon, *Cyropaedia*, 1.3.2。

③ Diodorus of Sicily, *The Library of History*, London: William Heinemann LTD, Cambridge, Masschusetts: Harvard University Press, 1933, 17.77.5; Plutarch, “Artoxerxes”, in Plutarch, *Lives*, XI, London: William Heinemann LTD, Cambridge, Masschusetts: Harvard University Press, 1954, 5.3.

④ 色諾芬：《長征記》，第 18 頁。

⑤ https://www.cs.uky.edu/~raphael/sol/sol-cgi-bin/search.cgi?search_method=QUERY&login=guest&enlogin=guest&page_num=1&user_list=LIST&searchstr=kandys+&field=any&num_per_page=25&db=REAL.

⑥ Xenophon, *Cyropaedia*, 8.3.10, 8.3.13.

⑦ Encyclopaedia Iranica, *s.v.*Candys, http://www.iranicaonline.org/articles/candys-gk.

⑧ Encyclopaedia Iranica, *s.v.*Candys, http://www.iranicaonline.org/articles/candys-gk.

⑨ Encyclopaedia Iranica, *s.v.*Candys, http://www.iranicaonline.org/articles/candys-gk.

2. 短袍

除了坎迪斯，波斯人騎馬時上身穿一種短袍，希臘語稱之爲 chiton，波斯語則稱爲 sárapis。希羅多德說波斯人身上穿著五顏六色的帶袖短袍[①]，色諾芬說追隨小居魯士的波斯貴族脫去外面的坎迪斯，裏面的上衣就是短袍，並強調穿紫色短袍是居魯士的特權。[②]

對短袍樣式，庫爾提烏斯（Quintus Curtius）描述爲“一個紫色的短袍圍繞一個白色的中心編織而成”。[③]斯特拉博說波斯指揮官所穿雙層有袖束腰外衣裏面是白色的短袍。[④]亞歷山大石棺壁畫上波斯人的服裝印證了上述記載。從圖畫上看，它是一個上衣，貼身長袖，領口呈寬 V 形，衣長及膝，由皮帶束腰。這種短袍曾在巴澤雷克的冰凍墓出土過。而從一些希臘陶瓶來看，波斯人也穿無袖的短袍。短袍皮制，後來也出現了布制短袍。

3. 褲子

如果說在騎馬服裝中，哪種最重要，毫無疑問是褲子。[⑤]爲了能夠長距離騎行並在馬背上作戰，一件允許騎手兩腿分開騎跨在馬上，同時又能保護腰腹和生殖器官的下裝必不可少。褲子遂應運而生，其成熟標誌是以連接兩條褲腿並將褲腿與褲腰相連形成一件完整服裝的褲襠的發明。褲襠的結構，不僅能使褲腿大角度張開，同時還能保護骨盆。它的發明是服裝製作史上的一次創舉。[⑥]而在當時，南方的農耕世界及世界上的主要人群都沒有穿褲的習慣。[⑦]

波斯人以穿褲聞名。在呂底亞與波斯決戰之前，諫者桑達尼斯（Sandanis）勸誡克洛伊索斯的話中提到波斯人穿皮革褲子。[⑧]米利都僭主阿里斯塔哥拉斯在勸斯巴達人出兵時，也提到波斯人作戰時身穿褲子。[⑨]古典作家記載，波斯大王在出行時，除了頭戴王冠，上身穿白紫相間的短袍和紫紅色的坎迪斯外，還穿著一件猩紅色的褲子。在波斯波利斯的雕刻和藝術品上，米底人和波斯人穿褲子的肖像也很多。希臘作家觀察到他們穿的褲子五顏六色，從亞歷山大石棺壁畫來看，波斯人穿的褲子有藍色、黃色、藍紫色和紅色等顏色，有時還飾有花瓣的造型。[⑩]

古希臘人用 anaxyrides 來指稱波斯人等東部族群所穿的褲子，用 sarabara 來指稱斯基泰人所穿的褲子。而後一個詞可能來源於波斯語中的褲子一詞 šalvār。近東的阿拉米語居民從伊朗語中借用了 šarbālā 這一詞彙來指稱褲子，但並沒有穿這種衣服。

---

① 希羅多德：《歷史》（下冊），第 493 頁。王以鑄先生將之譯爲“内衣”，不太準確。

② Xenophon, *Cyropaedia*, 8.3.13.

③ Quintus Curtius Rufus, *The History of Alexander*, London: The Penguin Group, 2004, 3.3.17.

④ 斯特拉博：《地理學》（下），第 1069 頁。

⑤ 雷海宗：《世界上古史講義》，中華書局，2012 年，第 362—363 頁。

⑥ 黎珂等：《褲子、騎馬與遊牧 —— 新疆吐魯番洋海墓地出土有襠褲子研究》，《西域研究》2015 年第 2 期。

⑦ 麥高文：《中亞古國史》，章巽譯，中華書局，2004 年，第 51—52 頁。

⑧ 希羅多德：《歷史》（上冊），第 35 頁。

⑨ 希羅多德：《歷史》（下冊），第 365 頁。

⑩ CLOTHING ii. In the Median and Achaemenid periods. http://www.iranicaonline.org/articles/clothing-ii.

然而，褲子在希臘人那裏卻飽含貶義。歐里庇得斯認爲褲子乃奇裝異服，墮落下流之人才穿。[①] 阿里斯托芬也揶揄波斯人的褲子，說當年雅典人追擊波斯人時，像刺金槍魚那樣刺他們的大褲襠。[②] 他們在這兩個場合都使用 thulakoi——"sack" 這種粗話來指稱波斯人和其他近東民族所穿的寬鬆褲子。[③] 而亞歷山大在出征波斯時，則拒絕穿波斯的褲子和坎迪斯，認爲它是野蠻和奇異的象徵。[④]

（二）其他各族的騎馬服裝

在描繪出征希臘的波斯大軍時，希羅多德對波斯各族軍隊的服裝做了簡要交待，其中許多服裝和騎馬相關，如薩迦人的尖頂帽、卡斯庇人和巴克特里亞人的皮制披風，德蘭吉亞那人上色的服裝和高到膝蓋的長筒靴。最普遍的服裝就是褲子。[⑤]

現在根據波斯波利斯宮殿大廳浮雕刻畫的各地進貢者的服裝，可以將東部伊朗人群的騎馬服裝分爲兩大類。一類是阿里亞人、德蘭吉亞那人和阿拉霍西亞人爲代表的東部高原人群，他們穿著長及膝蓋的披風，褲子塞到高靴裏，頭飾則各有不同。

而薩迦人、巴克特里亞人、索格底亞那人和花剌子模人則穿著長而緊身的褲子，能蓋住長靴上部，褲子末端是鞋子，適應了騎手額外需要鞋襪的需求，上身披一種長的披風。蘇聯幾個古墓裏保存的薩迦服裝部件，則可以印證這些。例如，在阿拉木圖附近 Issyk 庫爾干發掘過程中，通過最初附在衣服上的小的黃金飾板來復原的衣服，可以推測埋葬於此的戰士頭戴尖頂帽，身穿短袍，束腰帶，使用綁腿和穿鞋子。在阿爾泰山地的巴澤雷克冰凍墓，墳墓中的衣服本身都被保存下來：長袖夾克，在前面用領帶收緊；長袖襯衣，領口開合；皮帶；綁腿或長襪；毛氈鞋子。雖然這些人群和薩迦人的具體聯繫尚未完全確認，但他們所穿的衣服是東伊朗類型的。

要而言之，波斯人及其他族群在騎馬過程中逐漸形成了上衣下褲的服裝風格，這非常有別於當時埃及人、希臘人、中國人上衣下裳的形式，有人則將現在這種穿著方式歸功於波斯人的裁剪和製作工藝。[⑥]

---

① 歐里庇得斯：《獨目巨人》，182，歐里庇得斯：《古希臘悲劇喜劇全集・歐里庇得斯悲劇》（下），張竹明譯，鳳凰出版傳媒集團、譯林出版社，2007 年，第 171 頁。

② 阿里斯托芬：《馬蜂》，1087，阿里斯托芬：《古希臘悲劇喜劇全集・阿里斯托芬喜劇》（上），張竹明譯，鳳凰出版傳媒集團、譯林出版社，2007 年，第 447 頁。

③ Henry George Liddell, Robert Scott, *A Greek-English Lexicon*, Oxford: Clarendon Press, 1996, *s.v.*θύλακος.

④ Diodorus of Sicily, *The Library of History*, 17.77.

⑤ 希羅多德：《歷史》（下冊），第 492—498 頁。

⑥ 華梅：《西方服裝史》，中國紡織出版社，2003 年，第 43—45 頁。褲子被納入歐洲服飾傳統應該是一個相對滯後的過程。蒂爾根據希臘羅馬藝術和文獻，認爲凱爾特人是第一個從斯基泰人那裏學來褲子的歐洲族群，時間約在公元前 6 世紀。沃爾特認爲，薩爾馬特人、大夏人和呂底亞人可能在公元前 700 年以後從波斯人那裏吸收了褲子的形制。里爾蒂安和弗格桑認爲，羅馬人於公元前 1 世紀爲其騎兵隊採用了褲子。沃爾特和蒂爾相信，日爾曼部落是從凱爾特人那裏得知的褲子。但二人對此觀點所做的論述卻大相徑庭（參見黎珂等：《褲子、騎馬與遊牧 —— 新疆吐魯番洋海墓地出土有襠褲子研究》，《西域研究》2015 年第 2 期）。

五、與騎馬相關的宗教、禮儀和社會文化

因騎馬之風流行，馬匹在波斯帝國的政治、日常生活和宗教信仰中也不乏身影。首先，在宗教生活中，諸神需要馬匹來榮耀，因此馬匹通常是獻給神的祭物。例如，波斯人喜歡將白馬獻祭給太陽神[①]和水神[②]。

其次，在日常禮儀中，作爲地位和財富的標誌，馬匹也是不可或缺的元素。埃及總督阿爾沙米斯曾經命他的管理人給他製造一尊騎士與馬的雕像。[③]波斯國王們通常登上馬拉的戰車出行巡遊，而馬匹喜歡使用尼薩馬。作爲生活的伴侶，馬匹在葬禮中也發揮了作用。在國王或貴族離世時，他的馬匹通常會被剪短鬃毛，也出現在送葬哭喪隊伍中。[④]不僅如此，馬匹也通常被獻祭給死者。例如，居魯士大帝作爲帝國的開創者，死後也一直蒙受波斯人崇敬，以致於波斯人在每個月將一匹馬獻祭給他的靈魂。[⑤]

馬匹在波斯貴族心目中的地位也可以從許多波斯人名和地名看出來。[⑥]Aspa 在波斯語中是“馬”的意思，而波斯人非常熱衷使用“馬”這一詞根來起名。例如許多波斯貴族包括大流士的父親、居魯士大帝的一個將軍、Zarathustra 的守護神、大流士一世的兒子等都叫 Hytaspes，轉寫成波斯文則是Vištâspa。[⑦]它則含有aspa 這一詞根，意思是“爲了競賽他的馬匹被鬆開”。[⑧]大流士的一個將軍和總督希臘文名是 Aspathines，古波斯語名爲 Aspacanah，也含有這一詞根，意思則是“從馬匹中獲取快樂”。[⑨]除了上述人名，大流士的一個將軍 Taxmaspâda，還有 Prexaspes 等都含有這一詞根。根據現有資料統計，波斯人名中“馬”作爲一個元素非常普遍，大約有 50 多個人名含有這一詞根。[⑩]而其時波斯地名也不乏馬的元素。典型的例子是Choaspes 河。它流經蘇撒，河水清澈，是波斯王室唯一飲用的水源。它轉寫成波斯文 hụaspa，意思是“富含良馬”。波斯帝國先後有三條河流以此命名，最出名的就是 Susiana 地區的 Choaspes 河，而在波斯北部和興都庫什山區還有兩條以 Choaspes 命名的河流。[⑪]

---

① Xenophon, *Cyropaedia*, 8.3.12; Pausanias, *Description of Greece*, London: William Heinemann, New York: G. P. Putnam's Sons, 1918, 3.20.4.

② 希羅多德:《歷史》(下冊)，第 508 頁。

③ 李鐵匠選譯:《古代伊朗史料選輯》，第 88 頁。

④ 希羅多德:《歷史》(下冊)，第 632 頁。

⑤ 阿里安:《亞歷山大遠征記》，第 223 頁。

⑥ 上古黑海北岸的遊牧民族斯基泰人和薩爾馬特人也非常看重馬，根據希臘文獻和黑海北岸希臘城邦碑銘，發現許多人名中也都含有詞根 aspa-，例如 Aspakos 意爲“擁有駿馬的人”，Baioraspos 則意爲“擁有許多馬匹的人”。參見 http://www.iranicaonline.org/articles/asb-horse-equus-cabullus-av#pt2。

⑦ Brill's New Pauly, hystaspes http://referenceworks.brillonline.com/entries/brill-s-new-pauly/hystaspes-e520370?s.num=0&s.rows=20&s.mode=DEFAULT&s.f.s2_parent=brill-s-new-pauly&s.start=0&s.q=hystaspes.

⑧ http://www.iranicaonline.org/articles/gostasp.

⑨ http://www.iranicaonline.org/articles/personal-names-iranian-iii-achaemenid.

⑩ Christopher Tuplin, "All the King's Horse: In Search of Achaemenid Persian Cavalry", in Garrett G. Fagan and Matthew Trundle. (eds), *New Perspectives on Ancient Warfare*, p.128, note.116.

⑪ http://www.iranicaonline.org/articles/choaspes-or-coaspes-lat.

結　語

綜上所述，波斯帝國諳習騎馬術的族群衆多，儘管其緣起演進脈絡尚未完全清晰，但其起源應是多元的。騎馬術在波斯帝國，從波斯人到下轄各族群蔚然發展成爲一股難以忽視的時代風習。而以騎馬術爲核心，波斯人及波斯帝國諸多族群盡皆發展出了適應各地環境的配套馬具和服裝。

這種社會實踐在日常生活、宗教信仰等觀念層面也有投射，波斯人及各地族群形成了一套圍繞騎馬術的服裝、宗教、禮儀行爲，並在人名地名中不自覺得體現出來。

儘管騎馬風習在波斯帝國發展壯大過程中的具體定位尚需仔細研究，但可以肯定的是，波斯之所以發展成爲地域遼闊的帝國，騎馬術的作用是不容小覷的。

本文受教育部人文社科青年基金項目“交通史視域下的波斯帝國道路研究”（19YJC770028）資助。本文日文資料由郭文佳同學翻譯，在此特致謝意。

On the Persian Empire’s Equestrian Customs

Liu Xuefei

Influenced by the nomadic pastoralism of the Eurasian steppe and the advanced technology of the Near East, the ancient Persians and many other ethnic groups of the Persian Empire excelled in horsemanship. However, the lack of key harness such as the stirrup and saddle meant that their horsemanship was imperfect though advanced for that time. The Persians and other ethnic groups also developed a distinctive horse-riding outfit, called ‘Median costume’, which included kandys, chiton, and trousers. Overall, the horsemanship of Persian Empire had a profound impact on religious rites and social culture.

阿穆爾河（黑龍江）左岸地區早期鐵器時代與中世紀的民族與文化

A. П. 紥比亞科著　王俊錚譯

阿穆爾河（黑龍江）左岸地區因其獨特的地理環境特徵，一直是不同民族群體遷徙、移動、定居、融合的重要地區，各族群的雜處與融合極大地影響了該地區人群的人類學特徵、族群結構和文化傳統。從早期鐵器時代到中世紀晚期，波爾采文化、米哈伊洛夫卡文化、特羅伊茨基類型、奈菲爾德類型、阿穆爾女真文化、弗拉基米洛夫卡文化等考古學文化揭示了滿族早期先民、室韋、黑水靺鞨、粟末靺鞨、女真、達斡爾、久切爾、通古斯等阿穆爾地區不同民族複雜而多元的起源、演進和交往的歷史。

一

阿穆爾河（黑龍江）沿岸地區是東北亞腹地一個廣闊的區域，即遠東地區斯塔諾夫山脈（即外興安嶺）以南，包括了絕大部分阿穆爾河流域和左岸奧廖克瑪河流域、右岸松花江流域下游的區域。阿穆爾河係歐亞大陸最大的河流之一，形成於石勒喀河和額爾古納河匯合口，其從支流額爾古納河至匯入鄂霍次克海的長度大約爲4500公里。古代岩畫、城址、墓葬遍佈於整個阿穆爾河流域的上游、中游和下游，以及額爾古納河、石勒喀河、結雅河、布列亞河、阿爾哈拉河等大量支流。在本文中，筆者主要關注的是阿穆爾河上游和中游左岸的沿岸地區，其主體地域位於今俄羅斯阿穆爾州境內。

本文以時間爲線索，以大量考古學與文獻材料爲基礎，全面梳理和論述了阿穆爾河左岸早期鐵器時代與中世紀的民族文化歷史，探究了該地區民族文化史形成過程中最重要的歷史階段，並分析了影響其民族文化傳統產生和發展的主要因素。

密集的河網、寬闊的河谷、難以逾越的山脈、自然資源的多樣性和經濟活動的不同類型爲人類互動創造了良好的自然條件。由於自古以來阿穆爾河沿岸地區獨特的地理環境特徵，該地區一直是不同民族群體遷徙、移動、定居、融合的重要地區，他們主要是從阿穆爾地區南部和西部遷徙而來。數千年來，該地區居民的人種和族群結構的形成是由不同民族的遷徙過程決定的，在該地區，各族群的雜處與融合極大地影響了該地區人群的人類學特徵。族群之間的交往引起了不同文化傳統的交互作用，並形成了獨特的新的民族文化。族群之間的勞動分工、交換勞動成果、通婚以及契約關係，促使民族文化的集聚和相互聯繫的族群系統得以形成。

隨著不同族群的交往不斷增加，作爲防禦性聚落的古城便應運而生。古城係防禦性聚落的考古學遺存。這些聚落通常被壕溝和城垣環繞，修建有垣牆。一般來說，垣牆內分佈著公共區和居住區，也有用於經濟活動的建築。城垣內有時缺少人類居住的遺跡，顯然，這說明了這些古城的特殊用途。一些古城用於作爲禮儀中心和聖地。這類古城的案例在東歐古城研究中是衆所周知的。

在早期歷史中，受經濟活動、社會關係和軍事活動建設實踐情形所限，聚落類型的古城並不存在。在歷史發展的漫長時期中，由於遊牧和半遊牧的生活方式、群體人數較少、缺乏尖銳的社會和民族矛盾，人們不需要建造防禦性聚落。向生產型經濟和定居生活方式的過渡、人口增加、社會結構複雜化、社群內部和社群（部落、早期國家、民族）之間的關係 —— 這些及其他因素爲防禦性聚落的出現創造了社會條件。古城的修建緣於某些社會或民族群體有組織的武裝力量在社會生活中的壯大。武裝力量的增加伴隨著對它防禦要求的增加。

二

阿穆爾河流域第一批古城出現於早期鐵器時代的波爾采考古學文化。

波爾采文化遺跡分佈於從小興安嶺到阿穆爾河入海口的阿穆爾河沿岸，它們於 1936 年被 A. П. 奧克拉德尼科夫所發現。該文化名稱源自於一處被當地居民稱之爲“波爾采”的小型山崗。A. П. 奧克拉德尼科夫的團隊中，還有青年考古學家 A. П. 杰列維揚科和 Б. С. 薩布諾夫，他們於 1962 年在丘崗上發現了古代聚落。A. П. 杰列維揚科在對該文化遺存的進一步研究中發揮了巨大作用。根據他的研究，波爾采文化經過了三個發展階段：日爾諾亞爾階段（公元前 7—前 6 世紀）、波爾采階段（公元前 6—前 2/1 世紀）、庫克列夫斯克階段（公元 1—4 世紀）。波爾采文化人群主要爲定居生活，從事農業、養豬業以及漁撈和狩獵。

軍事活動在該文化人群生活方式中扮演著至關重要的角色。

根據可靠研究，波爾采文化（圖 1）人群爲烏里爾文化（圖 2）居民的後裔。《濱海地區和阿穆爾河沿岸地區的遙遠過去》一書，基於一些原始遺物（例如，嬰兒搖籃的模型）而提出假設，即波爾采文化群體的族源與來自後貝加爾地區、沿阿穆爾河遷徙的通古斯—滿族群體有關。① 之後，А. П. 杰列維揚科在其發表的研究中論證了烏里爾文化及其後裔——波爾采文化人群的族屬爲古亞洲人群體，並提出他們可能就是中國文獻記載中的民族——挹婁。② 一些中國研究者將波爾采文化、烏里爾文化、揚科夫文化以及挹婁部落歸爲通古斯—滿族的先民。③

公元前 3 世紀左右，創造波爾采文化的民族群體開始擴大其活動的邊界，突破了其先祖的地域，至濱海地區和日本列島。④ 波爾采文化居民在日本列島成爲彌生考古學文化形成的參與者。波爾采文化可能還影響了分佈於中國東北地區的滾兔嶺文化和鳳林文化。在濱海地區，特別是在烏蘇里江流域，發現了大量波爾采文化遺跡，包括古城——魯達諾夫斯科耶古城、新格爾杰耶夫斯科耶古城、格拉佐夫卡古城及其他古城。⑤ 向濱海地區南部遷徙的波爾采居民，在此遭遇敵對的土著居民（克羅烏諾夫卡文化人群）而產生了軍事衝突，這也就解釋了這些防禦性聚落的出現。

圖 1　波爾采文化陶器⑥

圖 2　烏里爾文化陶片⑦

① Окладников А. П., Деревянко А. П. Далекое прошлое Приморья и Приамурья. Владивосток, 1973. С. 292-298.

② Деревянко А. П. Ранний железный век Приамурья. Новосибирск, 1973; Деревянко А. П. Приамурье I тысячелетия до нашей эры. Новосибирск, 1976.

③ Сунь Цзиньцзи(孫進己). Древние народы Приморья и Приамурья в китайских письменных источниках // Древняя и средневековая история Восточной Азии. К 1300-летию образования государства Бохай. Владивосток, 2001. С. 52-53.

④ 參閱如：Хон Хён У. Керамика польцевской культуры на востоке Азии (V в. до н. э. - IV в. н. э.): автореф. дисс. уч. степ.канд. ист. наук: спец. 07.00.06. Новосибирск, 2008.

⑤ Деревянко А. П. Ранний железный век Приамурья. Новосибирск, 1973. С. 270-271; Деревянко А. П., Медведев В. Е. К проблеме преобразования культур позднейшей фазы древности на юге Приморья (по материалам исследования поселения Булочка) // Археология, этнография и антропология Евразии. № 3 (35). 2008. С. 14-35.

⑥ 采自«История Амурской области с древнейших времён до начала XX века» // Под. ред. А. П. Деревянко, А. П. Забияко. Благовещенск, 2008. С. 69.

⑦ 采自«История Амурской области с древнейших времён до начала XX века» // Под. ред. А. П. Деревянко, А. П. Забияко. Благовещенск, 2008. С. 52.

波爾采文化居民幾乎沒有繼續沿阿穆爾河而上，向小興安嶺山脈遷徙。在結雅—布列亞平原和阿穆爾河上游，波爾采軍事或文化擴張的遺存少有發現。當地居民的強烈抵抗或公元前1千紀末的氣候轉寒可能阻礙了波爾采人的移民，而促使其向南部的濱海地區移動。

公元1千紀初，阿穆爾河中游和上游地區存在著米哈伊洛夫卡考古學文化（圖3）。該文化首先廣泛地向適宜農業的河灘和山麓地帶擴大（米哈伊洛夫卡文化古城、科斯基耶爾斯科耶古城、多爾加湖及其他遺址），農業是居民的主要生產方式。米哈伊洛夫卡文化遺存被發現於該文化居民從事狩獵、漁撈和野生有益植物採集的森林地帶（布列亞河流域的布金克里奧奇以及其他遺址）。米哈伊洛夫卡文化存在的時間爲3—8世紀（個別部落可能存在至10世紀）。

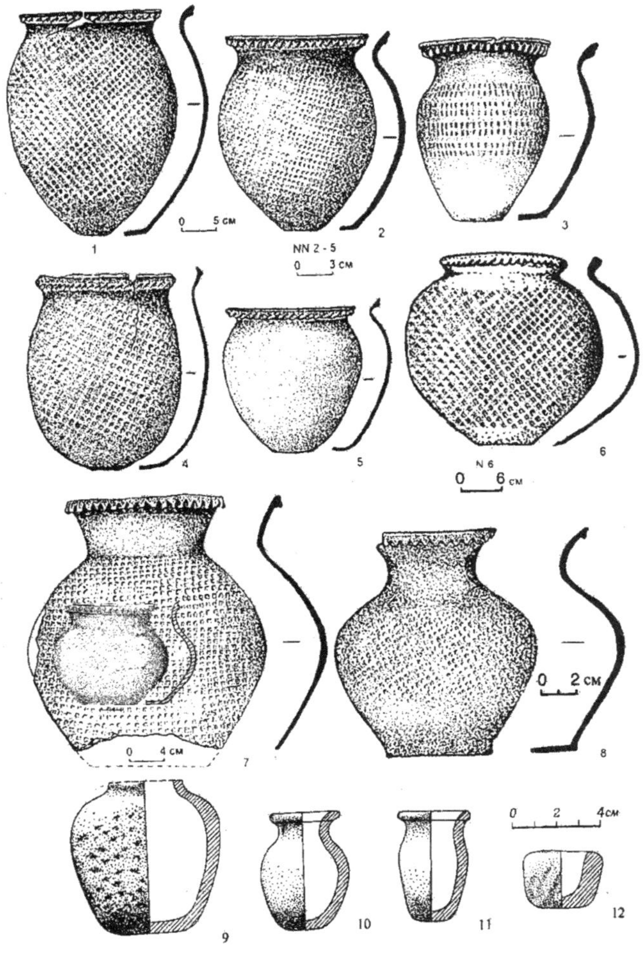

圖3　米哈伊洛夫卡文化陶器[②]

米哈伊洛夫卡文化得名於1967—1968年Е. И. 杰列維揚科發掘的位於米哈伊洛夫卡村附近的古城。Е. И. 杰列維揚科認爲該古城屬於靺鞨考古學文化。之後，О. В. 季亞科娃不贊同將古城族屬視爲靺鞨文化遺跡，基於對陶器特點的研究，她提出該文化屬於某一特殊的族群。在20世紀80年代末至90年代，С. П. 涅斯杰羅夫對比了米哈伊洛夫卡文化材料、阿穆爾河沿岸地區一系列其他遺跡以及關於北方室韋部落的文獻記載，提出了米哈伊洛夫卡文化載體的族屬爲北室韋。[①]根據這一解釋，從蒙古語族（原蒙古）族群西部遷徙至此的人群，成爲公元1千紀中葉阿穆爾河上游和中游地區（至小興安嶺）的主要民族。

目前，С. П. 涅斯杰羅夫提出的對米哈伊洛夫卡文化民族屬性的認識獲得

① История Амурской области с древнейших времён до начала XX века / Под ред. А. П. Деревянко, А. П. Забияко. Благовещенск, 2008. С. 77. См. также: Нестеров С. П. Северные шивэй в Приамурье // Традиционная культура востока Азии. Археология и культурная антропология / Под ред. А. П. Забияко. Благовещенск, 1995. С. 105-122.

② 采自«История Амурской области с древнейших времён до начала XX века» // Под ред. А. П. Деревянко, А. П. Забияко. Благовещенск, 2008. С. 82.

了認可，但依然存在爭議。[①]Д. П. 鮑羅金在其所發表的論著中提出了關於米哈伊洛夫卡人群族源的另一觀點，認爲米哈伊洛夫卡文化是塔拉坎文化與波爾采文化晚期融合的結果。根據Д. П. 鮑羅金的觀點，“少數烏里爾—波爾采居民”係通古斯語族。因此，他認爲米哈伊洛夫卡人群屬於通古斯人。[②]

顯然，距離米哈伊洛夫卡文化人群族屬問題的最終解決還很遙遠。考古學發掘暫時尚未發現米哈伊洛夫卡文化人群的骨骼遺骸。缺失了人類學材料，對考古學文化族屬的判斷是困難的。還應該看到，米哈伊洛夫卡人群族源觀點的爭議緣於民族共同性的多元，即中國文獻中所載之室韋。室韋係主要居住在滿洲、蒙古東部和後貝加爾地區的各民族集團的混合統稱。大量的室韋區域性部落屬於蒙古語族群，阿穆爾河沿岸地區的室韋蒙古語族群包括了北室韋、鉢室韋及其他部落。[③] 他們起源於原蒙古族群，即公元前 1 千紀的中國編年史中記載的東胡。[④] 然而，不是所有室韋都與原蒙古部落有關。一些室韋集團屬於通古斯—滿洲族群（大室韋、黃頭室韋等）。其差別不僅僅在於室韋不同的區域族群的語言，也在於這些集團的族源、人類學和經濟文化類型：一些人主要爲定居農業居民和牧民，另一些人則過著森林狩獵者的半遊牧生活。

在公元 1 千紀的頭幾個世紀裏，小興安嶺西北部地區的米哈伊洛夫卡文化部落抵抗著波爾采文化部落。這些民族集團間的衝突導致了防禦性聚落在結雅—布列亞平原南部的出現。

公元 1 千紀下半葉，阿穆爾河中游的米哈伊洛夫卡文化居民遇到了新的外敵。

三

大約在 7 世紀，通古斯語族人群向阿穆爾河上游和中游移動。來自西北的後貝加爾地區和雅庫特南部的大室韋、來自南部和東南部的黑水靺鞨及其親緣部族均爲原通古斯集團。[⑤]

黑水靺鞨原活動於松花江流域中游、下游以及烏蘇里江流域，其生產活動的遺跡在考古學

---

① Шеломихин О. А. Этнокультурная динамика Западного Приамурья в раннем железном веке и раннем средневековье (по материалам памятников Букинский Ключ-1 и Безумка) // Традиционная культура востока Азии. Сборник статей. Вып. 6 / Под ред. А. П. Забияко. Благовещенск, 2010. С. 146.

② История Амурской области с древнейших времён до начала XX века / Под ред. А. П. Деревянко, А. П. Забияко. Благовещенск, 2008. С. 88-91; Болотин Д. П. Мохэские традиции в Западном Приамурье // Традиционная культура востока Азии. Сборник статей. Вып. 6 / Под ред. А. П. Забияко. Благовещенск, 2010. С. 158-159.

③ Деревянко Е. И. Племена Приамурья. I тысячелетие нашей эры (Очерки этнической истории и культуры). Новосибирск, 1981; Ларичев В. Е. Народы Дальнего Востока в древности и средние века и их роль в культурной и политической истории Восточной Азии // Дальний Восток и соседние территории в средние века: история и культура востока Азии. Новосибирск, 1980.

④ Материалы по истории древних кочевых народов группы дунху / Введение, пер. и ком. В. С. Таскина. М., 1984. Из последних публикаций см., например: Дашибалов Э. Б. Древние и ранние монголоязычные народы и их связи с населением Маньчжурии и Корейского полуострова: автореф. дисс. уч. степ.канд. ист. наук: спец. 07.00.03. Улан-Удэ, 2011; Дашибалов Э. Б. Контакты и взаимоотношения древних монголоязычных народов с предками тунгусо-маньчжурских и корейских народов // Вестник Бурятского университета. 2015. № 8. С. 137-144.

⑤ Нестеров С. П. Народы Приамурья в эпоху раннего средневековья. Новосибирск, 1998. С. 14-20.

上被稱之爲奈菲爾德文化。該文化最大的早期遺址位於小興安嶺以東的阿穆爾河兩岸，年代爲5—6世紀。8—9世紀期間，奈菲爾德文化的居民——黑水靺鞨，沿阿穆爾河而上，遷徙至布列亞河河口，並散居於鄰近地區。這些定居的地區被考古遺址（新彼得羅夫斯克墓地、帽子山墓地、帽子山聚落及其他）所呈現。黑水靺鞨沿阿穆爾河而上的移民，很可能是與其他靺鞨大聯盟的軍事衝突造成的。這一同時期的靺鞨聯盟在濱海地區建立了渤海國，並力圖向西部拓展邊界。該渤海靺鞨集團的核心爲粟末靺鞨。

13世紀左右，粟末靺鞨一部向阿穆爾河中游和上游遷徙。其考古遺址如帽子山墓地，證明了黑水靺鞨與粟末靺鞨之間軍事衝突的開始。但是，作爲親緣部落的黑水靺鞨和粟末靺鞨，可能很快就達到了領土的勢力均衡，在其交界地帶出現了混合居民。[①]

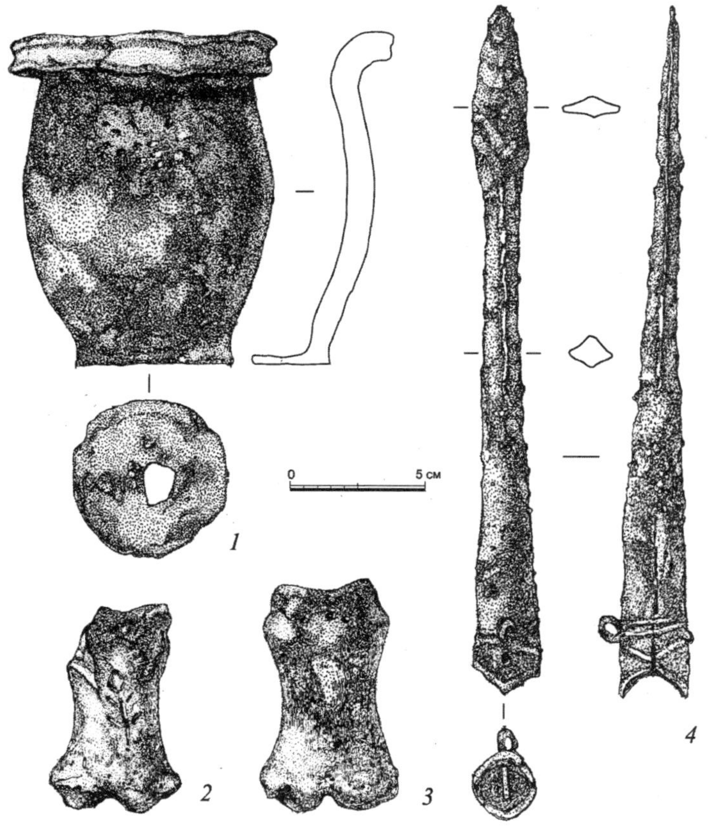

圖4 特羅伊茨基墓地出土器物[④]

特羅伊茨基類型的考古遺跡（圖4）係粟末靺鞨在阿穆爾河中游和上游定居的證明。[②] “特羅伊茨基傳統在阿穆爾地區的出現與來自松花江流域上游或滿洲南部的渤海（粟末靺鞨）居民的移民有關。然而，在移民到達時並不具備獨特的特羅伊茨基傳統，在移民出發的區域並不存在特羅伊茨基類型遺址，但存在文化相似的物質遺存。由於移民與米哈伊洛夫卡文化世居人群的互動，特羅伊茨基類型形成於西阿穆爾河沿岸地區。” [③]

顯然，活動於邊界的靺鞨特羅伊茨基類型及所有靺鞨族群，從民族文化特徵和人類學特點來看是不同質的。B. П. 阿列克謝耶夫的顱骨學研究考察了60個來

---

① Нестеров С. П. Народы Приамурья в эпоху раннего средневековья. Новосибирск, 1998. С. 94.

② Деревянко Е. И. Мохэские памятники на Среднем Амуре. Новосибирск, 1975; Деревянко Е. И. Троицкий могильник. Новосибирск, 1977.

③ История Амурской области с древнейших времён до начала XX века / Под ред. А. П. Деревянко, А. П. Забияко. Благовещенск, 2008. С. 94-95.

④ 采自«История Амурской области с древнейших времён до начала XX века» // Под. ред. А. П. Деревянко, А. П. Забияко. Благовещенск, 2008. С. 102.

自特羅伊茨基墓地的頭骨，表明特羅伊茨基靺鞨屬於貝加爾類型（人種）的蒙古利亞人。特徵組合體的世居靺鞨在某種程度上成爲阿穆爾河流域所有通古斯—滿洲民族人類學組合形成的源頭。他們同時也接近於許多東西伯利亞古亞細亞人的特徵。[①]

從古代遺骨中提取DHA線粒體的工作，成爲21世紀初特羅伊茨基墓地考古學研究的成果之一。DHA分析得出了如下的重要結論："在歐亞東部、歐亞西部、非洲單倍群L的古代材料的代表性小樣本中，可以推測靺鞨文化的人類種群遺傳儲備庫具有遺傳學材料的特殊異質性。"[②] 特羅伊茨基靺鞨人類學特徵的獨特性能夠提供對其族源複雜演進的解釋，不同族群、不同種群代表參與其中，而不僅僅屬於蒙古利亞人種貝加爾類型。

大約11世紀，在阿穆爾河上游和中游左岸地區，一段與通古斯族群——我們稱之爲黑水靺鞨和粟末靺鞨——統治有關的歷史時期結束了。奈菲爾德文化與特羅伊茨基考古學遺存綜合體的活動遺跡消失了。新的歷史時期在這裏開啟。

11世紀時，阿穆爾河沿岸地區由中世紀早期過渡至中世紀繁榮期。俄羅斯學術界習慣於將這一時期與中國編年史中記載的女真族群在歷史舞臺的出現聯繫起來。中國的歷史學傳統幾乎一致認爲，女真這一族稱出現在約公元10世紀，最初依附於靺鞨某部，之後作爲這一族群的統稱。但有一個爭議性的問題，即靺鞨族群的哪一部首先被稱之爲女真？多數人傾向於應係黑水靺鞨。[③] 個別中國研究者認爲，女真的起源與東胡有關。還有一些研究者認爲女真和滿族人的祖先可能是來自朝鮮半島的移民或居住於烏蘇里江、松花江流域的世居民族。[④] 大多數俄羅斯研究者認同女真與靺鞨族群一脈相承的觀點。最有可能的是，靺鞨文化晚期的女真核心集團的出現和進一步發展局部化於松花江中游和烏蘇里江下游，而這裏正是黑水靺鞨的世居地。

東阿穆爾河沿岸地區（阿穆爾河下游）民族文化的變化，顯然始於渤海人沿烏蘇里江的遷徙。這一移民浪潮可能遺留下了阿穆爾女真文化的"科爾薩科夫斯基變體"，大致地域位於從烏蘇里江口沿阿穆爾河而下的區域。[⑤]

10世紀來自滿洲地區的渤海居民遷徙浪潮對東阿穆爾河沿岸地區的民族文化形態產生了深遠的影響。首先，它促進了早期渤海親緣人群（譯者按，渤海境外的人群）的形成。其次，這顯然加速了黑水靺鞨向新的民族群體——女真的演變過程，因爲正是在這波遷徙浪潮中，這個新的民族稱謂滲透並被最終固化在阿穆爾河沿岸地區。至少來說，10世紀末—11世紀的研究遺址（科爾薩科夫斯基、納杰日津斯基、杜波夫斯科耶及其他墓地；加林古城、錫卡

① Алексеев В. П. Материалы по краниологии мохэ // Палеоантропология Сибири. М., 1980. С. 106-129; Алексеев В. П. Историческая антропология и этногенез. М., 1989. С. 419.

② Алкин С. В., Чикишева Т. А., Губина М. А., Куликов И. В. Археология, антропология и палеогенетика Троицкого могильника (культура мохэ: первые результаты комплексного анализа // Проблемы биологической и культурной адаптации человеческих популяций. Т. 1. Археология. Адаптационные стратегии древнего населения Северной Евразии: сырье и приемы обработки. СПб., 2008. С. 202-207.

③ 參見如：徐夢莘：《三朝北盟會編》卷三，上海古籍出版社，影印本，1987年，第11—12頁。

④ 參見如：郭克興：《黑龍江鄉土錄》，黑龍江人民出版社，1988年，第10、227頁。

⑤ Медведев В. Е. Корсаковский могильник: хронология и материалы. Новосибирск, 1991. С. 31.

其一阿梁3號聚落、彼得羅巴甫洛夫卡、通古斯卡河河口及其他[①]）證明了奈菲爾德類型泥塑陶器和與渤海粟末靺鞨文化相近的廣泛分佈的陶器的缺失，儘管在個別情況下奈菲爾德類型陶器的製作工藝可以延續至12世紀。[②]

在阿穆爾河上游和中游（西阿穆爾河沿岸地區），靺鞨移民與蒙古語族的室韋發生了接觸。在當代阿穆爾州的邊界存在大量保存了女真時代遺產的歷史遺跡。要塞式古城係女真軍事活動最顯著的產物之一。2003年，在阿爾哈拉河赭石色岩畫中，發現了用黑色顏料書寫的文字。[③]進一步的研究可以確定，文書用女真文字書寫。文書時間斷代爲公元1127年，作者是一位金帝國的官員，其名爲申忒鄰。距離阿爾哈拉河河口最近的大型女真古城係位於帽子山的要塞。該題詞揭示了金帝國定居邊界的新信息和女真時代的移民史，以及東亞和東北亞鄰近地區文化的擴張。

大多數人類學家和考古學家堅信女真族屬於通古斯族群。然而，顯然不可能重建某種古已有之的“純正”的通古斯人類學類型。史祿國認爲，從人類學的角度講，通古斯並不是一個同質的完整體，而是若干不同類型的組合體。其中整合了古亞細亞人、蒙古人、漢人及其他組成部分。然而，他們形成了一個單獨的人類學類型。[④]基於對女真民族歷史的有機延續——滿族特徵的充分研究，女真的主要人類學特徵得以相當可靠地重建。H. H. 切博克薩洛夫提出，滿族人屬於太平洋蒙古利亞人種的遠東（東亞）類型，滿族代表窄面的蒙古類型中一種少見的類型。[⑤]

10世紀末到11世紀初已經遷徙至阿穆爾河沿岸地區的女真——阿穆爾女真創造了高度發達的文化，也許正是因爲他們的開發，形成了“傳說的國家”。其中相關信息被模糊地記錄在12世紀的中國文獻中。[⑥]女真繼承並發展了存在於靺鞨的經濟文化類型。女真的生活方式結合了當地人群中的定居和使用輕擶房屋、勒勒車的遊牧人的傳統。女真從事農耕，種植穀類植物，從事牲畜養殖業，飼養牛、豬、馬及其他小型家畜。在水域河岸還從事漁撈，在森林和平原獵捕野獸和鳥類。女真人喜歡的職業和娛樂活動之一是用獵鷹“海東青”進行狩獵。他們在手工業、金屬加工、制陶業方面達到了很高的水準。阿穆爾河沿岸的女真遺留了大量生活遺跡——聚落、古城、要塞和墓葬（Plate I-1、Plate I-2）。

10—11世紀初，大部分靺鞨—女真依附於在東亞建立了強大遼帝國（907—1125）、滅亡靺鞨族渤海國的原蒙古族群——契丹。至11世紀末，女真開始形成反契丹聯盟。1125年，完

---

① Медведев В. Е. Приамурье в конце I-начале II тысячелетия. Чжурчжэньская эпоха. Новосибирск, 1986. С. 208.

② Дьякова О. В., Шавкунов Э. В. Новый памятник железного века на Нижнем Амуре – городище Сикачи-Алян // Советская археология. 1975. № 3. С. 158-159.

③ Забияко А. П., Кобызов Р. А. Петроглифы Архары: история изучения и проблема интерпретации // Миграционные процессы на Дальнем Востоке (с древнейших времен до начала XX века). Благовещенск, 2004. С. 130-136.

④ Shirokodoroff S. M. *Anthropology of Northern China*. Changhai, 1923. pp. 104-107.

⑤ Чебоксаров Н. Н. Этническая антропология Китая (расовая морфология современного населения). М., 1982. С. 129-133.

⑥ Кычанов Е. И. Монголы в VI-первой половине XII в. // Дальний Восток и соседние территории в средние века. Новосибирск, 1980. С. 145.

顏部首領阿骨打統一了女真各部，將契丹驅趕出滿洲，建立了以今哈爾濱附近的金上京爲都的金王朝。直至 13 世紀初，大金帝國成爲一個具有燦爛宮廷文化和宗教、文字的強大國家。在同成吉思汗及其繼承人領導下的蒙古帝國擴張的艱難抵抗中，金朝滅亡，人口、社會與文化根基長期遭到破壞。

後來，儘管居於滿洲的女真人經歷了巨大的動盪，但他們依舊存留於阿穆爾河流域。在 17 世紀的俄羅斯文獻中，他們被冠以“久切爾”的稱謂。在 17 世紀中葉的阿穆爾河沿岸地區生活著大約 1.05 萬久切爾人，並形成了四個主要區域性群體：上阿穆爾、下阿穆爾、松花江和烏蘇里江的久切爾人。[①] 久切爾人散居在自結雅河河口沿阿穆爾河至烏蘇里江口而下大約 150 公里。久切爾人的區域群體被俄羅斯哥薩克稱之爲“戈古爾人”（上阿穆爾久切爾人），他們居住在一些不大的村落（譯者按，即烏盧斯 —— 沙俄時代東北和北部邊遠地區的行政單位）中，這些村落位於阿穆爾河與松花江匯合口上游、結雅河河口上溯不遠處的阿穆爾河畔以及沿結雅河上溯不遠處的地區。戈古爾人最近的祖先可能融入了特羅伊茨基靺鞨的族群中。17 世紀，該地區的戈古爾人遭遇了俄羅斯人。[②] 戈古爾人聚落總數大約有 120 個，每個聚落大約有 10 棟房屋。

久切爾人的烏盧斯屬於一個更大的聯合體，即由首領率領的親屬集團，在 17 世紀的俄羅斯文獻中被稱作“大公”。戈古爾一久切爾人大公之一的特恩察大公，在其統治下有大約 400 人。[③]

久切爾人基本保留了阿穆爾女真經濟的傳統形態 —— 耕種和牲畜養殖。他們主要用財產性的牛作爲賦稅。可追溯至渤海和女真制陶業的陶器在生產中被廣泛使用。

17 世紀中葉，久切爾人與來到阿穆爾的俄羅斯哥薩克軍隊發生了軍事衝突。在軍事衝突和其他歷史變遷中，阿穆爾河沿岸的久切爾人消失了。

四

大約 12—13 世紀，在阿穆爾河沿岸出現了一個大型民族集團 —— 達斡爾人。大多數研究者將達斡爾人在阿穆爾的出現與移民相聯繫，移民源自於契丹族遼帝國、女真族金帝國的形成與瓦解，成吉思汗統一領導下的蒙古人的鞏固與軍事活動。達斡爾族源至今仍是一個有爭議的

① Долгих Б. О. Родовой и племенной состав народов Сибири в XVII веке. М., 1960. С. 611.

② История Амурской области с древнейших времён до начала XX века / Под ред. А. П. Деревянко, А. П. Забияко. Благовещенск, 2008. С. 119.

③ Отписка служилого человека Терентия Ермолина, об оставлении им в Тунгирском зимовье пороха и свинца, посланных к приказному человеку Ерофею Хабарову, и о плавании по реке Амур, 1652 в августе // Дополнения к актам историческим. Том 3. СПб., 1848. С. 358.

問題。[①] 基於最重要的文獻和民族學資料，一些研究者將其起源與通古斯集團聯繫起來，另有學者將其歸於蒙古族分支，還有學者首先考慮了達斡爾族與契丹族的親緣關係。[②]

目前可以確認，達斡爾族在過去係蒙古語族族群，其親屬語言被保存至今。據史祿國體質人類學的資料表明，達斡爾屬於 γ 類型，這在中國北方的蒙古人和滿族人中最爲典型。在該類型的範疇中，達斡爾的體質特徵接近於滿族人。[③] 通過梳理這些材料，H. H. 切博克薩洛夫提出了達斡爾族與契丹族和滿族的相似性，他們的這種相似性主要表現在地理、經濟、文化上的聯繫。[④] 中國學者的遺傳學研究成果揭示了達斡爾人與契丹人的親緣性。[⑤] 在北部達斡爾人的歷史遺跡中，根據中國民族學家的研究，他們起源於建立遼朝的契丹人的觀點佔據主流。[⑥]

遺傳學研究強化了對達斡爾和契丹親緣性概念的認識。契丹係原蒙古族群，建立了遼帝國（907—1125），覆蓋了阿穆爾河沿岸相當大的一片地區。顯然，在軍事遠征及其他事件中，在帝國邊界發生了契丹居民的移動，爲了開發和控制臣民，所涉人群在移民急流中定居在了被征服的地區。金帝國的急速崛起和契丹人的潰逃帶來了人口流動的新動能。衆所周知，在成吉思汗統治下的蒙古部落聯盟中，部分契丹人加入了其軍隊，參與了在其控制地區的遠征和管轄。或許正是上述情形決定了一些學者的觀點，他們認爲，達斡爾是成吉思汗及其繼承者軍事統治下來到阿穆爾河沿岸地區的蒙古移民的後裔。

值得一提的是，直至 10 世紀，阿穆爾河沿岸依然存在北室韋的地域性部落，即米哈伊洛夫卡文化的主體族群。[⑦] 北室韋接近契丹，他們共同起源於古代東部邊界在大興安嶺山麓的原蒙古語族群東胡。在公元 1 千紀中葉，米哈伊洛夫卡文化居民在靺鞨特羅伊茨基集團的族源中扮演了重要角色。他們被部分地同化於外來的通古斯族群粟末靺鞨，並成爲被稱之爲特羅伊茨基靺鞨的民族聯合體的組成部分之一。對於 10—13 世紀阿穆爾河沿岸地區的混血居民 —— 契丹和其他從阿穆爾河上游遷居於此的民族、來自後貝加爾地區的蒙古語族群，在族群文化關係中並不是異類人群。

---

① Шренк Л. Н. Об инородцах Амурского края. Том первый. СПб., 1883. С. 161-163; Аниховский С. Э., Болотин Д. П., Забияко А. П., Пан Т. А. «Маньчжурский клин»: история, народы, религии / Под ред. А. П. Забияко. Благовещенск, 2005. С. 163-181; Цыбенов Б. Д. История и культура дауров Китая. Историко-этнографические очерки: монография. Улан-Удэ, 2012. С. 10-43; Хао Цинюнь. Китайские учёные о происхождении дауров // Традиционная культура востока Азии. Под ред. Д. П. Болотина, А. П. Забияко. Благовещенск, Изд-во АмГУ, 1999. С. 207-210.

② 有關這一概念的完整表述見：Цыбенов Б. Д. История и культура дауров Китая. Историко-этнографические очерки: монография. Улан-Удэ, 2012. В современной зарубежной литературе позиция родства дауров и киданей представлена в книге авторитетного английского антрополога Кэролин Хэмфри и её соавтора: Humphrey C., Onon U. Shamans and Elders: Experience, Knowledge and Power among the Daur Mongols. Oxford, 1996.

③ Shirokodoroff S. M. *Anthropology of Northern China*. Changhai, 1923. pp. 102-103.

④ Чебоксаров Н. Н. Этническая антропология Китая (расовая морфология современного населения). М., 1982. С. 129.

⑤ DNA Match Solves Ancient Mystery (DNA 匹配解決古代的秘密). URL: http://china.org.cn/english/2001/Aug/16896.htm.

⑥ The Daur ethnic minority. URL: http://www.china.org.cn/e-groups/shaoshu/shao-2-daur.htm. 中國民俗學家、民族學家、中國社會科學院民族文學研究所吳剛副研究員證實了電子資源的信息，達斡爾的起源被記錄在其田野採集中，達斡爾與契丹親緣性痕跡保存在達斡爾的家庭記憶裏。（А. П. 紮比亞科個人學術筆記，2016 年）

⑦ Нестеров С. П. Северные шивэй в Приамурье // Традиционная культура востока Азии. Археология и культурная антропология / Под ред. А. П. Забияко. Благовещенск, 1995. С. 105-122.

在公元 1 千紀—2 千紀中葉，阿穆爾河上游和中游及其支流 —— 額爾古納河、石勒喀河、結雅河、布列亞河、松花江等地區，形成了巨大的民族文化群 —— 民族文化的“碎片”。在這一通過勞動分工以及在產品、通婚、契約義務等方面交往的族群系統中，民族文化不僅相互接觸，還或多或少地發生重疊。E. И. 肯恰諾夫正確地指出了這一點。①

在阿穆爾地區民族文化的大熔爐中，整合成了多元多質的整體，如形成了統一族體的達斡爾人。他們一方面根植於原住民的文化，另一方面則係來自相鄰地區。從契丹人遺傳而來的達斡爾人，操蒙古語方言，在他們的文化中融合了室韋、原生的蒙古、靺鞨、女真、突厥、漢族的文化傳統，成爲一支在巨大歷史動盪的民族進程中，在族源和生活方式中表現出複雜特點的民族。這即是說，有理由相信，在最後階段的達斡爾人的族源來自 12—13 世紀的阿穆爾河沿岸地區。

在 17 世紀中葉，達斡爾人佔據著廣闊的地區，分佈在自西部石勒喀河、額爾古納河沿岸，沿阿穆爾河而下直至與結雅河的匯合口。根據尼古拉斯・維特希恩所繪地圖（1687 年），他們主要散居在阿穆爾河上游左岸，被稱爲“達斡利亞”。結雅河沿岸的達斡爾人則聚居在自河口上溯約百公里至烏姆列卡恩河河口處。自結雅河河口順阿穆爾河而下，直至達斡爾人分佈東部邊界的布里亞河河口，這一區域內的達斡爾村落與久切爾人（戈古爾人）的烏盧斯爲鄰。在大興安嶺地區嫩江河谷存在一個廣闊的達斡爾飛地。在阿穆爾河流域邊界之外的地區，達斡爾人主要佔據著維吉姆河沿岸的土地。總之，達斡爾人散居在後貝加爾地區、內蒙古和阿穆爾河沿岸的廣大區域中。與達斡爾人相鄰的一些通古斯族群，也受到了其影響並發生了融合，他們被稱之爲“達斡爾化的通古斯人”。

達斡爾人有非防禦性和防禦性的聚落、城鎮。17 世紀的俄羅斯人稱其聚落爲“烏盧斯”，這一詞語的含義不僅意味著居住之地，同時也是親緣群體的意思。

大量防禦性的城鎮具有深壕和城垣，常見有木構塔樓和柵牆，還有在發生圍攻時獲取水源的秘密通道。防禦性城址往往只在軍事活動中防禦敵人時才會使用。大部分居民平時都居住在村落中，從事農業勞動。

達斡爾人的房屋都是用木頭或帶有兩面坡屋頂的夯土結構建造而成，如簡易房址。在達斡爾人的傢俱中，金屬器皿甚多，這有別於喜愛使用陶質器皿的久切爾人。

達斡爾人的生產活動主要是農業和牲畜養殖業。在田野中，達斡爾人主要飼養馬匹，種植穀類作物 —— 小麥、黑麥、大麥、燕麥、小米和蕎麥，也有用於榨油的大麻，以及蔬菜（黃瓜、大蒜、豆類等）和其他作物（蘋果、梨、堅果等）。② 家養牲畜則主要是豬、馬和牛。

達斡爾人不僅僅從事耕作業和牲畜養殖業，還與通古斯人進行貿易，通過麵包換取貂皮；

---

① Кычанов Е. И. Монголы в VI-первой половине XII в. // Дальний Восток и соседние территории в средние века: история и культура востока Азии. Новосибирск, 1980. С. 139.

② Акты о плавании письменного головы Василья Пояркова из Якутского острога в Охотское море, 1646 после 12 июня // Дополнения к актам историческим. Том 3. СПб., 1848. С. 55.

與漢人一起銷售紫貂皮、絲織品及其他商品。

達斡爾人社會組織的基礎是親屬集團，它們被聯合成更大的社會群體——親屬聯合體，由親屬首領、公爵所領導。根據俄羅斯早期開拓者們的文獻證據，在17世紀中葉，最有影響力的達斡爾公爵之一是拉夫凱，他在石勒喀河流域和阿穆爾河上游具有很大的影響力。[①]同時，部分部落由地位略低的首領所領導——Gildega、Albaza、Shilgeney，他們大多是拉夫凱的親屬。繼續順阿穆爾河而下，分佈著Dasaul、Tygichei、Guigudar、Olgemza、Bonbulay、Churonchi、Kokorei、Turonchi、Tolga、博木博果爾及其他達斡爾貴族公爵的烏盧斯。溯結雅河而上，分佈著巴爾達齊、Bebra、Doptyul、Kolpa、Dosia及其他達斡爾首領的烏盧斯。

在17世紀上半葉，部分達斡爾首領接受滿族人的統治，並開始向清政權繳納貢物。1634年，居住在結雅河下游烏盧斯的首領巴爾達齊，歸順了滿族政權，訂立了納貢關係。其他一些達斡爾貴族不承認滿人的政治統治地位，甚至用手中的武器反對其統治。在17世紀30年代末，營地很可能位於阿穆爾河科爾薩科夫河曲處的達斡爾首領博木博果爾的衆多親族反抗滿族統治。[②]在博木博果爾一邊，還有很多達斡爾首領加入。根據參加對抗達斡爾人的滿族將領的報告，僅在多科城（雅克薩—阿爾巴津諾下游）的戰鬥中，6000達斡爾人抗擊滿族軍隊。[③]在40年代初，這一反抗遭到了鎮壓，博木博果爾被俘獲並處決。

根據17世紀中葉俄羅斯的文獻記載，這一時期的達斡爾人數量有大約1萬人。[④]顯然，在17世紀初人口應更多。滿族人在16世紀末—17世紀初，建立了清帝國，其影響力開始向其周邊部族擴張，征服這些地區和人口，這給達斡爾人帶來了巨大的破壞。在對周邊民族的軍事行動中，滿人通常將大量當地人口遷往滿人土地。這些被俘的居民需要從事滿族的生產，並在必要時被編入八旗軍隊中。[⑤]僅在1639—1640年的一次打擊博木博果爾的征討中，就抓獲和遷走了千名達斡爾人。在清代文獻《大清太祖高皇帝實錄》中有相關記載。[⑥]

俄羅斯人的到來進一步惡化了阿穆爾河上游和中游達斡爾人的人口和經濟狀況。葉羅費·哈巴羅夫部隊的行軍爲達斡爾人帶來了悲劇。自1650年以後的幾年內，哈巴羅夫順阿穆爾河而下往返移動，摧毀了一個又一個烏盧斯。在哈巴羅夫行軍之後，大部分達斡爾人的烏盧斯都被破壞了。

1654年，清政權爲了讓已成爲臣民的達斡爾人躲避衝擊，開始將他們從阿穆爾河沿岸遷居到滿洲地區的嫩江流域及其他地區。通過這些舉措，滿族人使俄羅斯人失去了獲取俘虜、補

---

① Отписка Василия Юрьева Якутским воеводам Василию Пушкину и Кириллу Супоневу, о посылке из Тунгирского зимовья на Шилку реку служивых людей для разведування о Тунгусах и Даурах, 1649 марта 12 // Дополнения к актам историческим. Том 3. СПб., 1848. С. 173-174; Отписка Якутского воеводы Дмитрия Францбекова, о походе Ерофея Хабарова на реку Амур, 1650 мая 26 // Дополнения к актам историческим. Том 3. СПб., 1848. С. 258-261.

② Цыбенов Б. Д. История и культура дауров Китая. Историко-этнографические очерки: монография. Улан-Удэ, 2012. С. 52, 66.

③ Мелихов Г. В. Маньчжуры на Северо-Востоке (XVII в.). М., 1974. С. 69-70.

④ Долгих Б. О. Родовой и племенной состав народов Сибири в XVII веке. М., 1960. С. 611.

⑤ Мелихов Г. В. Маньчжуры на Северо-Востоке (XVII в.). М., 1974. С. 54.

⑥ Мелихов Г. В. Маньчжуры на Северо-Востоке (XVII в.). М.: Наука, 1974. С. 71.

充糧食和肉類資源的可能性。大部分達斡爾和久切爾人聚落都歸附清朝並遷走。部分人口被編入滿洲，稱之爲“新滿洲”（伊徹滿洲），被收入滿族軍事系統“八旗”之中。

即使在將俄羅斯人驅逐走之後，也禁止將舊土地歸還給達斡爾農業居民。然而，僅有一小部分逐漸遷回了阿穆爾河中游（主要在阿穆爾河右岸）。這些居民主要居住在位於結雅河河口以下數十公里的阿穆爾河沿岸的軍事聚落中。阿穆爾河的自由關卡只對達斡爾商人開放，他們從阿穆爾森林中帶來與通古斯狩獵人交換獲得的貂皮和其他商品。

早在 17 世紀以前，在森林地帶以及斯塔諾夫山脈（外興安嶺）、大興安嶺、小興安嶺、紮格達、布列亞山脈的山坡上居住著大型族群 —— 通古斯人。在莫斯科關於阿穆爾地區最早的一份報告中，匯報了在石勒喀河和阿瑪紮爾河存在著“爲數衆多的通古斯人”，在阿穆爾河支流下游也“居住著大量通古斯人”。[①]

關於通古斯這一民族概念的起源存在不同的假說。俄羅斯海軍軍官和研究者 Д. И. 奧爾洛夫作爲最早的學者之一，於 19 世紀 50 年代解釋了通古斯人的族稱及地理位置：“通古斯與鄂倫春的名稱意爲流浪的異族人，他們僅僅存在這樣的空間區別：從巴爾古津城向東到維吉姆河 —— 幾乎整個維吉姆河左岸，以及安加拉河流域及基切爾河流域。他們被稱之爲通古斯人。而維吉姆河流域外的奧廖克馬河、通吉爾河、紐克讓河、奧利多亞河以及阿穆爾河沿岸的‘流浪人’被稱之爲鄂倫春人。第一個稱謂來自俄語發音爲‘庫恩古（Кунгу）’的單詞，意爲馴鹿皮製作的毛皮、羊毛縫製的上衣。這些異族人在秋天、冬天和春天穿用，夏季有時也會著裝。第二個稱謂來自詞匯‘鄂羅恩（Орон）’（馴鹿）—— 唯一的家畜，用於騎乘和馱運貨物……”[②] 根據其他觀點，這個古老的中部亞洲起源的族稱可以追溯到東胡 —— 蒙古語“林中人”；或可追溯到雅庫特通古斯 —— “凍僵嘴唇的人”，即說著難以理解的語言。[③]

俄羅斯人將民族學構成上異質的人群稱爲通古斯人，晚近時則將阿穆爾河上游和中游的通古斯人稱之爲埃文基人。埃文基的族稱源自於一個民族稱謂 —— “埃文克（эвэнк）”。這一術語的起源我們還完全不知。一些研究者（如 В. А. 圖格魯科夫）認爲“埃文克”這一稱謂衍生於中國古族稱謂烏丸。在中國 7 世紀的史籍中意爲養鹿人，他們居住在貝加爾湖東北的沿岸地區。另一些學者（如 М. Г. 圖洛夫）提出，“埃文克”的概念來自於在滿—通古斯語族中廣泛存在的詞匯“*эвунки*”（橫跨）及其派生的詞匯“*эвункин*”（橫眼的、傾斜的）。[④] 埃文基的族稱廣泛被使用的時間相對較晚 —— 在 20 世紀 30 年代。

在當代論述中則有如下情形：“‘通古斯’的概念可以有若干個含義。前綴‘北方’和

---

① Отписка Якутского воеводы Дмитрия Францбекова, о походе Ерофея Хабарова на реку Амур, 1650 мая 26 // Дополнения к актам историческим. Том 3. СПб., 1848. С. 260.

② Орлов. Амурские орочоны // Вестник Императорского русского географического общества. СПб., 1857. Книга IV, Часть 21. № 6. С. 193.

③ 詳見：Народы Сибири. Этнографические очерки / Под ред. М. Г. Левина, Л. М. Потапова. М.; Л., 1956. С. 702。

④ Туров М. Г. Эвенки. Основные проблемы этногенеза и этнической истории. Иркутск, 2008. С. 162. 另見：Забияко А. П., Аниховский С. Э., Воронкова Е. А., Забияко А. А., Кобызов Р. А. Эвенки Приамурья: оленная тропа истории и культуры / Под ред. А. П. Забияко. Благовещенск, 2012. С. 9.

‘南方’的通古斯意爲在起源和民族文化上親緣的兩個族群。第一個是由埃文基人和埃文人組成的，第二個則爲阿穆爾河沿岸地區和薩哈林島的通古斯語族和女真人、滿族人。”①

通古斯一滿族群體的起源至今仍是一個具有爭議性的問題。不同的研究者將通古斯一滿族群體的族源歸結於阿爾泰、貝加爾湖沿岸、後貝加爾地區、阿穆爾河沿岸地區、黃河中游以及歐亞大陸東北部的一些地區。很少有研究關注到古代通古斯人（原通古斯人）和民族學時期——17世紀以來根據文獻記載和稍晚期研究者——的通古斯人的相互關係。

一部分通古斯人在山地森林地形的環境中從事著遊牧生活。人們把家養的馴鹿用於遷徙遊牧，同時也爲通古斯人提供毛皮、肉和奶的來源。上阿穆爾地區的馴鹿通古斯被稱爲鄂倫春。這一稱謂源於滿族文獻，即滿族人最早使用“鄂倫春”一詞，意爲馴鹿通古斯人（“鄂倫”爲馴鹿，“鄂倫春”爲馴鹿人）。

另一部分通古斯人則過著與馴馬業相關的半定居生活。“馴馬通古斯人”首先隸屬於Managir（Manegir）氏族，這一氏族名稱來源於詞匯“manegra”，稍晚時期用於指代整個“馴馬通古斯人”。狩獵（首先是捕貂）和漁撈在生活於山地森林環境中的馴鹿和馴馬通古斯人的經濟中扮演著重要角色。一些親緣的群體則向農業過渡，他們被稱之爲“農耕通古斯”。通古斯族群中馴馬業和農業的擴大則是受到其近鄰——久切爾人和達斡爾人的影響。在阿穆爾河中游、沿結雅河，俄羅斯人在17世紀遇到了不少“達斡爾化通古斯人”。“農耕通古斯人”的一些親緣集團是衆所周知的，如Bayagir、Shemagir、Yezhegun、Dulgan，他們在結雅河和謝列姆賈河沿岸從事生產。在阿穆爾河流域及其支流生活著大約3000個屬於通古斯的群體。

在17世紀初以前，阿穆爾河沿岸地區的通古斯親緣集團與鄰近民族和國家很少存在著某種朝貢關係的聯繫。

基於狩獵和漁撈業中的遊牧生活方式，阿穆爾河沿岸大量山地森林地帶的難以進入引發了17世紀中葉的軍事活動。這對大多數通古斯人的影響要小於對達斡爾人和久切爾人的。部分被摧毀的“農耕通古斯人”遭受了苦難，在17世紀50年代與達斡爾人一起遷往滿洲。“馴鹿通古斯人”與“馴馬通古斯人”也在軍事衝突中被波及，只是程度較輕。

阿穆爾河上游和中游的中世紀民族與文化的歷史不僅僅反映在文獻史料中，也被體現在弗拉基米洛夫卡考古學文化中，其年代爲13/14—17世紀。②這一文化於20世紀90年代首先被Б. С. 薩布諾夫和Д. П. 鮑羅金確認和記錄。考古遺址的發掘表明，弗拉基米洛夫卡文化的載體是達斡爾人及與之雜處的通古斯人，這些通古斯人是在達斡爾人移民之後居住在阿穆爾河上游和結雅河流域的。

關於弗拉基米洛夫卡文化的基本情況來自於對墓葬發掘所獲得的考古學材料（Plate I-3）。墓壙平面呈長方形或橢圓形。墓葬內部結構是在木板邊緣樹立框架。墓葬內的死者埋葬有如下

① Туров М. Г. Проблемы исторической прародины северных тунгусов и этногенеза эвенков // Известия Иркутского государственного университета. Серия «Геоархеология. Этнология. Антропология». 2013. № 1 (2). С. 245.

② Болотин Д. П. и др. К вопросу об этнической истории Приамурья эпохи средневековья (по археологическим данным) // Записки Амурского областного краеведческого музея и общества краеведов. Благовещенск, 1992. Вып. 7. С. 28-29.

幾種方式：屍骨直接埋葬佔大多數，二次葬稍少，火葬遺體則十分少見。

日常用品以器皿、刀、鐮刀、火鐮、磨石爲代表。少量器物可分爲圓形的陶器和金屬器。武器主要有箭鏃和矛、斧、彎弓、箭筒、鎧甲片。從紐扣可知衣著的風格 —— 長袍或上衣。右衽，腰帶系著飾有鐵和青銅飾板的帶飾。飾物中以玻璃珠和青銅線爲主。耳環戴在耳朵和鼻子上。它們呈問號形，在其下部的工藝上帶有珠子。常見貝殼飾品。腳趾上飾有青銅和鐵環，腿部戴有鐵手鐲。[①]

弗拉基米洛夫卡文化在民族文化中是西阿穆爾地區居民達斡爾人和久切爾人（通古斯人）的混合產物。在這一文化中，達斡爾和通古斯元素混合成一個民族文化的完整體。[②]

總之，在中世紀時代，阿穆爾河沿岸地區居民民族結構的形成確定了不同源頭的群體的移民。這一區域發生的族群的融合、通婚，從根本上影響了當地居民的人類學特徵和文化的發展。

本文係俄羅斯基礎研究基金（РФФИ）資助項目（項目編號：20–011–00408）的階段性成果（Исследование поддержано грантом РФФИ, проект № 20–011–00408）；2018 年度黑河學院遠東智庫重點課題“俄羅斯阿穆爾河（黑龍江）下游及中上游左岸古城研究”（專案編號：18 YDZKBJC01）階段性成果。

Ethnic Groups and their Cultures on the Northern Bank of the Amur River (Heilongjiang) from the Early Iron Age to the Late Middle Ages

A. P. Zabiyako

Due to its unique geographical environment, the northern (or left) bank of the Amur River (Heilongjiang River) was an important area for the migration, movement, settlement and integration of different ethnic groups. The mixing and integration of various ethnic groups greatly affected the anthropological characteristics and structure of ethnic groups and cultural traditions. From the early Iron Age to the late Middle Ages, archaeological cultures such as the Bolce, Mikhailovka, Troitsky type, Nyefield type, Amur Jurchen, and Vladimirovka cultures revealed the complex and diverse history of the origin, evolution, and interaction of early ancestors of the Manchu, Shiwei, Heishui-mohe, Sumo-mohe, Jurchen, Daur, Ducher, Tungus, and other ethnic groups of the Amur region.

---

① Болотин Д. П. Этнокультурная ситуация на Верхнем Амуре в эпоху позднего средневековья (XIII-XVII века): автореф. дис. на соиск. уч. ст. канд. ист. наук. Новосибирск, 1995. С. 7-9.

② Болотин Д. П. Тунгусские и монгольские элементы во владимировской археологической культуре // Археология Северной Пасифики. Владивосток, 1996. С. 85-92.

A Discussion Concerning the Sogdian Influence on Eastern Uighur Architecture

Lyndon A. G. Arden-Wong

It is historically well-attested that the Sogdians played a significant role in the development of the Eastern Uighur Khaganate (744-840 CE), a semi-nomadic tribal union centred on the Mongolian steppe. The Eastern Uighur Khaganate has been noted for its extensive settlement building which, according to some scholars, distinguished it from other historical nomadic cultures of the Mongolian steppe.①

The Šine Usu Inscription, attributed to the second Uighur leader Moyanchuo Khagan (r. 747-759), was set up to relate his meritorious deeds and conquests. Among these deeds, it notes the founding of two settlements: "I had the throne of the realm set up at the confluence of the Orqun and Baliqïγ" and "I had Bay Balïq built on the Säläŋä by the Sogdian[s] and Chinese".② Whilst the location of the first site mentioned is still debated, the second one is Bay Balïq, a well-known Uighur settlement on the Selenge River.③ This epigraphic evidence suggests that Sogdians lived in and possibly participated in the construction of at least one Uighur settlement and poses two broad questions: what do we expect Sogdians to have influenced in the building of Uighur settlements and, to what extent can Sogdian influence be traced in the architecture of the Eastern Uighur Khaganate?

These questions have arisen at a unique time in Eastern Uighur studies. Most scholars

① Tsėvėėndorzh et. al. 2008, p. 180, Kwanten 1979, p. 52.

② Moriyasu 1999, p. 185 Lines S 10 and W 5. For possible Tang Chinese influence on Eastern Uighur architecture, see Arden-Wong 2012 and Arden-Wong et.al. 2015.

③ According to Ramstedt, the Balïqïγ River should be equated with the Dzhirmantai River. Scholars are unsure if this specifically refers to Ordu Balïq or not. For this discussion see Moriyasu 1999, p. 194.

researching Sogdian ties with the Eastern Uighur Khaganate have focused on the religious, economic, political and social influences of their interaction, with the lion's share of scholarship handling the unique role of Sogdians in the Uighur state sponsorship and propagation of Manichaeism.[①] Archaeological analysis has been limited mainly due to the shortage of material evidence to attest a Sogdian relationship with the Eastern Uighurs. However, in recent years a renewed focus on Eastern Uighur archaeology has begun to bring to light evidence pertaining to Uighur architecture on the Mongolian Plateau and in Tuva in Southern Siberia. Now equipped with data from the long-studied Sogdian urban settlements in Central Asia, there is an emerging architectural model from which comparative analyses can begin to be based. This paper will focus on settlement plans, palaces, architectural details and decoration. This study will first summarise the current state of Uighur architectural archaeology and then generally describe Sogdian architecture. The architecture of both will then be compared and a discussion section will follow.

Although closely related, I have treated religious architecture in two separate studies (such is the depth of the topic) and as such this topic will not be specifically addressed here.[②] Furthermore, the historical basis for Sogdian architectural exchange will also be examined in a separate essay. Also in regards to scope, Sogdian architecture in this paper refers solely to structures within Sogdiana and its early medieval colonies to its north and northeast, such as those in Semirech'e.[③]

Uighur Architecture: The Tuvan Chain of Fortresses

Eastern Uighur archaeology has primarily focused on the capital Karabalgasun/ Ordu Balïq in the Orkhon Valley of Mongolia[④] and in the Tuva Republic, Russia.[⑤] (Fig.1) Unfortunately, Bay Balïq, the settlement referred to in the Šine Usu Inscription, has not been sufficiently excavated to understand its architecture.[⑥] It is situated approximately 12km

---

① With primary focus on the Sogdians see de la Vaissière 2005 and Rong Xinjiang 2014.

② Arden-Wong 2016 and Arden-Wong forthcoming.

③ As the scope of this paper will be on Sogdian architecture from Semirech'e and Sogdiana, numerous and significant influences that the Sogdian diasporas within central China, the Ordos region, Gansu and Xinjiang had on the Eastern/Orkhon Uighurs will not be discussed directly. Regional variations and important architectural exchanges elsewhere in Central Asia will be addressed in future studies.

④ For a recent summary of past archaeological work undertaken at Ordu Balïq see Dähne 2015.

⑤ See Kyzlasov L. R. 1969 and Kyzlasov L. R. 1979.

⑤ See Hayashi et. al. 1999.

west of the modern town Hutag Ondor, Bulgan Aimag, Mongolia. What is presently known derives from small-scale site surveys. S. V. Kiselev and H. Perlee's early research on the site did not produce detailed reports. Yu. S. Khudyakov undertook more intensive research of the fortification and architecture of the structures. Although he only published a brief description of his results, he retrieved ceramic roof tiles and mill stones from which he deduced that the site could be attributed to the Uighur period.① A Mongolian-Japanese team of scholars surveyed the site during two brief visits in 1997 and 1998 and published their data in detail.② What we now know is that the site comprises three approximately square walled enclosures which contained structures within. The outer walls of two of the fortresses were constructed using the Chinese *hangtu* 夯土 rammed earth technique, but the third is poorly preserved and its architectural details are not well-understood. The largest enclosure, Bay Balïq 1, measures approximately 240m² and its walls measure up to height of 7m and 3-4m thick. Ceramics found at the site suggest later Khitan, Song and Qing periods of occupation, although Shiraishi contends that the site planning was undertaken by employing Tang Chinese measurement standards.③

There were seven Uighur towns recorded in historical sources, however numerous fortified sites have been dated to the Uighur period in Tuva alone.④ D. A. Klements was the first to begin scientific documentation of the walled sites in Tuva.⑤ Numerous scholars have collected archaeological data and contributed to current understanding the Tuvan fortresses in the Soviet era such as S. A. Tepluokhov, S. V. Kiselev, L. A. Evtyukhova, S. I. Vainstein and A. M. Mandelshtam. However, L. R. Kyzlasov stands as the most prominent. L. R. Kyzlasov hypothesised that the walled sites of Tuva probably served as a system of defensive posts have which were generally arranged from east to west on a system of river valleys. These created a defensive system against the Kirghiz who were also blocked at the narrowest point of the gorge on the bed of the Yenisei River by a stone wall.⑥ This theory was generated

① Khudyakov 1990, pp. 86-87.

② Hayashi et. al. 1999.

③ Hayashi et. al. 1999, pp. 197-198.

④ Arzhantseva et. al. 2011, Danilov 2004, pp. 60-66 and Kyzlasov L. R. 1969, p. 59. Note that Por-Bazhyn is not usually included in the 17-fortress network, which would make it the 18th fortress.

⑤ Klements 1895. In a 2015 co-authored work, my colleagues and I stated: "The earliest mention of Por-Bajin may have been in 1701 by Semyon U. Remezov, the premier cartographer and ethnographer of Siberia, in his *Drawing Book [Atlas] of Siberia (Chertezhnaya kniga Sibiri, list1 7 [15])*." Arden-Wong et. al. 2015, p. 6. However, my good friend and colleague D. K. Tulush has since alerted me to his study of Remezov's materials, which, by highlighting discrepancies in the description and location of Por-Bazhyn with Remezov's records, he convincingly argues that Remezov was not referring to Por-Bazhyn, but probably to another site in western Tuva. See Tulush 2011.

⑥ Kyzlasov L. R. 1969, p. 59.

from his archaeological surveys and excavations of a chain of so-called Uighur fortresses that were distributed along the left bank of the Yenisei and right bank of the Khemchik rivers. However, this theory was criticised by Yu. S. Khudyakov and others for having neglected the finds from some of those settlements that could be attributed to the earlier Bronze Age and Xiongnu eras.[①] More recent work on the fortifications of these walled sites by D. K. Tulush lend weight to the idea that some of the previously identified Uighur walled sites should be attributed to the Xiongnu period and he attributes only ten of the enclosures to the Eastern Uighur period.[②] In addition, Tulush characterised the Tuvan walled sites with rectilinear outer fortifications as having been constructed with the *hangtu* 夯土 rammed earth method as was done with those from the Uighur period.[③] Of these sites, only Por-Bazhyn and Shagonar 3 contained buildings with Chinese architectural elements such as a roof tiled timber framed-structure supported by a network of columns on granite stone bases. Sites such as Bazhyn Alaak 2 contained semi-subterranean structures, presumably roofed with timber and organic thatched materials, the development of which requires future investigation.[④]

To the east of these sites is the most thoroughly archaeologically explored site, Por-Bazhyn.[⑤] Por-Bazhyn was a walled architectural complex located on an island in Tere-khol' Lake, located in the southeast of the Republic of Tuva (Plate II-2).[⑥] Klements was the first to describe the site and noted parallels in its planning to the complex now known as HB2 in the Eastern Uighur capital, Ordu Balïq.[⑦] S. I. Vainstein conducted the first excavations at the site in 1957 and 1963 and in 2007 and 2008 the Por-Bazhyn Foundation undertook intensive multi-disciplinary archaeological study of the site, thereby resulting in the most thoroughly analysed Eastern Uighur monument to-date.[⑧] The slight habitation layer indicates that the site of Por-Bazhyn was used for a very short period, which certainly helps understand architectural principles that were employed at the time.[⑨] Based on dendrochronological and radio carbon analysis, we know that the site was probably founded between 770-790 CE and

---

① Khudyakov 1994, Khudyakov 1999 and Savinov 2006.

② Tulush 2015. See Appendix 2, pp. 170-171.

③ Tulush 2015, p. 109.

④ Tulush 2015, pp. 170-171.

⑤ Archaeological investigations of the site were conducted by S. I. Vainstein and more recently in 2007 and 2008 by the Por-Bazhyn Foundation headed by Irina Arzhantseva.

⑥ Geophysical examination of the island has proven that the site was erected on a large peninsula with a total area of about 3 km². However, the shape of the lake, the amount of islands within the lake and the shape and size of the land Por-Bazhyn sits on differs from what it is today. Modin et. al. 2010 contra Arzhantseva et. al. 2011, p. 7.

⑦ Klements 1895.

⑧ Vainstein 1964 and Arzhantseva et. al. 2011, p. 10.

⑨ Arzhantseva et. al. 2011, p. 10.

by incorporating the historical context, the Por-Bazhyn team concluded that the site was "possibly a summer residence, or conceivably a memorial complex".[①]

The outer 8m high ramparts form a rectangular shape (215 × 162m) and are oriented east (slightly east-southeast) with a monumental three passage gate complex in the eastern wall (henceforth described in plain cardinal directions).[②] On the main east-west axis of this complex was the main entrance gate, a gate between the entrance courtyard and the inner ritual courtyard, and a central building complex with ramped "flying corridors" that connected to flanking structures in the inner courtyard. The flying corridors separated the ritual courtyard from a rear courtyard. At the rear of the northern and southern corners of the inner courtyard were two square structures and flanking the western building of the inner complex were two small square buildings that were probably connected to it by covered galleries. The two-part central building complex, with all of its Tang Chinese accoutrements, has an interesting plan that consisted of square eastern (23 × 23m) and western (15 × 15m) buildings fronted and surrounded by a ceremonial courtyard. The surrounding 18 courtyards that form a U-shape along the northern, western and southern perimeter were similar in construction and plan to the six inner ones that flanked the ceremonial courtyard.[③]

Uighur Architecture: Ordu Balïq/Karabalgasun

The Eastern Uighur capital, Ordu Balïq (also known as Karabalgasun or locally as Kharbalgas) was located in the middle Orkhon Valley in Arkhangai Aimag, approximately 320 km west of Ulaan Baatar, the current Mongolian capital and 20 km north of the former Mongol era capital, Karakorum, also located in the Orkhon River Valley. Research of the settlement has been undertaken since the late 19th century. Early expeditions by W. Radloff and Klements revealed the plan of the city.[④] The discovery of the ruined "Karabalgasun Inscription" caused a sensation in international Inner Asian research community. The stele inscribed was in runic, Tang Chinese and Sogdian and it related the deeds of the Uighur khagans – especially those who propagated Manichaeism in the khaganate. Excavations in the 20th century were undertaken by Kotwicz (Maskov), S. G. Kiselev and Yu. S.

① Arzhantseva et. al. 2011, p. 10.

② Arzhantseva et. al. 2011, p. 6 and Arden-Wong 2015 et. al., pp. 6-14.

③ Arden-Wong et. al. 2015, pp. 9-10.

④ Radloff 1892-1899 and Klements 1895.

Khudyakov however these excavations were not published in detail.[①] A recent collaboration (currently ongoing) between the Mongolian Academy of Sciences (MAS) and the German Archaeological Research Institute (DAI KAAK) has yielded a wealth of detailed data on the Uighur capital. Researchers synthesising this material with the first detailed archaeological survey of the Orkhon Valley (MAS and University of Bonn) and excavations of nearby funerary complexes (National University of Mongolia and a joint team comprised of members from the National Museum of Mongolian History, the International Institute for the Study of Nomadic Civilization of Mongolia and the Institute for the Study of Cultural Heritage and Archaeology of Inner Mongolia) have begun to better understand the city, its landscape and its importance in the broader context of Mongolian and Inner Asian history. Because Ordu Balïq's architecture is rather unique, more detail about it is required.

The most accurate plan of the settlement prior to 2007 was the late 19th century illustration published in V. V. Radlov's *Атлас Древностей Монголии.*[②] However now equipped with highly detailed aerial laser-scanned (LiDAR) imagery, new observations on the settlement's urban planning have emerged.[③] Firstly, the size of the settlement was expanded from the previously estimated 25km² to at least 32 km².[④] Due to its lack of outer mounds or fortifications, B. Dähne suggests that Ordu Balïq was an open city.[⑤] All of the structures excavated within Ordu Balïq have yielded significant quantities of roof tiles of Tang Dynasty Chinese technology.[⑥]

Bisecting the settlement, a central avenue ran approximately north-south on an approximately 26° angle and presumably it was from this orientation that the main complexes were built (for the sake of convenience, cardinal directions shall be stated henceforth).[⑦] Key complexes to the north of the settlement are the best preserved and attracted the most attention (see Fig. 1). To the west of the northern section of the avenue was a large 1km² fortified walled enclosure (HB3) with vast subdivisions (the inner city) and could have

---

① Dähne and Erdenebat 2012, Kiselev 1957 and Khudyakov 1990.

② See, pl. XXVII in Radlov 1892-1899 (Vol. 1).

③ The MAS-DAI KAAK studies of Ordu Balïq/Karabalgasun have recently expanded upon the settlement LiDAR scan conducted in the late 2000s with drone assisted aerial survey. When published, this data will certainly reveal new data to understand the settlement and its environs.

④ Hüttel and Erdenebat 2010, p. 17.

⑤ Dähne 2010, p. 67.

⑥ Dähne 2010, p. 68. For the Chinese architectural features of the settlement, see Arden-Wong 2012 and Arden-Wong et. al. 2015.

⑦ Arden-Wong 2012, pp. 30-38. In their 2012 work, Dähne and Erdenebat began to employ site numbers to name archaeological sites within Ordu Balïq which the present author now follows.

contained residential or workshop/industrial structures.① A focal main east-west road is also noticeable and probably served as the HB3's central axis.

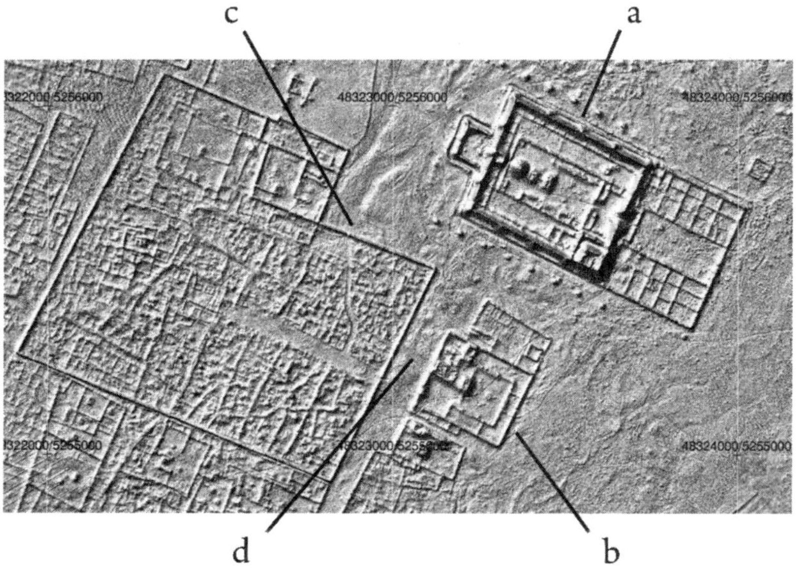

Fig. 1 The northern sector of Ordu Balïq. Legend: a) HB2, the palace-temple complex; b) HB1, the so-called Manichaean complex; c) HB3, the inner city and; d) the central north-south avenue. After: Arden-Wong 2016, p. 216, fig. 12. Copyright DAI

At the northern end and to the east of the avenue is HB2, a fortified walled complex, tentatively labelled "the palace-temple complex". The main fortifications measure 360 × 404m excluding a large rectangular frontal (eastern) annex and a small rear (western) one.② A clear east-west axis from the eastern annex through the center of the complex reveals a deliberate arrangement of gates, buildings and courtyards reminiscent of Por-Bazhyn.③ Apart from containing front and rear annexes, two key features of the complex differentiate the plans of Por-Bazhyn and the palace temple complex of Ordu Balïq. The first is a citadel located above the rest of the complex in the southeastern corner of the fortifications and the second are the stupas of the site. On the northern and southern sides of the complex run a row of *hangtu* 夯土

① This interpretation is largely based on the density of earthworks and concentration of potsherds found on the surface. Remarkably, during their field survey of HB3 in 2013, Franken et. al. could retrieve a complete clothes-press (iron) of Chinese technology on the surface. Franken et. al. 2014, p. 365.

② Hüttel and Erdenebat 2010, p. 17.

③ This likeness was first noted in Klements 1895.

"stupas" and the most prominent architectural feature of the entire city – a monumental "stupa" that lies at the western end of the main axis of the complex behind the western building. It has not yet been confirmed whether or not the outer (peripheral) courtyards contained structures that are architecturally analogous to those found at Por-Bazhyn.

The Mongolian-German excavations have targeted three structures within HB2: the eastern and the western building on the central axis and more recently, the citadel. All buildings excavated thus far bear signs of extensive conflagration. The former of these three was not studied thoroughly enough to interpret the architectural formula, although quantities of Chinese roof tiles were unearthed from it. The western building was studied more intensively. It measured 29 × 22m and was set upon a rammed earth platform.[①] Remains of a 1.3m wide gallery on its northern and western (rear) sides possibly indicate that the building contained a U shaped ambulatory enveloping the central and eastern (front) sections of the building. Previous archaeological excavations have rendered the central-rear portion of the building difficult to interpret, although it appears as though there was a lower or sunken room. The front of the building contained a wide entrance hall with a north-south colonnade toward its front. The colonnade's nine lotiform decorated granite column bases bear similarity to Tang aesthetics, yet the odd-number of columns is a glaring departure from the even-number preferred in Chinese architectural method.[②] Three different types of internal wall were identified: 1) rammed earth 1.3-2.7m thick – at times these walls were made by simply cutting vertically identified into the rammed earthen platform and were faced with plaster; 2) made of brick and used for internal use of structures and; 3) thinner wattle and daub walls with plaster facing as commonly seen in Chinese architecture and at Por-Bazhyn.[③] Large quantities of roof tiles made from Chinese technology were recovered from all over the remains of the mound and a Chinese-styled granite *chishou* 螭首. Relative dating based on stylistic grounds has linked this building to all other Uighur sites, yet C14 dating of some timber samples taken from within the lower central wooden structure and the eastern hall reveal dates of over a century prior to the founding of the Eastern Uighur Khaganate.[④] This is certainly cause for future discussion and deeper examination.

In the southeast of HB2 stands the citadel, a 10-12m tall truncated pyramid with a rectangular 60 × 70m surface. Since 2013, the MAS-DAI KAAK excavations have focused

---

① Dähne 2016, pp. 38-39.

② Dähne 2016, p. 39.

③ Dähne 2015, pp. 169-170.

④ Calibrated dates from a timber in the central structure were 612-648 or 583-658. Dähne 2015, p. 191.

on this citadel. [1] These recent studies have been very welcome as they clarify and transcend S. Kiselev's briefly reported mid-20th century excavations of this part of Ordu Balïq.[2] From current knowledge it is known that: the citadel was accessed via gateways from the north and west (the northern gate possibly supporting a building above it); there was an impressively engineered well in the centre of the citadel; buildings with less imposing walls along the interior of the eastern and northern perimeter; a platformed building employing Chinese architecture (i.e. timber-framed columned structure with roof tiles) stood just meters from western gate and; an impressive 20 × 20m tower was situated on platform in the southeast corner of the citadel.[3] This last structure, in some ways being analogous to the western building of HB2, employed a variety of walls made from materials such as adobe and rammed earth and also used a series of odd numbered columns (even number of bays) but differed in that it had three rows of columns as opposed the HB2's western building's single row. A section of blue-tinted screed on plastered floor was also found in this building. Some fragments of wall painting were recovered, however only a red band on white plaster was detected along the walls directly above the floor. Outside the building was a fired-brick paved courtyard which also had a connecting roofed gallery connecting to the southeastern tower. Radio carbon dating results revealed that the citadel was constructed in the 8th-9th centuries and stratigraphic analysis has indicated multiple stages of construction/repair which lead the team to suggest that the citadel was probably occupied during the Khitan period, which succeeded the Eastern Uighur era on the Mongolian Plateau.

To the south of the HB2 complex is a smaller walled complex, HB1, that also bears similarities with both the Por-Bazhyn and the Ordu Balïq palace-temple architectural arrangements. It too has a concentric double outer-walled arrangement with a two-gate entrance courtyard, inner ceremonial courtyard, a monumental eastern building and a series of buildings behind it which are not clear in the LiDAR image. The monumental structure was built on a raised platform of rammed earth reaching to 2.4m in height, thus making it a prominent structure even within the urban landscape. The building/platform shows traces of the Tang flying corridor architectural scheme which enclosed a ceremonial courtyard on the courtyard's western side. The platform was primarily accessed by an arrangement of ramps and steps from the east (front) and west (rear). The central structure was built on a raised platform of rammed earth reaching to 2.4m in height, thus making it a prominent structure

---

① See Franken et. al. 2014.

② Kiselev 1957.

③ Franken et. al. 2018.

even within the urban landscape. Fragments of plaster decorated by paint, a scattering of roof tiles of Chinese technology and one in-situ undecorated square column base were insufficient evidence to help interpret what specific type of structure was situated on top of the platform. Remains of chain bricklaying on the platform's southern face indicate that the rammed earth platform was probably faced with fired brick, as per the central structures at Por-Bazhyn.[①] Paired calibrated C14 dating results from two timbers of the central building indicate that there were at least two building phases: the first timber being dated to 690-770 and 682-774 and the second timber was calibrated to 778-864 and 773-886.[②] The centre of the ceremonial courtyard (directly to the east of the central building) is where fragments of the famous Karabalgasun Inscription lie. This has led some scholars to believe that this was the main Manichaean sanctuary of the city.[③]

The Sogdian Architectural Model

Pre-early medieval Sogdian settlements had their origins in earlier Central Asian, Achaemenid and Seleucid influences. Leading into the early-medieval period, waves of invasions from semi-nomadic polities and refugee migration further affected the Sogdian built environment. Thus, by the 8th century, there existed Sogdian settlements that were constructed at different times under various circumstances and thus served different purposes. The 4th-6th centuries in Sogdiana, during the end of which the Türk overlords ruled, witnessed waves of Sogdian populations move from the long-established settlements (such as Afrasiyab, Samarkand)

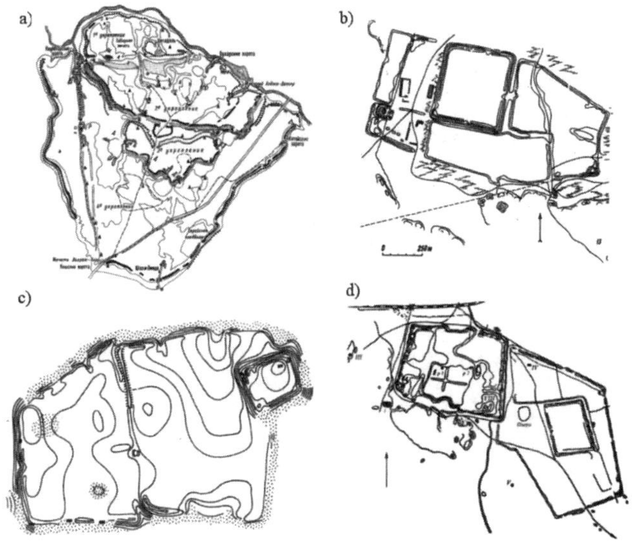

Fig. 2 A selection of Sogdian settlement topographical plans: a) Afrasiab; b) Krasnaya Rechka; c) Paĭkend; d) Ak-Beshim. After Belenit͡skiĭ et. al. 1973 and Semënov 2002a, p. 6, fig. 3

① Dähne 2015, pp. 94-95.

② Dähne 2015, p. 126.

③ Hüttel and Erdenebat 2010, p. 19.

out to new fortified sites. These communities generally congregated along the Zarafshan (such as Penzhikent and Paĭkend) whilst others founded colonies north east of the Syr Darya along the Silk Road, reaching to the steppe regions of Semirech'e in modern Kyrgyzstan and Kazakhstan (such as Ak-Beshim) (Fig. 2). Some remained in their long-established homeland settlements, which gradually became repopulated.① There was subsequent population growth and the development of urban fortifications and the conversion of rural fortifications into civilian buildings was under-taken.② This period saw rapid urban and agricultural development as well as a newly designed system of fortifications throughout Sogdiana which supported an early medieval Sogdian feudalistic society.

Differences in regional development within Sogdiana took place. In his 2002 study, G. L. Semënov noted that there were three main regions of Sogdian settlement in this period: Western Sogd, Central Sogd and Semirech'e, each of which were typified by the distance between each settlement were located; organisation of the settlement; and block development. Below I have translated his table summarizing some of his perceived differences between the regions③:

Western Sogdiana	Central Sogdiana	Semirech'e
Cities are at a distance of one march.	Cities are at a distance of one march.	18 fortresses at a distance of 10-14 km.
Paĭkend is situated behind a long wall without any settlements and fields.	Residences around Pendzhikent and settlements with castles in the suburbs.	Long walls around main cities, residences inside the walls.
Block development of Bukhara is 130-140 × 45-50 m. Block development of Paĭkend was 84 × 22-25m.	Block development of Pendzhikent, fully formed only by VII c. Block size was 26.9 × 53.8 m.	Block development of Kok-Mardan and Kuiruk-tobe. Sizes of the blocks were 300-370m 17 × 18m.

Semënov adds that differences in the architecture of Sogdiana took place in the early medieval period.④ The fortifications of Samarkand/Afrasiab in the 5th-6th centuries were analogous to the castle architecture of Central Sogdiana. Defensive architectural

① Grenet 1996 and Shishkina, 1994, especially pp. 89-91.

② Grenet 2010, pp. 272-273.

③ This table can be found, with its references, in Semënov 2002a, p. 40. More survey data is being accumulated which will impose new questions on Semënov's model. For instance, the joint Uzbek-American project studying the long walls in the Bukhara Oasis, the Divar-I Kanpirak, will certainly clarify their chronological development, their function and their relationship with to the Sogdian landscape. See the New York University's Institute for the Study of the Ancient World's Bukhara Project webpage (http://www.isaw.nyu.edu/research/bukhara-project) for updates on the project.

④ Semënov 2002a, p. 40.

developments in early medieval Sogdian settlements are evidenced by the construction of long outer settlement walls and the enhancement of each settlement's citadel, which usually occupied the most dominant position in the topographical terrain and was further fortified by defensive walls.

Some degree of social stratification was indicated by architecture, too. Houses of the wealthy city folk in central Sogdiana in the 7th-8th centuries differed from those in the rural farmsteads but were akin to the manors of rural landlords. In contrast to Pendzhikent, residences of the city and rural peoples of Paĭkend, however, are analogous. Houses in the regions of Sogdian colonization, such as in Chach, Ferghana and Semirech'e also appear more similar in the town and country. Semënov also notes that only the character of the city residences on the periphery were preserved for a longer period of time, whilst palatial architecture remained the same across all regions of Sogdiana.[①]The 8th century saw a steadying of urban growth and the reorganisation of the internal structure and ownership of settlements.

The features of early medieval Sogdian settlement building have been thoroughly analysed. V. V. Barthold, outlined three key city features of pre-Muslim city planning: a) the shakhristan (urban settlement), b) the citadel and c) the rabad (outer suburbs and trade and workshop area).[②] G. L. Semënov, building on the work of scholars such as Barthold, Yakubovsky, Bernshtam, Voronina, Belenitskii and Tolstov, offered three different types of early medieval Sogdian city development. In the first model of development, Semënov contests that a rectangular shakhristan was created near a small (usually pre-existing) fortified complex that generally functioned as the citadel of the city (Paĭkend, Pendzhikent and possibly Bukhara). The second type consisted of rendering a habitable part of an ancient city, partly using already formed structures (Afrasiyab). Lastly, there were settlements which had the citadel and shakhristan constructed at about the same time (Ak-Beshim).[③]

The elements of early medieval Sogdian architectural model developed from earlier Central Asian, Persian and Greco-Bactrian traditions. By the early 8th century, the Sogdian architectural model had adopted a vast array of influences and, other than the planning of the settlements, the architectural materials and construction methods were the same across Sogdiana. These generally followed models that dated back to the eneolithic period,

① Semënov 2002a, p. 40, and on the social stratification of Sogdian society according to architecture and settlement planning see Raspopova 1990.

② Barthold 1962, p. 14.

③ Semënov 2002a, p. 39.

utilising mud brick and adobe blocks and borrowed from architectural traditions in Central and West Asia.[①] Greco-Bactrian contact had influenced geometric settlement planning and sogdian settlements favoured the gridded street-block (hippodamian) plan.[②] At Pendzhikent temple complex layouts were heavily influenced by the Greco-Bactrian styles[③] and a new decorative style developed in the earliest phases of Pendizhikent murals which stemmed from Sogdian-Bactrian exchange.[④] Furthermore, Sogdians appropriated pre-existing structures, particularly palaces, from early periods. The earlier structure would set a framework for the re-configured buildings architectural influences. For instance, almost all pre-Islamic Sogdian palaces were a complex of buildings which render their plans to look like a conglomerate of buildings that do not have a single façade.[⑤] Visual reconstructions of sogdian forts and other structures are possible from Sogdian art. Representations of particular upper sections of structures and balconies which have not survived in the archaeological record have been discovered in Sogdian artwork such as from the silver Anikovo dish and preserved wall paintings.[⑥]

Temples were the longest continually used structures of the Sogdian settlements and often sanctuary structures have been found within the earliest stages of the Sogdian settlements' formation. In the Sogdian heartland, Zoroastrianism was the primary religion however temples of other religions, such as Buddhism, Christianity (of the Nestorian/Church of the East variety) and Manichaeism also had a place among Sogdian communities, and were more prominent in the new colonies to the northeast. Zoroastrian temples were either one of the first structures to be built in the city, (as seen in Pendzhikent) or preface the forming of the settlement (Paĭkend) and were one of the main architectural focal points of the Sogdian settlement during the Arab invasions and occupation of the 8th century.[⑦]

Palaces in Sogdiana share some general characteristics, but overall they were monumental structures that underwent significant restructuring and renovating over their lifetime. [⑧]Sogdian palaces were usually located in a fortified castle/citadel and contained

① Isakov 1994.

② de La Vaissière 2011. For the influence of Kushan and Greco-Bactrian influence on Sogdian planning see Grenet 1996.

③ Shkoda 2009.

④ de la Vassierè 2005, p. 110.

⑤ Semënov 2002a, op. cit., p. 31.

⑥ See Lurye 2016, p. 18 and fig. 13.

⑦ Semënov 2002a, op. cit., p. 29. Ṭabarī records Qutaybah's involvement with fire temples in Ṭawāwīs/Arfūd in the Bukhara oasis (710) and cites his destruction of idols from the fire temple in Samarkand (712). Ṭabarī, Vol. 23 p. 177 & 194 for Ṭawāwīs/Arfūd see Barthold 1977, p. 98.

⑧ For residential quarters in Sogdian cities and their interpretation, see Raspopova 1990.

numerous barrel vaulted halls that led to a main throne room. The Pendzhikent main throne room was divided into three sections of different heights with the lowest at the entrance and the highest at the rear from which the ruler would have the supreme vantage point from which to receive audiences. ① The four-*iwan* (portico) scheme centered on a main hall has been argued as having been developed from West Asian influences.② The palaces of Varakhsha and Ak-Beshim had four symmetrical *iwan* openings into an inner yard, whilst the older models of the yard-*iwan* plan were still in use at Paĭkend.③ Interestingly in Pendzhikent, the palace bears architectural similarities and proportions with the residences of the nobility, for example its three four-columned hall scheme.④ Even the dwellings of artisans in the town of Pendzhikent bear similarity to the palace which suggests a social hierarchy and presents some stark differences between the peasantry and the rest of society.⑤ Column bases from iwans could be made from stone or gypsum (often recycled materials). On the columns, P. Lurye notes that they supported "arcades with (decorated) spandrels and archivolts above them... the upper part of the column and arcade were necessarily wooden. Traces of minor columned ayvans are found at the entrance of many residential houses. Columns comprised of a cone frustum base, a round plinth (now called 'apple'), the shaft slightly tapering towards the top, a capital, often with volutes and floral designs, and a console above. These features are a development from Hellenistic and Achaemenid prototypes and survive well into Islamic and even Soviet and post-Soviet architecture".⑥

Extensive excavation in Pendzhikent has allowed for detailed studies of Sogdian residential architecture. The urban network was almost always initially concentrated within a walled complex known as a shakhristan. Residential buildings, workshops, granaries and trade centers were all part of the inner complex and the street network divided the city into quarters.

Because 7th century residences uncovered in Samarkand are similar in concept

---

① Belenizki 1980, p. 36.

② At Varaksha the earliest phase of the palace is barely traceable. The second-last phases are all related to the Abbasid period. The fifth and final stage of construction shows three key elements of early Abbasid architectural influence: the use of baked/fired brick (which was not introduced to Sogdian architecture until 730-740s), large round brick columns which supported the passages in the *iwan* (which possibly had its roots in Sassanid architecture) and the use of stucco "ganch" decoration. Naymark 2003. The term *iwan* stems from the Old Persian word *apadāna* meaning "column reception hall". Lurye 2016, p. 18.

③ Semënov 2002a, p. 31.

④ Belenizki 1980, p. 36. Marshak notes that the richest houses of Pendzhikent were of similar size as each of the three four-columned rooms in the Pendzhikent palace and were adorned with murals and carvings of the highest quality. It is possible to compare the houses of Pendzhikent to several castles and palaces in different parts of Sogdiana. Marshak 2002, pp. 14-15.

⑤ Marshak 2002, pp. 7-8 and Raspopova 1990, pp. 184-188.

⑥ Lurye 2016, p. 18.

to those discovered in Pendzhikent it has been argued that these form a typical type of residential architecture in Sogdiana.① That stated, none of the houses in Pendzhikent contained identical architecture and decor.② Private residential structures in Pendzhikent were mostly two or three storied and constructed out of mud bricks and rammed earth.③ Windows on the ground floor were small but placed high above street level and the upper level(s) contained large arched shutter windows with balconies and friezes made of figured bricks.④ Within the buildings was a network of vaulted corridor rooms with a spiral ramp or staircase leading to the upper floor.⑤ Vaulted mud brick ceilings spanned up to 4 meters and domed ceilings are rarely found (limited to smaller rooms). Roofs for larger rooms were supported by complex timber configurations. Detailed studies suggest that "lantern ceilings" were employed in larger rooms, such as reception rooms. Other rooms were covered by variations of lantern-type ceilings, corridors with rows of columns, gable-shaped roof with lanterns at the tops and flat wooden ceilings with queen-beams aligned parallel to the shorter length of the room have been recorded.⑥ Houses also contained kitchens and a family gathering room with a fire place/altar.⑦ Some of the wealthier residences contained a large square reception room along the perimeter of which lay a clay sufa which was broken by the entrance.⑧ The main reception room was the most beautifully furnished, particularly with monumental wall paintings and sometimes with ornate wooden

① In Pendzhikent, houses of wealthy families differed from the common rural house in that they were somewhat similar to the residences of rural landlords, whereas in Paĭkend the houses of the city and the village seem to have been quite similar. This trait does not only belong to Paĭkend, a settlement of the Bukhara oasis, but also to Sogdian colonial residential areas in Čač, Ferghana and in Sogdian colonies studied in present-day southern Kazakhstan. Semënov 2002a, p. 40.

② Marshak 2002, op. cit., pp. 15-17 and Raspopova 1990, p. 194.

③ Marshak 2002, p. 15.

④ Marshak 2002, p. 17. On trapezoid window construction, see Raspopova 2014.

⑤ Marshak 2002, p. 15.

⑥ Lurye 2016, pp. 18-21 and for the flat roofed structures at Hisorak see Lurye 2014. According to Lurye, lantern ceilings required the use of columns. "Each column supported two queen-beams at right angles; eight side cells had flat ceilings and the central, often the larger one, supported rhombic sets of beams placed one above another at 45 degrees; the centre of the ceiling formed a light-hole, which was often enriched with a decorated terracotta hatch". Lurye also notes that this type of roof is still employed in the Pamir valleys and is known variously as ruzan, chorkhona, darbaz, etc. See Lurye 2016, p. 18.

⑦ There has been some debate whether these rooms were used as sanctuaries or "chapels" or whether they had a more secular function as living rooms. This argument is summarised in Lurye 2014, who notes that such rooms appear different from known fire-temples and, on the basis of comparative architectural data from Hisorak, argues that this style of room may have originated in the mountainous regions of Sogdiana where similar type rooms are more commonly found than in Pendzhikent. Lurye claims that these rooms, with lower ceilings, have modern analogies to those used by modern highland Tajiks and concludes that they served as sleeping quarters in colder times of the year for Sogdian populations who may have originated from the mountains.

⑧ Belenizki 1980, p. 32.

carving on capitals, beams and door panels.① Attachments and other facilities were found in residential structures such as shop fronts, workshops and granaries.

Architectural Comparison: Settlement Plans

In terms of understanding entire Eastern Uighur urban planning schemes, we are provided with limited options and the Uighur capital city of Ordu Balïq/Karabalgasun serves as our primary point of comparison with Sogdian settlement plans. As described above, Ordu Balïq's studied features are few, however the densely developed architectural complex (HB3) at the northwestern end of the central avenue has been likened to an inner city or administrative city based on Chinese architectural principles.② The concentration

Fig. 3 Comparison of the eastern section of the Pendzhikent settlement plan with the northern sector of Ordu Balïq. Note: These images have not been reconfigured to the same scale. The Pendzhikent plan has been oriented to true north. After: Marshak 2002, p. 4, fig.1 (adapted) and Hüttel and Erdenebat 2010, p. 75, fig. 32 (adapted). Copyright DAI

① Belenizki 1980. P. Lurye sheds light on the difference between decorated Sogdian timber and that found in the Turfan Oasis – a capital for the later Western Uighur Khaganates. Lurye (2016, p. 25) stresses that "wooden decorative elements in reception rooms in Sogdiana were probably painted (only the ochre background is sufficiently documented), but always carved; we do not have examples of 'blank' wood visible in reception halls. This is sharp contrast to the medieval Chinese model where painting was the main device for decorating wooden elements, and with regards to the wooden architecture from the Turfan region it helps us to recognize western traits, eastern traits, and a combination of the two in this cosmopolitan oasis". Although highly relevant and important to Uighur studies, a comparison between Turfan architecture and that found at Eastern Uighur sites, has yet to be undertaken.

② It may also have been a manufacturing and/or residential area, although at this stage there is insufficient evidence to determine the complex's function. Arden-Wong 2012, p. 37.

of potsherds visible on the surface and densely arranged earthworks of this area indicate a different function to the palace-temple complex with citadel (HB2) or the so-called "Manichaean Temple" (HB1).[①]

We are able to compare settlement plans thanks largely to the German Archaeological Research Institute's (DAI) LiDAR aerial laser scanned image of Ordu Balïq and detailed site plans of Pendzhikent to assist us (see Fig. 3). Most striking are the north-south avenues of the settlements and the analogous location of the monumental east-facing complexes at the northern section of the settlements (twin complexes of Pendzhikent and the HB2 palace-temple complex). B. Dähne highlighted the analogy between the Sogdian city, noting Ordu Balïq's decentralised (offset) main north-south avenue and the dense arrangement of structures around it which he likened to urban centres of Eastern Iranian city planning, and particularly the Sogdian city of Pendzhikent.[②] It is also worth noting that careful orthogonal street planning, possibly of the comparable shahkristan and Ordu Baliq urban sprawl (particularly the outer walls of HB3) were most likely the key landmarks in the minds of the urban planners of Ordu Balïq.[③]

Could the HB3 "inner city" have functioned as a shakhristan as seen in Sogdiana? The fortifications of the architectural complex and its densely arranged inner architecture infer this comparison.[④] Outside of the "shakhristan"/inner city other walled complexes are arranged in varying degrees of orthogonal planning. Large walled (usually polygonal or built with the intention of being polygonal) enclosures contain in turn a series of other walled enclosures inside them. These large "blocks" or quadrants are also arranged in rows with the intention of creating long north-south routes intersected by east-west ones. The laser-scanned image clearly shows that the western side of the central avenue and the southern sector of the settlement are far more developed than the eastern.[⑤] Inspection of the image also leads one to hypothesize that the more rigidly/accurately planned orthogonal complexes were most probably designed and constructed by professional architects and engineers. Other more crudely shaped ones may have developed out of later organic (or less skilled) urban planning

① Although the sites may have differed in function, Kiselev observed that ceramics from the citadel and the other parts of the settlement were of the same type. Kiselev 1957, p. 94.

② Dähne 2015, pp. 39-40.

③ For a fuller description of these features, see Arden-Wong 2012.

④ For preliminary geomagnetic survey results of the HB3 complex and reference to the density of earthworks see Fassbinder et. al. 2013.

⑤ There appears to be traces of another water source on the western perimeter of the settlement. Further studies on the hydrology of the city could prove useful in determining urban planning of Ordu Balïq. In addition, recent studies of the Uighur period dȯrvȯlzhin have shown that the cemeteries of the Uighurs were located to the southwest of the settlement around Khotont Soum. See Ėrdėnėbat et. al. 2011 and Ochir et. al. 2010.

rather than being built around the original orthogonal plan. However, as noted earlier, recent C14 results from within HB2 indicate that this part of the settlement may been from earlier phases of construction, possibly dating to the Türk period.① What is more, data is gradually beginning to accumulate regarding non-memorial complex walled enclosures dating to the Türk period in other parts of Mongolia.② Although there is still insufficient evidence to claim that Türk settlements and fortifications were widespread, it is now clear that the Turkic period left a deeper impact on the built environment than what was previously thought.

Architectural Comparison: Fortifications and Defensive Networks③

Fortification systems employed by the Uighur were very likely a key component of settlement planning. As B. Dähne has rightly pointed out, Ordu Balïq was an open settlement and the lack of outer fortifications is evident.④ This certainly works against comparison with imperial cities of China and the outer walled fortifications of the Sogdian settlements. Even among Uighur sites in present-day Mongolia and Tuva, Ordu Balïq's lack of outer fortifications stand as an outlier. Within the Uighur inscriptions, there are numerous references to the placement of fences or stockades which were probably erected around camps.⑤

The circular/ovular walled structures with quadrangular enclosures attached that are situated in the outer regions of Ordu Balïq appear may have served as a camp, animal corral or perhaps as agricultural Land.⑥ According to Tamīm ibn Bahr, the Uighur military camp was circular. Chieftains and officers formed a ring around the army in which there was a large gap or gaps the size of "four gates that open towards the army" with land for pasture for animals.⑦ One of the intentions of this camp formation was to prevent herded animals from escaping. That stated, recent soil lipid analysis in and around one of these ovular

① Although preliminary, J. Kolbas's C14 dating of nearby Khukh Ordung/Tsagaan Tsumiin Balgas site (see fig. 1) to the pre-Uighur Khaganate phase (during the 7th century "Türk Period") and her comparison regarding the planning of Khukh Ordung to Ordu Balïq's HB2 complex are now somewhat corroborated by the recent Ordu Balïq HB2 C14 dating results. This promising line of research deserves further investigation. See Kolbas 2005.

② See for instance, Erȯȯl-Ėrdėnė and Bemmann 2018.

③ Note that for the sake of limiting scope, this study does not encompass a comparison of bastion, gates and tower construction in the ramparts of outer walls.

④ Dähne 2010, p. 67.

⑤ See Arden-Wong 2012, pp. 19-24.

⑥ Arden-Wong 2012, op. cit., pp. 42-43, Bemmann et. al. 2011, pp. 77-79 and Bemmann et. al. 2014, p. 340.

⑦ Minorsky 1948, op. cit., p. 284.

structures led Bemmann et. al. to conclude that the quandrangular enclosure was inhabited by omnivorous (domesticated) animals and that the large ovular structure was in fact an enclosed garden/agricultural area.① This, in turn, correlates to another section of Tamīm ibn Bahr's text which states that land around the Uighur capital was for "agriculture and surrounded by rustāqs full of cultivation and villages lying close together" and corroborates opinions that Manichaean influenced agriculture took place in the environs of Ordu Balïq.② As has been attested elsewhere, Sogdians probably played a significant role in the propagation of Manichaeism in the Eastern Uighur Khaganate. Thus if Manichaean influenced/related agriculture took place at the Eastern Uighur capital, perhaps related architecture, such as these large ovular and attached quadrangular enclosures may have been due to Sogdian Manichaean influence. Although further verification is required, it is hypothesised that defensive camps in the outer regions of the city served the city's defence, rather than outer settlement ramparts and that the walled ovular enclosures in the outskirts of the settlement were possibly not associated with a corral or camp enclosure function, but as garden/agricultural space. Based on this conclusion, it would then stand to reason that the camps may have been situated beyond the ovular enclosures.

A broader picture of the defensive network around Ordu Balïq, might be likened to Sogdiana's settlement and fort system. These are found throughout Sogdiana, particularly in the Zerafshan Valley and the Bukhara Oasis. Within the Orkhon Valley a series of compact walled enclosures that may have served this function, however detailed archaeological analysis which can put them into a firm chronology has not been conducted. Chilen Balgas, situated near Lake Ogi Nuur, is one of the oft cited examples, yet its precise function and dating needs to be secured.③ The University of Bonn and Mongolian Academy of Sciences survey of the Orkhon Valley has revealed Uighur occupation of walled enclosures in the peri-urban area of Ordu Balïq.④ Unfortunately the precise function of these sites and their relationship to each other and Ordu Balïq is also unknown. Some of the most strategically located sites which had walled enclosures have also been reappraised. Recent studies suggest that MOR-9, an eastward facing enclosure situated on a promontory at the eastern edge of the middle Orkhon Valley near the Khogshin Orkhon river was possibly a funerary complex

① Bemmann et. al. 2014, pp. 358-359.

② Jagchid and Heyer in Bemmann et. al. 2014, p. 359.

③ For instance, Tulush opines that Chilen Balgas may have been the location of the Khatun. See Dähne 2015, p. 251 and Tulush 2015, p. 86.

④ Bemmann et. al. 2014 and Grützner et. al. 2012.

rather than a fortress.① Thus at present it is unclear if or how the walled enclosures in the hinterland of the Uighur capital served as a defensive network.

In respect to walled structures providing fortification for the Khaganate, the east-west chain of walled sites in Tuva probably served this function. Speculation regarding a possible schematic influence or correlation between the Uighur enclosures and the Semirech'e settlements may also arise. As previously mentioned, these walled sites were strategically located for an optimum defensive strategy from northern attacks from the Khakassia region. Walls (discussed below) were erected in the weakest sections of this defensive chain, which were where the natural defensive advantages were absent. S. A. Vasyutin opines that the Shagonar 3 and Bazhyn Alaak complexes were probably administrative headquarters for the network, overseeing different sections of the system.② D. K. Tulush's study of the fortifications leads him to consider that the enclosures constructed of *hangtu* 夯土 rammed earth belong to the Eastern Uighur period, thus, according to Tulush's study, the pakhsa and mud brick method of constructing fortifications found in Sogdiana are largely absent.③ As a system of fortresses/settlements, much more detailed data needs to be produced to compare it to the network of early medieval Sogdian fortresses along the Zerafshan and/or the establishment of Sogdian colonies in Semirech'e.

Lastly, we will briefly compare the long walls in Sogdiana, with particular reference to the Bukhara Oasis "Devor-i-Kampirak" which lie along Bukhara along the north and south banks of the Zerafshan River to the long wall in Tuva, the so-called "Road of Chinggis Khan", which stretches along the left bank of the Yenisei River to the headwaters of the right bank of the Khemchik river. The wall from Elde Kezhig fortress to Eligest in Tuva has been compared to those used in defensive strategies employed by peoples in oases and settlements against nomadic peoples of the early medieval period.④ Tulush argues that the Tuvan wall's location in the low-lying stretches (topographically unprotected) indicate its purpose to strengthen the weaker sections in the border defence and prevent the free movement of cavalry units crossing the river, particularly in winter. He also notes its original height of the wall would have risen approximately up to 1.5-2m.⑤ There are some notable differences which throw possible analogies between the Uighur and Sogdian "long

① Bemmann et. al. 2011, pp. 74-77.

② Vasyutin 2011, p. 30.

③ For the variations in Sogdian and Central Asian fortifications as well as their chronological development, see Belenitskiĭ 1973, pp. 19-21.

④ Kyzlasov L. R. 1969, p. 59.

⑤ Tulush 2015, pp. 46 & 66. Tulush also considers that the wall incurred significant damage in the Kyrgyz and Mongol periods. Tulush 2015, p. 111.

wall" structures into doubt. Results and interpretation of recent targeted excavations of the Devor-i-Kampirak wall suggest that it appears to have employed different construction methods for different stretches/periods of its existence.① Possibly representing the earlier 5th century phase, a core of sand-gravel pile and faced with irregular pakhsa lumps with mud brick laid at the upper parts of the wall and in the earliest phases and pakhsa and mud brick laying was employed in its 8th century construction.② The Tuvan wall was constructed of stone masonry set facing and over a compact clay-earthen core.③ Both also contained forts, although again Central Asian building materials and stone were used respectively. Thus, the construction methods undertaken and materials used appear to have been quite different. Drawing a comparison between these fortification systems is a rather tenuous task. Although stretches of the Tuvan wall appear to be connected to identified Eastern Uighur fortresses, the precise relationship between them both in terms of chronology and function need to be ascertained.④

Architectural Comparison: Palaces and Citadels

Let us first address the possible Sogdian architectural influence pertaining to the central buildings and citadel complex. The Eastern Uighur central complexes of Por-Bazhyn and Ordu Balïq do not yet bear any striking similarities to Sogdian palatial architecture, although S. Kiselev's excavations of the palace building in this compound (probably the western building in HB2) led him to believe that the palace complex was located there.⑤ However to-date there has been no evidence of an *iwan* middle-Asian palace scheme nor a potential throne room let alone a sufa as commonly found in Sogdian rooms of central importance.⑥ Thus in these details, it is difficult to assume any correlation

① Stark and Mirzaakhmedov 2015 and Stark 2015.

② Stark and Mirzaakhmedov 2015 and Stark 2015.

③ Tulush 2015, p. 169.

④ See Stark and Mirzaakhmedov 2015 and Tulush 2015, p. 111. Moreover long walls were a feature across Central Asia and of course, had been famously employed in East Asia prior to the founding of the Eastern Uighur Khaganate.

⑤ Dähne and Erdenebat 2012, p. 247 and Kiselev 1957, op. cit., p. 94.

⑥ Relatively speaking, the Por-Bazhyn eastern buildings contained four entrances leading to a central room. That is, the two flanking galleries/flying corridors and the passage that connected the eastern and western buildings. This would have created an off-centred "cross"-shaped plan. "Flying corridors" should be curved and connect a higher part of one building with a lower part of another building. They are believed to have existed at the Hanyuan Hall complex of Daminggong in Chang'an. See Arden-Wong 2012. Further archaeological study of the HB2 citadel, with its better preserred walls, might reveal comparable *iwan* architecture than other Uighur structures.

with a Sogdian palace, although comparative Tang Chinese architectural plans indicate that the Por-Bazhyn and Ordu Balïq centrally aligned buildings may be palatial or perhaps fulfilled religious functions.①

As Sogdian palaces were commonly located in or at the foot of the settlement's citadel, Ordu Balïq's HB2 citadel is drawn into the focus of this discussion. The citadel certainly contained elite structures. Kiselev's excavations revealed that ornate bronze door fittings and roof tiles were of the same design as his "palace" building in the inner courtyards.② He also notes that there was a heating system and that the structure(s?) on the citadel were multi storeyed.③ Whilst the heating system has not been confirmed by the MAS-DAI KAAK excavations, the ornate door fittings (perhaps the floral ornamented bronze nail heads) and presence of multi-storeyed structures have been.④ The citadel's prominent position as well as its high status is reflected in the architectural features found within the corner building: such as the aforementioned ornate nail heads, expertly carved column and standard (?) stone bases as well as carefully planned and built walled structures with ornate roof tile decorations. But overall the monumentality of the structure give an impression of it being a building of special concern.⑤ It is highly probable that the citadel had a defensive function, especially when considering its commanding fortified position in the complex and the city.⑥ However taking into account the evidence provided by Kiselev that the citadel and "palace" contained similar ornate decoration, we may assume that the two complexes were both elite. Therefore, the citadel probably fulfilled other functions as well as being a military post.

The citadel's relatively small size and location in the corner of the fortifications lend it to comparison to the citadel of Ak-Beshim in Semirech'e. Ak-Beshim contained a citadel built into the city's fortifications and the relative size of the citadel is vastly smaller than those found in central Sogdiana. Following G. Semёnov's interpretation of Ak-Beshim's palace location being within the citadel, we may also consider that the same arrangement may also ring true for Ordu Balïq. Semёnov argued that the small size of the Ak-Beshim citadel and palace was due to the Turkic political arrangement of the ruler not being found within the

① Arden-Wong 2012, pp. 33-36 and Arzhantseva et. al. 2011.

② Similar findings have also been discovered in the MAS-DAI KAAK excavations. See Franken et. al. 2014 and Franken et. al. 2018.

③ Kiselev 1957, p. 94

④ See Franken et. al. 2018.

⑤ Franken et. al. 2014, p. 364; Franken et. al. 2018 and Arden-Wong 2015.

⑥ S. Danilov notes that the Uighur corner and gate towers are indicative of Tang fortification influence. Danilov 2005, p. 113.

city itself but in a nearby region.① Turkic rulers of the area controlled their domain from outside the city, developing a political arrangement of widespread regional rule as opposed to the Sogdian city-state/principality model. Therefore the palace within the citadel of Ak-Beshim was not intended for the khagan but instead for a city administrator.② According to Tamim ibn Bahr, the Uighur Khagan he visited (ca. 820) was not found within the city but camped in the suburbs with his soldiers.③ It may be possible, then, to compare the settlement administrative models of the Türks in Semirech'e to that of the Eastern Uighurs in the Mongolian plateau. Furthermore recent excavations of the citadel have yielded fragments of ritual or administrative documents.④ It is noteworthy that other smaller fortified sites in Mongolia such as Chilen in the Orkhon Valley north of Ordu Balïq contain similar raised platforms and may have performed defensive or administrative functions. The southeast location of the Ordu Balïq citadel within the HB2 complex is also worth mentioning. East or Southeast positioning of the palace within the citadel is also found at Pendzhikent in Sogdiana, Berkut Kala in Khorezm (not Sogdian) and the southeast position of the citadel within the settlement is found in Krasnaya Rechka, Semirech'e.⑤ However this is not uniformly seen throughout Sogdian citadel plans – Ak-Beshim's citadel is located in the southwest corner of the settlement's Shakhristan. There is not uniformity at Uighur sites, either. For instance, the Chilen citadel, if considered to be an Eastern Uighur site, is located in the northeast of its fortifications.

Based on these analogies, it is possible that the Ordu Balïq citadel may have contained a palace and may have been based on the Semirech'e administrative palace-citadel model. Furthermore it would appear that the fortifications of the citadel and the palace temple complex (as they are from the same complex) and quite possibly the walls of the inner city/shakhristan were constructed at the same time. This would also fit Semënov's Ak-Beshim model of Sogdian settlement development.

---

① Semënov 2002a, op. cit., p. 20 and see Semënov 2002b for his excavation results and interpretation of the Ak-Beshim citadel. We should note that Sogdian administrative buildings were often located at the foot or on a lower terrace of the citadel. This may also bring the so-called Manichaean temple complex into this comparative scheme as an administrative building.

② Semënov claims that it is recorded in the *Ḥudūd al-ʻĀlam* that khagan's headquarters were located west of Ak-Beshim. I could not locate this passage. Ibid., *Ḥudūd al-ʻĀlam* 17.2 in Minorksy 1937, p. 99. However Huili's biography of Xuanzang notes that the khagan of the Western Türks was found in the outer regions of Ak-Beshim. See Li Rongxi 1995, p. 42.

③ Minorsky 1948, p. 284.

④ The fragmentary state of the texts render the texts difficult to interpret, however their composition and physical analogies render them much more likely to be texts related to diplomatic affairs with Tang China. See Arden-Wong 2015, pp. 75- 100.

⑤ For a comparison of Sogdian settlement plans, including those mentioned here see Belenitskiĭ et. al. 1973, pl. 1.

Architectural Comparison: Brickwork

The construction materials employed by the Uighurs seem to contain a mixture of both Central Asian (perhaps Sogdian) and Chinese influences. Sogdian architecture appears to have shared close construction analogies. L. R. Kyzlasov compared the Buddhist temple of Ak-Beshim (Object I) to the Sogdian temples of Pendzhikent noting several similarities: the East-West axis with the entrance on the eastern side, the use of pakhsa blocks, the size of raw bricks being alike (48 × 24 × 9cm and 44 × 22 × 8cm), and the similar use of chain patterned brick laying. According to Kyzlasov, Sogdian architecture is well-known for its predominant use of large pakhsa mud/clay blocks and sundried mud brick with limited use of fired brick and the dimensions of Sogdian bricks across Sogdian settlements are somewhat consistent. Other sites in Semirech'e such as those from the citadel of the 8th century Türgesh Kulan settlement contain bricks of 48-47 × 20 × 10 and 53 × 23 × 11cm, thus there appears to be a standard dimension applied to Sogdian brickwork in Semirech'e.[①]

Mud brick studied at the Uighur fortresses in Tuva has been described as belonging to Central Asian models. L. R. Kyzlasov's excavations noted that Shagonar 3's outer fortifications contained mud brick measuring 42(43) × 20 (23) × 10cm, and his studies of the western façade of the central building or citadel revealed raw brick measuring 42-44 × 21-23 × 10cm. The bricks and their arrangement, according to him were characteristic of contemporaneous earthen structures of the central and eastern regions of Central Asia.[②] Despite these interesting insights, Kyzlasov's interpretation of the brickwork has been shelved as more recent research has revealed that the outer fortifications were constructed using the Chinese *hangtu* 夯土 rammed earth method and that the citadel's brick walls are directly analogous to the fired brick-faced earthen platforms excavated at Por-Bazhyn – thus indicating a link to Chinese architectural method, rather than Central Asian. [③]

---

① See Akylbek et. al. 2017 p. 68. Note that the mud bricks used in the first construction period of the Buddhist monastery at Krasnaya Rechka measured 40×40×10cm. Torgoev et. al.2019, p. 362. For a table on Central Asian brickwork in the early medieval period see Voronina 1953, pp. 8-9 and for an updated description of brickwork and wall construction in Sogdian residential structures in Kubaev 2016. A detailed study of Eastern Uighur brickwork will be considered for future research by the present author, as it is only addressed in brief in the present article.

② Kyzlasov L. R. 1964, p. 418 and Kyzlasov L. R. 1979, pp. 150-157.

③ Based on their own site inspections, the Por-Bazhyn team claimed that the walled sites of Shagonar and Bazhyn Alaak in Tuva probably employed *hangtu* 夯土, not mud brick walled construction as previously thought. Thus more evidence for Chinese rather than Sogdian architectural influence (which would have employed pakhsa and mud brick) can be seen. Arzhantseva et. al. 2011, p. 10. Notably, the Bazhyn Alaak structure they were referring to was Bazhyn Alaak 1, which has not been submerged. Arzhantseva et. al.'s observations were most probably based on the construction of the outer fortification walls. Although the walls of the inner room of Ordu Balïq's palace-temple complex western building may have been made of rammed earth, the plaster facing on the other side of it leads me to

However, studies at the now submerged site of Bazhyn Alaak 2 (presently within the Sayano-Shushensky Reservoir) revealed that the early medieval fortifications of the site were constructed of pakhsa and mud brick and masonry comprised of approximately 20 × 30cm stones.① The lower sections of the fortifications were built with pakhsa blocks measuring 40 × 50 × 70cm and mud bricks 70 × 30 × 10cm.② These dimensions and the use of pakhsa blocks lead to comparison with the larger Central Asian type of brick work, rather than the much smaller Tang Chinese type. A reappraisal of this data from Bazhyn-Alaak 2 (as seen in the above example of Shagonar 3) would be very useful, as this evidence serves as a considerable outlier in the evidence of Eastern Uighur architecture known to-date. Unfortunately the site's submergence into the Sayano-Shushensky Reservoir renders this task highly challenging.

Whilst the outer walls of Uighur complexes seem to have been made of *hangtu* 夯土, some use of mud brick at Ordu Balïq is evident. That stated, the Mongolian-German excavations in the citadel and the Western building of HB2 at Ordu Balïq have confirmed that a variety of interior building wall construction types were employed. These walls ranged from the wattle and daub type found widely at Chinese sites, to mud brick, to much heavierl, stronger types made of (or cut into) *hangtu* 夯土 rammed earth. Whilst all forms of construction methods and materials and measurements are parallel to Tang models, their employment is not. Heavier interior walls for elite halls are, to the best of my knowledge, uncommon among Chinese prototypes and these appear to be more in-line with the mud brick and pakhsa block type of wall construction.③ This synthesis of Chinese and Central Asian architectural development requires more data and appraisal.④

There have been reports of the use (and reuse) of fired brick in Uighur architecture. From my personal measurements of fired and unfired rectangular bricks at Ordu Balïq, I have noted that they were made to approximately standard dimensions, that is 30-32 × 17-

（接上頁）believe that there were other building materials used. To be more precise, I suggest that wattle and daub walls were probably employed in this structure as well and probably were made using the same method as the Por-Bazhyn ones. Tulush 2015, p. 153.

① Shchetenko 1983, p. 45.

② Shchetenko 1983, p. 45.

③ Here I am inferring central Tang Chinese architecture, not that found on its periphery. Some Chinese monumental hangtu structures (other than those in funerary contexts) did contain rooms which made use of heavy hangtu walls (i.e. set into the hangtu platform). These are particularly evidenced by certain earthen core stupa types and grand gate towers such as the southern gate in Han Yangling. See Shaanxi Province Archaeological Research Institute 2011.

④ Parallels with Jiaohe construction of cutting into a foundation to create walls is noteworthy as well as elements of settlement planning. See Arden-Wong forthcoming.

19 × 5-7cm.① Rectangular bricks from Uighur dȯrvȯlzhin Ȯvȯr Khavts͡al site no. 3 and Por-Bazhyn also approximately match the Ordu Balïq brick measurements.② This indicates a standardisation in Eastern Uighur brick and building measurements. These measurements are far smaller than the brick dimensions of early medieval Sogdian settlements in Central Asia, such as at Ak-Beshim and Pendzhikent.③ However, they were made to very similar sizes to contemporary Tang dynasty bricks. For example the bricks from the tomb complex of Emperor Xuanzong 玄宗 (d. 762) Tailing 泰陵 measure 34.8 × 14.8 × 6cm.④ Therefore even if the Uighurs employed Sogdian/Central Asian mud bricks, their dimensions were produced to Tang Chinese measurement standards. This possibly implies that the measurements for building construction may have emplayed Chinese measurement standards as well.

The eastern face of the excavated building/platform in the so-called Manichaean complex shows very clear use of mud brick facing a rammed earth backing (Plate II-5). On the southern side (left hand side of the image) the mud brick laying arrangement is very interesting. It shows alternating rows of horizontal rectangular bricks and vertical bricks that lean to the left in one row and leaning to the right in the next. This brick-laying pattern, seemingly "herringbone" or opus spicatum, may be connected to the bricklaying pattern employed at the site of Krasnaya Rechka in Semirech'e (Fig. 4), although vertical brick patterns are seen elsewhere in Central Asia and also in China.⑤Noting that opus spicatum brick laying was widespread, parallels in the use of opus spicatum are evidenced in other Turkic sites in Central Asia, such as at the Khazar settlement of Sarkel.⑥

---

① These measurements were confirmed with the B. Dähne of the German-Mongolian Ordu Balïq excavation project, who has since published a comprehensive excavation report noting measurements of abode bricks (36×10×8cm) from the internal walls of the in the HB2 western building. Dähne 2015, p. 179. Note that mud bricks of various sizes were laid for different functions, such as the approximate 20×20 cm mud bricks that were arranged to outline the "fire-pit" in the western building of HB2. Dähne 2015, p. 192.

② Ȯvȯr Khavts͡al site no. 3: 28-33×13-15.5×5-5.2cm, and Por-Bazhyn: 30×14×6cm (confirmed with I. A. Arzhantseva). Ta La et. al. 2008, pp. 45 & 47.

③ Kyzlasov L. R. 2006, p. 274.

④ Shaanxi Archaeological Institute and Pucheng County Cultural Relics Bureau 2011, p. 9.

⑤ For more Central Asian examples and explanation see Voroniana 1953. The brick arrangements illustrated by P. N. Kozhemyako were of ruined buildings that were used as burial site in the 10th century. Therefore he suggests that the structures pertain to "an earlier period". Kozhemyako 1967, p. 82. For vertical bricks and architectural arrangements of Ajina Tepe see Litvinskij and Zejmal 2004, pp. 43-73. For more Central Asian examples and explanation see Voronina 1953. This paper has not taken into consideration the possibility of Chinese brick laying arrangements as they will be reserved for future analysis. However, there are earlier examples of *opus spicatum* bricklaying in pre-Tang sites, such as at the Northern Wei Palace of Luoyang. Institute of Archaeology, Chinese Academy of Social Sciences and Nara National Research Institute for Cultural Properties, Japan (2013), p. 139, fig. 4. The use of opus spicatum bricklaying at Ordu Balïq is not entirely novel in Mongolia either. Later examples, notably at Tsagaan Baishin are well-known. See Radlov 1892-1899 (Vol. 1), pl. LVII.

⑥ For the use of opus spicatum at Khazar sites see Pletnëva 1996 and Flërov 2010.

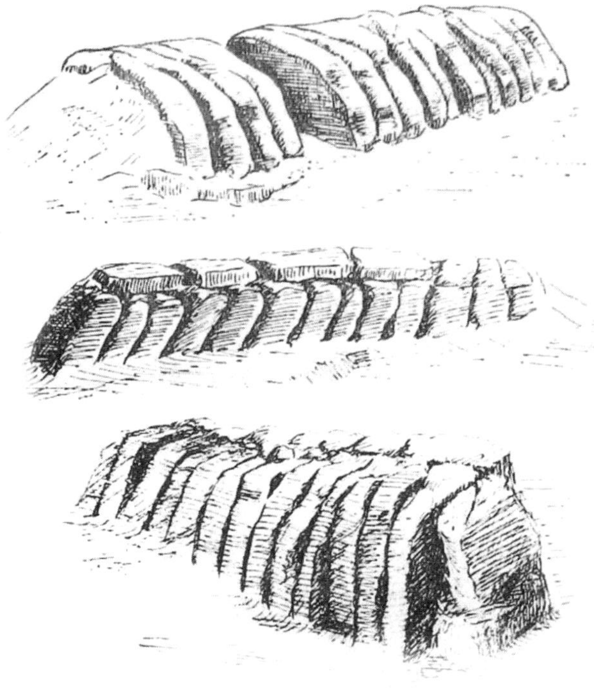

Fig. 4 Vertically arranged bricks from Krasnaya Rechka.
After: kozhemyako1967, p. 83, fig. 15.

Contextually, other parallels between the Khazar (618-1048) and Uighur khaganates are also notewarthy.① The Khazar adoption of a West Asian religion (Judaism) and the construction of settlements employing a synthesis of architectural methods (Turko-Iranian and Byzantine) is well known and well-studied.② Some scholars have even argued for an ethnic connection between the two.③ Relevant to this study, a recent article by Mongolian colleagues has discussed an excavated brick from Ordu Balïq, which was engraved with a design (prior to firing) that contains three concentric quadrangles intersected by lines in the corners and sides. In their comparative study, Ėrdėnėbat et. al. demonstrate that a similar pattern was also found on the bricks at the Khazar settlement of Sarkel.④ The Ordu Balïq brick is quite convincingly argued to have been a game board (a version of Nine Men's Morris). This indicates that the use of bricks for this type of patterning was employed by the Uighurs and, in the view of Mongolian colleagues, was possibly transmitted via the

① For the use of opus spicatum at Khazar sites see Pletnëva 1996 and Flërov 2010.

② Brook 2006, pp. 30-31. See Golden's survey of Khazar studies. Golden 2007.

③ For appraisal of the ethnogenesis of the Qasars, see Golden 2007, pp. 52-55.

④ Ėrdėnėbat et. al. 2011.

Sogdians.① However, the Sarkel brick has been found in context with others which display tamga symbols and thus possibly indicates that it too was a certain tamga design.② Also, Central Asian tamga bricks were usually placed tamga face-down,③ thus, if employed in this way at Ordu Balïq, the game could not have been played. The deeper meaning of this relationship must be reserved for a separate study and certainly deserves further investigation.

Architectural Comparison: Roofing

Quite clearly the overwhelming evidence suggests that Uighur roof construction (other than the surrounding courtyard buildings at Por-Bazhyn) employed Chinese roof tile technology at elite sites.④ The fact that Chinese roof tiles were implemented may indicate the lack of interest of the West and Central Asian flat and arched/domed roof types in the cultural climate of the Orkhon and Tuvinian regions. It is likely to do with a preference for the aesthetics of the Chinese roofing system and the semantics that it conveyed.

However, it is not exactly clear that the Uighurs wholly appropriated Tang Chinese roofing technology and style in its entirety. A wealth of Uighur roof tile evidence has been recovered, such as barrel tiles, pan tiles, roof eave end tiles and even beast mask tiles which are all typical of Tang-era architectural roofing technology and style.⑤ Despite this overwhelming evidence for Tang roofing, as noted elsewhere⑥, there is a glaring omission from the archaeological record – *chiwei* 鴟尾 or owl's tails which in Tang architecture capped central apex roof ridge. I have already proposed alternatives for *chiwei* 鴟尾 elsewhere, yet there is room for further interpretation.

Some scholars suggest that certain roofs in Sogdiana and Semirech'e were pyramidal, with particular analogies drawn to pyramidal shaped roofs depicted on Sogdian ossuaries.⑦ In excavating Chamber No.2 in the citadel of the 8th century Semirech'e settlement of Kulan,

---

① Ėrdėnėbat et. al. 2011.

② Brook 2006, pp. 30-31.

③ Voronina notes that although the precise meaning and function of the tamga in Central Asia is not clear, tamga probably served as a marker to record the brickwork/brick production done by a master or group of workers. Voronina 1953, pp. 6-7.

④ Kiselev 1957, Arden-Wong 2012, pp. 31-32 and Arden-Wong et. al. 2015. Note only Shagonar 3 and Por-Bazhyn have revealed roof tile evidence. This, among other reasons, has led some to conclude that these sites had an administrative function among the Uighur sites in Tuva (noted above).

⑤ Arden-Wong et. al. 2015.

⑥ Arden-Wong et. al. 2015, p. 58.

⑦ Pugachenkova 1994.

Akylbek et. al. noted bases in the upper reaches of the well-preserved walls which they interpreted as grooves for beams or trusses.① They postulate that these grooves would have supported a tent-like wooden roof and draw analogies with likewise interpretations from the Red Hall of the contemporaneous palace at Varakhsha and other palatial and religious sites across Central Asia which contained so-called wooden tent roofs.② Importantly, they also note that the pyramidal ceiling was "characteristic for a specific type of cult structure of Sogdia in the pre-Islamic period. Their architectural appearance reflects the more complex decorative elements of ceramic ossuaries, which feature a high pyramidal cover. In the prototypes (of religious buildings), the ceilings, undoubtedly, were constructed of wood".③ This timber pyramidal roof may not have only been reserved for fire-worshiping religious buildings, but also extended to Buddhist structures in Semirech'e, too. Torgoev et. al., who excavated the Buddhist monastery at Krasnaya Rechka, concluded that although the structure was made of typical mud brick and pakhsa according to typical Central Asian Buddhist cella and ambulatory layout, "the cella itself was covered with a roof with four sloping sides that was higher than the ceiling of the bypass [ambulatory] corridors. The roof was probably made of wooden planks, because no tile fragments were found".④ These surprising findings at Krasnaya Rechka support Akylbek et. al.'s argument that pyramidal roofs were employed in Sogdiana and Semirech'e.

Evidence of such a pyramidal or tent-like roof at the Eastern Uighur capital was recorded by the aforementioned Arab envoy to the Uighur capital, Tamīm ibn Bahr. He noted that from a distance of five farsakhs before he arrived in the town (of the khaqan) he caught sight of "a tent belonging to the king, (made) of gold. (It stands) on the flat top (*saṭḥ*) of his castle and can hold (*tasa'*) 100 men".⑤ This description leads one to believe that this monumental 'golden tent' may have been located on the HB2 citadel of Ordu Balïq, by far the most visible and prominent location in the settlement.⑥

Clear archaeological evidence of this tent is absent. However, as described by the MAS-DAI KAAK team, a "tower-like building" was discovered in the southeastern corner of the

① Akylbek et. al. 2017, p. 79.

② Akylbek et. al. 2017, p. 79.

③ Akylbek et. al. 2017, p. 79.

④ Note that the dating of the temple is not entirely certain. It estimated that the earliest construction phase could not be earlier than the beginning of the 8th century "because no layers of earlier periods were found in the entire settlement". Torgoev et. al. 2019, p. 362.

⑤ Minorsky 1948, p. 283.

⑥ Alternate interpretations of the HB2 stupa (and thereby the golden tent standing on top of it) have also been made. See Hayashi and Moriyasu 1999, p. 199.

citadel.① The upper section of the eastern profile of the monumental southeastern corner building in the HB2 citadel shows that horizontally arranged wooden beams would have served as roof-supporting elements.② This evidence alone is insufficient to draw the citadel building into the sphere of Akylbek et. al.'s discussion of wooden pyramidal roofs, however it is very important to note the building was square in plan (20 × 20m), possibly multi-storeyed and that a Tang-style roof tiling lend some support. Firstly, square plans are commonly found across all pagoda sites which used pyramidal roofs. Second, the building's absence of *chiwei* is a notable feature which is also found in pagoda-like structured roofs, which featured a series of ridges running from the outer corners of the corners meeting at the apex of the roof.③ Typically, a Buddhist finial/tee *tacha* 塔刹 would mount the apex, although we do not know what the Uighurs who were not Buddhist at this time would have preferred. In this type of pyramidal roof, no apex ridge was required and beast mask tiles, as found at several Uighur sites including the monumental corner building of the HB2 citadel, would have sufficed to have capped the ridges at the outer corners of the roof. ④

Although the absence of *chiwei* 鴟尾 and presence of beast mask tile evidence does lend itself to the idea that the roofs may have been pyramidal, no evidence of a finial has been found. That the Uighurs in the 8th century supported Manichaeaism could be a reason why a Buddhist-styled finial was not preferred. Certain stupas and pagodas did have metal finials, perhaps gold as might be inferred by Tamīm ibn Bahr. If the finial were made of metal, which would have been a prominent feature of the city, it stands to reason that it would have been taken from the site by looters if not the Kirghiz who had promised to seize "the golden tent" from the Uighurs.⑤ On the face of the current evidence, we may conclude that it is possible that the citadel's corner building in HB2 had a pyramidal roof which employed Chinese style roof tile technology.

Despite the overwhelming evidence for Chinese roof tiles, we should at least make note

① Franken et. al. 2018, p. 99.

② Franken et. al. 2018, p. 101 and Franken et. al. 2014, p. 363, fig. 12.

③ See Arden-Wong et. al. 2015, p. 5.

④ It would be nice to see a complete spatial distribution of the tiles and indication of their type in forthcoming publications of the Eastern Uighur sites. Studying the tile groupings could help clarify their function and original positioning on buildings, such as this structure in the HB2 citadel.

⑤ See Mackerras 1972, n. 296, p. 182. It is likely that such architectural elements from Ordu Balïq would have been stolen, although claiming that the finial was taken from this particular structure is merely speculation. Moreover, Eastern Uighur structures that employed Chinese roofing, be they square or rectangular in plan have not revealed any chiwei or finials, so caution must be applied to this line of argument. Furthermore, there is no evidence to strongly suggest that Tamīm ibn Bahr mistook a tent for a towered structure.

of the decorative pattern used on the roof eave end tiles (Plate II-3).① The *baoxiang hua* 宝相花 /lotiform design with pearl roundel borders is highly indicative of West and Central Asian medallion influence which, although found in earlier periods, was whole heartedly embraced in the Sui-Tang periods in China and was used widely on roof eave end tiles before the Uighur Khaganate's inception. Thus it is likely that, despite the obvious Central Asian medallion decorative influence present in Uighur roof tiles, the roof eave end tile design and technology came via China. Excavations at Ak-Beshim have also yielded Tang Chinese roof tiles.② Considering that from the mid-7th century to the early 8th century the Tang used Ak-Beshim as one of their Western Region defensive-administrative centres, it is unsurprising that Tang architecture has been found there.③

Architectural Comparison: Murals

Evidence of wall-painting within the Eastern Uighur settlements is scant in comparison to the wealth of data retrieved from Sogdian settlements. Sogdian murals, particularly from Pendzhikent have yielded tremendous insights into the culture and sources of its expression, including that of indigenous and imported legends and fables.④ To-date evidence of murals from the Eastern Uighur Khaganate have not revealed such a vivid range of subject matter. Excavations have revealed fragments of painted plaster from some elite structures within the Uighur capital. Evidence for painted plaster in the western building of HB2 was scarce and none has been recovered from the eastern building. Despite the better preserved condition of the citadel, no clear evidence of mural decoration could be detected except for a band of red paint which was applied to white (or bluish-white) or yellow plastered surfaces directly above the floor level.⑤ The use of red painting on white plaster was also detected at Por-Bazhyn, however much clearer evidence for its application was discovered. Fragments of a *renzi gong* 人字共 mural, a timber Chinese architectural element which had become widely used as a

① In my doctoral dissertation, I briefly examined a possibly Sogdian influenced fragment of a pointed ceramic piece with a fleur-de-lis design surrounded by pearl roundels. Whether or not it was architectural could not be ascertained at the time, although it clearly stands juxtaposed to Tang Chinese architectural elements. It deserves much closer examination which cannot be provided here. Arden-Wong 2014, pp. 261-263.

② Kiselev 1957, op. cit., p. 168 and see Kushihara 2017.

③ Ak-Beshim became one of the main centres of the Anxi Protectorate in the 8th century. For textual evidence of Tang influence and architecture at Ak-Beshim see Clauson 1961, Forte 1994, Lubo-Lesnichenko 2002 and Kushihara 2017.

④ See Marshak 2002.

⑤ Franken et. al. 2018, p. 102.

painted decorative bored motif in Tang Chinese architecture, was clearly reconstructed.① It, along with numerous fragments of red painted bands on white plaster, clearly point to Tang Chinese parallels in architectural painting and possibly suggest that similar aesthetics may have been employed, at least in part, at Ordu Balïq.

Deviations from the white-red aesthetic existed. The HB1 main building contained white plastered walls with some figurative decoration. Most of the painted plaster was red, but some fragments of blue, pink, yellow and purple paint were recovered and it has been suggested that they were applied to create a floral pattern although the evidence for this is highly fragmentary.② The distribution of the painted-plaster indicates that the interior walls and possibly the ceiling was decorated.③ A well-preserved mural measuring 2.3 × 0.74m was recovered from Uighur tomb at Khundiin Khooloi (Site 5) displaying a horizontal band of five repeated lotus (?) blossoms with interspersed floral ornaments. It was applied on the plastered rear wall of the tomb chamber and painted in black, reddish-orange, green and chalk-white.④ To the best of my knowledge, a detailed stylistic comparative analysis of the mural has not yet been undertaken. This type of detailed study would be useful to understand the mural's influences and, perhaps, its symbolic function.⑤

Other scholars have drawn stylistic analogies of rosettes across Central Asia. ⑥ At the 8th century section of the citadel in Kulen a clay engraved (stucco?) frieze depicting repeated rosettes and floral medallions was discovered. Akylbek et. al. discussed the popularity of the design across Asia and cited Sogdiana as a key example⑦:

> The ornament of the frieze under the ceiling in the form of a decorative strip with rhythmically distributed large rosettes placed on a field of intertwined stems was especially popular in the Near East in the Middle Ages, and its origins in all likelihood are to be sought in the art of the Ancient East. Later such bands of ornamental composition were widespread in the décor of various kinds of wares and were transferred to the walls of homesteads and

① Arden-Wang et. al. 2015, pp. 9-10.

② Dähne 2015, pp. 89 & 124.

③ Dähne 2015, p. 124.

④ Ochir et. al. 2010, pp. 24-25.

⑤ It has, however, been considered to be analogous to Chinese artistic models, although some consider the Khundiin Khooloi 3 lotus mural to be linked to the dissemination of the lotus floral design within Uighur sites (seen in bronze nail heads and column bases) and even more broadly across Asia. See Ėrdėnėbold 2011, p. 506 and Franken et. al. 2014, pp. 364-365.

⑥ Lurye, commenting on the wooden and gypsum pearl roundel patterned ornaments found in Sogdian contexts states that "it is reasonable to suppose that these panels were copying Chinese Silk patterns". Lurye 2016, p. 22.

⑦ Akylbek et. al. 2017, p. 74.

> palaces. In neighboring Sogd, the walls of the temple buildings of the 6th-8th centuries, whose interiors were replicated in the décor of the external walls of ossuaries, usually were decorated with large rosettes with rays, contained in various kinds of frames. But it appears that they predominated as well in the decorative scheme of residences, public and palace chambers.

Akylbek et. al. also provide semantic interpretations of the motif as part of an "ideological system",[①] however drawing evidence from the Eastern Uighur sites into that discussion should be reserved for another study. Until murals such as those discovered in Khundiin Khooloi (Site 5) undergo a detailed investigation, we can say that there is insufficient explicit evidence of Sogdian mural art found in any of the Eastern Uighur sites studied thus far and the weight of evidence currently leans towards Tang Chinese mural painting influence.

Discussion

It appears that there are particular Central Asian influences in Eastern Uighur architecture, particularly in Ordu Balïq that were probably transmitted via Sogdian influence. Between the two most thoroughly studied Eastern Uighur sites, Por-Bazhyn and Ordu Balïq, the former employs predominately Tang Chinese architectural traits, whilst the latter possibly contains a few more Central Asian forms. Among the most compelling are the analogies between the Pendzhikent and Ordu Balïq city plans, the possible parallel role of Ordu Balïq's HB2 citadel and that found in the Semirech'e Sogdian settlements and possibly interpretative analogies between certain Sogdian sites and the HB2 citadel. The use of mud-brick might also suggest some Central Asian architectural influence, although mud brick was also used in Chinese architecture. The lack of pakhsa blocks is not overly surprising as the Chinese layered rammed earth technique served as a suitable substitute and the choice of Chinese roof tile technology over the flat roof system of Central Asia probably had practical advantages as well as semantic and aesthetic ones.

Regarding settlement planning, Ordu Balïq's palace-temple (and citadel) complex, inner city and so-called Manichaean temple were probably a part of the initial design of Ordu

① Akylbek et. al. 2017, pp. 69-70.

Balïq.[①] This suits, in part, Semënov's theory of Sogdian development as seen at Ak-Beshim. In other words, the later Sogdian colonies of Semirech'e and Ordu Balïq were, perhaps, founded on similar Sogdian settlement principles. The function and size of the citadel may also be indicative of the Ak-Beshim citadel and should we follow Semënov's theory, the Uighur may have adopted a similar settlement administrative strategy to the Turkic peoples that presided over the Sogdo-Turkic populations of Semirech'e. At this juncture, it is very tempting to hypothesise that the Eastern Uighur Khaganate was a refuge for Sogdians during the tumultuous Arab invasions and initial occupation Sogdiana in the 8th and 9th centuries and that Ordu Balïq in particular was the host of this population, however there is simply not yet any evidence to support such a bold claim.

It is apparent that the syncretic nature of Eastern Uighur architecture is one of its defining characteristics. Mixed Central Asian/Sogdian and Chinese architectural elements were a unique feature of the Uighur architectural concept. However, as noted in previous research, Chinese architecture was not new to the steppe and there are several architectural sites which contain Chinese architectural influence that predate the Uighur Khagante.[②] One of the chief Chinese architectural elements used in elite structures on the Mongolian steppe from the Xiongnu to modern times was roof tile technology. Chinese rammed earth techniques were also employed at an early stage and *kang* 炕 heating systems were employed at sites such as the Iron Age Ivolga settlement. The Tasheba Palace, located on the Tasheba River in the middle Yenisei Valley, was erected in the 1st century BCE and shows architectural borrowings from East, West and Innermost Asian architectural traditions.[③] I. L. Kyzlasov provides a summary of the structure:

> The tripartite structure of the building is determined by the plan: the central hall formed the upper storey, the square of adjacent premises – the middle, and the wings composed of four rooms each – the lower storey. The main elements of the building are reconstructed: straight-sloped and short-ridged roofs, wooden ceilings (a necessity in Siberia), three storeys of walls of different height, the number and location of windows, doors, air chimney, fencing and gate… The palace should not be associated with Chinese architecture. The technique of building without platforms, heavy walls made of pakhsa and clay mortar, near-square

① As noted earlier in this paper, the HB2 complex may have earlier architectural and spatial design roots. The complex certainly appears to have been in use during the following Khitan period. See Franken et. al. 2018.

② See Arden-Wong 2012, pp. 38-43.

③ Kyzlasov I. L. 2008.

plan, suites of rooms around the central hall and channels under the floor for smoke heating originate in the building canons of Western Asia. Chinese influence can be seen only in the type of roof tile and in the facing tiles with relief zigzag ornament.①

From this description we can understand that a similar varied selection of materials, technologies and techniques were apparent in the steppe region at least eight centuries before the Uighur undertook their widespread building projects.②

However it is somewhat clear that the architectural elements of almost all of the Uighur sites display mixed architectural heritages. Specific features were also highlighted by B. Dähne. He noted the repeated use of the number nine in features of Ordu Balïq: the nine columns in the western building of the palace-temple complex, the number nine that is reflected in a concentric polygonal ornament that was incised into a plate/fired brick (and was also found incised into an astragals) and the nine petals of the lotus in the design of a roof eave end tile.③ Dähne postulates that this repeated use of the number nine may be indicative of the nine clans of the Uighur.④ If the repeated use of the number nine is an indicator of Uighur symbolism, it can be assumed that there was local input into the planning, construction and decoration of Ordu Balïq. Whilst understanding of the specific functions of these sites remain elusive to scholarship, what is clear is that Uighurs employed a highly syncretic form of architecture. In the future, we could look to the study of Bay Balïq, the settlement specifically explicitly mentioned in Uighur sources to have had both Chinese and Sogdian relevance, to determine the precise nature of their involvement.

---

① Kyzlasov I. L. 2008, p. 39.

② The heating system at Ordu Balïq is particularly interesting. Although the discovery of kang heating systems in Ordu Balïq is cited by Kiselev 1957, it would be interesting to learn how closely the Uighur period builders followed the Chinese model or if they employed a heating system closer to the Tasheba palace type which also contained "air chimneys". To-date, no evidence of heating systems has been published by the MAS-DAI KAAK excavations at Ordu Balïq, although signs of destruction of structures by intensive conflagration have been consistently reported.

③ Dähne 2010, p. 68. Dähne notes that the concentric square design bears a striking similarity to the game nine men's morris, but it also could have other interpretations such as in astronomical calculations and predictions. The odd number of columns is a very interesting point and deserves due consideration. We should also note that it seems that the 9 column network forms a portico and that, based on the data available at present, at least some part of the inner structure consisted of rammed earth walls. This possibly allowed some flexibility for the builders to choose the desired amount of columns based on architectural, aesthetic, spiritual-cultural or other reasons.

④ Dähne 2010, p. 68. For the tribal groupings within the Uighur confederacy see Golden 1992, pp. 155-158.

Conclusion

Early medieval Sogdian architecture displayed an array of ancient and recent influences ranging from the Bronze Age to Turkic. Some of these features were functional whilst others were aesthetic and semantic. This architectural model was employed in Sogdian colonies in Semirech'e that were ruled by the Türks, who had multifaceted connections to the Eastern Uighur Khaganate in the 8th-9th centuries. The range of architectural methods and techniques employed in Uighur architecture was broad and, based on our current data, we can conclude that the Sogdian architectural model was not borrowed or implemented completely. Chinese architectural influence appears to have been more explicit and perhaps local architectural schemes were also present. That stated, the Eastern Uighur Khaganate was not the first steppe polity to synthesise Western, Eastern and local architectural traditions and we must be cognizant of approaching the Uighur architectural model with prior architectural borrowings in mind. In this study we have noted several Uighur sites that show varying degrees of similarity to Sogdian settlement plans and citadels. Some other architectural details also show possible links. The syncretic nature of Uighur architecture and urban planning will provide deep challenges to architectural historians and archaeologists for many years to come.

Bibliography

Akylbek et. al. 2017

Akylbek, S. Sh., Smagulov, E. A. and Yatsenko, S. A. (2017) "Décor of the Eighth-Century Turkic Rulers' Residence in the Citadel of Kulan Town", *The Silk Road*, Vol. 15, pp. 65-82.

Arden-Wong forthcoming

Arden-Wong, L. A. (forthcoming) "An Ɛastern Aspect: Parallels and Discrepancies between Sogdian Temples and Ɛastern Uighur Architecture".

Arden-Wong 2012

Arden-Wong, L. A. (2012) "The architectural relationship between Tang and Eastern Uighur Imperial Cities", in Zs. Rajkai and I. Bellér-Hann (eds.) *Frontiers and Boundaries: Encounters on China's Margins*. Asiatische Forschungen 156, Wiesbaden: Harrassowitz Verlag, pp. 11-47.

Arden-Wong 2014

Arden-Wong, L. A. (2014) *The Eastern Uighur Khaganate: An Exploration of Inner Asian Architectural and Cultural Exchange*, Macquarie University (doctoral dissertation).

Arden-Wong 2015

Arden-Wong, L. A. (2015) "Preliminary Thoughts on the Marble Inscriptions from Karabalgasun", *Journal of Inner Asian Art and Archaeology*, 6, 75-100 + pls. 225-226.

Arden-Wong 2016

Arden-Wong, L. A. (2016) "Some Thoughts on Manichaean Architecture and Its Application in the Eastern Uighur Khaganate" in Lieu, S. and Mikkelsen G. (eds.) *Between Rome and China: History, Religions and Material Culture of the Silk Road*, Silk Road Series (SRS) Vol. 18, Turnhout: Brepols, 181-253.

Arden-Wong et. al. 2015

Arden-Wong, L. A., Arzhantseva, I. A. and Inevatkina, O. N. (2015) "Reflecting on the Rooftops of the Eastern Uighur Khaganate: A Preliminary Study of Uighur Roof Tiles", *Sino-Platonic Papers*, No. 258, pp. 1-72.

Arzhantseva et. al. 2011

Arzhantseva, I., Inevatkina, O., Zav'yalov V., Panin, A., Modin, I., Ruzanova, S. and Härke, H. (2011) "Por-Bajin – An Enigmatic Site of the Uighurs in Southern Siberia", *The European Archaeologist*, No. 35, pp. 6-11.

Aržanceva et. al. 2012

Aržanceva , I., Härke, H. and Schubert, A. (2012) "Por-Bažyn, Eine «Verbotene Stadt» des Uiguren-Reiches in Südsibirien", *Antike Welt*, No. 3, 3-10.

Barthold 1962

Barthold, V. V. (1962) *Four Studies on the History of Central Asia*, Vol. 1, trans. by Minorsky V. and Minorsky T., Leiden: Brill.

Barthold 1977

Barthold, W. (1977) *Turkestan down to the Mongol Invasion*, 4th ed., Havertown: EJW Gibb Memorial Trust.

Belenitskiĭ et. al. 1973

Беленицкий А. М., Бентович И. Б., Большаков О. Г. (1973) *Средневековый город Средней Азии*, Ленинград: Наука.

Belenizki 1980

Belenizki, A. M. (1980) *Mittelasien Kunst der Sogden*, Leipzig: VEB E. A. Seeman Verlag.

Bemmann et. al. 2011

Bemmann, J., Ahrens, B., Grützner, C., Klinger, R., Klitzsch, N., Lehmann, F., Linzen, S., Munkhbayar, L., Nomguunsuren, G., Oczipka, M., Piezonka, H., Schütt, B. and Saran, S. (2011) "Geoarchaeology in the Steppe: First Results of the Multidisciplinary Mongolian-German Survey Project in the Orkhon Valley, Central Mongolia", *Аркеологийн Судлал*, Vol. 30, Fasc. 5, pp. 69-97.

Bemmann et. al. 2014

Bemmann, J., Lehndorff, E., Klinger, R., Linzen, S., Munkhbayar, L. Oczipka, M., Piezonka, H. and Reichert, S. (2014) "Biomarkers in archaeology – Land use around the Uyghur capital Karabalgasun, Orkhon Valley, Mongolia", *Praehistorische Zeitschrift*, Vol. 89, No. 2, 337-370.

Brook 2006

Brook, K. A. (2006) *The Jews of Khazaria*, 2nd Ed., Lanham: Rowman and Littlefield Publishers, Inc.

Clauson 1961

Clauson, G. (1961) "Ak Beshim-Suyab", *Journal of the Royal Asiatic Society of Great Britain and Ireland*, No. 1/2, pp. 1-13.

Dähne 2010

Dähne, B. (2010) "Some Results of the Study of the Uighur Capital Kara-balgasun", *Mongolian Journal of Archaeology, Anthropology and Ethnology*, Vol. 6, No. 1, pp. 64-71.

Dähne 2015

Dähne, B. (2015) *Die archäologischen Ausgrabungen der uigurischen Hauptstadt Karabalgasun im Kontext der Siedlungsforschung spätnomadischer Stämme im östlichen Zentralasien*, Universität Leipzig (doctoral dissertation).

Dähne 2016

Dähne, B. (2016) "Karabalgasun – City Layout and Building Structures", in Russell-Smith, L. and Konczak-Nagel, I (eds.) *The Ruins of Kocho: Traces of Wooden Architecture on the Ancient Silk Road*, Berlin: Museum für Asiatische Kunst, pp. 35-41.

Dähne and Erdenebat 2012

Dahne, B. and Erdenebat, U. (2012) "Archaeological Excavations in Karabalgasun by K. Maskov during Kotwicz's Expedition of 1912: A new contribution to the research history of the capital of the Eastern Uighur Khaganate", in Tulisow, J., Inoue, O., Bareja-Starzyńska, A. and E. Dziurzyńska (eds.) *In The Heart of Mongolia. 100th Anniversary of W. Kotwicz`s Expedition to Mongolia in 1912*, Cracow: Polish Academy of Arts and Sciences, pp. 245-264.

Danilov 2004

Данилов, С. В. (2004) *Города в Кочевых Обществах Центральной Азии*, Улан-Уде: Издательство Бурятского Научного Центра СО РАН.

Danilov 2005

Данилов, С. В. (2005) “Строительные Традиции Кочевников Центральной Азии”, *Россия и АТП*, No. 2, 108-114.

Ėrdėnėbat et. al. 2011

Эрдэнэбат, У., Батсайхан, З., Дашдорж, Б., Амарбилэг, Ч. (2011) “Архангай Аймаг Хотонт Сумын нутаг олон дов хэмээх газар 2010 онд хийсэн археологийн шинжилгээ”, *Археологийн Судлал*, Tom. XXX, Fasc. 9, pp. 146-185.

Ėrdėnėbold 2011

Эрдэнэболд Л. (2011) “Исследование Саркофагов Уйгурских Аристократов На Территории Монголии” в Харинский А. В. (ред.) *Древние Культуры Монголии И Байкальской Сибири (Иркутск, 3-7 мая 2011 г.)*, Вып.2, Иркутск: Издательство Иркутского Государственного Технического Университета, Вып.2, 500-510.

Erȯȯl-Ėrdėnė and Bemmann 2018

Ерөөл-Эрдэнэ Ч., Беманн Я. (2018) “Хүнүй Голын ‘Дөрвөлжин Газар’ Сууринд Хийсэн Малтлага, Холбогдох Он Цагийн Тухай”, *Археологийн Судлал.* Tom. 37, Fasc. 9, 120-127.

Fassbinder et. al. 2013

Fassbinder, J. W. E., Linck, R. and Franken, C. (2013) “Karabalgasun: The Uigurian Capital In The Orchon Valley, Mongolia. Preliminary Results And First Tests With Magnetometer Prospection”, in Neubauer, W. Trinks, I., Salisbury, R. and Einwögerer, C. (eds.) *Archaeological Prospection. Proceedings of the 10th International Conference – Vienna, May 29th – June 2nd 2013*, Vienna: Austrian Academy of Sciences Press, pp. 147-149.

Flërov 2010

Флёров, В. С. (2010) *“Города” и “замки” Хазарского каганата. Археологическая реальность*, Москва: Мосты культуры.

Forte 1994

Forte, A. (1994) “An Ancient Chinese Monastery Excavated in Kirgiziya”, *Central Asiatic Journal*, Vol. 38, No.1, pp. 41-57.

Franken et. al. 2014

Franken C., Erdenebat, U. and Batbayar, T. (2014) “Erste Ergebnisse der Grabungen des Jahres 2013 m Karabalgasun und Karakorum /Mongolei", *Zeitschrift Für Archäologie Aussereuropäischer Kulturen*, 6, 355-372.

Franken et. al. 2018

Franken, C., Rohland, H., Erdenebat, U. and Batbayar, T. (2018) "Karabalgasung, Mongolei. Die Ausgrabungen im Bereich der Zitadelle der alten uighurischen Hauptstadt. Die Arbeiten der Jahre 2015 bis 2017", *E-Forschungsberichte des DAI 2018*, Faszikel 2, 99-105.

Golden 1992

Golden, P. B. (1992) *An Introduction to the History of the Turkic Peoples, Ethnogenesis and State-Formation in Medieval and Early Modern Eurasia and the Middle East,* Wiesbaden: Otto Harrassowitz.

Golden 2007

Golden, P. B. (2007) "Khazar Studies: Achievements and Perspectives", in Golden, P. B., Ben-Shammai, H. and A. Róna-Tas (eds.) *The World of the Khazars, New Perspectives*, Leiden: Brill, pp. 7-57.

Grenet 1996

Grenet, F. (1996) "Crise et sortie de crise en Bactriane-Sogdiane aux ive-ve s. de n. è.: de l'héritage antique à l'adoption de modèles sassanides", *La Persia e l'Asia Centrale da Alessandro al X secolo* (Atti dei Convegni Lincei 127), Rome: Accademia Nazionale dei Lincei, pp. 367-390.

Grenet 2010

Grenet, F. (2010) "A View from Samarkand: The Chionite and Kidarite Periods in the Archaeology of Sogdiana (fourth to fifth centuries A. D.)", in Alram, M., Inaba Minoru, Klimburg-Salter and Pfisterer, M. (eds.) *Coins Art and Chronology II. The First Millenium C.E. in the Indo-Iranian Borderlands*, Wien: Österreichischen Akademie der Wissenschaften, pp. 267-281.

Grützner et. al. 2012

Grützner, C., Bemmann, J., Berking, J., Frechen, M., Klinger, R., Klitzsch, N., Linzen, S., Mackens, S., Oczipka, M., Piezonka, H., Reichert, S., Schneider, M. and Schütt, B. (2012) "Improving archaeological site analysis: a rampart in the middle Orkhon Valley investigated with combined geoscience techniques", *Journal of Geophysics and Engineering*, Vol. 9, 70-90.

Hayashi et. al. 1999

Hayashi Toshio 林俊雄, Shiraishi Noriyuki 白石典之 and Matsuda Kōichi 松田孝一 (1999) "Site of Bay Balïq" "バイバリク 遺 蹟 ", in Moriyasu Takao and Ochir, A. (eds.) 孝夫 ; オチル (責任編集) *Provisional Report of Researches on Historical Sites and*

Inscriptions in Mongolia from 1996 to 1998 モンゴル國現存遺蹟・碑文調査研究報告森安 , Toyonaka 豊中市 : The Society of Central Eurasian Studies 中央ユーラシア學研究會 , 196-198.

Hayashi and Moriyasu 1999

Hayashi Toshio 林俊雄 and Moriyasu Takao 森安孝夫 (1999) "Palace and City of Qara-Balgasun" " カラ=バルガスン宮城と都市遺址", in Moriyasu Takao and Ochir, A. (eds.) 孝夫 ; オチル (責任編集) *Provisional Report of Researches on Historical Sites and Inscriptions in Mongolia from 1996 to 1998* モンゴル國現存遺蹟・碑文調査研究報告森安 , Toyonaka 豊中市 : The Society of Central Eurasian Studies 中央ユーラシア學研究會 , 199-208.

Hüttel and Erdenebat 2010

Hüttel, H.-G. and Erdenebat, U. (2010) *Karabalgasun and Karakorum – Two late nomadic urban settlements in the Orkhon Valley*, Ulaan Baatar.

Isakov 1994

Isakov, A. I. (1994) "Sarazm: An Agricultural Ceneter of Ancient Sogdiana", *Bulletin of the Asia Institute*, Vol. 8, pp. 1-12.

Khudyakov 1990

Худяков, Ю. С. (1990) "Памятники уйгурской культуры в Монголии", *Центральная Азия и соседние территории в средние века*, Новосибирск, 84-89.

Khudyakov 1994

Худяков, Ю. С. (1994) *Фортификация Центральной Азии: Метод. указания к курсу "Основы Археологии"*, Новосибирск: Новосибирский государственный университет.

Khudyakov 1999

Худяков, Ю. С. (1999) К вопросу об укрепленных поселениях и оборонительных сооружениях в Южной Сибири, *Кузнецкая Старина*. Вып. 4. Новокузнецк: Издательство "Кузнецкая крепость", 104-119.

Kiselev 1957

Киселев, С. В. (1957) "Древние города Монголии", *Советская Археология*, 1957, № 2, 91-101.

Klements 1895

Клеменц, Д. А. (1895) "Археологический дневник поездки в Среднюю Монголию в 1891 г.", *Сборник трудов Орхонской экспедиции* (отд. отт.), т. 2, Санктпетербургъ: Императорской Академии наук.

Kolbas 2005

Kolbas, J. (2005) “Khukh Ordung, A Uighur Palace Complex of the Seventh Century”, *Journal of the Royal Asiatic Society*, Vol. 15, No. 3, 303-27.

Kozhemyako 1967

Кожемяко, П. Н. (1967) “Раскопки жилищ горожан X-XII вв. на Краснореченском городище”, *Древняя и раннесредневековая культура Киргизстана*, Фрунзе: Илим, 53-90.

Kubaev 2016

Кубаев, С. Ш. (2016) “Приемы Строительства Стен Жилых Помещений Раннесредневекового Согда” Лурье, П. Б. (ред.) *Материалы Пенджикентской Археологической Экспедиции, Тезисы докладов научной конференции «Аспекты Согдийской культуры» к 70-летию археологических работ в Пенджикенте г. Пенджикент, 3-5 августа 2016 г.*, Вып.XX, Петербург, 51-58.

Kushihara 2017

Kushihara Kōichi (2017) “Tiles from the Ak Beshim No. 2 Shakhristan Ruins” “アク・ベシム遺跡第2シャフリスタン出土の瓦”, *Silk Road Studies, Collection of Reports*, シルクロード學研究會, 報告集, Teikyo University Institute for Cultural Properties Research, Teikyo University Silk Road Research Center for Academic Research and the Kyrgyzstan National Academy of Sciences, 帝京大學文化財研究所, 帝京大學シルクロード総合學術研究センター, キルギス共和國國立科學アカデミー, Tokyo 東京: Endless エンドレス, 55-62.

Kwanten 1979

Kwanten, L. (1979) *Imperial Nomads: A history of Central Asia 500-1500*, Leicester: Leicester University Press.

Kyzlasov, I. L. 2008

Кызласов, И. Л. (2008) “Основы реконструкции гуннского дворца на реке Ташебе”, *Российская Археология*, No. 2, 28-39.

Kyzlasov L. R. 1969

Кызласов, Л. Р. (1969) *История Тувы в средние века*, Москва: Московский Государственный Университет.

Kyzlasov L. R. 1979

Кызласов, Л. Р. (1979) *Древняя Тува (от палеолита до IX в.)*, Москва: Московский Государственный Университет.

Kyzlasov L. R. 1981

Кызласов, Л. Р. (1981) “Культура древних уйгур” Рыбаков Б. А. (ред.). *Степи*

Евразии в эпоху средневековья. Археология СССР, Том 1(20), Москва: Издательство “Наука”, 52-54.

Kyzlasov L. R. 2006

Кызласов, Л. Р. (2006) *Городская цивилизация Срединной и Северной Азии. Исторические и археологические исследования*, Москва: Восточная литература РАН.

de la Vaissière 2005

de la Vaissière, É. (2005) *Sogdian Traders A History*, trans. by Ward J., Brill, Leiden, Boston.

de La Vaissière 2011

É. de La Vaissière (2011) “Sogdiana iii. History and Archeology”, *Encyclopædia Iranica*, online edition, 2011, available at http://www.iranicaonline.org/articles/sogdiana-iii-history-and-archeology (accessed 04/03/2011).

Li Rongxi 1995

Li Rongxi (trans.) (1995) *A Biography of the Tripitaka Master of the Great Ci'en Monastery of the Great Tang Dynasty*, Berkeley: Numata Center for Buddhist Translation and Research.

Litvinskij and Zejmal 2004

Litvinskij B. A. and Zejmal T. I. (2004) *The Buddhist Monastery of Ajina Tepa, Tajikistan, History and Art of Buddhism in Central Asia*, Rome: Instituto Italiano per L'Africa e L'Oriente.

Lubo-Lesnichenko 2002

Лубо-Лесниченко, Е. И. (2002) “Сведения китайских письменных источников о Суябе”, *Суяб Ак-Бешим*, Санкт-Петербург: Государственный Эрмитаж, С. 115-127.

Luoyang. Institute of Archaeology, Chinese Academy of Social Sciences and Nara National Research Institute for Cultural Properties, Japan 2013.

Luoyang. Institute of Archaeology, Chinese Academy of Social Sciences and Nara National Research Institute for Cultural Properties, Japan (2013) “Architectural foundation No. 5 of the Northern Wei Palace found at Han-Wei Luoyang City, Henan”, *Chinese Archaeology* 13, pp. 135-139.

Lurye 2016

Lurye, P. (2016) “Depictions, Imprints, Charcoal and Timber Finds – Few Notes on Wooden Architectural Elements in Sogdiana”, in Russell-Smith, L. and Konczak-Nagel, I. (eds.) *The Ruins of Kocho: Traces of Wooden Architecture on the Ancient Silk Road*, Berlin: Museum für Asiatische Kunst, 16-26.

Lurye 2014

Лурье, П. Б. (2014) "Еще Раз О 'Капеллах' Пенджикента И Верхнего Зеравшана", *Российская Археология*, No.1, 88-99.

Mackerras 1972

Mackerras, C. (1972) *The Uighur Empire According to the T'ang Dynastic Histories: a study in Sino-Uighur relations 744-840*, Canberra: Australian University Press.

Marshak 2002

Marshak, B. (2002) *Legends, Tales, and Fables in the Art of Sogdiana*, New York: Bibliotheca Persica Press.

Minorsky 1937

Minorsky, V. (trans.) (1937) *Ḥudūd al-'Ālam "The Regions of the World", A Persian Geography*, London: Messers. Luzac & Co.

Minorsky 1948

Minorsky, V. (trans.) (1948) Tamīm ibn Baḥr "Tamīm ibn Baḥr's Journey to the Uyghurs", *Bulletin of the School of Oriental and African Studies*, 1948, Vol. 12, No. 2, pp. 275-305.

Modin et. al. 2010

Modin, I. N., Arzhantseva, I. A., Andreyev, M. A., Akulenko, S. A. and Kats, M. Ya. (2010) "Geophysical Investigations on Por-Bajin Island in the Republic of Tuva", *Moscow University Geology Bulletin*, Vol. 65, No. 6, 428-433.

Moriyasu 1999

Moriyasu Takao 森安孝夫 (1999) "Site and Inscription of Šine-Usu" "シネウス遺蹟・碑文" in Moriyasu Takao and Ochir, A. (eds.) 孝夫 ; オチル (責任編集) *Provisional Report of Researches on Historical Sites and Inscriptions in Mongolia from 1996 to 1998* モンゴル國現存遺蹟・碑文調查研究報告, 森安 , Toyonaka 豊中市 : The Society of Central Eurasian Studies 中央ユーラシア學研究會 , 177-195.

Naymark 2003

Naymark (2003) "Returning to Varakhsha", *The Silk Road Newsletter*, Online Edition, Vol. 1, No. 2, http://www.silkroadfoundation.org/newsletter/december/varakhsha.htm (accessed 09/05/19).

Ochir et. al. 2010

Ochir A., Odbataar T., Ankhbayar B. and Erdenebold L. (2010) "Ancient Uighur Mausolea Discovered in Mongolia", *The Silk Road*, Vol. 8, 16-26.

Pugachenkova 1994

Pugachenkova G. A. (1994) "The Form and Style of Sogdian Ossuaries", *Bulletin of the Asia Institute*, Vol. 8, 227-243.

Radlov 1892-1899

Radlov, V. V. (1892-1899) *Атлас Древностей Монголии, Труды Орхонской экспедиции*, Санктпетербург: Императорской Академии наук.

Raspopova 1990

Распопова, В. И. (1990) *Жилища Пенджикента (Опыт Историко-Социальной Интерпретации)*, Ленинград: «Наука» Ленинградское Отделение.

Raspopova 2014

Распопова, В. И. (2014) "Здание VII века в Пенджикенте" в *Записки Института истории материальной культуры РАН*, Санкт Петербург: Дмитрий Буланин, No. 9, 141-151.

Rong Xinjiang 2014

Rong Xinjiang 榮新江 (2014) Medieval China and Sogdian Culture 中古中國與粟特文明 , Beijing 北京 : SDX Joint Publishing Company 生活・讀書・新知三聯書店 .

Shchetenko 1983

Щетенко, А. Я., (1983) "Раскопки средневекового городища Бажын-Алаак", *Древние культуры евразийских степей*, Ленинград: «Наука» Ленинградского отделения, 45-47.

Semёnov 2002a

Семёнов Г. Л. (2002a) *Согдийский город V-XI вв. Формирование плана (по материалам Пайкенда в Бухарском оазисе и Ак-Бешима в Семиречье)*, Санкт-Петербург: Государственный Эрмитаж (doctoral dissertation).

Semёnov 2002b

Семёнов, Г. Л. (2002b) "Раскопки 1996-1998гг.", *Суяб Ак-Бешим*, Санкт-Петербург: Государственный Эрмитаж, 11-114.

Shaanxi Province Archaeological Research Institute 2011

陝西省考古研究院 (2011) " 漢陽陵帝陵陵園南門遺址發掘簡報 ", 考古與文物 2011 年第 5 期 , 3-13 & 圖版 1-4.

Shanxi Archaeological Institute and Pucheng County Bureau of Cultural Relics 2011

陝西省考古研究院 , 蒲城縣文物局（2011）"唐玄宗泰陵陵園遺址考古勘探發掘簡報" , 考古與文物 2011 年第 3 期 , 3-11.

Shchetenko 1983

Щетенко, А. Я., (1983) "Раскопки средневекового городища Бажын-Алаак",

Древние культуры евразийских степей, Ленинград: «Наука» Ленинградского отделения, 45-47.

Shishkina 1994

Shishkina, G. V. (1994) "Ancient Samarkand", *Bulletin of the Asia Institute*, Vol. 8, 81-99.

Shkoda 2009

Шкода, В. Г. (2009) *Пенджикентские храмы и проблемы религии Согда (V-VIII вв.)*, Санкт-Петербург: Государственный Эрмитаж.

Stark 2015

Stark, S. (last updated: 2015) "Preliminary Results of the Field Season 2013", http://www.isaw.nyu.edu/research/bukhara-project/reports/season-2013 (accessed 10/07/2017).

Stark and Mirzaakhmedov 2015

Штарк, С. и Мирзаахмедовm, Д. К. (last updated: 2015) "Результаты исследований оазисной стены Бухарского Согда «Девори-Канпирак» в 2011г.", http://www.isaw.nyu.edu/research/bukhara-project/reports/2011-field-season (accessed 10/07/2017).

Ta La et. al. 2008

塔拉，恩和圖布信，陳永志，奧其爾（主編）Ta La, Ėnkhtuvshin, Chen Yongzhi and Ochir, A. (eds.) (2008) 蒙古國浩騰特蘇木烏布爾哈其勒三號四方形遺址發報告 *Mongolia Ȯvȯr Khavt͡sal site no. 3 Excavation Report*, Beijing 北京：Cultural Relics Press 文物出版社.

Ṭabarī 1990

Ṭabarī, Abū Ja'far Muḥammad ibn Jarīr (1990), M. *The History of al- Ṭabarī, The Zenith of the Marwānid House*, Vol. 23, trans. by Hinds, Albany: State University of New York Press.

Torgoev et. al. 2019

Torgoev, A. I., Kulish, A. V., Kiy, E. A. and Kolchenko, V. A. (2019) "The Buddhist Monastery of Krasnaya Rechka Settlement", Baumer, C. and Novák, M. (eds.) *Urban Cultures of Central Asia from the Bronze Age to the Karakhanids. Learnings and conclusions from new archaeological investigations and discoveries. Proceedings of the First International Congress on Central Asian Archaeology held at the University of Bern, 4-6 February 2016*, Wiesbaden: Harrassowitz Verlag, 349-363.

Tsėvėėndorzh et. al. 2008

Цэвээндорж, Д., Баяр, Д., Цэерендагва, Я., Очирхуяг, Ц. (2008) *Археология Монголии*, Улаанбаатар: Studia Archaeologica Instituti Archaeologici Academiae Scientiarum Mongolae.

Tulush 2011

Тулуш, Д. К. (2011) “Локализация некоторых средневековых крепостей Тувы по материалам «Чертежа земли Красноярского города» С. У. Ремезова” в Харинский А. В. (ред.) *Древние Культуры Монголии И Байкальской Сибири (Иркутск, 3-7 мая 2011 г.)*, Иркутск: Издательство Иркутского Государственного Технического Университета, Вып. 2, 481-485.

Tulush 2015

Тулуш, Д. К. (2015) *Фортификационные Сооружения на Территории Тувы (конец I тыс. до н. э. - конец I тыс. н. э.)*, Государственное бюджетное научно-исследовательское и образовательное учреждение Тувинский институт гуманитарных и прикладных социальноэкономических исследований (doctoral dissertation).

Vainstein 1964

Вайнштейн, С. И. (1964) “Древний Пор-Бажин”, *Советская Этнография*, 1964, №6., 103-114.

Vasyutin 2011

Васютин, С. А.(2011) “Уйгурский Каганат – Цивилизационная Альтернатива Пасторальным Империям Центральной Азии I Тыс. Н. Э.”, *Вестник Томского Государственного Педагогического Университета*, 11, 28-34.

粟特仿中國“開元通寶”錢幣研究

齊小豔

在唐朝“開元通寶”錢幣的影響下，粟特諸國紛紛仿造了大量圓形方孔樣式的錢幣。粟特的中國式仿造幣也承繼了之前當地盛行的希臘式鑄幣傳統，見證了一個不斷模仿、創新和本土化的過程，是絲綢之路經濟、地緣政治和文化等因素綜合作用的結果。錢幣正背面特徵及其背後所蘊涵的信息既是研究粟特本土政治、經濟和文化的重要依據，也爲研究唐朝時期中國與中亞關係奠定了堅實基礎。

粟特（古典文獻稱之爲 Sogdiana，索格底亞那）位於阿姆河與錫爾河之間的廣大地區，有關粟特的記載首次出現在阿黑門尼德王朝的銘文中。歷史上的粟特地區沒有出現過統一的中央政權，而是先後受到不同外來民族和國家的控制與影響。在不同的歷史時期和不同語言的文獻中有不同的名稱或表述，嚴格來講，粟特並不是一個國家概念，而是一個地理和民族概念，是綠洲文明古國的集合體。這一地區存在著諸多綠洲小國，它們在政治方面具有很大的靈活性，在經濟和文化上享有較高的適應性和獨立性。錢幣體系的演變就是非常明顯的一個例證。由於當地政治、經濟和文化等因素的特殊性，粟特地區沒有出現統一的貨幣體系，而是一直模仿外來統治民族或影響較強國家的錢幣，進行當地錢幣的鑄造。一般來說，粟特諸國大規模的鑄幣始於公元前 3 世紀初，經歷了從仿造希臘式錢幣、薩珊波斯錢幣到中國錢幣的演變歷程，見證了當地政治演變、經濟發展和文化內涵的形成等歷史現象。目前國際學界將粟特錢幣劃分爲“東粟特”、“西粟特”和“南粟特”三大中心，也就是漢文史料記載的康國、安國、史國及其周邊諸國。鑒於此，筆者試圖在結合史料記載的基礎上，以粟特仿造中國“開元通寶”錢幣爲切入點，通過分析錢幣特徵，進而探討粟特的社會政治、經濟狀況及其與古代中國之間的往來。

一、仿造中國式錢幣之前粟特的鑄幣歷史

公元前550—前330年，粟特是古波斯帝國東部行省的重要組成部分，承擔著繳納賦稅、服兵役的義務。這一時期的粟特鑄幣的問題依然存有爭議，即粟特打造過錢幣[①]，或已開始打造雅典娜/鷹的錢幣，只是錢幣形狀不一致，也沒有出現文字。[②]根據大流士一世修建王宮時使用了來自粟特的天青石和光玉髓，有學者認爲這一時期的交易以物物交換爲主。[③]希臘—馬其頓人亞歷山大及其軍隊在征服波斯帝國之後，對粟特地區又進行了長達三年的征服戰爭（公元前329—前327年）。爲了鼓勵士兵攻佔粟特，亞歷山大根據戰功給士兵獎賞不同數量的塔蘭特和大流克。[④]但遺憾的是，史料記載並沒有提及亞歷山大入侵之際粟特地區的錢幣情況。據文獻記載，從古波斯帝國末期到亞歷山大繼承者時期，粟特與巴克特里亞是由同一總督進行管理。巴克特里亞在廣義上有時指代巴克特里亞—索格底亞那。在亞歷山大繼承者時期，巴克特里亞出現了四德拉克馬銀幣，正面是穿著波斯服飾、持弓的國王像，朝右；背面是大象像，朝右。[⑤]因此，可以推測，此類錢幣有可能也曾在粟特地區流通。

公元前301年的伊普蘇斯戰役奠定了希臘化世界的格局，塞琉古王朝佔據了包括粟特在內的亞歷山大帝國在亞洲的大部分領土。塞琉古王朝對粟特的統治主要集中在塞琉古一世、安條克一世和安條克二世統治時期。在保留行省體制的基礎上，塞琉古王朝的國王們紛紛建立城市，安置希臘人，宣傳希臘神和打造希臘式錢幣。經考古發現，在渴石的腦塔卡和Xenippa（後來的Nahshab）發現了亞歷山大德拉克馬錢幣和塞琉古一世德拉克馬錢幣。在Kishlak Haprin遺址發現了安條克一世四德拉克馬銀幣。[⑥]公元前3世紀中期，當巴克特裏亞總督狄奧多托斯宣佈獨立之時，粟特也從塞琉古王朝的統治下獨立出來，並受希臘—巴克特里亞王國狄奧多托斯王朝、歐泰德姆斯王朝和歐克拉提德王朝的統治。粟特的庫克馬奇捷佩（Kokhmach-tepe）出土了4枚帶有安條克名字的狄奧多托斯四德拉克馬錢幣，3枚狄奧多托斯一世錢幣和51枚歐泰德姆斯一世錢幣。[⑦]

總之，伴隨著希臘—馬其頓人的政治軍事征服，粟特直接或間接地捲入了希臘化世界。伴隨外来的軍事征服和政治統治，流通於粟特的希臘化錢幣對當地鑄幣體系產生了極爲深遠

---

① Oliver Hoover, *Handbook of Coins of Baktria and Ancient India, Including Sogdiana, Margiana, Areia, and the Indo-Greek, Indo-Skythian and Native Indian States South of the Hindu Kush, Fifth Century BC to First Century AD*, Lancaster/London: Classical Numismatic Group, INC, 2013, p. 187.

② Alexandra Villing, *The Greeks in the East*, London: British Museum Press, 2005, p. 64.

③ Amélie Kuhrt, *The Persian Empire: A Corpus of Sources from the Achaemenid Period*, New York: Routledge, 2010, p. 492.

④ Arrian, *Anabasis of Alexander*, with an English translation by P. A. Brunt, Cambridge, Mass.: Harvard University Press, 1996, 4. 18.

⑤ Michael Mitchiner, *Oriental Coins and Their Values: Ancient and Classical World, BC 600-AD 650*, London: Hawkin's Publications, 1978, pp. 64, 72.

⑥ Edvard V. Rtveladze, "Coins from Kish. 3rd-2nd Century BC-8th Century AD", Ēran ud Anērān Studies presented to Boris Ilich Marshak on the Occasion of His 70th Birthday, Venice, 2006, http://www.transoxiana.org/Eran/Articles/rtveladze.html, 2019年3月8日。

⑦ Aleksandr Naymark, *Sogdiana: Its Christians and Byzantium: A Study of Artistic and Cultural Connections in Late Antiquity and Early Middle Ages*, Ph. Diss., Bloomington: Indiana University, 2001, p. 30.

的影響。公元前3世紀初，粟特諸國紛紛以亞歷山大錢幣、塞琉古王朝的安條克一世錢幣和希臘—巴克特里亞王国歐泰德姆斯一世錢幣爲原型進行鑄幣。在大月氏—貴霜王朝統治時期，儘管希臘人在粟特的統治已經結束，但是粟特諸國依然延續了希臘式仿造幣傳統，繼續對希臘式仿造幣進行再仿造。從公元4世紀70年代到公元7世紀初，粟特先後受到薩珊波斯、嚈噠人和突厥人等國家和民族的統治和影響，但錢幣依然沿用了希臘式鑄幣體系。從錢幣學角度來看，粟特錢幣以希臘古典錢幣，尤其是雅典的阿提卡幣制爲基礎，以亞歷山大及其後繼者發行的錢幣爲原型。儘管後期錢幣上的圖像、字母有些變形甚至難以識別，但是錢幣的打造方式、正背面圖案、幣值、文字等方面都屬於希臘式錢幣範疇，呈現出變化與承繼並存的錢幣演變特徵。這也正是粟特諸國仿造中國錢幣之前的大致情況。

二、粟特中國式仿造幣的鑄造情況

公元7世紀初，爲了擺脱突厥人的控制，粟特諸國國王通過上表、朝貢等方式與中國唐朝建立了藩屬關係，唐朝在此則建立了羈縻州，粟特同唐朝在政治、經濟和文化等諸多方面的交流進一步加強。武德四年（621），唐朝廢除五銖錢，但依然沿用圓形方孔樣式，發行了“開元通寶”錢。受唐朝錢幣的影響，公元630年以後，粟特諸國紛紛以“開元通寶”爲原型而仿造中國式錢幣。

通過整理唐朝初期到中期粟特的鑄幣情況[①]，粟特的中國式仿造幣大約發行於公元630年到750年左右，除康國鑄造中國式仿造幣的時間保持了較強的連續性外，安國、史國、米國、石國分别集中在公元630年到650年、公元720年到737年左右、公元700年到722年、公元7世紀到8世紀。鑄造中國式仿造幣最爲頻繁的時間段是公元630—650年和公元700—750年。遺憾的是，目前爲止，與中國建立往來的何國、曹國和火尋國沒有仿造中國式錢幣。學界對戊地的解讀也不盡一致。一種觀點是“戊地亦作戌地，即《西域記》之伐地國，亦名國安，馬迦特《古突厥碑銘年代考》考訂爲wardan或者wardana等”[②]，位於布哈拉綠洲北部的Vardana，學者認爲是漢文史料中的“小安國”。[③]

根據朝貢的動機、性質和頻率，粟特諸國與唐朝的交往大體上分爲三個時期：武德至永徽時期（618—655），顯慶至先天時期（656—712）及開元至大曆時期（713—772）。[④] 根據進

---

① 本文對錢幣正背面信息的描述，參見李鐵生：《古中亞幣》，北京出版社，2008年；O. I. Smirnova, *Svodnyi Katalog Sogdiiskikh Monet: Bronza*, Moscow: Akademia Nauka CCCP, 1981。

② 沙畹：《西突厥史料》，馮承鈞譯，中華書局，1958年，第124頁。

③ Aleksandr Naymark, “A Christian Principality in the Seventh Century Bukharan Oasis”, *Journal of the Oriental Numismatic Society*, No. 206, 2011, pp. 2-3.

④ 關於粟特諸國與唐朝的交往情況，參見許序雅：《唐朝與中亞九姓胡關係演變考述——以中亞九姓胡朝貢爲中心》，《西域研究》2012年第1期，第1—10頁。

貢總次數，康國、石國、安國、米國最多，分別是40次、27次、24次和12次，曹國、史國、何國、火尋國次之，分別是10次、7次、5次和4次。根據每一階段的進貢次數，諸國分別是42次、6次和81次。從進貢總次數和每一階段的進貢次數來看，仿造中國式錢幣的諸國及鑄幣時間與漢文史料記載的粟特與唐朝的往來情況基本吻合。由於粟特在政治上並未形成統一的中央政權，因此，不同類型仿造幣的發行和流通有著一定界限。粟特的中國式仿造幣主要集中在康國、安國、史國、米國和石國一帶，分佈的局部不平衡說明阿姆河以北到澤拉夫善河流域一帶多於澤拉夫善河流以北到錫爾河以南一帶。從地理位置來看，鑄造中國式仿造幣的粟特諸國在絲綢之路上具有重要的戰略地位。

三、粟特中國式仿造幣的特徵——兼論粟特與昭武九姓

粟特的中國式仿造幣仿效了“開元通寶”的圓形方孔樣式，採取澆鑄方式，材質以銅幣爲主，但錢幣經歷了不同的演變過程。康國的中國式仿造幣面文出現過短暫的“開元通寶”，背面左邊是一個中間沒有圓形的Y型徽記，右邊是βγy；從7世紀中期到8世紀中期的一個世紀裏，錢幣面文變爲粟特文書寫的國王名字和頭銜MLK’（意思是“國王”），背面是不同徽記。安國的中國式仿造幣面文是“開元通寶”，背面是安國徽記，但僅存在了20年左右。之後，安國再次使用了西方式鑄幣傳統，鑄造了正面是駱駝圖像，背面是祭火壇、βγy的錢幣和布哈爾·胡達錢幣。米國、石國的中國式仿造幣正面是粟特文書寫的國王名字和頭銜，背面是各國徽記。史國的中國式仿造幣正面是國王半身像，背面出現了方孔樣式，但未注孔，中間是βγy，左側是史國徽記，其他三側是粟特文。中國式仿造幣重量也效仿了中國錢幣的重量標準，但呈現不斷減輕的趨勢。蘇聯學者斯米爾諾娃認爲，公元7世紀初，1千克的銅可以鑄造400—500枚銅幣，但是到公元8世紀中期，1千克的銅可以鑄造大約965枚銅幣。按照第一種標準計算，銅幣的重量在2.0—2.5克之間；按照第二種標準計算，銅幣重量大約在1.04克左右。①

錢幣正面扁平且輪廓較淺，面文出現過漢字“開元通寶”，但以粟特文書寫的國王名字和頭銜爲主。在鑄造中國式仿造幣之前，粟特諸國錢幣受希臘化錢幣影響，出現了國王頭像與希臘文書寫的國王名字和頭銜。因此，筆者認爲，儘管兩者屬於不同的鑄幣體系，但中國式仿造幣上出現粟特文書寫的國王名字和頭銜是對希臘式錢幣傳統特徵的一種承繼，更是對當地王權的一種強調和認可。

錢幣背面多以徽記爲主，因地而異，但又有模仿。錢幣背面徽記有不同的意义，其中就包括反映粟特人宗教信仰的標識。公元5—8世紀瑣羅亞斯德教在粟特地區普遍流行。康國

① O. I. Smirnova, *Svodnyi Katalog Sogdiiskikh Monet: Bronza*, p. 65.

的莫拉-庫爾干村（Molla-Kurgan）發現了納骨甕，下方刻有火壇，兩邊各有一名祭司。① 在嚈噠人統治時期，康國錢幣背面就出現了中間是祭火壇、兩側是祭司的圖像。米國錢幣 ② 背面的祭司像也是當地瑣羅亞斯德教盛行的證據之一。安國錢幣上出現了十字蓮花圖案，這是當地聶斯托里教盛行的反映。有學者認爲，安國附近的 Vardana 是由一個信仰基督教的王朝所統治。③

《魏書・西域傳》中首次出現了“粟特”一詞，並記載了粟特諸國的“昭武起源說”。其中，康國最大，米國、史國、曹國、何國、安國、小安國、那色波國、烏那曷國、穆國皆歸附之。④ 據《新唐書・西域傳》記載：“康者，一曰薩末鞬，亦曰颯秣建，元魏所謂悉萬斤者……在那密水南，大城三十，小堡三百。君姓温，本月氏人。始居祁連北昭武城，爲突厥所破，稍南依蔥嶺，即有其地。枝庶分王，曰安，曰曹，曰石，曰米，曰何，曰火尋，曰戊地，曰史，世謂‘九姓’，皆氏昭武”⑤，明確了“昭武九姓說”⑥。根據《魏書》和《新唐書》記載的變化，可以發現，到唐朝之際，康國、米國、史國、曹國、何國、安國依然存在，但石國、火尋國和戊地國成爲昭武九姓的新組成部分。筆者認爲，這一變化並不代表他們的消失，只是部分發生了臣屬關係的變化，如曾經的那色波國變爲史國的附屬，被稱爲“小史國”，安國周邊的畢國依然存在，但出現了戊地。

粟特中國式仿造幣的面文和徽記有助於理解漢文史料記載的昭武九姓的構成情況。一方面，錢幣銘文 βγy、MR'Y、MLk' 和 MR'Y MLK' 反映了粟特諸國體制的變化與政治歸屬。βγy 被理解爲一個神、某個中國皇帝或者突厥可汗⑦，康國、安國和史國的早期中國式仿造幣上出現了 βγy。筆者認爲，從公元 630—658 年，粟特處於擺脱突厥統治到向唐朝朝貢稱臣的過渡期，此時出現這一具有爭議的表述是可以理解的。以康國西希庇爾國王錢幣爲例，早期錢幣正面爲漢字“開元通寶”，背面方孔右側是 βγy。之後，錢幣面文出現了粟特文書寫的國王名字和頭銜 MLK'，粟特人將 MLK' 讀作“伊赫希德”（Ikhshid），因此由這些國王統治的王朝則稱作伊赫希德王朝。從 βγy 向 MLK' 的演變反映了康國擺脱突厥統治而獨立的歷史。

---

① 芮樂偉・韓森：《絲綢之路新史》，張湛譯，北京聯合出版公司，2015 年，第 158 頁。

② Shinji Hirano, “A New Coin in the Name of Pēčut Lord of Panch”, *The Numismatic Chronicle (1966-)*, Vol. 171, 2011, pp. 355-358.

③ Aleksandr Naymark, “A Christian Principality in the Seventh Century Bukharan Oasis”, in *Journal of the Oriental Numismatic Society*, No. 206, 2011, pp. 2-3.

④ 魏收：《魏書》卷一二〇《西域傳》，中華書局，1974 年，第 2281 頁。

⑤ 歐陽修等：《新唐書》卷二二一《西域傳》，中華書局，1975 年，第 6243 頁。

⑥ 學者們對粟特與昭武九姓的關係提出了不同觀點。陳寅恪認爲，昭武九姓之民並非專指粟特，應該將其統稱爲“九姓胡”，參見陳寅恪：《以杜詩證唐史所謂雜種胡之義》，《金明館叢稿二編》，生活・讀書・新知三聯書店，2001 年，第 57—59 頁；蔡鴻生認爲，粟特不能等同於昭武九姓，九姓的範圍大於粟特地區，參見蔡鴻生：《讀史求識錄》，廣東人民出版社，2010 年，第 31 頁；榮新江、張廣達、姜伯勤、李鴻賓等學者認爲粟特人就是漢文史料記載的昭武九姓，參見榮新江：《從撒馬爾干到長安 —— 中古時期粟特人的遷徙與入居》，榮新江、張志清主編：《從撒馬爾干到長安 —— 粟特人在中國的文化遺跡》，北京圖書館出版社，2004 年，第 3—25 頁；張廣達：《唐代六胡州等地的昭武九姓》，《北京大學學報》（哲學社會科學版）1986 年第 2 期，第 71—82、128 頁；姜伯勤：《敦煌吐魯番文書與絲綢之路》，文物出版社，1994 年，第 153 頁。

⑦ O. I. Smirnova, *Svodnyi Katalog Sogdiiskikh Monet: Bronza*, p. 36.

MR'Y 意思是“貴族或者當地統治者”。米國錢幣上出現了 MR'Y。公元 718 年，康國國王烏勒伽派使者前往中國，希望唐朝幫助他們抵抗阿拉伯人的入侵。阿拉伯人得知此事之後，委派米國人迪瓦什梯奇作爲康國國王。公元 719—722 年，粟特人在迪瓦什梯奇帶領下抵抗阿拉伯人的入侵，最後被困穆格山，迪瓦什梯奇王被處死。迪瓦什梯奇在康國鑄造了帶有 MLK' 面文的中國式仿造幣，從 MR'Y 到 MLK' 的變化反映了康國勢力大於米國。早期火尋國錢幣也出現了 MLK'，到公元 7 世紀至 8 世紀中期，錢幣銘文演變爲 MR'Y MLK'，這說明唐朝之際花剌子模既有自己獨立的統治者，又依附於更高的統治者，具有雙重政治意義。

安國在短暫仿造了“開元通寶”之後，出現了布哈爾·胡達錢幣，幣文有兩種寫法 Pωγ'r γωβκ'y 或 Pwγ'r γωββ'y，目前第一種得到學界普遍認可。納爾沙希認爲，幣文是“布哈拉卡納國王”（King of Bukhara Kana）之意。[①] 據理查·費耐生的研究，Pωγ'r 轉寫爲 Bukhar，指代布哈拉，γωβ 轉寫爲 Khudat，是粟特文的“國王”之意，κ'y 等同於 κai，表示波斯錢幣上國王頭銜，整個幣文意思是“布哈拉的國王一皇帝”（King-Emperor of Bukhara）。[②] 費耐生認爲，納爾沙希之所以得出這個結論，是將其與在粟特地區，至少在康國曾出現的一個名爲 Kana(k) 的家族聯繫起來。[③] 筆者認爲，結合這一時期粟特的實際情況，出現這種現象是完全有可能的，因此，幣文的意義類似於火尋國錢幣上表現的雙重政治性。

另一方面，錢幣徽記也提供了研究粟特與昭武九姓的重要信息。米國錢幣徽記、石國錢幣徽記、曹國錢幣徽記、火尋國錢幣徽記與康國錢幣徽記有相似性，可以看作是 Y 型徽記的變形。有關徽記的早期研究表明，徽記是家族或者王朝的一種象徵和標誌。[④] 筆者認爲，粟特中國式仿造幣上的徽記並不能完全反映國王之間的家族世系關係，而更應該是政治關係的一種反映，是地域歸屬和地域政治關係的一種表現。

幣文和徽記說明粟特諸國既相互獨立又互相聯繫。幣文反映了諸國與康國、安國之間的附屬關係，徽記也反映了諸國對康國徽記的模仿。從錢幣角度來看，粟特諸國的中國式仿造幣從形制上仿效了中國錢幣的圓形方孔樣式，但也是部分粟特諸國對康國、安國錢幣的模仿，這些錢幣可以看作是中國式仿造幣的再仿造。從政治角度來看，這既是粟特諸國對中國唐朝統治的認可，也說明諸國均有當地統治者，且以康國爲大。這與漢文史料記載的粟特以昭武爲姓或子嗣繼承王位相似，一定程度上印證了“枝庶分王”的歷史。

唐朝之際昭武九姓的構成情況與粟特的政治和經濟密不可分。從政治角度來看，粟特諸國先後受到了突厥人、阿拉伯人的入侵，並在抵抗突厥人和阿拉伯人入侵的鬥爭中形成了一種聯合體。從經濟角度來看，位於澤拉夫善河流域的康國、安國、史國、何國、米國、曹國都積極

---

① Richard N. Frye, *The History of Bukhara*, Princeton, N. J.: Markus Wiener Publishers, 2007, p. 35.

② Richard N. Frye, “Notes on the Early Coinage of Transoxiana”, *Numismatic Notes and Monographs,* No. 113, 1949, pp. 1-39, 41-49.

③ Richard N. Frye, “Notes on the Early Coinage of Transoxiana”, p. 29.

④ S. A. Yatsenko, “Tamgas of Iranoligual Antique and Early Middle Ages Peoples”, http://s155239215.onlinehome.us/turkic/30_Writing/301Tamgas/YacenkoTamgas/YacenkoTamgasSect6En.htm, 2019 年 5 月 23 日。

參與了絲路貿易。公元568年的粟特商團事件[①]連接起了拜占庭與中國之間的貿易往來，火尋國是必經之地。粟特商人在石國的貿易往來頻繁，並在錫爾河附近建立了聚落。火尋國和石國與其他粟特諸國往來日益頻繁。粟特貿易在絲綢之路上的範圍不斷擴大，最終形成了共同的經濟活動圈。從文化角度來說，粟特文成爲國際性語言，在諸國錢幣上被普遍使用就是一個明顯例證。從中國角度來說，唐朝在康國、石國、史國、米國、安國、何國分別設置了康居都督府、大宛都督府、佉沙州、南謐州、安息州和貴霜州，粟特地區被納入了唐朝的西域防禦體系。因此，《新唐書》中的昭武九姓反映了粟特與唐朝建立往來之後，唐朝對粟特乃至整個中亞地區的政治、經濟和文化的認知。

四、粟特仿造中國錢幣的原因

立足於粟特鑄幣歷史，學界對鑄幣功能提出了多種看法。如納爾沙希認爲，“粟特錢幣只是弱小城邦發行的記賬所用的代用幣，只是爲了在粟特地區展開交易。只有這樣的錢幣，別人才無法將它從我們這裏或者城市帶走，我們也才能用此在彼此間繼續開展貿易”[②]；澤瑪律認爲，“粟特鑄幣只是一種代幣（token currency），並沒有真正價值，只是在一定範圍內作爲一種交換和支付的媒介，不同等級的統治者只希望從鑄幣權中彰顯自己的政治權力[③]。筆者認爲，粟特諸國仿造中國式錢幣的原因也是值得思考的問題。

自古波斯帝國到唐朝之前，粟特地區先後受到希臘—馬其頓人、大月氏—貴霜帝國、薩珊波斯、嚈噠人和突厥人的統治。與政治歷史進程相一致的是，粟特諸國錢幣經歷了從希臘式仿造幣、希臘式仿造幣的再仿造到薩珊波斯仿造幣的演變。如康國錢幣經歷了安條克一世仿造幣、阿詩塔姆錢幣和薩珊波斯仿造幣三個階段。安國錢幣經歷了歐泰德姆斯仿造幣、希爾科德王錢幣和薩珊波斯仿造幣三個階段。史國錢幣經歷了亞歷山大仿造幣、弗賽格哈雷斯幣和阿胡爾・派特王錢幣三個階段。初唐之際，粟特正值擺脫突厥人統治的歷史時期；中唐之際，粟特面臨阿拉伯人的入侵。因此，從初唐到中唐的一個半世紀裏，粟特諸國通過上表、進貢等形式紛紛向中國唐朝稱臣納貢，並且模仿唐朝“開元通寶”而鑄造當地的中國式仿造幣。公元8世紀中葉的怛羅斯之戰和安史之亂嚴重削弱了唐朝在中亞的影響力，隨著阿拉伯人的征服，粟特諸國紛紛放棄了中國式仿造幣，而逐漸伊斯蘭化或回歸到之前的西方式鑄幣傳統。

粟特諸國鑄造中國式仿造幣的時間並不同步。最早鑄造中國式仿造幣的是與中國往來頻

---

① Menander, *The History of Menander The Guardsman: Introductory Essay, Text, Translation, and Historiographical Notes*, ed. and trans. by R. C. Blockley, Liverpool, Great Britain: F. Cairns, 1985, p. 115; 部分譯文參見魏義天：《粟特商人史》，王睿譯，廣西師範大學出版社，2012年，第152頁。

② Richard N. Frye, *The History of Bukhara*, p. 36.

③ E. V. Zeimal, “The Circulation of Coins in Central Asia during the Early Medieval Period (Fifth-Eighth Centuries A.D.)”, *Bulletin of the Asia Institute*, New Series, Vol. 8, 1994, pp. 245-267.

繁的康國、安國。到目前爲止，也沒有發現與中國建立往來的何國、火尋國和曹國仿效中國錢幣，它們依舊使用當地鑄幣。這種現象説明粟特的中國式仿造幣並不是當地唯一的交換媒介，這與當時的國際貨幣體系以及粟特經濟有關。一方面，粟特地區和粟特人使用的錢幣多數應該是薩珊波斯錢幣。據考古發現，東曹國 Kultepa 發現了 42 枚薩珊波斯錢幣及部分此類錢幣的殘片。除 1 枚庫思老二世（公元 590—628 年）錢幣外，其餘錢幣都是卑路斯一世（公元 457—484 年）錢幣。[①] 新疆發現的粟特文買婢契（公元 639 年）記載："石族人烏塔之子從康國人突德迦之子六獲處得到一奴婢。此婢爲曹族人，生於突厥斯坦，名曰優婆遮，/ 他爲此支付高純度的卑路斯錢 120 德拉克麥［德拉克馬］。"[②] 在中國境內發現了大量薩珊波斯銀幣，結合粟特本土錢幣體系及粟特商人在中國的活動範圍，可以推測部分薩珊波斯銀幣是粟特人帶入中國的。另一方面，粟特地處絲綢之路的十字路口，與印度、西亞、地中海世界和中國建立了廣泛的聯繫，是多條商路的匯合之處。粟特商人在東西方經濟貿易往來中承擔著重要的中介角色，豐富的當地物產以及異國物產都可能成爲其在商品貿易往來中的交換物。

綜上所述，結合歷史演變、考古發現和文獻記載，筆者認爲，粟特的中國式仿造幣是粟特與唐朝藩屬關係的一種表現，也反映了藩屬關係下當地諸國相對獨立於中國唐朝的政治狀態，鑄幣權是政治狀態的一種反映。絲路沿線所發現的粟特的中國式仿造幣與粟特人在絲綢之路中的地位並不相符[③]，此類錢幣並沒有承擔絲路貿易中的國際流通貨幣的角色，而主要服務於地方社會經濟。

結　語

粟特諸國經歷了從希臘式仿造幣到中國式仿造幣的演變，從鑄幣歷史的完整性來看，康國、安國和史國形成了粟特地區的三大鑄幣中心。根據錢幣形制和具體信息，粟特諸國的中國式仿造幣呈現出一體多元的總體特徵，反映了當時政治、經濟發展背景下的一種地域歸屬認同。粟特諸國發行中國式仿造幣是政治、經濟和地理因素等多種因素綜合作用的結果，但在很大程度上出於政治和利益需求。昭武九姓的變化反映了公元 7 世紀初到 8 世紀中葉，粟特地區諸國在抵抗外來民族的入侵和控制過程中，抑或聯合、抑或消失、抑或向更強大的周邊國家和地區尋求支持。在外來民族入侵之下進行了政治聯合和重組，粟特地區最終形成了康國最大、其他八國附屬於康國、八國仍有自己附屬國的地方政治格局。此類錢幣在承繼之前傳入的西方

① Michael Fedorov, "Notes on the Ancient and Mediaeval Numismatics of Central Asia", *Oriental Numismatic Society*, Vol.196, 2008, pp. 5-7.

② 林梅村：《粟特文買婢契與絲綢之路上的女奴貿易》，《文物》1992 年第 9 期，第 49—54 頁。

③ Jone Walker, "Monnaies orientales. Oriental Coins from the Excavations at Susa", *Numismatique susienne Mémoires de la Mission archéologique en Iran*, Vol. 37, 1960, pp. 49-65; 楊魯安：《內蒙古新出西域錢探微》，《內蒙古金融研究》（錢幣文集第四輯），2003 年，第 2—6 頁。

式鑄幣傳統基礎上，仿效了中國圓形方孔的樣式，見證了東西方文明在粟特地區交流與融合的過程，它是一個不斷模仿、創新和本土化的過程。粟特地區位於絲綢之路中段，連接著東西方之間的經濟往來，也影響著絲路的發展與走向，但中國式仿造幣的政治意義大於經濟意義。

本文係教育部人文社科青年基金項目“遠東希臘化文明與絲路文明關係研究：以索格底亞那爲中心的歷史考察”（專案編號：18YJC770027）和山西省哲學社會科學課題“錢幣學視域下粟特與絲綢之路關係研究”（專案編號：2019B530）階段性成果。

On the Study of Sogdian Chinese *Kaiyuan Tongbao* Coinage

Qi Xiaoyan

Influenced by *Kaiyuan Tongbao* coinages, polities in Sogdiana cast Chinese-imitation coinage. In addition to inheriting the traditions of Hellenistic coinage, Sogdian Chinese-imitation coinage underwent a process of gradual imitation, innovation and localization, resulting from the Silk Road economy and geopolitics. The characteristics of the coinage's obverse and reverse as well as the potential information it reveals not only provide important data for discussing Sogdian politics, economy and culture, but also lay a solid foundation for examining the relationship between China and Central Asia during the Tang dynasty.

一篇于闐語祈禱文所映射的十世紀敦煌于闐人的宗教信仰

段　晴

敦煌藏經洞出土的于闐語文獻，是尚待開發的敦煌石窟的又一寶藏。在這些文獻中，有一件長達七米的寫卷，英國圖書館館藏編號 Or. 8210/S. 2471（簡稱 S. 2471）。寫卷上有供養人的名字，以其頭銜可知其爲于闐王國的貴族。長卷内容分六部分。其中第五部分的行文與 Ch. 00267 寫卷的極爲相似，由此可判斷該長卷屬於最晚的于闐語文書。本文重點關注了長卷的第五部分，因爲這部分文字正是一篇發願文，其中羅列的各種神靈全面反映了于闐王國的宗教信仰。本文第二節給出了長卷 229—284 行的于闐語内容和漢譯。在第三節則對神靈的類别進行了探討，重點分析了一些神靈的名字。例如指出日曜的于闐語名與敦煌 285 窟所見日曜相同，其構擬的梵語名“充滿光明的大乘輿”，正是太陽神的别稱。龍王屬於地獄屬，符合印度史詩傳統，等等。末節提到敦煌藏經洞多洞窟所見于闐八大守護神，認爲圍繞其組合等，還應進一步深入探討。

一、于闐語寫卷 S. 2471 的供養人

敦煌藏經洞出土的于闐語文獻，其體量僅次於漢、藏文獻。這是尚待開發的敦煌石窟的又一寶藏。在這些文獻中，有一件長達七米的寫卷，當年被斯坦因挾持，現收藏在英國圖書館，館藏編號 Or. 8210/S. 2471[①]。此長卷，正面是漢文《大般若婆羅蜜多經》的第 487 卷，背面則

① 筆者於 1982—1986 年在德國漢堡埃墨利克（R. E. Emmerick）教授指導下做博士論文，正是以此寫卷爲主要研究課題。1986 年底通過博士論文答辯。論文於 1992 年在威茨勒博士的東方學專業出版社（Dr. Inge Wezler Verlag für Orientalistische Fachpublikationen）出版。當時用德語著述，所取得的成績鮮爲人知。所以，施杰我 2002 年出版《英國圖書館藏新疆于闐手稿全目》時，也未能提供全面信息，未能體現筆者的成績。見 Skjærvø, *Catalogue*, pp. 32-35。

是于闐語長卷。雖長達七米，其初始部分卻仍不完整。現藏法國圖書館編號 P. 5536 的一頁紙，是從 S. 2471 紙上剪裁下來的。現在看來，如此剪裁應是古代人所爲。當年的剪裁人必然認識婆羅謎字母，所以剛好在供養人的名字前剪裁，保留下供養人的完整的名字。

供養人名叫 hūyī kīma tcūna，多次出現在七米寫卷當中。該名字明顯是漢名。hūyī 應是姓的部分，可以“胡”字對。曾有漢名“金山”拼寫作于闐字 kīmä-śanä，而“世尊”拼寫作 śai-tcūnä。[①] 依據已有的對音字，從 kīma tcūna 可以構擬出“金尊”。所以此供養人的漢名，可以是“胡金尊”。但此名尚屬虛構，需要得到歷史文獻的印證，方才是真名。

長卷的第 222—223 行提到了“胡金尊”的兩種頭銜，原文如下：

saddhama namau ratna-ttrīyāya ayse ra pīḍe hūyī ṣau kīma tcūna tta ṣṭā ttā pūña kūśala-mūla pajsa gi satvau habrrīhū aysi' ra pīḍiṃ hūyi ttūttevä kīma tcūnä

成功！禮敬三寶！我，胡“守”金尊，寫畢。如此而生的一切功德、善根，我與五趣衆生分享。我已寫畢，胡都督，金尊。

關於“胡金尊”的兩種頭銜，需要加以注釋。首先是 ṣau，這裏翻譯作“守”。于闐的“守”官應更多是爵位，其地位僅在國王之下，其身份必然屬於古代于闐的貴胄。至今未能找到對譯；如果泛指，可以用“宰臣”相稱。中國國家圖書館藏有一件案牘，記載了舅賣甥女的契約。簽訂契約的時代，剛好發生在于闐王尉遲伏師被杜暹殺害的那一年，即公元 725 年。所以封底部分，使用了新的紀年。[②] 那一行文字翻譯過來如下：“一年。本朝時逢毗濕納詹得利以持國者居。此時在 ṣau 紇米加達陀之年。”這一句話涉及古代于闐王國官職的設置，提到了一個新紀年的第一年，這是 ṣau 紇米加達陀的紀年。在此案牘之前，所見到的紀年皆是于闐王的紀年，一代君王有自己的紀年。王薨之後，下一任國王開始新的紀年。而舅賣甥女契約則反映了于闐王位空缺時，可以有攝國者，但是紀年則唯有 ṣau 具備資格。這件契約，顯示了 ṣau 身份的尊貴，僅在國王之下。中國國家圖書館的另一件于闐語案牘，即伏闍達五年的蠲除契約，記載了一件悲慘的案子。一位父親將自己的兒子做典押，結果兒子死在放錢人處。最後雙方平分了那筆典當金。而最終裁決此案的，是一位 ṣau。當這位 ṣau 下達命令時，他又被稱作 āmāca，即古代音譯的“阿摩支”，意譯“宰臣”。[③] 可以認爲，ṣau 是于闐王國特有的職官爵位，體現了于闐王國的社會風格。

“胡金尊”的另一頭銜則純粹屬於漢制。關於 ttūttevä，貝利等曾認爲，這應是漢字“都頭”的于闐語拼寫。[④] 我們認爲所對應者應是“都督”。從對音看，兩種對應似沒有問題。敦

① 參見 KT 4，第 4 頁。

② 原文見段晴 2015，《舅賣甥女契約》，第 99 頁。

③ 詳見段晴 2015，《伏闍達五年蠲除契約》，第 89 頁。

④ Bailey 1940, 600.

煌藏經洞出土有用于闐婆羅謎字拼寫的漢語《金剛經》，提供了豐富的對音例詞。其中有 ttū，對“度”、“獨”[①]，而 ttau 對“當”。“度”、“獨”的聲母是定母，“當”是端母。這一組字說明，雖然于闐語的 tt 是清輔音，但可以用來對應中古漢語塞音的舌頭音，包括清輔音以及濁輔音。“都督”兩個字皆是端母字，而“頭”是定母字。[②]但是，從官職的設置看，“都督”似乎更爲合適。《中國古代職官大辭典》“都督”條目提到“開元後，地方軍政大權掌於節度使，都督遂成虛設。……宋初置，分都督、大都督、下都督，多以親王充任”。“都督”在晚唐以及宋初更像是名譽上的官。而“都頭”是要真正掌握兵權，“五代、宋朝爲禁軍步軍諸都統兵官”。[③]“胡金尊”是于闐的貴族，與王室關係極爲密切，或者就是一位親王，所以他領有“都督”的頭銜，似更爲恰當。

“胡金尊”曾經是在敦煌抄寫于闐語經卷之佛事的大供養人。根據上文引用的幾處題記，他似乎不僅是供養人，還親自書寫了整部長卷。其實不然。從筆記看，S.2471 的大部分是一人所書寫，使用了所謂草書體。唯獨在第 222—225 行，書寫者使用了正體。這幾行字的筆跡與其他部分是不一樣的。而恰好這裏提到，這是“胡金尊”所書寫。在那個時代，抄寫經書被認爲是積德的業績，而第 222—225 行，剛好跟在已經完成的《大乘無量壽經》之後。或許是“胡金尊”自已寫下了這幾行字，目的在於增加寫經的功德。但是大部分文字，是抄經者完成的。所以在第 87—89 行，書寫者明確寫下，這是“胡金尊”指令抄寫的。原文如下：

> ttu sūtrra u baudasatva hīye nāmi ū beysā hīye nāme hūyī kīma tcūna pasta pīḍe
> 此經以及菩薩名、佛名，胡金尊令書寫。

“胡金尊”曾經是抄經的大供養人，出身于闐貴族。他的名字僅見於两三件于闐語文書，例如又見於 P.2742，該寫卷同樣是一篇禮敬四方佛、菩薩的祈禱文。從筆跡看，P.2742 的書寫者甚至應與 S.2471 的是同一人。除此之外，還應提到 Ch.00267 寫卷。該寫卷的起始句如下寫道：

> mịsta rrịspūrą tcū-syau hīye ājaṣą'ṇą namadryąną dista niṣṭauvā dąsau dīśa' vīra 'auṇaṃdā drabāḍa ttaiṣṭaṃdi saumūhą' jastauni jastą be'ysą āspāvi nāsaumanai
> 應偉大的王子 Tcū-syau 的請求、邀請，我們聚集：我們堅定皈依於位於十方三世的現前天中天諸佛。

從于闐文看，這是一位名叫 Tcūsyau 的王子集合了在敦煌的于闐人而做的一場佛事。這一

---

① Emmerick & Pulleyblank 1993, 72.

② 參閱郭錫良 1986，關於“都督”見第 165 頁，關於“頭”見第 282 頁。

③ “都頭”見第 819 頁，“都督”見第 823 頁。

祈禱文的内容與 S.2471 有多處重合，例如龍王一組，在整個于闐語寫卷當中，唯有這兩幅寫卷提到了于闐特有的神靈。在很大程度上，Tcū-syau 的祈禱文（即 Ch.00267）明顯有 S.2471 的影響，儘管兩幅寫卷的筆跡不同，並非出自同一寫手。討論該寫卷，是因爲其年代可知。寫卷 Ch.00267 的第 53 行出現了于闐王的名字，他是 vījaṃtti saṃgrauma，即歷史學家筆下的尉遲僧伽羅摩王。依據于闐語的上下文判斷，這位于闐王已經不在人世了。歷史學家因此判斷，Ch.00267 應該是公元 1006 年之後寫成的。①

還有關於 Tcū-syau 其人，雖然基於目前已知資料，仍不能最終斷定此人是誰，但他的身份多少是明確的。依據對音，有學者認爲 Tcū-syau 大概相當於漢語的“曹氏”。② 我認爲不是。以上文引用的起始句顯示，他的身份是于闐王子，而且在尉遲僧伽羅摩過世之後，成爲在敦煌的于闐人的核心人物。應他的要求，在敦煌的于闐人做了一場佛事。還有學者認爲，Tcū-syau 或可能是《宋史》所記開寶二年（969）入貢於宋的于闐“國王男總嘗”，這一觀點已經得到歷史學家的修正③。

那麼，Tcū-syau 應是漢語所記的哪一位王子呢？從對音看，相似度最高者是“琮原”。20 世紀 80 年代，敦煌文物研究所的賀世哲、孫修身先生在莫高窟第 444 窟發現了“大寶于闐國皇太子從連供養”、“大寶于闐國皇太子琮原供養”的題名。④ 歷史學家們引證敦煌藏經洞出土的漢文獻，認爲宋乾德二年（964）曾有于闐太子三人來到敦煌莫高窟，長子曰“從德”。從德的于闐語名拼寫作 Tcuṃ-ttehi。⑤ 正是從德的于闐語拼寫提示，Ch.00267 的 Tcū-syau 應是從德的胞弟琮原。生活在 964 年前后的于闐三位太子，漢語字分别是“從德”、“從連”，以及“琮原”。雖然用了不同的漢字對音，但仍然可以看出，太子三人名字的前一字的發音是一致的。既然“從”對應於 tcuṃ，當然也可以是 tcū。母音後的鼻音消失，是于闐語詞中常見的現象。琮原是三位太子中最爲年少者。從年齡判斷，琮原也完全可能是 Ch.00267 文書的主要發起人，而且此時已經德高望重。

原本在探討 S.2471 寫卷，卻引入了對 Ch.00267 寫卷的介紹。這是因爲，如上文所提及，這兩篇寫卷所涉及的于闐地方神是一致的。一些于闐地方神名僅見於這兩篇寫卷。而 Ch.00267 的年代歸屬頗爲明確，屬於最晚的于闐語寫卷。這可以作爲判斷的依據之一，即 S.2471 同樣應是晚期的作品。專門提出兩篇寫卷還有至關重要的一點，即兩篇寫卷的供養人或者發起人，都是于闐王國的貴胄。這兩篇祈禱文所反映的宗教信仰體系，代表了于闐王室的崇拜。

① 張廣達、榮新江 2008，《關於唐末宋初于闐國的國號、年號及其王室世系問題》，第 24 頁。

② 張廣達、榮新江 2008，《關於唐末宋初于闐國的國號、年號及其王室世系問題》，第 24 頁。

③ 張廣達、榮新江 2008，《關於敦煌出土于闐文獻的年代及其相關問題》，第 80—81 頁。

④ 轉引自張廣達、榮新江 2008，《關於唐末宋初于闐國的國號、年號及其王室世系問題》，第 21 頁。

⑤ 關於 Tcuṃ-ttehi 即于闐太子從德，已有多位學者於 20 世紀 80 年代進行了充分的討論，例如張廣達、榮新江 2008，《敦煌文書 P.3510（于闐文）〈從德太子發願文（擬）〉及其年代》，第 38—47 頁。

二、反映于闐王國宗教信仰的篇章

七米的 S.2471 長卷涵蓋了六部分内容，第一、二、三部分是針對各種佛、菩薩、高僧的祈禱文。第四部分是于闐語的《大乘無量壽經》，屬於密教經書，有兩種漢譯本。最值得關注的，是這幅長卷的第五部分，即從第 229 行到第 284 行。這一部分内容，全面反映了于闐王國的宗教信仰。爲方便研究者利用，並限於篇幅，本文僅發表針對這第五部分的拉丁字母化的于闐語内容[①]、相應漢譯以及簡略的介紹。對於尤其反映于闐王國本土傳統信仰的部分神祇的進一步分析，將另撰文論述。

§ 1	ārāchana ṣṭāṃ ttā hūñāṃ (229)	我們啟白而言：
§ 2	harbīśāṃ vā tcūrrvā hāle daśvā dīśvā’ ‘aunadvā anattāparyatvā paraśādvā sūmąha jastāṃna jastāṃ be’ysa āspāva nāsāṃ(229-231)	我們歸命於現在一切四方、十方無邊無際圓滿清淨的衆天神之天佛。
§ 3	tta ttä khu sarbadye dīśa’ hālai abīrada-ląvadeva namą akṣąba jasta be’ysa (231-232)	由此而敬禮東方妙樂世界阿閦天佛。
§ 4	ravye pa dīśa’ jsa namau rahnaketta jasta be’ysa (232-233)	敬禮南方的寶幢天佛。
§ 5	ñūhūjsadye dīśa’ hāle namau aramyāya jasta be’ysa(233-234)	敬禮西方無量壽天佛。
§ 6	hauda raichāṃ hāle namau daudavesvera jasta be’ysa(234-235)	敬禮北方妙音天佛。
§ 7	usakyāṣṭa dīśa’ jsa namau badaśarī jasta be’ysa(235-236)	敬禮上方賢吉祥天佛。
§ 8	nāṣṭa dīśa’ jsa namau āraverauca jasta be’ysa(237)	敬禮下方聖毗盧遮那天佛。
§ 9	cū ra mara myąña svahe ląvadeva rahnavyūha-maṇḍale vauña rahana-rāja ranīnai vaiysa baida āṃnadai baista ysārī baudasatvā jsa pejsa namą daśabale cakrravatta ttrraikṣada śākyamāṃna śāstāra jasta be’ysa āspāva nāsā (237-242)	敬禮！我們歸命於十力、轉輪、現在釋迦牟尼導師天佛，他位於此娑婆界的中央，位於衆寶莊嚴界的坊中，於寶國土，位於衆寶所造就的蓮花之上，有二十千菩薩圍繞。
§ 10	harabaiśa ttrraikṣada bau’dasatva arahada ṣāvā pyattīka-bauda saida vaidyādarä raṣa’ya pajābaya ttrradva drraya rana be’ysāṃ dā śaraṇa satva (242-245)	現在一切菩薩、阿羅漢、聲聞、辟支佛、成就者、持明者、五通仙人、三世三寶、行善衆生。
§ 11	tta khu be’sta ysāra baudasatvāṃ rāṃda ‘īde tta tta khu āryā majaśūrī baudasatta āryąląkyedeśvara baudasattva namą āryākṣadagarba baudasatva namą āryāsamadrrabadrra baudsatva namą āryākāśagarba baudasattva namą āryāvajarapauña baudasatva namą āryābaiṣajarāya baudasatva (245-250)	正如二十千菩薩之王，正如（1）聖文殊菩薩，（2）聖觀自在菩薩，（3）敬禮聖地藏菩薩，（4）敬禮聖普賢菩薩，（5）敬禮聖虛空藏菩薩，（6）敬禮聖金剛手菩薩，（7）敬禮聖藥王菩薩。
§ 12	baista ysąra baudasatvāna rāṃda harabaiśa ttā sa ysāra sa byūra jūna dī pākāṃ dī paśaunakyāṃ ąrga śaraṇā haṣḍa vīñatta īnāṃ(250-253)	向一切二十千衆菩薩之王，百千次、百萬次頂禮於其足下、於其踵下，我們請求庇護。
§ 13	cū ra ttī mara kṣīra paramaṇḍale hīye kāka nīvāysva devatta paravālā īde tta tta khu bīsa prrūva sīmāttala gaṇḍye śalaba ysīnī nāṃda īye(253-256)	凡在此作爲國土境域的衛士、護佑者之神祇、守護神，但願他們如是守護著房舍、城堡、邊界、揵抯、兵器。
§ 14	tta khu śakrra brrahamāṃna paḍąysāña jsa tcąra ląkapāle vrrīśama vīrrulai vīrrupākṣa dadarāja sañī pajī pajābe’ña sūma kīlaha mahāyąna prrabāsta āstana āda vaiṇḍūryerākadūmaketta bauda brrahaspa śaśū śanaiśaya(256-260)	正如帝釋、梵天爲首的四位世界的保護神：（1）毗沙門，（2）毗樓勒叉，（3）毗樓博叉，（4）提頭賴吒；散脂，般遮迦，五通仙；月，火曜，以日曜起，直到琉璃般閃耀的計都（慧星）、水曜、木曜、金曜，以及土曜。

---

① 這裏發表的拉丁字母化的于闐語寫卷内容，經過筆者校改。再次發表經過所謂精校的内容，是因爲即使最新所見此一節文字的刊布以及翻譯，其中也含有大量舛誤。相應文字以及英譯，見 Skjærvø, *Catalogue*, pp. 32-35。

§ 15	hauda ysāra haṣṭa se hauda paravālā ca vā ttu hvana-kṣīra ysīnī nāṃda īye(260-262)	七千八百零七個守護神，但願他們守護著于闐國土。
§ 16	cū ra ttī hą̄vana hą̄vana jaśta īde tta tta khu agūśa' sthą̄ną̄va śakhīma śarīmādīvye aśaukha cą̄māṇḍva hārrva reva daṣa' būma-dīvye katha dīvye kūṣḍi dīvye rāja dīvye jaśta āsta(262-265)	凡是具有大威力的女神，正如阿隅闍、悉他那、Śakhīma、大吉祥天女、無憂天女、難近母（Cāmuṇḍā）、鬼子母、奎宿女（Revatī）、地神堅牢、城隍神、宮殿神、王國諸女神，等等。
§ 17	cū ra ttī śa'ma būtta-rāja paḍāysą̄ña jsa pūra ārmaysdāna grraha nakṣatta salye-bāyā devatta paravālā īde tta tta khu ną̄vauna rāṃda īde nada upanada sāgara grrahadatta elapatta myacalena sūmapauña ttaśa ttara būjsyaja ṣaṇīraka (266-270)	凡此種種天神、守護神，以閻魔鬼王爲首，月亮、太陽、行星、星宿、年神，正如諸龍之王：難陀、跋難陀、娑伽羅、熱舍、伊羅缽、目真鄰。蘇摩福德、達闍、達羅、長命女神、瑟尼羅。
§ 18	ssa nau kūle hāvana hāvana pāraṣadā pāraṣadye ca ttā nąma na hvava ṣṭe (270-272)	百零九亿大威力的眷屬之眷屬，他們的名字這裏沒有被提到。
§ 19	cū ra ttī ga auṇaḍvā devatta paravālą aśtada īye tta tta khu mahābala paravāle ca gara-veysaña ysīnī pastai nāve gara-kūvā khāhvā āṣaijvā ttājvā bīsā devatta paravālā aśtada īye harabaiśa vā namadrrūna parīye ahavāysye (272-277)	凡是存在於山中的天神、守護神，正如屈尊保護山、森林的大力守護神，存在於大山、丘陵、池塘、湖泊、河流中的保護神，勞屈尊接受邀請而光臨。
§ 20	cū ra ttī mara kṣīra vīśū'na hīra pīla upadrrava īde tta tta khu śva tcāṃma śalarba harabaiśa ttā naṣau'ma tsīde(277-279)	凡此國中邪惡之物、災害、疾疫，例如狗、蝗蟲、飛蛾，這一切統統失滅。
§ 21	āchai ma na hamāve daurabaikṣa ma na hamāve dakhą̄ttaka satva heradrrāmā hamāve āchanakau āchai jsa pverāṣṭa hamāve(279-281)	不要發生疾病，不要發生饑饉，受痛苦折磨的衆生光復如初。病者擺脫疾病。
§ 22	śade ma raysa sarabī satvā ma haura hadāra pīsa pyālye huṣa tsīde(281-283)	這裏的土地香汁提升。這裏的衆生有施捨，有恩賜，生活更加殷實充裕。
§ 23	sadarma śāśa' dāra-vastu hamāve drraya ma rana pajsamaḍä hamāde (283-284)	妙法之教長長久久。這裏的三寶受到禮敬。

三、針對神靈名字的辨考

以上內容在S.2471長卷中僅佔55行，但仍然體現了古代于闐獨特的宗教信仰。這一富有于闐社會宗教信仰特色的祈禱文，將各個受到于闐社會禮敬的神靈的結構層次，整齊而鮮明地排列出來。

第一層次體現了佛教的信仰。佛教在古代于闐社會宗教生活中佔有絕對的優勢。于闐王室、于闐貴族是佛教的堅定的擁躉者。上面的祈禱文，以禮敬一切四方、十方無邊無際的天佛開場，突出佛教的重要性。其特點也是鮮明的，首先是對佛的崇拜，佛是天佛，而且數量無邊無際。千佛崇拜歷史悠久，已經發現的書寫在樺樹皮上的佉盧文的《賢劫經》便是證明。《法華經》、《華嚴》、《般若》等大乘經典中，又常見到諸佛如來多如恒河沙數這樣的說法[①]。民間禮佛，更多地是把佛作爲神靈禮敬。S.2471的祈禱文，體現了大乘佛教在民間的特色。

值得注意的還有六方佛。祈禱文在禮敬十方一切佛的框架下，特別點到六方佛。何謂“六方”？依據初唐僧人慧淨《阿彌陀經義述》的闡釋：“六方，即四方上下，示證佛處也。”

① 例如玄奘翻譯的《大般若波羅蜜多經》：“如是一一各滿十方殑伽沙數諸佛世界……”（CBETA. T07, no. 220, p. 874）

（CBETA. T37, no. 1756, p. 309）而出現在上面祈禱文中的六方佛，其中四方佛，是敦煌石窟常見的。依次是東方阿閦、南方寶幢、西方無量壽、北方妙音，這也是唐代密教灌頂儀式時所禮敬的四方佛。但是，在此祈禱文之外，未能發現上方佛、下方佛的固定模式。

祈禱文的上方佛，于闐文 badaśarī，可以恢復出梵語複合詞 bhadra-śrī。前詞 bhadra，自竺法護翻譯出《賢劫經》之後，該詞便已固定譯作“賢”。後詞也有固定的譯法，即“吉祥”。據此，祈禱文的上方佛其名“賢吉祥”。佛經中多見有佛、菩薩叫作“賢吉祥”，但並無指定作爲上方佛的佛名。例如罽賓般若翻譯的《華嚴經·普賢行願品》提道：“于東方蓮華吉祥世界賢吉祥如來所，顯示一切遊戲神通，亦復如是。如賢吉祥如來所，如是盡於東方，南、西、北方，四維，上、下，一切世界亦復如是。”①

祈禱文的下方佛，于闐文 verauca，可以恢復出梵語 vairocana，即大日如來，音譯毗盧遮那。在密教的傳承中，毗盧遮那是最重要的佛，一般位於曼陀羅的中央。但在于闐佛教的傳承中，毗盧遮那佛顯然尚未出現在最爲重要的位置上，這表明于闐佛教不曾發展出真正意義的密教，如在藏傳佛教中所見。于闐佛教自始至終，突出顯示了大乘的風格，雖然禮敬成千上萬的佛，但仍然以釋迦牟尼爲真正的本尊。釋迦牟尼佛位於信仰的中心。

佛之後，是菩薩、聲聞，乃至三世三寶以及行善的衆生。在此框架之下，祈禱文轉向禮敬著名的大菩薩。依照大乘的傳統，菩薩也是兩萬之多。祈禱文給出爲首的七大菩薩，但實際上應是八大菩薩。依照藏文《于闐國授記》，八大菩薩的排列如上祈禱文第 11 段的順序，只是應在文殊、觀自在之間，加入彌勒菩薩。②這裏應指出，關於八大菩薩或十大菩薩，佛教主要經典並無統一的名稱排列，這是佛教因地域、派別、時代不同而發展出的差異。例如《金光明最勝王經》，給出了十大菩薩名字。③雖然在于闐故地以及敦煌皆發現了《金光明最勝王經》的于闐語的殘葉，但祈禱文反映的對八大菩薩的信仰，卻明顯未秉承《金光明最勝王經》的傳統。鑒於祈禱文的八大菩薩，得到了藏文《于闐國授記》印證，應將這八大菩薩看作是于闐的佛教特色。

以上是祈禱文的第一層次，佛、菩薩是宗教信仰的核心。第二層次，守護神類。他們是于闐國土的守護神，守護著莊園、城堡，以及邊界等。這些守護神的分組結構十分清晰。

第一組，來自印度佛教神話的天神。這裏需要說明，如祈禱文第 14 段所示，這四天王的名號，即毗沙門（多聞）、毗樓勒叉（增長）、毗樓博叉（廣目）、提頭賴吒（持國），都是音譯詞，但並非基於相應的于闐語詞，而是取自北涼曇無讖《大方等大集經》所使用的音譯詞。④這些天王，另有從梵語名詞而翻譯出的名號，例如以義淨的翻譯爲准，他們是多聞天王、

① CBETA 2019, T10, no. 293, p. 840.

② Emmerick 1967, 13.

③ 這十大菩薩，依次是觀自、地藏、虛空藏、妙吉祥、金剛手、普賢、無盡意、大勢至、慈氏、善慧。詳見 CBETA, T16, no. 665, p. 423。

④ 例如可以參見 CBETA, T13, no. 397, p. 346。

持國天王、增長天王、廣目天王[①]。這裏採用了四天王的音譯詞，目的在於與敦煌于闐八大守護神的名字，盡可能保持一致。[②]學者們已經發現，敦煌莫高窟自9世紀末以來，多個洞窟於甬道頂部繪有于闐八大守護神的形象，並有題記。這八大守護神中，便有毗沙門天。毗沙門天本來是印度佛教文獻中常見的四大守護天王之一，但在敦煌的于闐八大守護神中，未見提及其他三天王的名字。

屬於這一組的，還有散脂。散脂，義淨翻譯的《金光明最勝王經》給的音譯是“僧慎爾耶”。散脂是佛教文獻的夜叉大將。未能在其他印度教文獻中找到這一神祇的對應神話。散脂應該是佛教神話世界特有的神祇。散脂也是敦煌9、10世紀流行的于闐八大守護神之一。在S.2113A寫卷中，他的名字是“莎耶摩利”。其中“莎耶”，如榮新江、朱麗雙已經指出，顯然基於于闐語詞 sañī。而“摩利”或者是誤寫。[③]

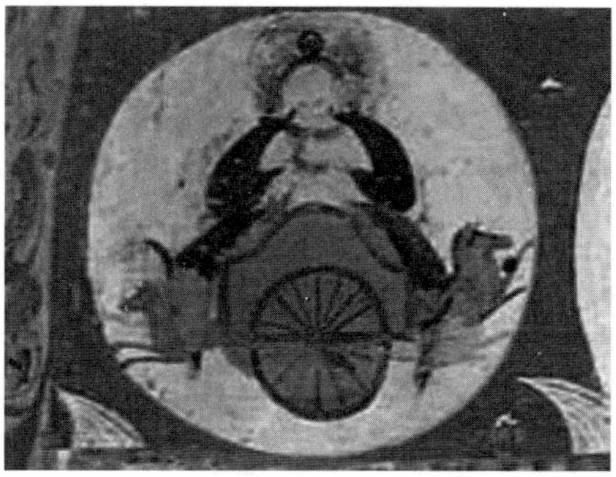

圖1　敦煌第285窟所見日曜

從“月”開始，到“土曜”，這一組天王部中有于闐八曜。這八曜的名有特色，例如日曜，于闐語使用了 mahāyāṇa prrabāsta，直譯“充滿光明的大乘輿”。日曜的于闐語詞，是筆者勘定的。在此之前，有貝利的轉寫，未能正確識別出這個詞，後來施傑我在發表其著名的《全目》時，也未能正確識別，未能正確翻譯。日曜這一名詞，雖是梵語詞，卻未出現在已知印度教的文獻中，這應是中亞曾經特有的梵語詞，又加上了于闐語的詞綴而構成。[④]如此，日曜名與敦煌第285窟的太陽神形象最爲契合（見圖1）。

于闐語八曜中，火曜名 kīlaha(sta) 也是以其形象而得名。如此，火曜名依然是古代于闐地區特有的梵語名詞，直譯作“手執矛者”。這一形象也出現在敦煌石窟。例如上海大學陳菊霞、馬兆民教授在《敦煌莫高窟觀音菩薩與諸神衆組合圖像考釋》一文中[⑤]，考證了莫高窟第332窟甬道頂部的一幅圖像，認爲那是主方神烘托觀音菩薩的圖像。他們認爲其中的赤帝具有火曜的特徵（見圖2）。手中握有長矛，正是于闐語“火曜”一詞所表現的形象。

圖2　莫高窟第332窟甬道的赤帝

第二組守護神是女神。祈禱文的第16段，祈請多位女神的保佑。位於這一組前兩位的，正是阿隅闍和悉他那。她們在敦煌石窟甬道頂部所見于

① 例如義淨譯《金光明最勝王經》，CBETA, T16, no. 665, p. 426。
② 榮新江、朱麗雙2011，《圖文互證——于闐八大守護神新探》，第202頁。
③ 榮新江、朱麗雙2011，第203頁。
④ 關於構詞的分析，詳見段晴1988，第39頁。
⑤ 《西域文史》2020年待刊。陳菊霞將未發表的文章慷慨呈於我，令我獲益匪淺，特此感謝。

闐八大守護神中各佔一席之位。[①] 其餘女神未見於八大守護神。這些女神名，帶著印度方言的痕跡，更多應來自古代印度神話。祈禱文反映出，于闐故地有豐富的女神信仰。城隍、宮殿等，都有女神的保護。但似乎除了前兩名，其餘只是在祈禱文中呼喚到。筆者未能找到相應文獻或者圖像，以說明民間對這些女神的崇拜。

第三組神靈，以鬼王閻魔爲首，說明這一組神有别於以帝釋、梵天引領的四天王、諸曜等。尤其值得提及的是，這一組中出現月亮、太陽、行星、星宿，其中“月亮”使用的是于闐語詞pūra，說明這裏的月亮，是天空可見之月，而“月曜”sūma，則是不可見的神靈。“太陽”一詞也用了于闐語本詞，而“日曜”則是坐在發光的大乘輿上的神靈。跟隨“太陽”之後是行星、星宿，以及年的引領神，由此看來，這一組是發生在真實世界的事物，即皆要經歷成、壞的事物。

龍王也在這一組。閻魔是地獄之王，所以稱作鬼王。而龍王位列這一組，給了重要的提示。籠統而言，祈禱文將龍部歸屬在閻魔之下，顯示了于闐對龍崇拜的傳統更多與印度教史詩文化相吻合。印度大史詩時代，龍蛇有了固定的歸屬地。龍蛇的歸屬地在地下，在冥間。屬於龍蛇的地下世界叫作 pātāla。[②] 佛教文獻則有不同。佛教有天龍八部之說，分別是天神、藥叉（夜叉）、龍、乾達婆、阿修羅、金翅鳥、緊那羅、大蛇。儘管于闐祈禱文顯示了有别於佛教的傳統，而更多與印度史詩文化吻合，但必須說，這一組龍王的歸屬，核心體現的是于闐故地的原始宗教信仰。以目前已經掌握的資料看，這一組于闐龍王沒有統一的來源。例如“難陀、跋難陀、娑伽羅”等，與《華嚴經》、《法華經》所列龍王相似。而龍王熱舍則是依照《大方等大集經・月藏經》的佛說，專門守護于闐國（CBETA, T 13, 368）。祈禱文第 17 段，從蘇摩福德開始，然後是達闍、達羅、長命女神、瑟尼羅，這五位神則是地地道道的于闐故地的神靈。這五位神靈中，目前除第五位瑟尼羅尚未找到其神話的根源外，其他四位的神話背景，以及所主司的領域已經清晰。關於四位神靈以及龍王熱舍的神話背景以及形象，將另撰文講述。

四、围绕于闐八大守護神的未解之謎

這裏必須提到敦煌石窟的八大于闐守護神。近年來，張小剛、榮新江、朱麗雙等，發現了敦煌石窟多窟甬道頂部皆繪有于闐八大守護神的形象。他們做了深入細緻的研究。尤其是榮新江、朱麗雙特别注意到了于闐語文獻、藏文文獻的記載，基於于闐語寫卷 P.2958 的第 142—143 行以及另一件于闐語文獻，並依據出現在 P.2893 第 15—17 行八大守護神的名號排列，他們認爲，于闐的八大守護神之提法是一種固定的概念。[③] 鑒於對 S.2471 以及 Ch.00267 相應祈

① 榮新江、朱麗雙 2011，第 202 頁。

② Härtel 1976, 666.

③ 榮新江、朱麗雙 2011，第 193 頁。

禱文的觀察，筆者則認爲，敦煌于闐八大守護神的固定概念，似是有時代的局限，或者是敦煌地區的特點。關於這八大守護神的身份以及神話背景，仍需要深入研究。目前看來，仍有疑團未解。

例如上文錄入並翻譯的S.2471寫卷的55行祈禱文，是全面反映了于闐王國宗教信仰的一篇文獻。純粹于闐本地的神靈，如蘇摩福德、達闍、達羅等出現在55行祈禱文當中，而且有藏文文獻的印證。其中蘇摩福德，即藏文《于闐國授記》記載的sum-pon。達闍、達羅，即da-ci、da-ra。[①] 這樣的印證表明，55行祈禱文如實反映了于闐王國信仰的傳統，儘管撰寫此祈禱發文時，于闐王國已是危在旦夕，瀕於亡國了。或許正是處於這樣的動亂時代，所以在Ch.00267開端，才有于闐人集體宣誓堅定皈依十方三世佛的一番言論。

將祈禱文排列的神靈與八大守護神相比較，如上文已經提到，唯有毗沙門天、散脂兩個天神，以及阿隅闍、悉他那兩個女神進入了八大守護神系列，而在祈禱文的排列中，他們分別屬於不同的神靈組。最爲蹊蹺的是熱舍龍王，按照于闐語P.2893的說法，該龍王名列八大守護神之位[②]，但是在敦煌洞窟八大守護神的圖像中，卻沒有熱舍的身形。八大守護神當中的迦迦那莎莉、莎那末利、阿婆羅質多，以及摩訶迦羅等四位大神，卻沒有在祈禱文中出現。但是，無論如何，敦煌石窟的于闐八大守護神已證明，于闐王國的文化曾經在敦煌地區留下深刻的影響。

本文圖版由敦煌研究院提供，謹致謝意。

引用文獻縮略說明

Bailey 1940 = Bailey, H. W., “Ttāgutta” , *Bulletin of the School of Oriental and African Studies*, University of London, Vol. 10, No. 3 (1940), pp. 599-605.

Emmerick 1967 = Emmerick, R. E., *Tibetan Texts concerning Khotan* (London Oriental Series 19), London, 1967.

Emmerick & Pulleyblank 1993 = Emmerick, R. E. & Pulleyblank, E. G., *A Chinese Text in Central Asian Brāhmī Script. New Evidence for the Pronunciation of Late Middle Chinese and Khotanese* (Serie Orientale Roma LXIX), Roma, 1993.

Härtel 1976 = Härtel, Herbert, “Aspects of Early Nāga Cult in India”, *Journal of the Royal Society of Arts*, Vol. 124, No. 5253(October 1976), pp. 663-683.

---

① 分別見Emmerick 1967, pp. 48-49, 64-65。

② 關於P.2893，有Bailey的轉寫，八大守護神的名號，見KT3, 83。這件寫卷已確認是10世紀中葉的。見榮新江、朱麗雙2011，第192頁，注①。

KT 4 = Bailey, H. W., *Indo-Scythian Studies, being Khotanese Texts,* Vol. IV: Saka Texts from Khotan in the Hedin Collection, 1st ed., Cambridge; repr. 1979.

Skjærvø, *Catalogue* = Skjærvø, Prods Oktor, *Khotanese Manuscripts from Chinese Turkestan in the British Library: A Complete Catalogue with Texts and Translations*, London: The British Library, 2002.

段晴 1988 =《于闐文中的八曜》，《民族語文》1988 年第 4 期，第 36—40 頁。

段晴 2015 =《中國國家圖書館藏西域文書 —— 于闐語卷》（*Xinjiang Manuscripts Preserved in the National Library of China*, Vol. 2: Khotanese Remains），中西書局，2015 年。

郭錫良 1986 =《漢字古音手冊》，北京大學出版社，1986 年。

榮新江、朱麗雙 2011 =《圖文互證 —— 于闐八大守護神新探》，樊錦詩、榮新江、林世田主編：《敦煌文獻・考古・藝術綜合研究 —— 紀年向達先生誕辰 110 周年國際學術研討會論文集》，中華書局，2011 年，第 190—218 頁。

張廣達、榮新江 2008 =《于闐史叢考（增訂本）》（《西域歷史語言研究叢書》），中國人民大學出版社，2008 年。

張政烺主編：《中國古代職官大辭典》，河南人民出版社，1990 年。

Beliefs and Religion of the Khotanese People in Dunhuang in the Tenth Century as Recorded in a Khotanese Scroll

Duan Qing

A long Khotanese scroll in the British Library, designated as Or. 8210/S.2471, measures almost 7 meters in length and its contents are divided into six parts. The name of the donor of this long scroll is recorded in the text, and his titles reveal that the man was a high official of the kingdom of Khotan. Since parts of the texts on this scroll bear a strong resemblance to other Khotanese manuscripts from Dunhuang, and since the date of those manuscripts (e.g., that with signature and designated Ch.00267 is dated), we can ascribe the long scroll under discussion to the latest Khotanese remains dating back to around 1006 CE. The fifth part of the long scroll is of particular interest, being an invocation to various divinities; here we not only encounter familiar names of Buddhas and Bodhisattvas, but gods, goddesses and *nāgas* of Indian mythology, as well as names of gods and goddesses from the indigenous religious world of the Khotanese.

The present paper focuses on the fifth part of the long scroll. After providing a transcription and translation of the text, the names of the divinities and their origins are discussed. This conforms to my earlier discovery that some names of gods are only to be found in Khotanese, e.g., the phrase *mahāy Q na prrabāsta* meaning 'the great chariot full of illumination', which is a name of the sun-god. It is also interesting to observe that *nāgas* are arranged in a group leaded by Yama, the Indian god of the underworld, which reveals that the worship of *nāgas* in Khotan coincides more with the Indian epic tradition rather than the Buddhist canon, given that in the Indian epic period the *nāgas* established their firm place in the underworld called pātāla. Furthermore, it must be pointed out that the eight popular Khotanese divine protectors which are depicted in several caves in Dunhuang are not to be found arranged in a group in the text under discussion.

《摩尼光佛》諸神圖說

馬小鶴

本文將霞浦文書《摩尼光佛》中之主要神祇做一梳理，分析其中的無上光明佛（薩緩默羅）、善母佛、先意佛、五明佛、日光佛、舍那佛、夷數佛、電光佛（謹你嚧詵）、摩尼光佛、日月光佛、持世尊佛、四大尊佛（那羅延、蘇路支、釋迦文、夷數）、玉皇尊佛（十天大王）、釋迦文佛等，配上吐魯番出土或日本新發現的摩尼教圖像，使我們對中國摩尼教神譜有更深入與形象的了解。

《摩尼光佛》（縮寫 M.）無疑是霞浦文書中涵蓋摩尼教神祇最多的文書，而且並非只是簡單提及神名，有些地方還有不少對神祇的具體稱頌，對於我們認識中國摩尼教神譜甚有幫助。近年來日本發現了多幅元代摩尼教繪畫，其中不乏神像。本文即將《摩尼光佛》中之主要神祇做一梳理，配以吐魯番出土或日本新發現的摩尼教圖像，使我們對中國摩尼教諸神有更深入與形象的了解。

《摩尼光佛》第 380—387 行抄錄敦煌文書《下部讚》（縮寫 H.）的《收食單偈》（H.169-172），禮讚了十二個大神。本文第一部分結合吐魯番出土與日本新出摩尼教繪畫，分析這十二個大神。《摩尼光佛》中“第二時”一開始的請佛（M.149-208）[①] 奉請了九個神祇（其中“四大尊佛”是那羅延、蘇路支、釋迦文、夷數的合稱），本文的第二部分結合日本新出《宇宙全圖》，分析這些神祇。《摩尼光佛》多處稱頌五佛，本文第三部分挑選其中一篇（M.597-630）爲例，結合其他霞浦文書、吐魯番所出釋迦文像和日本新出的《夷數佛幀》、《冥王聖幀》等圖像分析五佛。

① 楊富學、包朗：《霞浦摩尼教新文獻〈摩尼光佛〉校注》（以下簡稱《校注》），《寒山寺佛學》第 10 輯，2015 年，第 74—115 頁。本文行數按照此文計算。參校林悟殊：《〈摩尼光佛〉釋文並跋》（以下簡稱《釋文》），《摩尼教華化補說》，蘭州大學出版社，2014 年，第 457—492 頁。汪娟、馬小鶴：《霞浦文書〈摩尼光佛〉科冊儀文復原》，《敦煌學》第三十二輯，2016 年，第 1—43 頁。

一、禮佛（M.380-387）

《摩尼光佛》第380—387行抄錄敦煌文書《下部讚》的《收食單偈》（H.169-172），僅有幾個字不同，把敦煌本的不同字放在大括號{}里：

> 一者無上光明佛｛王｝，二者智惠（慧）善母佛，
> 三者常勝先意佛，四者歡喜五明佛，
> 五者勤修｛脩｝樂明佛，六者真實造相佛，
> 七者信心淨風佛，八者忍辱日光佛，
> 九者直意舍那佛｛盧舍那｝，十者知恩夷數佛，
> 十一者齊心電光佛，十二者莊嚴惠明｛惠明莊嚴｝佛。
> 自｛身｝是三世法中王，開揚一切秘密事，
> 二宗三際性相儀｛義｝，悉能顯現無疑滯。

這十二個大神可以分爲四組。

第一組只有一個神，無上光明佛即最高神偉大之父（Father of Greatness），在《摩尼光佛》中又稱爲薩緩默羅。日本私人藏《宇宙全圖》的最上部爲常明（明界）（Plate III-1），正中玉座上端坐的神祇就是無上光明佛。

第二組是第一次召喚出來的神祇：善母佛、先意佛、五明佛。

善母佛即生命之母（Mother of Life），偉大之父爲了抵擋暗魔的進攻，保衛明界，進行第一次召喚，第一個召喚出來的神就是生命之母。善母佛是日宮上的三個神之一。

生命之母又召喚出初人（Primal Man），初人的中古波斯文名字之一是hndyšyšn nxwstyn [handēšišn naxwistēn]（First Reflection），翻譯成漢文，應該是“先思”（First Reflection），但是誤譯爲“先意”（First Understanding）。[①] 先意佛是月宮上的三個神之一。

初人又召喚出五明——淨氣、妙風、明力、妙水、妙火，一起去迎戰暗魔，結果五明被暗魔吞噬。人類的肉體爲暗魔所造，但其靈魂則由五明組成。《摩尼光佛》稱頌摩尼“收救氣、風、明、水、火”（M.561-562），即拯救人類的靈魂。日本私人藏《宇宙全圖》上的盧舍那巨大的頭顱下，左邊有一個神，穿紅袍，有紅色的頭光，右邊也有一個神，穿白袍，有綠色頭光，他們可能是呼神（Caller）和應神（Respondent），拉著一幅白巾，上面有五個小神，代表五明，也即最後得到拯救的人類靈魂。（Plate III-2）[②]

---

① Henning, W. B., “Two Manichaean Magical Texts, with an Excursus on the Parthian ending *-ēndēh*”, *BSOAS* 12, 1947, pp. 43-44.

② Yoshida Yutaka, Furukawa Shōichi (eds.) 吉田豐、古川攝一, *Chūgoku kōnan manikyō kaiga kenkyū* 中国江南マニ教絵画研究 *Studies of the Chinese Manichaean paintings of South Chinese origin preserved in Japan*, Kyōto: Rinsenshoten, 2015. 圖版5, pp. 121-123. Gulácsi, Zsuzsanna, *Mani's Pictures: The Didactic Images of the Manichaean from Sasanian Mesopotamia to Uygur Central Asia and Tang-Ming China*, Brill, 2016, pp. 454-457.

第三組是第二次召喚出來的神：樂明佛、造相佛、淨風佛。

五明被暗魔吞噬，偉大之父爲了拯救五明，進行了第二次召喚。首先召喚出光明之友（Friend of the Lights），漢文翻譯爲樂明佛。

光明之友又召喚出大建築師（The Great Builder），他的職能是建造新明界（new Aeons），漢文翻譯爲造相佛。

大建築師又召喚出生命之靈（the Living Spirit），漢文翻譯成淨風。淨風的職能是“以五類魔及五明身，二力和合造成世界十天八地”。他是日宮上的三個神之一。淨風又召喚出其五子：光輝衛士（Keeper of Splendor，持世明使 / 持世尊佛，Plate III-3）、尊貴的王（King of Honor，十天大王，Plate III-4）、阿大姆斯（Adamas of Light，降魔勝使）、榮耀之王（King of Glory，地藏明使）和持地者（Atlas，催光明使）。淨風雖然把光明分子造成了日月星辰，但仍然有大量光明分子被暗魔囚禁在人類的肉身中，於是偉大之父進行了第三次召喚。

第四組是第三次召喚出來的五個神：日光佛、舍那佛、夷數佛、電光佛、惠明佛。

第三次召喚首先召喚出來的是第三使（The Third Messenger），在伊朗語摩尼教文獻中，借用瑣羅亞斯德教使者之神的名字，將其稱爲 nrysh yzd [narisah yazad]，《摩尼光佛》音譯爲那哩娑和夷咥（中古音 nɑ-lji-sɑ-ɣuɑ i-*dz‘ǎi）（M. 232-233）。摩尼教伊朗語文書又將第三使稱爲太陽，漢文意譯成“日光佛”。摩尼教僧侶倡導，樸實的信徒只要對衆神（特別是第三使與耶穌）的居處 —— 日月禮拜即可。長期以來第三使作爲日光佛受到崇拜，最初音譯的名字“那哩娑和夷咥”佶屈聱牙，在《摩尼光佛》中混在一首夷偈中，只是唐代音譯的孑遺，抄寫者恐怕已經不明其意。[①] 日光佛是日宮上三個神之一。

第三使又召喚出光明童女（the Maiden of Light），敦煌文書意譯爲“仙童女”。此神是摩尼教中的云雨之神，伊朗摩尼教信徒借用瑣羅亞斯德教雨神薩德维斯（Sadwēs）的名字，在帕提亞文文献中将此神称为 sdwys。敦煌漢文文書意譯爲“電光佛”，又稱“電明”，回鶻文意譯爲 yašïn täŋri（閃電神）。[②] 她是月宮上的三個神之一。

吐魯番出土絹綉殘片 MIK III 6251 殘存華麗的蓮花，蓮花上右側站著兩個穿白袍的女選民，左側站著一位女神。女神像舉著右手的前臂，手掌向上，大拇指與食指拈著一樣花朵狀的東西，其他手指直伸。女神的左上方似有新月的三分之一的輪廓。（Plate III-5）這可能象征著電光佛將選民解脱的靈魂送上月亮。[③]

第三次召喚的另一個重要的神是光耀柱（Column of Glory），他是光明分子的總和，在空中展現爲銀河。在《下部讚》中稱其爲金剛相柱、盧舍那。盧舍那（luo-ɕi̯a-na）是佛經中梵文 Vairocana 的音譯，意爲“光明遍照”。《宇宙全圖》上日月之間巨大的神祇即爲盧舍那。

---

① 馬小鶴：《那哩娑和夷咥（nrysh yzd）溯源》，《國際漢學研究通訊》2017 年第 15 期，第 65—88 頁。漢語中古音均根據高本漢（B. Karlgren）擬音，見《漢字形音義演變大字典》，江西教育出版社，2012 年。

② 馬小鶴：《瑣羅亞斯德教薩德維斯神與摩尼教電光佛》，《文史》2013 年第 4 輯（總第 105 輯），第 19—37 頁。

③ Gulácsi, *Mani's Pictures*, pp. 238-240.

（Plate III-2）

第三使召喚出三個神，除了光明童女與光耀柱之外，還有光明耶穌（Jesus the Splendor）。夷數（i-ʂi̯u）是帕提亞文 / 中古波斯文（Pth./MP.）yyšw‘、yyšw、yšw‘ [yišō‘] 的音譯，即“耶穌”。夷數佛也是月宮上的三個神之一。

吐魯番出土旗幡 MIK III 6286 一面的主體畫著一位女選民，旗幡上部三角形的部分，畫著一位女神和兩個選民，這個女神可能是光明童女。旗幡的另一面的主體畫著一位女聽者，旗幡上部三角形部分，畫著一位男神和兩個男選民，這個男神留著髭須，黑色頭髮，穿著紅袍和白披風，有身光與頭光，他可能是耶穌。（Plate III-6）[①]

光明耶穌又召喚出光明諾斯（Light Nous），他是所有使徒之父，真實的宗教領袖都出自於他。《下部讚》將其稱之爲“惠明莊嚴佛”，實爲筆誤，根據《摩尼光佛》，當校改爲“莊嚴惠明佛”。

《摩尼光佛》第 566—596 行禮讚亡靈登正路，第 578 行與 583 行有筆誤，經過校改，當作：“登月宮，見慈母（會三寶），先意、電光、夷數和。……登日宮，會三寶（見慈母），日光、淨風神妙座。”

《宇宙全圖》在月宮上繪了三個神，其中穿紅衣者可能是電光 / 電光佛，其他兩個神當爲先意 / 先意佛和夷數和 / 夷數佛。在日宮上也繪了三個神，其中穿紅衣服者可能即善母 / 善母佛，其他兩個神當爲日光 / 日光佛和淨風 / 淨風佛。（Plate III-7）[②]

《摩尼光佛》的作者從《下部讚》的《收食單偈》抄錄了這十二個神名，與其說反映了其神譜，不如說是唐代摩尼教神譜的孑遺。更能反映《摩尼光佛》神譜的是第 149—208 行的請佛。

二、請佛（M.149–208）

這裏請的九個神基本上按照神祇地位的高低排列。

（一）請無上尊佛（M.159–163）

一心奉請：真靈妙境，湛寂明源，三常垂濟度之人，五大示洪慈之念，默羅紫帝無上尊佛。

惟願：妙以至尊無有極，寂然不動感隨通。降臨道場，證明修奉。恭望聖慈，降

① Gulácsi, *Mani's Pictures*, pp. 265-279.

② 吉田豐、古川攝一：《中国江南マニ教絵画研究》，第 104—105 頁。

臨寶座。[{再拜}香花請，香花奉請]

“默羅”當爲“薩緩默羅”（sat-γuan-mək-lâ）（M.427）之簡稱。筆者未能破譯此中古伊朗語名稱，但可以肯定這是摩尼教最高神——偉大之父。近蒙吉田豊先生教示，“薩緩”代表的讀音應爲 [sarwan]，是扎爾萬（Zurwan）的音譯。扎爾萬是古代瑣羅亞斯德教的時間之神，在《阿維斯塔》衆多的神祇之中，並不引人注目。從四世紀後期開始，非伊朗語資料呈現出瑣羅亞斯德教不同於以前的宇宙觀：善神阿胡拉·馬兹達和惡魔阿赫里曼是原始之初唯一天神扎爾萬的孿生子。至於是否曾經有過瑣羅亞斯德教的異端派別——扎爾萬派，學界尚有爭議。① 可以肯定的是，出自中亞的摩尼教中古波斯語文獻將其最高神偉大之父稱之爲扎爾萬（Zurwan），帕提亞文（Pth.）寫作 zrw'bγyy，中古波斯文（MP.）寫作 by zrw'n，粟特文寫作 zrw' βγyy, 'zrw' βγyy。② 薩緩（sat-γuɑn）對音中古波斯語 zrw'n [zarwān]。

“五大”即：1. 常明主，在此稱爲“默羅紫帝無上尊佛”；2. 十二光王（見 M.641）；3. 微塵諸國土（M.393）；4. 妙香空；5. 金剛寶地。

《宇宙全圖》的最上部爲常明（明界）（Plate III-1），正中玉座上端坐的神祇就是薩緩默羅 / 明界常明主。他的左右兩邊各有一位神祇③，十二光王分爲兩組，每組六個，分別站在左右兩邊。衆神所居的有菱形圖案的綠色土地即金剛寶地。

法師在奉請最高神默羅紫帝之後，繼續奉請三大聖：夷數、電光、摩尼。

（二）請夷數和佛（M.164–168）

一心奉請：虛無寂相，清淨圓明，形容水月以分輝，性等雲山而無礙，大慈正智夷數和佛。

惟願：現乘白鴿騰空下，□□□□□□□。④ 降臨道場，……

① Albert de Jong, “ZURVAN”, “ZURVANISM” in Encyclopædia Iranica: http://www.iranicaonline.org/articles/zurvan-deity. http://www.iranicaonline.org/articles/zurvanism (2018.6.3 上網). 參見元文琪：《二元神論——古波斯宗教神話研究》，中國社會科學出版社，1997 年，第 309—317 頁；宗教大辭典編輯委員會編，任繼愈主編：《宗教大辭典》，上海辭書出版社，1998 年，第 1030 頁。

② W. Sundermann, “Namen von Göttern, Dämonen und Menschen in iranischen Versionen des manichäischen Mythos”, *Altorientalische Forschungen* 6, 1979, p. 101 and p.124 n.139. Desmond Durkin-Meisterernst, *Dictionary of Manichaean texts*. Vol. iii, pp. 384-385. N. Sims-Williams and Desmond Durkin-Meisterernst, *Dictionary of Manichaean texts*. Vol. iii, *Texts from Central Asia and China*, Part 2, *Dictionary of Manichaean Sogdian and Bactrian* (Corpus fontium manichaeorum. Subsidia 2) (Turnhout: Brepols, 2012), p. 233. Otani 6203 A 6: MP. zrw'n, cf. *Iranian Fragments from the Ōtani Collection. Text Volume*, Kyoto, 1997 (IFOC), p. 206. Otani 7003 V 6: MP. in Sogdian script zrw'ny-[zδ]，吉田豐認爲，這種釋讀是假設性的，因爲 zrw'n 通常稱爲 bγ [bai]，而不稱爲 yzd [yazaδ]。見 Yoshida Yutaka, “On a Manichaean Middle Iranian fragment lost from the Ōtani collection”, 收入崎山理、佐藤昭裕編：《アジアの諸言語と一般言語學 = Asian languages and general linguistics》, 三省堂, 1990, pp. 178-179. Sogdian in Sogdian script: O 5471+8 and O 7313.1: 'zrw', cf. IFOC, pp. 101-102, 133.

③ 古樂慈提出，左右兩邊的神可能是善母和淨風。見 Gulácsi, *Mani's Pictures*, pp. 444-447。

④ “騰空下”三字，原冊倒裝爲“下騰空”。據前後句式及平仄判斷，“現乘白鴿騰空下”之後，應脫漏七言一句，根據《校注》第 216、536 行，可能是“□□[火焰起流波]”。

“夷數和佛”顯然源自敦煌文書“夷數佛”。根據《聖經》，耶穌受了洗，隨即從水里上來，天忽然爲他開了，他就看見神的靈仿佛鴿子降下，落在他身上。① 此處“白鴿”即爲聖靈之象征。

《宇宙全圖》上，明界的下面是新明界（Plate III-8）。正中端坐在金臺上的主神有身光（mandorla）環繞（不僅有頭光 [halo]），兩邊共有 12 個侍從之神。主神可能是夷數，而其兩邊站立的可能是十二智惠。②

（三）請電光王佛（M.169–173）

一心奉請：真空妙境，謹你嚧詵，二千九百四十身，千變萬化無端現，大天真宰電光王佛。

惟願：虛空現出毫光相，迅速權分變化身。降臨道場，……

謹你嚧詵（ki̯ən:-ni *luo-ʂi̯æn）是帕提亞文 / 中古波斯文 qnygrwšn [kanīg rōšn] 的音譯，不見於敦煌摩尼教漢文文書，意爲“光明童女”。“電光王佛”顯然源自敦煌文書中的“電光佛”。

《宇宙全圖》上，在大地與新明界之間的空中左邊的烏雲上，站著一尊女神。她是雲雨女神，即電光王佛。她有六臂，下面的一對手指向烏雲，中間的一對手提著兩個人頭（象征摩尼教選民的靈魂），上面的一對手持著彩帶。（Plate III-9）③

（四）請摩尼光佛（M.174–177）

一心奉請：輝凝妙相，圓滿慈容，常［行］悲原（願）以度人，每現慈心而應世，真寂妙體摩尼光佛。

惟願：蓮花寶座騰空下，寶相三身湧座間。降臨道場，……

摩尼（muɑ-ni）是帕提亞文 / 中古波斯文 m'ny [mānī] 的音譯，摩尼 / 摩尼光佛也見於敦煌

① 《馬太福音》，第 3 章第 16 節；《馬可福音》，第 1 章第 10 節；《路加福音》第 3 章第 22 節。

② Gábor Kósa, “The Manichaean ‘New Paradise’ in Text and Image”, *Crossroads: Studies on the History of Exchange Relations in the East Asian World*, Vol. 13 (2016), pp. 87-90. http://www.eacrh.net/ojs/index.php/crossroads/article/view/85 Gulácsi thinks that the central seated god is Third Messenger who is surrounded by 12 Virgins of Light. Gulácsi, *Mani's Pictures*, Figure 6/38, pp. 447-450.

③ Yoshida Yutaka, Furukawa Shōichi (eds.) 吉田豐、古川攝一, *Chūgoku kōnan manikyō kaiga kenkyū* 中国江南マニ教絵画研究 *Studies of the Chinese Manichaean paintings of South Chinese origin preserved in Japan*, Kyōto: Rinsenshoten, 2015. Plates 9, p.114. Gulácsi, *Mani's Pictures*, Figure 6/43, p. 468. Gábor Kósa, “The Virgin of Light in the New Chinese Manichaean Xiapu Material and the Female Figure beside Mount Sumeru in the Cosmology Painting” (*Les femmes dans le manichéisme occidental et oriental*, 27-28 June 2014, organized by Madeleine Scopello).

文書。

穿著紅邊[①]白袍的摩尼在《宇宙全圖》上出現了17次，在明界出現過至少4次，在新明界和十天出現過10次，在天地之間出現過3次。在新明界，左邊有5個神祇，包括摩尼。偉大之父從明界派三個天使降臨新明界，當中的一位手持一本書，授給摩尼。（Plate III-10）[②]

（五）請日月光佛（M.178–181）

一心奉請：玉毫遍燭，甘（紺）目澄清，布金色網於愛河，運大明船於彼岸，妙智妙慧日月光佛。

惟願：朝回暮轉河沙界，寂照光明有頂天。降臨道場，……

在伊朗語文書與敦煌漢文文書中，沒有保存日月光佛的名稱。但科普特文文書將日月作爲神祇崇拜。

《宇宙全圖》在新明界與十天之間，有兩個大的圓球，右邊紅色背景的圓球爲太陽，左邊白色背景的圓球爲月亮。（Plate III-7）[③]它們就代表日月光佛。

（六）請盧舍那佛（M.182–186）

一心奉請：慈悲聖力，清淨法身，含洪（弘）圓界方輿滿，遠亙法橋立道中，金剛相柱盧舍那佛。

惟願：身超八地及十天，體含萬像及森羅。降臨道場，……

“金剛相柱”、“盧舍那”均見於敦煌文書，指光耀柱。

在《宇宙全圖》上，日月之間有一個巨大的腦袋，留著髭須，有一個巨大的綠色的頭光，戴著冠冕（已磨損）。在這個腦袋下面，是由紅色、藍色、綠色的光束組成的上身。這當即金剛相柱盧舍那佛。（Plate III-2）[④]

---

① 紅邊類似羅馬的 clavus，衣服上的紅紫色邊表示穿衣者爲元老，身份尊貴。

② 吉田豐、古川攝一：《中国江南マニ教絵画研究》，第119—120頁。Gulácsi, *Mani's Pictures*, Figure 5/17 (p.254), Figure 6/38 (p. 448), p. 450.

③ Kósa, “The Sun, the Moon and Paradise – An Interpretation of the Upper Section of the Chinese Manichaean Cosmology Painting”, pp. 186-187. 吉田豐提出：光束代表光耀柱，巨大的腦袋則代表原人（First Man）。吉田豐、古川攝一：《中国江南マニ教絵画研究》，第121—123頁。古樂慈也提出，光束匯成光耀柱，成爲完人（Perfect Man）的頭頸，其上是原人的腦袋。Gulácsi, *Mani's Pictures*, pp. 450-457.

④ 吉田豐、古川攝一：《中国江南マニ教絵画研究》，第104—106頁。

（七）請持世尊佛（M.187–190）

一心奉請：神通廣大，聖化難量，運上擎下拓之功，施物濟生隨感應，荷載乾坤持世尊佛。

惟願：身居六合娑婆外，名遍十方法界中。降臨道場，……

持世尊佛當即敦煌文書中之持世明使/持世主，即淨風長子——光輝衛士（Keeper of Splendor [拉丁文 *splenditenens*]）。

《宇宙全圖》的盧舍那下面，光輝衛士以其左臂環抱著光束。（Plate III-3）①

（八）請四大尊佛（M.191–194）

一心奉請：化身現劫，説法娑婆，應示之（四）同五異之機，顯現千變萬化之體，設教度人四大尊佛。

惟願：四度下生權示相，十方諸佛悉來迎。降臨道場，……

《宇宙全圖》上新明界右邊有一組四個神祇，古樂慈（Zsuzsanna Gulácsi）提出：左起第二個神祇手持一綠色之物，可能是瑣羅亞斯德教某些儀式中使用的豪摩（haoma）枝條（barsom），可以判斷此神即瑣羅亞斯德（蘇路支）；第三尊神頭頂上有烏瑟膩沙（梵文 uṣṇīṣa-śiraskatā，頂髻），可以判斷此神爲佛陀（釋迦文）。（Plate III-11）②從霞浦文書來看，這四個神很可能即四大尊佛，從左到右爲：那羅延（Nārāyaṇa）、蘇路支（Zoroaster）、釋迦文（Shakyamuni）和夷數（Jesus）。③

（九）請玉皇尊佛（M.195–198）

一心奉請：化權默運，大造垂慈，重天人紫府之宫，紀上界丹臺之籍，寶光天主玉皇尊佛。

惟願：寶鏡明明十二面，玉皇隱隱七重天。降臨道場，……

玉皇尊佛即《讚天王》（M.98-116）中的昊天玉皇大帝，也即十天大王。十天大王爲淨風

① Kósa, Gábor, "Atlas and Splenditenens in the Cosmology Painting", In: Michael Knüppel, Luigi Cirillo (eds.), *Gnostica et Manichaica. Festschrift fur Aloïs van Tongerloo anläßlich des 60. Geburtstages überreicht von Kollegen, Freunden und Schülern.* (Studies in Oriental Religions 65) Wiesbaden: Harrassowitz, 2012, pp. 53-57. Gulácsi, *Mani's Pictures*, Figure 6/40, pp. 450-457.

② 古樂慈認爲，右下角的神是耶穌，左下角的神是摩尼。Gulácsi, *Mani's Pictures*, Figure 6/17, pp. 367-368; Figure 6/38, p. 450.

③ 參見 Kósa, "The Manichaean 'New Paradise' in Text and Image", pp. 90-94。

次子，即尊貴的王（The King of Honor [拉丁文 *Rex honoris*]）。“梵名阿薩漫沙”（ʔa-sɑt-muɑn-ʂɑ）（M.99）音譯 Pth./MP. *'sm'n š'h [āsmān šāh]，意爲“天王”。

《宇宙全圖》十天部分的第七層天上，左邊尊貴的王坐在寶座上，身邊有八個武士，都面向畫面的中心，摩尼及其侍從面對此神。右邊尊貴的王盤腿坐在蓮花座上，面前是十二面寶鏡，摩尼及其侍從面對此神。（Plate III-4）[①]

然後法師請諸大菩薩和一切諸佛，這部分與一般佛教讚願文類似。

《摩尼光佛》與敦煌摩尼教文書相比更有特色的神譜是五佛。《摩尼光佛》的下半部（M.292-659）反復奉請、禮拜五佛，這裏只選取其中一段。

三、五佛（M.597–630）

在摩尼教中，耶穌被視爲有三個不同的方面：1. 光明耶穌，是把囚禁在人身中的光明分子拯救出來的救世主；2. 受難耶穌，西方摩尼教徒認爲，耶穌即囚禁在物質中的光明，也即明性；3. 使徒耶穌，也就是拿撒勒的耶穌，信徒相信他以人的形象作爲光明使者出現在大地上。[②] 在中國摩尼教中，耶穌至少可以有雙重身份，一方面是光明耶穌，在敦煌文書中稱爲“光明夷數”；另一方面是使徒，即以先知的身份降臨世間。在《摩尼光佛》中，上述請神中奉請的摩尼與四大尊佛更多地體現了他們作爲救世主的身份，而在下文的禮拜五佛中，他們更多地是作爲曾經降臨人間的先知而出現。那羅延、蘇路支、釋迦文、夷數、摩尼又分別與憐憫、誠信、具足、忍辱、智慧等摩尼教“五施”相應。

（一）摩尼光佛（M.597–605）

大聖摩尼光佛
{和}原（願）開智慧大慈門　[摩尼、]摩尼光佛
蘇憐（鄰）降跡號摩尼，應化三身妙入微。
九種靈祥超世俗，八般無畏表神威。
四歲出家辭國位，十三成道演真言。
一切有緣皆得度，萬靈咸仰盡皈依。

① 吉田豐、古川攝一：《中国江南マニ教絵画研究》，圖版 6-8，第 101—104 頁。Gulácsi, *Mani's Pictures*, Figure 6/41, pp. 457-464. Kósa, Gábor, “Who is the King of Honour and What Does He Do? Gleanings from the new Chinese Manichaean Sources”, In: Turfanforschung Team (ed.) 2017. *Zur lichten Heimat. Studien zu Manichäismus, Iranistik und Zentralasienkunde im Gedenken an Werner Sundermann.* Wiesbaden: Harrassowitz Verlag, 259-272.

② Boyce, Mary, *A Reader in Manichaean Middle Persian and Parthian: Text*, Téhéran: Bibliothèque Pahlavi: Leiden: Diffusion, E. J. Brill, 1975, p. 10.

仰啓：慈濟世尊摩尼光佛、大慈大悲尋聲來救度。

惟願：亡者離苦，上生天堂，見佛聞經，逍遙自在。極樂歡娛無量受（壽），蓮臺救（究）竟永逍遙。

“蘇鄰”（suo-liḙ̆n）是西部中古伊朗語 'swryst'n [asūrestān][①] 的譯音，相當於古代的巴比倫，薩珊波斯的直隸省，包括其首都塞琉西亞—泰西封（Seleucia-Ctesiphon）地區，大致相當於今伊拉克。這裏是摩尼出生與早期活動的地區。

應化三身是佛教用語，包括法身、報身、化身。敦煌文書《摩尼光佛教法儀略》（簡稱《儀略》，縮寫 C.）曰“摩尼光佛即我光明大慧无上醫王應化法身之異號也”。（C.6-7）

“九種靈祥超世俗，八般無畏表神威”，這也顯然出自《儀略》對摩尼的稱頌：“神驗九徵，靈瑞五應者，生非凡也。又以三願、四寂、五真、八種無畏，衆德圓備，其可勝言。”（C.23-25）

“四歲出家辭國位”是指摩尼自幼在一個猶太教—基督教浸禮派社團（Jewish Christian Baptist community）裏撫養長大。希臘文《科隆摩尼古卷》記載摩尼自述：“……四歲（τέταρτου ἔτους）我在浸禮派（βαπτιστῶν）中撫養長大，當時我的身體尚幼，由諸明使之力引導，受命於光明夷數的極大力量保護著我。”[②]

“十三成道演真言”是指摩尼十三歲的時候受到了第一次天啟。比魯尼《古代遺跡》講到摩尼：“巴比倫占星學家紀元 539 年，衆王之王阿達希爾統治了兩年，這個十三歲的男孩受到了神聖的啟示。”[③]

日本奈良大和文華館藏有一幅所謂“六道圖”，根據其題記可命名爲“冥王聖幀”，共分五層，第二層描繪了兩個摩尼教選民在一尊神像前宣講佈道的場景。此神像相當類似福建泉州草庵的摩尼像。神像有很大的頭光與身光，現成年男子相，留黑色長髮，蓄有髭須，不戴頭冠，穿著多層袍子，外面寬鬆地罩著白色長禮服，白衣鑲有金邊，有四個方形佩章，兩個在肩膀下，兩個在膝蓋處。方形佩章中有一個女性半身像，象征得到解脫的靈魂（光明分子）。（Plate III-12）[④]

（二）那羅延佛（M.606-612）

大聖那羅延佛

---

① Desmond Durkin-Meisterernst, *Dictionary of Manichean Middle Persian & Parthian*, Turnhout: Brepols, 2004, p. 56.

② *Manichaean texts from the Roman Empire*, edited by Iain Gardner and Samuel N. C. Lieu, Cambridge-New York-Cambridge University Press, 2004, p. 49.

③ *The Chronology of Ancient Nations: An English Version of the Arabic Text of the Athâr-ul-Bâkiya of Albîrûnî, or "Vestiges of the Past"*, collected and reduced to writing by the author in A.H. 390-1, A.D. 1000. Translated and edited, with notes and index, by Dr. C. Edward Sachau, London, Pub. for the Oriental translation fund of Great Britain & Ireland by W. H. Allen and co., 1879, p. 190.

④ 吉田豐、古川攝一：《中国江南マニ教絵画研究》，第 89—90 頁。Gulácsi, *Mani's Pictures*, pp. 411, 429-436.

{和}願開憐愍大慈門　{和}那羅、那羅延佛

那羅元始度人輪（倫），得度爲功十禮文。

教設洪荒行正道，果佺淳樸化初人。

一傳八代源流遠，五萬七千法正真。

十四真言功不泯，屹然銅住（柱）更加新。

仰啟：元始世尊那羅延佛、大慈大悲尋聲……

那羅延（na-la-i̯ɛn）音譯 Nārāyaṇa，在婆羅門教中，那羅延又作“那羅衍拏”，意爲“原人之子”。在婆羅門教聖典《摩訶那羅衍拏奥義書》中，那羅衍拏與原人合二爲一。嘉祥吉藏《法華義疏》解釋“那羅延”曰：“真諦云：‘那羅’翻爲人，‘延’爲生本。梵王是眾生之祖父，故云生本。”在《下部讚》中，《一者明尊》題作“那羅延佛作”，《初聲讚文》題作“夷數作”。那羅延佛似有類似夷數的地位。那羅延並非作爲佛教小神而成爲“五佛”之首，而是作爲婆羅門教的代表而列於其他四大宗教先知之前。《佛祖統紀》引宋朝筆記《夷堅志》（1162—1202）記載明教“取《金剛經》一佛二佛三四五佛，意爲第五佛，又名末摩尼”，其“一佛”就可能是那羅延。筆者曾推論：摩尼教徒既不選擇西方猶太教《舊約聖經》中的亞當等人類祖先爲“一佛”，也不選擇老子爲“一佛”，而以那羅延爲“一佛”，這種教義的形成，地域當爲介乎於西方與東方之間的中亞，有較多的機會接觸婆羅門教，時代當在傳入漢地依託道教之前。①

摩尼在 240—242 年前往印度之前，可能已經從巴代桑（Bardaiṣan，154—222）的著述中對婆羅門教有所了解，他在印度及其附近地區可能接觸過婆羅門教，認識到印度文化的古老和優秀，在其《生命福音》（Living Gospel，唐代漢譯《徹盡萬法根源智經》）中對婆羅門教持肯定態度。摩尼生前已經派末冒（Mar Ammō）到伊朗東部和中亞傳教。摩尼去世後，那裡的傳教活動比較成功。摩尼教徒在波斯受到迫害的同時，在東方則比較興旺。烏滸水（阿姆河）以北地區的摩尼教徒曾與巴比倫的領袖分裂，以電那勿（Dināwariyya）派的名稱獨立。這次分裂一直要到法主米爾（Mihr，約 710—740）時代才結束。分裂雖然結束，但電那勿派仍然保持著自己的特點，直到 9 世紀仍然批評移居吐魯番的“敘利亞人”信徒不守信條。中亞西部的摩尼教徒致力於進一步向東傳教，塔里木盆地南北，尤其是北道龜兹、高昌都有摩尼教的活動。② 而正是在這個時代，印度佛教衰落，而婆羅門教復興，婆羅門教的神祇濕婆（Śiva）、毗濕奴（Vishnu）、梵天（Brahma）、象頭神（Ganesha）在絲綢之路沿途都留下了遺跡。③ 摩尼教文書與繪畫中也可以看到婆羅門教因素。

我們可以推測，摩尼教 3—8 世紀在中亞與婆羅門教相遇，遂吸收其那羅延爲“一佛”，

---

① 馬小鶴：《明教中的那羅延佛——福建霞浦民間宗教文書研究》，《歐亞學刊》新 2 輯，商務印書館，2015 年，第 242—255 頁。

② 參見王媛媛：《從波斯到中國：摩尼教在中亞和中國的傳播》，中華書局，2012 年，第 19—114 頁。

③ 參見 B. A. 李特文斯基主編，张廣達副主編：《中亞文明史》第三卷，馬小鶴譯，聯合國教科文組織，1996 年，第 364—365 頁。

排在蘇路支、釋迦文、夷數、摩尼之前，作爲第一個先知。這一教義傳入漢地，在敦煌文書中留下了“那羅延”之名，宋代《夷堅志》記載的明教五佛中的一佛可能就是那羅延，而在霞浦文書中則保存了比較詳盡的描述。

（三）蘇路支佛（M.613–618）

大聖蘇路支佛
{和}願開誠信大慈門　{和}[蘇路、蘇路支]佛
二尊蘇路是真身，叱喝邪魔到業輪。
世界三千威振習，城門十二現威神。
鼻蛇叱去王心悟，死後重蘇國論稱。
六十年間身寂去，宗風三百歲清真。
仰啓：示現世尊蘇路支佛、如前。[①]

“蘇路支”（suo-luo-tɕie̯）音譯帕提亞文 zrhwšt [zarhušt][②]，即瑣羅亞斯德。“業輪”也見於京藏《摩尼教殘經》，可能是帕提亞文 ‘spyr 的意譯，指黃道十二宮。根據摩尼教教義，黃道十二宮中居住著最邪惡的魔鬼。“鼻蛇叱去王心悟”可能指蘇路支使維什塔斯普（Wistaspa）王皈依其教。[③]

《摩尼光佛》第 523—528 行也是稱頌蘇路支的：

志心信禮：第二蘇路支
救淨風性下波斯，開化虇多習，十二現靈奇。
威聲振，鼻蛇出，去昏迷，
爲有天神像，妖幻往波毘；
放神光照盡崩隳。
我今稽首禮，願降大慈悲，
誠信水、[洗塵埃]、蕩真（嗔）癡。
願今夜，薦亡靈，生淨土。

---

① “如前”即和聲“大慈大悲尋聲來救度……蓮臺究竟永逍遙”諸字，原冊省略。
② Desmond Durkin-Meisterernst, *Dictionary of Manichean Middle Persian & Parthian*, p. 384.
③ 馬小鶴：《摩尼教中的蘇路支》，許全勝、劉震編：《内陸歐亞歷史語言論集 —— 徐文堪先生古稀紀念》，蘭州大學出版社，2014 年，第 425—447 頁。

“鬱多習”（ʔi̯uət-ta-zi̯əp）音譯帕提亞語 wyšt'sp [wištāsp][①]，即瑣羅亞斯德首先“開化”的國王維什塔斯普。“波毘”（puɑ-b'ji）即敦煌文書之“婆毗”，爲帕提亞文 / 中古波斯文 b'byl [bābēl] 之音譯，即“巴比倫”（Babylon），可能與回鶻文書 T II D 175（新編號 U 4）記載的蘇路支在巴比倫戰勝魔鬼的故事有關。[②]

古代來華的粟特人祆教徒不立文字，因此霞浦文書《摩尼光佛》中有關蘇路支的文字根本無法追溯到古代來華的祆教徒。這些文字均不出摩尼教關於蘇路支的記載。有些胡語摩尼教文獻中有瑣羅亞斯德教經文引文，但《摩尼光佛》中並無此等引文。《摩尼光佛》中有關蘇路支的文字之作者當爲摩尼教徒，他從未提及蘇路支所崇拜的最高神阿胡拉·馬兹達的名字。在《摩尼光佛》中，摩尼教的“五施”匹配“五佛”：“憐憫”匹配那羅延，“誠信”匹配蘇路支，“具足”匹配釋迦文，“忍辱”匹配夷數，“智慧”匹配摩尼，因此此處“誠信”與瑣羅亞斯德教的主要道德無涉。[③]

（四）釋迦文佛（M.619–624）

大聖釋迦文佛
願開具足大慈門　{和}[釋迦、釋迦文]佛
釋迦天竺誕王宮，彈指還知四苦空。
十九春城求國位，六年雪嶺等成功。
火風地水明先體，大地山河顯聖功。
授記以名餘國位，我今得遇後真宗。
仰啓：大覺世尊釋迦文佛、大慈大悲……

“釋迦文佛”（ɕi̯ɛk-ki̯ɑ-mi̯uən b'i̯uət）見於佛經，也符合帕提亞文 š'qmn bwt [šāqman but][④] 的發音，即釋迦牟尼佛。“天竺”（t'ien-tuok）見於佛經，也接近帕提亞文 hndwg [hindūg][⑤] 的發音，即印度。《摩尼光佛》中關於釋迦文的內容，不出一般佛教的相關內容。比如，“四苦”即生老病死。[⑥]“火風地水”即四大，世間一切種種變化，皆因四大和合發明。“六年雪嶺等成功”之說，可能受敦煌變文影响。《破魔變》說釋迦牟尼“弃王宮於雪嶺，六載苦行，四智周圓”。[⑦]釋迦文佛的故事對摩尼教最大的影響，當爲“誕王宮”之說，摩尼教徒按照這個模式改寫了摩

① Desmond Durkin-Meisterernst, *Dictionary of Manichean Middle Persian & Parthian*, p. 359. 承蒙吉田豊先生教示，特此致謝。

② 馬小鶴：《蘇路支“開化鬱多習”溯源》，《天祿論叢》2016 年第 6 卷，第 1—15 頁。

③ 馬小鶴：《摩尼教中的蘇路支新考》，《饒宗頤國學院院刊》2016 年第 3 期，第 287—313 頁。

④ Desmond Durkin-Meisterernst, *Dictionary of Manichean Middle Persian & Parthian*, pp. 314, 118.

⑤ Desmond Durkin-Meisterernst, *Dictionary of Manichean Middle Persian & Parthian*, p. 180.

⑥ 馬小鶴：《摩尼教中的釋迦文佛》，《霞浦文書研究》，蘭州大學出版社，2014 年，第 260—277 頁。

⑦ 佛經載釋迦牟尼雪山修道六年。參見項楚：《敦煌變文選注》，中華書局，2006 年，上冊，第 598—601 頁。“十九春城求國位”或爲“廿九春城棄國位”之訛。

尼誕生的故事，説“摩尼光佛誕蘇隣國跋帝王宫”，“示爲太子”，“四歲出家辭國位”。

在吐魯番摩尼教繪畫中，保存了一幅釋迦文佛殘片。（Plate III-13）佛陀結金剛跏趺坐，右手作安慰印，其身顯示微妙形相，比如長耳垂和頂髻（uṣṇīṣa）。神像胸口有粟特文 bwt，意即“佛陀”。佛陀有頭光與身光，其光環分三層：金色、彩繪、金色。佛陀的左下方殘存一個更大的光環的一部分，此光環分五層，兩層彩繪色帶夾在三層金色色帶之間。這個巨大的光環説明，原作中心還有一個巨大的神像，那個神像很可能是摩尼。圍繞中心大神像的小像最常見的是四個，代表四個先知：第一個先知（左下方）是否爲那羅延，尚無法證實；第二個先知（左上方）很可能是蘇路支；第三個先知（右上方）即此殘存的佛陀；第四個先知（右下方）當爲夷數（耶穌）。[①]

（五）夷數和佛（M.625-630）

大聖夷數和佛
願開忍辱大慈門 ｛和｝［夷數、夷數和佛］
願隽（四尊）夷數再甦生，聖化神通不可量。
白鴿飛來騰瑞相，那能俗處現風光？
六旬住世身皈寂，三百餘年教闡揚。
授記明童迎後聖，願爲我等布津梁。
仰啓：活命世尊夷數和佛、大慈……

筆者對此已做過研究，在此不贅。[②]《摩尼光佛》第 535—540 行也是稱頌夷數的：

志心信禮：活命（第四）夷數和
從梵天界殄妖魔，騰空如鴿下，火焰起流波。
神通驗，拂林國，聖無過，
應化河沙數，天地及森羅。
將忍辱戒度怛（娑）婆。
我今稽首禮，皈命末尸訶，
恕我等、諸愆咎，盡消磨。
願今夜，薦亡靈，生淨土。

① 參見 Gulácsi, *Mani's Pictures*, pp. 216-222，包括 Figure 5/2；pp. 234-236, 包括 Figure 5/7。古樂慈假設，中間的大神像爲最高神偉大之父，四個先知爲摩尼、耶穌、瑣羅亞斯德和佛陀。

② 馬小鶴：《摩尼教中的夷數（耶穌）——福建霞浦文書研究》，《傳統中國研究集刊》第十一輯，2013 年，第 151—165 頁。

“拂林”（p‘i̯uət-li̯əm）音譯帕提亞文 frwm [frōm]，即羅馬。[①]“拂林”也寫作“拂菻”，見於杜環《經行記》、《隋書》、《舊唐書》等史籍。“末尸訶”（muɑt-ɕi-xɑ）音譯帕提亞文 mšyh’ [mašīhā]，即彌賽亞（Messiah）[②]，意爲救世主，此處特指耶穌。

日本（山梨縣）甲州棲雲寺所藏的一幅畫傳爲虚空藏菩薩像。菩薩左手托著一個蓮花座金色十字架。（Plate III-14）2006 年泉武夫提出，此像當爲中國元代所繪的景教畫像，所繪可能是耶穌、天使或是聖徒、上帝。古樂慈對此畫做了細緻的觀察，指出神像衣服上有四個方形小佩章，兩個在肩膀下，兩個在膝蓋上，每個佩章內有一個女性半身像，象征得到解脱的靈魂（光明分子）。因此，古樂慈認爲此像乃摩尼教的《夷數佛幀》。[③]

四、摩尼教神譜簡介

可以將上述内容列成簡表[④]：

編號及英文神名	敦煌文書神名	《摩尼光佛》神名
1．漢文音譯伊朗語神名		
1/1 The Father of Greatness		薩緩 sat-γuan < MP. zarwān
1/9.2 The King of Honor (Second son of the Living Spirit)		阿薩漫沙 < Pth./MP. *āsmān šāh“天王”
1/14 Jesus the Splendor	夷數 i-şi̯u <Pth./MP. yišō‘	夷數 i-şi̯u < Pth./MP. yišō‘ 夷數和佛
1/15 Maiden of Light		謹你嚧詵 ki̯ən:-ni *luo-şi̯æn < Pth./MP. kanīg rōšn“光明童女”
1/(3.2.1.1) Nārāyaṇa		那羅延 na-la-i̯ɛn < Nārāyaṇa 那羅延佛
1/(3.2.2.1) Zoroaster		蘇路支 suo-luo-tɕie̯ < Pth. zarhušt 蘇路支佛
1/(3.2.3.1) Śākyamuni		釋迦文 ɕi̯ɛk-ki̯ɑ-mi̯uən < Pth. šāqman 釋迦文佛
1/(3.2.4.1) Jesus		夷數 i-şi̯u < Pth./MP. yišō‘ 夷數和佛
1/(3.2.5.1) Mani the Buddha of Light		摩尼 muɑ-ni < Pth./MP. mānī 摩尼光佛

① Desmond Durkin-Meisterernst, *Dictionary of Manichean Middle Persian & Parthian*, p. 157.
② Desmond Durkin-Meisterernst, *Dictionary of Manichean Middle Persian & Parthian*, p. 233.
③ Gulácsi, *Mani's Pictures*, pp. 415-428，特别注意 p. 427 關於佩章的分析。
④ 參見Peter Bryder, *The Chinese Transformation of Manichaeism: A Study of Chinese Manichaean Terminology*, Löberöd: Bokförlaget Plus Ultra, 1985, pp. 121-123。

續表

編號及英文神名	敦煌文書神名	《摩尼光佛》神名
2. 漢文意譯伊朗語神名		
2/1 The Father of Greatness	無上光明王	無上光明佛 無上尊佛
2/2 Mother of the Living	善母佛	善母佛
2/(4.1.1) The Five Sons of Primal Man	五明佛	五明佛
2/6 The Friend of Lights	樂明佛	樂明佛
2/7 The Great Builder	造相佛	造相佛
2/8 The Living Spirit	淨風佛	淨風佛
2/(11.2) The Sun (god)	日光佛	日光佛
2/(16.1) Nous	（惠明佛）	惠明佛
3. 借用佛教神名		
3/13 Column of Glory	盧舍那 < Vairocana	舍那佛 < Vairocana
4. 從伊朗語神名“演繹”出來的神名		
4/3 Primal Man	先意佛	先意佛
4/(9.1) Keeper of Splendor (First son of the Living Spirit)	持世主 持世明使	持世尊佛
4/(9.2) The King of Honor (Second son of the Living Spirit)	十天大王 十天王	十天大王 玉皇大帝
4/13 Column of Glory	金剛相柱	金剛相柱
4/15 Maiden of Light	電光佛	電光佛 電光王佛
4/(3.1) Five Buddhas		五佛
4/(3.3) The Four Great Venerable Buddhas		四大尊佛
4/D The Sun and the Moon		日月光佛

本文所用的圖像中，可分爲兩類，Plate III-5、6、13 爲吐魯番出土者，其他則爲日本所藏者。兩者之間的區別甚爲明顯，但其一脈相承也不可否認。元末明初的江南明教徒不可能“無中生有”，自行創造出這些摩尼教繪畫，他們必有所本，乃臨摹唐宋傳承下來的摩尼教繪畫，同時不可避免地染上更多的佛教色彩。《儀略》所言之“大門荷翼圖，譯云《大二宗圖》”（C.65）未能保存至今，但本文所用的主要繪畫《宇宙全圖》很可能就是臨摹《大二宗圖》而繪製的。《宋會要輯稿》所言之明教繪畫佛像中的《夷數佛幀》也未保存下來，但日本棲雲寺傳虛空藏菩薩像有可能就是仿照《夷數佛幀》所繪。

不論有無圖像傳世，摩尼教諸神中，唯有那羅延佛例外，尚未找到其伊朗語資料的源頭。其他諸神均可在伊朗語資料、敦煌漢文資料中找到源頭。《摩尼光佛》諸神的許多名字與敦煌漢文資料完全相同，有的稍有不同，比如夷數和佛、無上光明佛、無上尊佛、舍那佛、持世尊佛、電光王佛等，不過增改一二字，很容易看出其敦煌淵源。更值得珍視的是，若干不見於敦煌漢文文書的神名，如薩緩、阿薩漫沙、謹你嚧詵、蘇路支、釋迦文等，均可在伊朗語文書中找到淵源，可見唐代翻譯成漢文的有些摩尼教文書，包括以那羅延爲一佛的文書，雖未保存於敦煌藏經洞中，卻在民間傳抄流傳。

同時，《摩尼光佛》的神譜已經與敦煌摩尼教經書的神譜有所不同。最高神無上光明佛仍然保持著崇高的地位，但第一、第二次召喚出來的善母、先意、五明、樂明、造相、淨風諸佛的地位下降，未見單獨的頌詩。而第三次召喚出來的日光、盧舍那、夷數、電光諸佛則保持著重要地位。淨風長子持世尊佛、次子十天大王（玉皇尊佛）的地位上升。比較突出的是原來居於先知地位的蘇路支、釋迦文、夷數加上那羅延，合稱爲四大尊佛，被抬上神壇；再加上摩尼，合稱五佛，受到反復稱頌。摩尼單獨作爲神祇，位列第四，僅次於無上光明佛、夷數和佛、電光王佛。《摩尼光佛》的神譜與敦煌漢文摩尼教文獻的神譜相比，顯然離開伊朗語資料的神譜比較遠。

Illustrations of the Gods in *Mani the Buddha of Light*

Ma Xiaohe

This paper discusses the main deities in the Xiapu text *Mani the Buddha of Light*, namely, Supreme Buddha of Light (Zurwan), Good Mother Buddha, First Thought Buddha, Five Light-Buddhas, Sun-radiance Buddha, Vairocana Buddha, Jesus Buddha, Lightning Buddha (kanīg rōšn), Mani the Buddha of Light, Sun and Moon Buddhas of Light, Four Great Venerable Buddhas (Nārāyana, Zoroaster, Sakyamuni, Jesus). Jade Emperor Buddha (The Great King of the Ten Heavens), and Buddha Sakyamuni. These deities are compared with Manichaean paintings unearthed in Turfan or newly discovered in Japan, to provide a deeper and more vivid understanding of the Chinese Manichaean pantheon.

《通鑑續編》所記成吉思汗混一漠北史："蒙古太祖皇帝即位于斡難河"夾注研究

曹金成

《通鑑續編》"蒙古太祖皇帝即位于斡難河"夾注具有重要的史料價值，前人已有充分的探討。本文首先轉換研究視角，梳理夾注本身的敘事脈絡；其次重點考辨其中前人關注較少或未加留意的幾件史事；最後立足於《元朝秘史》關於成吉思汗混一漠北史的敘事模式，釐清《續編》夾注在這一敘事模式的文獻流傳中所佔有的地位。

《通鑑續編》（以下简称《续编》）是元末陳桱爲續朱熹《通鑑綱目》而編撰的一部編年體史書。全書敘事始於盤古，終於至元十六年（1279）元朝統一南北的崖山之戰。其中，關於蒙元時期的史事，留下了諸多獨家記載，具有重要的史料參考價值。

《續編》卷一九在丙寅年（1206）末有"蒙古太祖皇帝即位于斡難河"之言，後小字夾注詳細記載了成吉思汗的祖先及其統一漠北草原的歷程。清乾嘉考據大家錢大昕在對《元史》卷一《太祖紀》的考異中，就注意到《續編》這一夾注的史料價值，並將其中阿蘭豁阿"一乳三子"的內容與《元朝秘史》的記載加以參證，從而質疑《太祖紀》阿蘭豁阿祇生有孛端察兒一子的說法，認爲："帝王之興，必有殊異，一乳三子之說，宜若可信。"[①] 清末李文田著《元秘史注》、洪鈞著《元史譯文證補》，亦秉持這一觀點。[②]20世紀90年代左右，黃時鑒先生比較全面地考察了《續編》的蒙古史料，在其大作中，曾結合《太祖紀》、《元朝秘史》、拉施特《史集》、《聖武親征錄》等書，對《續編》以阿蘭豁阿三子爲中心的成吉思汗先祖事跡，做了進一步闡釋。[③] 近來，劉迎勝先生亦撰文，圍繞《續編》這一夾注內容與其他相關記載，對早

① 錢大昕：《廿二史考異》卷八六《元史一》，方詩銘、周殿傑校點，上海古籍出版社，2004年，第1200頁。

② 李文田：《元秘史注》卷一，《續修四庫全書》0312冊，《史部·別史類》，上海古籍出版社，2002年，第319頁；洪鈞：《元史譯文證補》卷一上，田虎校注，河北人民出版社，1990年，第7頁。

③ 黃時鑒：《〈通鑑續編〉蒙古史料考索》，《文史》第33輯，中華書局，1990年，後收入《黃時鑒文集》I《大漠孤煙 ——蒙古史　元史》，中西書局，2011年，第139—140頁。

期蒙古史料的系譜做了一定的推測。[①] 張曉慧博士在其關於《續編》蒙元史料的專文中，主要從史源學的角度研究了這一夾注的內容。[②]

不難看出，清代學者重在對阿闌豁阿“一乳三子”這一局部內容的史料價值加以關注，現代學者則更傾向於從史料系譜或史源學的角度予以辨析。總體而言，這些成果對《續編》“蒙古太祖皇帝即位于斡難河”夾注的研究並不充分。本文擬在此基礎上，對《續編》的這一夾注進行全面研究，首先分析夾注本身的敘事脈絡，考辨其中所記史事，進而梳理不同文獻中關於成吉思汗先祖及其本人混一漠北史的敘事模式，釐清夾注史文在其中的流傳線索與所居地位。

一、“蒙古太祖皇帝即位于斡難河”夾注的敘事脉络

“蒙古太祖皇帝即位于斡難河”後面的夾注史文，係對此句的補充疏解，比較全面地記載了蒙古太祖成吉思汗即位前統一漠北的諸多事件。這是陳桱在《續編》中首次專門詳細敘述蒙古之事。有意思的是，開篇首先以追述的口吻，提及蒙古人的祖先始於成吉思汗十世祖孛敦察兒之母阿闌豁阿：

> 初，天后阿蘭寡居北漠，屢有光明照其腹，一乳三子。長曰孛完合荅吉，次曰孛合撒赤，季曰孛敦察兒。其後子孫蕃衍，不相統攝，各自爲部，曰合荅吉，曰散肘，曰吉押，又謂之扎即剌氏。居于烏桓之北，與畏羅、乃蛮、九姓回鶻故城和林接壤，世奉貢于遼、金，而總隸于達旦。

阿蘭豁阿“一乳三子”，遂蕃衍出合荅吉、散肘與吉押（扎即剌氏）三部，他們“居于烏桓之北”，與蒙古人的祖先唐代蒙兀室韋的居地“望建河”一帶大體吻合。故《續編》雖未明確指出合荅吉、散肘與吉押三部出自蒙古，但字裏行間實已隱然可見。

上引文中，《續編》並未明確交待“蒙古太祖”出自孛敦察兒一支，下文對孛敦察兒至太祖之間蒙古統治家族的傳承世系，幾乎亦付諸闕如，而是直接轉到了成吉思汗的父親：

> 烈祖諱葉速垓，孛敦察兒之九世孫也。攻塔塔兒部，獲其部長帖木真，還次于跌里温盤陀山而生子。烈祖因以帖木真諱之，是爲太祖皇帝。

至此，我們纔得知“蒙古太祖”源於孛敦察兒，但太祖之父的事跡亦僅此而已，其後的所

① 劉迎勝：《陳桱〈通鑑續編〉引文與早期蒙古史料系譜》，《清華元史》第4輯，商務印書館，2018年，第3—15頁。

② 張曉慧：《〈通鑑續編〉蒙元紀事史源新探 —— 兼論〈聖武親征錄〉的成書》，待刊。

有史文構成了夾注的主要內容，可謂是太祖統一漠北草原的一部高度濃縮的簡史。首先，提到了太祖與泰赤烏部的結怨與戰爭：

> 烈祖卒，太祖皇帝年幼。其部衆多歸于族人泰赤烏部。泰赤烏合七部人，凡三萬，攻之。太祖皇帝與其母月倫太后率部人爲十三翼，大戰于荅闌班朱思之野。泰赤烏等敗去，太祖皇帝因得少安。時泰赤烏部地廣民衆而無紀律，其下謀曰："帖木真衣人以己衣，乘人以己馬，真吾主也。"因悉歸太祖皇帝，泰赤烏部遂微。既而，太祖皇帝爲塔兒忽台所執，其部人梭魯罕失剌密釋太祖皇帝，且命子赤老溫委質焉。

《續編》這段敘事存在兩點可疑之處。其一，太祖"部衆多歸于族人泰赤烏部"，自然就在十三翼之戰中對陣人馬衆多、實力強勝的泰赤烏時明顯處於劣勢，故很難造成"泰赤烏等敗去"之戰局。其實，此戰太祖遭到慘敗，基本已得到絕大多數學者的贊同。其二，"太祖皇帝爲塔兒忽台所執"云云，未指出塔兒忽台的族屬，其實他正是泰赤烏部首領，這一點《續編》未交待清楚，然前一句既然已說泰赤烏部由於部衆"悉歸太祖皇帝"，"遂微"，那麼"既而"太祖又爲其首領"所執"，就很難符合常情了。稽諸《元朝秘史》可知，太祖被泰赤烏部所執，係其幼年時"部衆多歸于族人泰赤烏部"之後的事，《續編》恰恰以"既而"的承接性語詞，顛倒了事件的發生時序。①

接下來，《續編》夾注又記載了太祖與塔塔兒和月兒斤的戰爭：

> 未幾，塔塔兒部叛金，太祖皇帝自斡難河帥衆，會金師同滅之，以功授太祖皇帝爲察兀禿魯，猶中國之招討使也。
>
> 太祖皇帝以克烈、乃蠻二部強盛，事之甚謹，乃蠻反侵掠之。太祖皇帝求援于月兒斤部，月兒斤殺其使。太祖皇帝怒，與戰于朵鑾盤陀山，月兒斤大敗。太祖皇帝還，居于塔剌速之野，諸部爲克烈所敗者多歸焉。

太祖助金大敗塔塔兒，《續編》並未給出明確的紀年。這實際上是承安元年（1196）之事。② 太祖依附於克烈，有《元朝秘史》、《史集》等文獻爲證，然對乃蠻"事之甚謹"，則僅見於《續編》。《元朝秘史》最早記載了成吉思汗時期漠北諸部的關係，第160節敘述札木合挑撥太祖與王罕的關係，有言："帖木真安荅在前曾教使臣於乃蠻行往來有來。"王罕對此之反應是主動拔營棄太祖而去，說明對札木合之言頗爲介意。此事亦見於《聖武親征錄》、《元史》卷一《太祖紀》與《史集》。當然，札木合所說的真僞有待進一步考證，但此言本身難免不讓人懷疑太祖在依附於克烈部的同時，也曾一度向強大的乃蠻部投誠示好，《通鑑續編》的說法

① 前揭張曉慧文已注意到這一時序錯舛的問題。

② 賓音德力根：《成吉思汗建國前的金與蒙古諸部》，《內蒙古社會科學》1990年第4期，第60頁。

殆淵源於此。對於兵強馬壯的乃蠻，太祖無力單獨應對，但復仇月兒斤則綽綽有餘，大敗月兒斤后，“諸部爲克烈所敗者多歸焉”，個中原因，除了當時太祖本身的實力和威望外，還不容忽視的是以太祖爲首的蒙古百姓雖然依附於克烈，但是仍保持相當大的獨立性，故在很大程度上可自由抉擇歸附的對象。緊接於此，《續編》將叙事的重點轉向太祖與克烈的關係上：

> 已而，克烈王可汗暴戮其族，王可汗之弟也力可哈剌不能堪，叛歸乃蠻部，共立亦難赤爲可汗，以兵敗王可汗，盡取其衆。王可汗出走，太祖皇帝以其與烈祖垓有好，自怯綠連河迎之。會于土兀（速）〔剌〕河，結爲父子，因攻滅里乞、兀都夷二部，掠其貲財以給王可汗。
>
> 王可汗部衆亦稍有歸者，太祖皇帝遂與共攻乃蠻部盃祿可汗，戰于黑辛八石，盡取其衆。
>
> 王可汗漸強，因害太祖皇帝之得人，欲圖太祖皇帝。太祖皇帝辭去，次于撒里川。而王可汗移居于土兀剌河，王可汗之子亦剌哈等率衆至，爲乃蠻部所掠。王可汗復遣人告太祖皇帝攻乃蠻以報之。太祖皇帝即遣愽兒（木）〔朮〕、愽兒忽、木華黎、赤老溫四人將兵赴之，遂盡奪其所掠歸于王可汗。太祖皇帝復與母弟槊只合撒兒攻乃蠻，大敗其衆而還，乃蠻部因是衰弱。
>
> 太祖皇帝乃會王可汗于薩里川不魯吉崖，復帥衆攻泰赤烏部，大戰于斡難河，泰赤烏部長亢（思）〔忽〕敗走。
>
> 於是，弘吉剌等五部會盟，將攻太祖皇帝及王可汗。太祖皇帝迎戰于盃亦剌川，大敗之。而王可汗之弟扎阿紺孛等怨王可汗殘忍，逃降乃蠻。
>
> 王可汗以衆居于忽八海牙山，太祖皇帝居于徹徹兒山。
>
> 塔塔兒部與弘吉剌等七部亦怨槊只合撒兒侵掠，會于犍河，共立扎木（台）〔合〕部長爲菊兒可汗，將攻太祖皇帝。太祖皇帝帥衆與諸部戰于海剌兒帖尼火魯罕之野，敗之，菊兒可汗遁去，弘吉剌部遂降于太祖皇帝。
>
> 自王汗爲下所逐，太祖皇帝奉之五年而益勤。

上述引文中，《續編》以太祖與克烈的聯盟爲主線，先後述及二者合兵戰敗滅里乞、乃蠻、泰赤烏、弘吉剌等五部聯盟、菊兒可汗聯軍等事，旁涉克烈内部兄弟鬩墻、外部與太祖漸生嫌隙之事，最後做出總結：“自王汗爲下所逐，太祖皇帝奉之五年而益勤。”從而使太祖對王罕的忠誠不渝、以德報怨溢於言表。對此，有三點需要指出：其一，兀都夷爲篾兒乞的一大分支[①]，故《續編》“滅里乞、兀都夷二部”之說有誤。其二，乃蠻的亦難赤可汗爲盃祿可汗之父，至於克烈王罕爲乃蠻所掠，太祖遣四杰救援，所與交鋒的則是亦難赤另一子乃蠻的太陽可

① 《元朝秘史》，烏蘭校勘本，中華書局，2012年，第65頁，第102節。

汗[①]，對此《續編》失載，很容易讓人與乃蠻的其他兩位可汗混淆在一起。其三，太祖大敗菊兒可汗聯軍，是其與王罕並肩作戰所取得的勝利，《續編》只字未提王罕，但從最後一句"自王罕爲下所逐，太祖皇帝奉之五年而益勤"，可推知當時王罕亦參與其中。

從以下泰和二年（1202）的闕亦壇之戰起，《續編》關於太祖崛興漠北的事跡開始有了明確的繫年：

金泰和二年秋，乃蠻盃祿可汗率六部之衆攻太祖皇帝及王可汗。太祖皇帝與戰于（門）（〔闕〕或〔闊〕）亦壇之野，會大雪，乃蠻軍潰而去。

冬，太祖皇帝居于阿不扎闕忒哥兒山，王可汗居于别里怯沙陀中。太祖皇帝求婚于王可汗，王可汗不許，由是太祖皇帝踈之。菊兒可汗聞之，往說王可汗之子亦剌哈，言："太祖皇帝將行不利于王可汗。"亦剌哈信之，遂以兵焚太祖皇帝牧地。

如果說此前太祖對克烈王罕"奉之益勤"的話，那麼泰和二年則是雙方關係惡化的轉折之年。是年，太祖與王罕雖大敗乃蠻等聯軍，但隨後太祖求婚王罕被拒一事，成爲二者兵戎相見的導火索。《續編》在下文泰和三年的記事中，首先對此事的走向做了詳細敘述：

泰和三年，王可汗與亦剌哈謀，遣使詐以定婚召太祖皇帝。太祖皇帝以爲誠然而往，王可汗之牧馬人乞失力與弟拔歹知其謀，以告太祖皇帝。太祖皇帝乃止，而帥衆與王可汗戰于合蘭只之野。王可汗屢敗，矢中亦剌哈之頰，乃斂兵。

太祖皇帝次于斡兒弩兀，有騎四千六百因循哈勒合河而進。至董哥澤，遣阿兒海致言于王可汗曰："昔汝菊律可汗謂汝奪其兄忽兒扎忽思盃祿可汗之位，而肆殺戮于昆弟，故逼汝于哈剌溫之隘。汝窮迫無計，以百騎來依我先人。我先人偕汝以雪耻，備歷險阻，以破其國，菊律可汗僅以身免，走死河西。我先人盡以其土地人民歸汝，結爲按荅。故我事汝如父。嗣尔，汝有窮厄，我盡心以救恤，使汝得至于今。我何負於汝而欲加害於我哉！"

王可汗大慙，欲止。（亦哈剌）〔亦剌哈〕不肯，曰："彼能勝我，聽取我國。若我勝彼，當亦取其國耳。"因進兵。

太祖皇帝與木華黎、博兒朮、博兒忽、赤老溫飲水于班朮河，誓必報其仇。遂大會屬部于斡難河源，而進擊王可汗于徹徹兒運都山，大敗之。王可汗與亦剌哈以數騎逸至捏群兀孫河。乃蠻部人執王可汗，殺之。亦剌哈奔西夏，亦爲人所殺。克烈遂亡。

太祖皇帝以乞失力、拔歹有功，命爲千户，賜號荅剌罕。因大獵于帖麥垓川，宣布號令而還。

① 拉施特主編：《史集》第一卷第一分册，余大鈞、周建奇譯，商務印書館，1983年，第228頁。

太祖經過與王罕戰爭、遣使、再戰這三大階段，最終滅掉了在草原上稱雄一時的克烈。其中，太祖的“四杰”木華黎、博兒朮、博兒忽、赤老溫，亦參與了著名的班朮尼河盟誓，但僅見於《續編》。《續編》中太祖“以乞失力、拔歹有功，命爲千户”的說法，可爲《秘史》中一帶而過的蒙古在“癸亥（1203）、甲子（1204）年間的千戶百戶建制”，[①]提供另一直接力證。至於賜乞失力、拔歹“荅剌罕”之號，並非泰和三年之事，而是泰和六年（1206）太祖建立統一的漠北政權後大封功臣時所爲。[②]

克烈王罕既已滅亡，漠北草原唯一與太祖爭雄的就衹剩下乃蠻了。《續編》下文云：

> 乃蠻太陽可汗遣月忽難，告于王孤部長阿剌忽思曰：“近聞東西有稱王者，日月在天，了然可知，世豈有二主哉！君能益吾右翼，奪其弧矢乎？”阿剌忽思遣人，以其言告于太祖皇帝，具以所部附之。
>
> 泰和四年春，太祖皇帝大會屬部于帖木垓川，謀攻乃蠻，以虎別來、哲別二人爲前鋒，與乃蠻太陽可汗、滅兒乞部長脫脫、克烈部長扎阿紺孛、斡亦剌部長忽都花別吉並扎木合、朵兒班、塔塔兒、哈塔斤、散只兀（立）〔五？〕部戰于按臺。太陽可汗敗死，諸部悉潰，太祖皇帝益以盛強。

乃蠻太陽汗稱雄於蒙古草原西部，他在政治上並未統一草原，而是安於東部以克烈爲首的諸部並立的現狀。太祖滅克烈王罕後統一蒙古草原東部，從而在漠北地區形成了東西“二主”對立的軍政格局。乃蠻權貴一直視蒙古人爲“歹氣息，衣服黑暗”的百姓[③]，因此無法容忍成吉思汗的驟然崛興，故太陽汗有了上述之言。《續編》所記按臺山之戰中的“散只兀立”部，即撒勒只兀惕，又有珊竹、散竹歹台、散只兀、珊竹帶、散朮台等不同異寫。[④]然“散只兀立”最後一個音節的“立”與撒勒只兀惕（Salǰi'ud）無法勘同，故頗疑“立”爲“五”之形訛，“散只兀”與其前的“扎木合、朵兒班、塔塔兒、哈塔斤”恰爲五部。此戰太陽汗不但糾集了東部敗於太祖的草原諸部，而且還聯合了葉尼塞河上游一帶的林木中百姓斡亦剌，於此亦不難看出他本人在漠北地區所享有的權威。

以乃蠻爲首的漠北諸部聯盟兵敗按臺山，直接導致太陽汗之死，同時基本也宣告太祖對漠北草原的統一初步完成，故《續編》下文首先將敘事的內容轉向草原之外的“攻西夏”，但又馬上回歸漠北着重記載了太祖建國之事：

> 泰和五年，遂攻西夏，破力吉里寨及落思城，大掠而還。至是，大會諸部長于斡

① 姚大力：《草原蒙古國的千戶百戶制度》，《蒙元制度與政治文化》，北京大學出版社，2011年，第5頁。

② 韓儒林：《荅剌罕考》，《穹廬集 —— 元史及西北民族史研究》，上海人民出版社，1982年，第26頁。

③ 《元朝秘史》，第223頁，第189節。

④ 周良霄：《元史北方部族表》，《中華文史論叢》2010年第1期，第68頁。

難河之源，建九斿白旗，自號爲成吉思可汗。

按照《續編》的敘事語境，"至是"即"泰和五年"，不確。太祖大會諸部建國，實際上在泰和六年（1206）。至於"成吉思可汗"之稱，亦非太祖自號，而是他稱。

最後，《續編》夾注對蒙金關係略加追溯：

先是，金主遣衛王允濟往靖州，受太祖皇帝之貢。允濟奇太祖皇帝狀貌，歸言于金主，請以事除之，金主不許。太祖皇帝聞而憾之。

指出蒙金關係的惡化事出有因，從而爲下文以蒙金關係作爲蒙古史事的一大敘述主線埋下了伏筆。

綜上所述，《續編》"蒙古太祖皇帝即位于斡難河"後的夾注史文，根據敘事的時間節點，主要以"泰和二年"爲限，分爲前後兩大部分。前半部分敘事始於太祖十世祖孛敦察兒之母阿蘭豁阿，迄至帖尼火魯罕之戰。紀事並無明確繫年，而是用"既而"、"未幾"、"已而"、"於是"等寬泛的承接性語詞，對事件發生的時間予以定位。當然，個別時間像太祖助金征伐塔塔兒，仍可據其他史料判斷其發生的具體年代。不過，這一部分總體上紀年的模糊性不可避免地導致個別事件被置於錯誤的時間序列中，如太祖爲塔兒忽台所執之事；此外，對一些人物和部族的交代、認識，也存在些許模糊與謬誤之處，如並未明確記載塔兒忽台爲泰赤烏部首領，誤滅里乞、兀都夷爲二部。後半部分始於泰和二年闕亦壇之戰，終於泰和六年太祖稱"成吉思可汗"，但最後對蒙金交惡之事的繫年並沒有予以交代。如果《續編》前一部分重在敘述太祖與蒙古諸部的紛爭的話，後一部分則主要記載太祖與克烈和乃蠻的關係。總體來看，《續編》在紀事上雖有個別瑕疵，但卻無法掩蓋其中的史料價值以及由此產生的問題意識。對此，下節即予以重點考察。

二、"蒙古太祖皇帝即位于斡難河"夾注所記蒙古史事考辨

"蒙古太祖皇帝即位于斡難河"的夾注內容具有重要的史料價值，上節已對其中部分獨家記載略有提及。通過比勘《元朝秘史》、《聖武親征錄》、《太祖紀》和《史集》所記早期蒙古史事，不難發現，《續編》夾注還有一些比較重要而又獨具特色之處，值得進一步深入研究。本節即重點考察以下四個方面：開篇的阿蘭豁阿諸子事跡；十三翼之戰；班朮尼河盟誓；太祖朝貢金主事。

先看阿蘭豁阿諸子事跡："長曰孛完合荅吉，次曰孛合撒赤，季曰孛敦察兒。其後子孫蕃衍，不相統攝，各自爲部，曰合荅吉，曰散肘，曰吉押，又謂之扎即剌氏。"黃時鑒先生認爲，

"吉押即乞顔"。[①]在對音上完全可以勘同。但《續編》本身的敘述邏輯卻是：合荅吉來自孛完合荅吉，散肘來自孛合撒赤，"吉押，又謂之扎即剌氏"來自孛敦察兒。當然，我們不排除"又謂之扎即剌氏"前有闕文。但"吉押，又謂之扎即剌氏"本身，則表明乞顔（吉押）與札答闌（札即剌）直接出自孛敦察兒，這異於黄時鑒先生的觀點，也與我們熟知的孛敦察兒的後代形成孛兒只斤氏的説法迥然不同。

從《續編》夾注的後文來看，這裏對孛敦察兒後裔爲扎即剌氏的書寫方式可能是有意爲之。扎即剌就是以成吉思汗安答札木合爲首的著名的札答闌，《續編》後文共兩次提到此部，皆作"扎木合部"。一處是："塔塔兒部與弘吉剌等七部亦怨槊只合撒兒侵掠，會于犍河，共立扎木（台）〔合〕部長爲菊兒可汗。"另一處是滅乃蠻之役中，太祖軍"並扎木合、朵兒班、塔塔兒、哈塔斤、散只兀立部戰于按臺"。其中，皆將扎木合視作部名。而在其他地方提及扎木合時，《續編》則以"菊兒可汗"稱之。顯然，《續編》在記載孛敦察兒後裔形成了扎即剌氏後，或許意識到此部在讀音上與札答闌相同，爲了避免誤解，從而在後文出現了以扎木合作爲札答闌部名的書寫特點。

將扎即剌與吉押等同，並記成是孛敦察兒"子孫蕃衍"之部，顯係對此部來源的一大誤解。扎即剌的由來，在蒙元官方文獻的記載中是非常清楚的。早期蒙古汗廷草原史家所編《元朝秘史》第 40 節説，此部來自孛敦察兒所擄懷有身孕的兀良哈婦人，與孛敦察兒沒有任何血緣關係。《元史》卷一〇七《宗室世系表》最後有云："按《十祖世系錄》云：始祖孛端叉兒收統急里忽魯人氏民戶時，嘗得一懷姙婦人曰插只來，納之，其所生遺腹兒，因其母名曰插只來，自後別爲一種，亦號達靼。"[②]"插只來"即扎即剌。《十祖世系錄》與《元朝秘史》所記殆有相同史源，二者皆指明扎即剌人非蒙元宗室。另一方面，儘管《續編》對扎即剌的起源認識有誤，但似乎已經敏鋭地窺探到早期蒙古部族的命名方式，即部族名來自始祖名。由於當時的草原諸部中，衹有"扎即剌"與"察兒"在讀音上似可勘同，故將其視作以孛端察兒爲始祖的部族。不過，這種處理方式簡單拙劣，與蒙元汗廷的主流説法格格不入。更值得注意的是，在14 世紀初伊利汗國宰相拉施特所編《史集》中，將吉押（乞顔）的起源追溯到孛敦察兒的後代合不勒汗[③]，亦與《續編》不同。《元史》卷一《太祖紀》：成吉思汗"姓奇渥溫氏，蒙古部人"，奇渥溫即乞顔[④]，亦即吉押。緊接於此，《太祖紀》又有"其十世祖孛端叉兒"云云，可以推知"孛端叉兒"即奇渥溫（乞顔 / 吉押）氏，《通鑑續編》的書寫正與此相符。綜合以上分析，可以肯定的是，《續編》的作者陳桱，並未直接接觸到元代宮廷檔案中關於孛敦察兒後代所出部族的記載，即使對這方面的相關信息有所耳聞甚至寓目，最終也沒有予以全部採納，

① 黄時鑒：《〈通鑑續編〉蒙古史料考索》，第 140 頁。

② 《元史》，中華書局，1976 年，第 2729 頁。

③ 在其他地方，拉施特亦將乞顔與孛兒只斤並提，見拉施特主編：《史集》第一卷第二分冊，余大鈞、周建奇譯，商務印書館，1983 年，第 61 頁。

④ 陳得芝：《〈元史・太祖本紀〉（部分）訂補》，《元史及民族與邊疆研究集刊》第 22 輯，上海古籍出版社，2010 年，第 1 頁。

所以在其筆下出現了孛敦察兒子孫蕃衍形成"吉押，又謂之扎即剌氏"這種半是半非的說法。

關於阿蘭豁阿諸子，《續編》還說合荅吉、散肘與吉押"世奉貢于遼、金，而總隸于達旦"。"達旦"即韃靼，但這一寫法頗爲罕見，主要集中於《遼史》，如卷一《太祖紀上》神冊三年（918）二月，有"達旦國來聘"；又如卷一四《聖宗紀五》統和二十三年（1005）六月己亥："達旦國九部遣使來聘"；再如卷一五《聖宗紀六》開泰二年（1013）二月："達旦國兵圍鎮州。"王國維認爲，元朝史官諱言韃靼，故將《遼史》之韃靼改作"阻卜"，上述三處"達旦"，"蓋史臣所未及改"。① 現在看來，避諱說基本已成學界定論。② 其實，《續編》本身的記載中也出現了幾次"達旦"，除了因襲上引《遼史》的前兩處外，在卷二〇辛未年（1211）十一月"金以徒單鎰爲右丞相"夾注中，亦提到"達旦"：鎰爲上京留守，聞蒙古兵日攻西北，向金主上言，其中有"自國家與達旦交兵以來，彼聚而行，我散而守，以聚攻散，其敗必然"云云。這實際上是抄自《金史》卷九九《徒單鎰傳》，然后書並未出現"達旦"二字，應係《續編》所加，顯然，陳桱在此是將"達旦"與蒙古等同的。

據蔡美彪先生研究，元代漢人習稱蒙古爲達達，然"元代文獻所見達達，均不作韃靼，而別譯達達"。③ 根據《續編》的記載，可知元代蒙古還有"達旦"之譯。當然，勾稽文獻，不難發現元代其實也有將蒙古譯作"韃靼"之例。《南村輟耕錄》卷九"謠言"條："後至元丁丑（1337）夏六月，民間謠言：朝廷將采童男女，以授韃靼爲奴婢，且俾父母護送，抵直北交割。故自中原至于江之南，府縣村落，凡品官庶人家，但有男女年十二三以上，便爲婚嫁，六禮既無，片言即合。至於巨室，有不待車輿親迎，輙徒步以往者，盖惴惴焉。惟恐使命戾止，不可逃也。雖守土官吏，與夫韃靼、色目之人，亦如之，竟莫能曉。經十餘日纔息。"④ 又如《至正直記》卷四"敬仁祭酒"條："許敬仁祭酒，魯齋子也，學行皆不逮於父，以門第自高。……四明袁伯長亦以譏謔爲習，常嘲敬仁，敬仁大薄之。伯長嘲之曰：'祭酒許敬仁，入門韃靼喚，出門傳聖旨，口口稱先人。'蓋敬仁頗尚朔氣，習國語，乘怒必先以阿剌花剌等句叱人，人咸以爲誚也。"⑤ 但將蒙古譯寫爲"韃靼"，則遠不如譯作"達達"頻繁多見。

正如蔡先生所說，稱蒙古爲達達是沿襲了宋金以來的傳統。⑥ 然而，值得注意的是，宋人最初是將蒙古與韃靼區別對待的。最爲明顯的例證是《建炎以來朝野雜記》的"韃靼款塞"條，此條敘事主線爲韃靼，其中包括以鐵木真爲首的黑韃靼，但文中同時以"又有蒙國者"爲開端，插入了關於蒙古的部分紀事。在回歸敘事的主線韃靼時說："至是韃靼乃自號大蒙古國，邊吏因以蒙韃稱之。"但又掩蓋不住自己的困惑："然二國居東西兩方，相望凡數千里，不知何

① 王國維：《韃靼考》，史衛民編：《遼金時期蒙古考》，內蒙古自治區文史研究館，1984 年，第 5 頁。

② 劉浦江：《再論阻卜與韃靼》，《松漠之間 —— 遼金契丹女真史研究》，中華書局，2008 年，第 344—345 頁。

③ 蔡美彪：《元代文獻中的達達》，《遼金元史考索》，中華書局，2012 年，第 213—214 頁。

④ 陶宗儀：《南村輟耕錄》，中華書局，1959 年，第 112—113 頁。

⑤ 孔克齊：《至正直記》，莊葳、郭羣一校點，上海古籍出版社，2012 年，第 142 頁。按，《至正直記》今僅存清末《粵雅堂叢書》本，其中元代譯名並未遭到篡改。

⑥ 蔡美彪：《元代文獻中的達達》，第 213 頁。

以合爲一名也。”[①] 近來，張曉慧博士通過梳理、辨析宋、金文獻中的記載，基本肯定在成吉思汗崛起前的草原東部，曾經存在一個蒙古國。[②] 對此，還可補充一則史料。據出使大蒙古國的南宋使臣趙珙說，他曾向對方討究過之前的蒙古國之事，得到的回復是“蒙已殘滅久矣”[③]，亦足以説明蒙古國與其後以成吉思汗爲首的蒙韃，當係時代前後不同的草原的遊牧政權。因此，“韃靼款塞”條又説：“蓋金國盛時，置東北招討司以捍禦蒙兀、高麗，西南招討司以統隸韃靼、西夏。”[④]

自840年回鶻汗國滅亡至12世紀下半葉，在漠北草原最爲活躍的族群無疑當屬韃靼。據學者研究，其間漠北草原曾一度出現過“九姓韃靼王國”。[⑤]14世紀初伊利汗廷的官方史家拉施特説：“由於［他們］極其偉大和受尊敬的地位，其他突厥部落，儘管種類和名稱各不相同，也逐漸以他們的名字著稱，全都被稱爲塔塔兒［韃靼］。”[⑥] 故而不難想見，作爲成吉思汗所在的蒙古部，曾經亦有主動攀附並自稱韃靼的情形。[⑦] 這恰與宋、金人稱他們爲韃靼互爲表裏、相輔相成，從而成爲元代蒙古被譯作“達達”而爲官方所接受的一大歷史淵源。

再看《續編》夾注所記十三翼之戰。上節已從本證的角度對《續編》所記不合情理之處做了分析，校以他書，還可得知：關於十三翼之戰，衹有《續編》認爲太祖的敵方一共糾集了“七部人”。細加分析，其實這一記載並不確切。

關於十三翼之戰，蒙元官方文獻有著比較詳細的記載。最早提及此戰的是《秘史》，但只是籠統地説成吉思汗敵方以札木合爲首，共組織了十三個“中哈舌鄰”（qarin，部）。來自《太祖實錄》的《元史》卷一《太祖紀》，記載也比較簡略：“札木合以爲怨，遂與泰赤烏諸部合謀，以衆三萬來戰。”相較之下，《聖武親征錄》的史文則更爲詳實：“札木合以是爲隙，遂與泰赤烏、亦乞剌思、兀魯吾、那也勤、八魯剌思、霸隣諸部合謀，以衆三萬來戰。”《史集》的記載，可與《聖武親征錄》互相補充：“札木合薛禪和成吉思汗結了怨。他開始作亂，帶著自己的部落和軍隊投奔到了泰亦赤兀惕諸部處。［當時］除他而外，其他部落和支系也都同泰亦赤兀惕人結成了聯盟，其中有弘吉剌惕［部］的分支亦乞剌思部，還有屬於蒙古一迭兒列勤的豁羅剌思部以及屬於尼倫的兀魯惕和那牙勤［部］。各部互相支援，一致反對成吉思汗，長期與他爲敵，同他發生了紛爭。”[⑧] 故而可以肯定，十三翼之戰中，太祖的敵方至少有札

① 對此之詳細分析，見曹金成：《“大蒙古國”國號創建時間再檢討》，《文史》2020年第2輯。
② 張曉慧：《元代蒙古人族群記憶的建構與書寫》，北京大學2018年博士學位論文，第一章“傳説與現實：前成吉思汗時代蒙古之名實”。
③ 趙珙：《蒙韃備録》，王國維箋證，《王國維全集》第11卷，浙江教育出版社，2009年，第338頁。
④ 李心傳：《建炎以來朝野雜記》，徐規點校，中華書局，2000年，第849頁。
⑤ 白玉冬：《九姓達靼遊牧王國史研究（8—11世紀）》，中國社會科學出版社，2017年。
⑥ 拉施特主編：《史集》第一卷第一分册，第166頁。
⑦ 按，這種現象在漠北草原由來已久，北匈奴在東漢和帝時的北伐中被擊潰，留在漠北的“尚有十餘萬落”，在鮮卑人入主漠北後，“皆自號鮮卑”。見《後漢書》卷九〇《烏桓傳》，中華書局，1965年，第2986頁。
⑧ 拉施特主編：《史集》第一卷第二分册，第110—111頁。

答闌、泰赤烏、亦乞列思、兀魯吾、那也勤、八魯剌思、霸鄰、豁羅剌思八部。① 此外，據下節研究可知，"蒙古太祖皇帝即位于斡難河"夾注的内容與《聖武親征錄》非常接近，也就是說二者具有相同或相似的史源，而此處所引《聖武親征錄》恰好共七部，説明其史源亦有類似記載，《續編》中的"七部"殆據此而來。然根據《聖武親征錄》中的"諸部"二字又可得知，札木合所率並不僅僅限於七部，此點並未被《續編》予以留意，應是夾注斷章取義從而誤解成"七部"的根本原因。還需一提的是，《秘史》、《聖武親征錄》和《太祖紀》，皆記札答闌部札木合爲十三翼之戰的發起人；《續編》則認爲泰赤烏爲肇事者，可能是所接觸的史源著重強調了泰赤烏在太祖敵對集團中的地位，因爲上引《史集》亦有此戰中泰赤烏部是太祖敵方盟主的說法。

接下來，再對《續編》所記著名的班朮尼河盟誓略加考辨。關於班朮尼河盟誓，前賢研究頗多，但皆致力於考證、梳理參加盟誓的十九人及其事跡。② 然而，《續編》的記載卻並未引起足夠重視。《續編》說："太祖皇帝與木華黎、博兒朮、博兒忽、赤老溫飲水于班朮河。"其中，四杰幾乎皆不在前人所考十九人之列。③ 根據最早記載此事的《元朝秘史》，班朮尼河盟誓前博兒忽曾救助窩闊台並與成吉思汗會合，故而可以肯定他參加了這一盟誓。④ 由此看來，《續編》所記並非毫無根據，若再加上已經明確可以考認的十六人，以及楊志玖先生存疑的玉速阿剌，則已超出十九人之數，這就啟發我們：參加班朮尼河盟誓者可能並不衹有十九人。其實，此前已有學者指出班朮尼河盟誓不見於《元朝秘史》，故具有一定的傳說性質。⑤ 稽諸史籍，不難發現十九功臣說，在蒙元汗廷内部似乎並不流行。《元史》卷一《太祖紀》："至班朱尼河，河水方渾，帝飲之以誓衆。……凡與飲河水者，謂之飲渾水，言其曾同艱難也。"《太祖紀》來自《太祖實錄》，可以說，這是蒙元汗廷對班朮尼河盟誓最有代表性的官方定位，但並未明確記載與盟者爲十九人，很大程度上反映出蒙元汗廷更重視的是"班朮河"一詞本身所被賦予的"同渡艱難"的象徵性内涵。

班朮尼河盟誓十九功臣說，最早見於世祖即位初漢族文臣王惲所撰《中堂事記》，在"中統二年秋七月廿一日辛巳"條下，提到"有旨：世臣買住孩兒"云云，下有小字夾注：

> 秃花太傅，姓耶律氏，在前金時戍桓州，官愛里德，漢語守戍長也。其後與

---

① 經過對相關文獻的梳理研究，筆者推測還有五部：忙兀、晃豁壇、合塔斤、撒勒只兀惕和朵兒邊。詳見曹金成：《札木合十三部考》，《歐亞學刊》新5輯，商務印書館，2016年。

② Cleaves, "The Historicity of the Baljuna Covenant", *Harvard Journal of Asiatic Studies*, Vol. 18, 1955; 楊志玖：《蒙古初期飲渾水功臣十九人考》，《陋室存稿》，中華書局，2015年，第337—347頁。經過楊志玖的考證，可以明確肯定者已有十六人。

③ 魏源在《元史新編》卷二三《誓渾河功臣列傳》中，認爲博兒忽爲十九功臣之一，並說其所據爲《元史》卷一一九《博兒忽傳》，但此傳對此毫無記載，楊志玖先生已辨。另外，魏源曾考出參加盟誓的十五人，並推測"尚缺四人，殆四杰、四先鋒之徒歟？"可見，此前已有學者懷疑四杰可能位列班朮尼河十九功臣之列。

④ 《元朝秘史》，第192頁，第173節。

⑤ 伯希和：《蕁麻林》，《西域南海史地考證譯叢三編》，馮承鈞譯，商務印書館，1962年，第64頁，注釋4。

一十八人從太祖神元皇帝同飲於黑河子，於佐命元勳，公其一也。①

“太祖神元皇帝”即成吉思汗。我們知道，成吉思汗父也速該在至元三年被追謚爲“烈祖神元皇帝”，文臣王惲筆下的“太祖神元皇帝”，應是蒙元官方未定謚號前，其本人對成吉思汗的稱謂。②“黑河子”即班朮尼河。

王惲的記載很可能是參與盟誓的耶律秃花之後人買住所傳。至元代中後期，班朮尼河十九功臣的說法，愈發流行。除了前人已經提及的《元史》卷一二〇《札八兒火者傳》外，還有一條記載值得重視，即虞集在順帝朝爲十里牙禿思所撰神道碑：

太祖皇帝龍興初，一旅之衆，嘗遇侵暴，夜與從者七人，至於大石之崖，解束帶加諸領以爲禮，而禱曰：天生我而受之命，必有來助之兆焉。俄游十九人者，鼓行以前請自效，是爲捏古台氏。捏古台之人其族四：曰播而祝吾，曰厄知吾，曰脫和剌吾，曰撒哈兒禿。③

以上故事將班朮尼河十九功臣與捏古台氏的起源糅合在一起。類似的事例，還見於此前世祖朝文臣胡祇遹爲納琳居準所撰神道碑：納琳居準祖先禿魯合札兒與太祖在班朮尼河共患難，故蒙賜氏燕只吉歹。其實，捏兀台氏與燕只吉歹氏的形成遠在太祖以前，如此記載，說明他們的後人在元朝的蒙古認同日趨深化，故在敘述本族起源時出現了不惜攀附與成吉思汗關係的情況。④另一方面，根據前人的考證，太祖十九功臣中並無捏古台氏，虞集所記顯然不對⑤，但其中太祖在患難中爲十九功臣所助的敘事理路則與王惲所記一脈相承，說明“十九功臣”至此早已被賦予了相當的象征意義，儼然已成爲太祖創業艱危之際雪中送炭者的代名詞。

最後，再看一下太祖朝貢金主事。此事以追述的口吻附於夾注之末：“先是，金主遣衛王允濟往靖州，受太祖皇帝之貢。允濟奇太祖皇帝狀貌，歸言于金主，請以事除之，金主不許。太祖皇帝聞而憾之。”對此，《續編》沒有清晰的繫年。《續編兩朝綱目備要》亦有類似記載：“璟之在位也，允濟被命往靖州受黑韃靼進奉，見其王忒沒真桀驁不遜，恐爲邊患，欲歸白璟

---

① 《王惲全集彙校》，楊亮、鍾彥飛點校，中華書局，2013年，第3413頁。按，此點校本將“太祖神元皇帝”誤刊作“太極神元皇帝”，“元勳”誤刊爲“元酌”。

② 按，類似的情況亦出現在成吉思汗子、忽必烈父拖雷身上。郝經《復與宋國丞相論本朝兵亂書》：“本朝烈祖脫鸞皇帝自金、房穿出，貴朝襄陽守臣以爲‘是將圖金，何與於我’，不爲之拒，四川、荊、襄隨以陷沒。”（《郝文忠公陵川文集》，秦雪清整理，山西人民出版社，2006年，第528頁）郝經在中統元年（1260）出使南宋即被囚禁，直到至元十二年（1275）纔被釋還，故無法得知也速該被追謚之事。其間，他在上南宋丞相書中，將“烈祖”冠在拖雷前，是當時將拖雷稱爲烈祖的一大例證。這和王惲稱成吉思汗爲“太祖神元皇帝”一樣，皆難以與後來蒙元官方追謚也速該爲“烈祖神元皇帝”相契合，但卻足以說明在官方定位前，北方漢族文臣已經對忽必烈父、祖的謚號或廟號有著自己私人化的認識了。

③ 虞集：《靖州路總管捏古台公墓志銘》，《虞集全集》，王頲點校，天津古籍出版社，2007年，第894頁。

④ 曹金成：《政治體視角下的元代蒙古認同》，北京大學2018年博士學位論文，第113—114頁。

⑤ 可能是十里牙禿思後人的有意攀附，也可能當時有部分捏古台氏百姓也在盟誓之中，故其後代在追憶時將此詩大並以先祖爲主要功臣。

除之，會璟病卒。"[①]"璟"即金章宗完顏璟。海老沢哲雄據以大致推測，此事可能發生在章宗統治後期的1207年或1208年。[②]此外，《元史》卷一《太祖紀》在"五年"（1210）條下也追溯了此事："初，帝貢歲幣于金，金主使衛王允濟受貢於（靜）〔淨〕州。帝見允濟不爲禮。允濟歸，欲請兵攻之。會金主璟殂……"這與《續編兩朝綱目備要》更爲接近。相較之下，《續編》"奇太祖皇帝狀貌"云云，更像是站在蒙古一方維護太祖的說辭。《金史》卷一三《衛紹王紀》："八年（1208）十一月，自武定軍入朝。是時，章宗已感嗽疾，衛王且辭行，而章宗意留之。"據此，鐵木真朝貢發生在泰和八年（1208）的可能性更大。《建炎以來朝野雜記》曾有鐵木真"春"季朝貢金朝的說法。[③]若時任武定軍（今張家口涿鹿縣一帶）節度使的衛紹王在泰和八年春於淨州受貢，後回至武定軍，又返朝覲見，在時間上與章宗崩於是年十一月更能合理地銜接在一起。又，《續編》所說"金主不許"、"太祖聞而憾之"，爲其獨家記載。《衛紹王紀》雖未明確記載衛紹王向章宗匯報的內容，但可以肯定會涉及他在武定軍節度使任上諸事，其中就包括鐵木真朝貢時的桀驁之狀，章宗也必然會對此做出反應。考慮到章宗當時的身體狀況每況日下，並已有傳位於衛紹王之心，顯然中央最高權力的平穩轉移應是他當時考慮的重中之重，故《續編》所記"金主不許"除掉鐵木真殆屬實情。總體來看，太祖朝貢金主事，既見於宋人筆下的《續編兩朝綱目備要》，又備載於元代官方的《太祖實錄》，後來又被陳桱編入《續編》一書，說明在當時曾一度流傳於南北，迄至元末仍爲史家所矚目。

三、蒙元時期成吉思汗草原崛興史的敘事模式：由《續編》"蒙古太祖皇帝即位于斡難河"夾注引發的思考

根據上文第一節的研究，《續編》"蒙古太祖皇帝即位于斡難河"夾注所記成吉思汗的草原崛興史，可以泰和二年爲限，大體分爲前後兩部分。細而化之，前一部分的開端還包括成吉思汗的先祖事跡。就紀事的時間來說，後一部分幾乎皆有明確繫年。在前一部分中，雖有個別記事可據其他史料判斷發生的年代，但總體來看，其敘事時間皆已失載。

關於成吉思汗漠北崛興史的這種敘事模式，並非《續編》"蒙古太祖皇帝即位于斡難河"夾注首創，其文獻來源最早可追溯至蒙古汗廷官修的蒙古文史書《元朝秘史》，基本爲漢文的《聖武親征錄》、《太祖紀》與波斯文的《史集》等書所沿襲。過往的研究多重在校對、考察諸書所記同一史事，力求釐清其中某些具體細節的歷史真相。[④]不過，若考慮到《通鑑續編》"蒙古

① 《續編兩朝綱目備要》卷一三，汝企和點校，中華書局，1995年，第244頁。

② 海老沢哲雄：《モンゴルの対金朝外交》，《駒澤史学》52，1998年，第198頁。

③ 李心傳：《建炎以來朝野雜記》，徐規點校，第850頁。

④ 比較有代表性者如宇野伸浩：《チンギス・カン前半生研究のための〈元朝秘史〉と〈集史〉の比較考察》，《人間環境学研究》2009（7）。

太祖皇帝即位于斡難河”夾注的敘事，與《元朝秘史》等蒙、漢、波斯文史書的高度雷同，若從最早的文獻《元朝秘史》出發，重新反思關於成吉思汗混一漠北史的敘事模式，辨析《通鑑續編》在其文本流傳脈絡中所佔有的地位，無疑也會對這一段歷史及其相關的文獻系統有著更爲全面的認識。

首先，《秘史》詳述了成吉思汗的二十一代先祖世系，始於蒙古人的始祖孛兒帖赤那，迄至成吉思汗之父也速該。其中，孛兒帖赤那降至朵奔篾兒干爲蒙古首領的世系，孛敦察兒下至也速該爲成吉思汗的家族世系，二者之間並無直接的父系血緣關係，《元朝秘史》的作者其實是將這兩部分世系拚接在一起，塑造出成吉思汗家族自始至終就是蒙古部天生首領的歷史敘事模式。[①]不過，在《續編》以及其他關於成吉思汗崛興史的漢文材料中，蒙古統治家族的世系這一部分皆被棄而不取，恰恰說明這一段世系與其後的一段成吉思汗家族的世系，最初正是基於不同敘述主體而又互相平行的兩大敘事單元。至於《元朝秘史》所記也速該的搶婚生子、送長子鐵木真在婚前入贅親家、歸途受塔塔兒毒害而死諸事，亦不見於《續編》以及與其具有共同史源的《聖武親征錄》、《太祖紀》等漢文文獻。

其次，《元朝秘史》關於成吉思汗漠北崛興史的部分典型事例，有的在《續編》等漢文材料中被稍做改塑，有的則並未得到應有的體現，甚至隻字未提，可見在纂修時經過了一個存留去取的複雜過程。這方面的問題較多，以下即做詳細申述。

《元朝秘史》第 74 節記成吉思汗父親死後，泰赤烏部撇棄其家而去。寡妻訶額侖“好生能事，拾着果子，撅着草根，將兒子每養活了”。其間，幼年的鐵木真曾因基本生活物資所有權的糾紛，殺死了異母弟別克帖兒；其家馬匹也一度被盜；鐵木真雖娶妻但婚後不久妻子又被篾兒乞所掠，最終藉助克烈部王罕與札答闌部札木合之助奪回妻子並復仇篾兒乞。如此諸事，皆不見於《續編》等其他史料。在漢文材料與波斯文《史集》中，這一時期的敘述主線被簡化爲成吉思汗家族與泰赤烏部的關係，並在赤老溫歸附時順帶提及成吉思汗曾被泰赤烏所擒之事，在記載隨後的十三翼之戰時，自然就將鐵木真的對手視作以泰赤烏爲首的聯軍，而與《元朝秘史》所記札答闌部札木合在敵對陣營中的領軍地位顯然不同。如此處理，不但貶低了札木合的真實形象，而且弱化了其本來的歷史影響，這一點應是漢文與波斯文材料有意爲之。值得注意的是，《續編》在十三翼之戰後說：“時泰赤烏部地廣民衆而無紀律，其下謀曰：‘帖木真衣人以己衣，乘人以己馬，真吾主也。’因悉歸太祖皇帝，泰赤烏部遂微。”此事不見於《元朝秘史》，而爲漢文和波斯文文獻所共有，據后類材料可知，這是成吉思汗對依附於泰赤烏部的照烈百姓的招降。按，照烈在《太祖紀》被稱爲泰赤烏之“族”，《聖武親征錄》則作“泰赤烏部衆”。然泰赤烏源於孛敦察兒後代俺巴孩，照烈則出自孛敦察兒正妻的從嫁婦人所生之子，早在孛敦察兒去世後就已被逐出。[②]在文獻記載中，我們並未見到照烈此後又歸附蒙古的

① 《南村輟耕錄》卷一“大元宗室世系”將蒙元統治者的世系追溯至朵奔篾兒干，就是受這種敘事模式影響的結果。衆所周知，朵奔篾兒干與其後一代孛敦察兒其實毫無血緣關係。

② 《元朝秘史》，第 13 頁，第 44 節。

明確記載。有意思的是，《元朝秘史》在十三翼之戰後，詳細羅列了從札木合處分離而主動投奔鐵木真的諸多部衆。拉施特《史集》說照烈部的首領是札木合，在另外一處，還說照烈又被稱爲札答闌[①]，正與《元朝秘史》所記吻合，也就是說，漢文與波斯文材料中作爲泰赤烏部衆的照烈百姓投降鐵木真，乃是對蒙古文《元朝秘史》中十三翼之戰後大量札木合屬民投降鐵木真一事的整合、濃縮與再造。當然，漢文和波斯文材料還留下了照烈部首領確鑿的名字玉律拔都，說明當時的確也有附於札木合的照烈百姓前來投奔鐵木真。正是基於這一原因，所以出現了拉施特將札木合記作照烈部首領，甚至將照烈與札答闌勘同的情況。總之，關於照烈部降附一事，漢文與波斯文史料體現的主角仍是泰赤烏，這雖與其最初設定的敘事主體一脈相承，但卻離《元朝秘史》最早的敘事母題漸行漸遠，而札木合在當時草原歷史中的真實形象與實際影響也隨之愈益黯淡難彰了。

《元朝秘史》在札木合所屬大量百姓歸附鐵木真後，又提到鐵木真與主兒乞宴會以及鐵木真隨克烈部主脫斡鄰助金征塔塔兒二事。大敗塔塔兒後，金朝冊封鐵木真爲札兀惕忽里，並賜給脫斡鄰"王"的名號，漢文文獻與波斯文的《史集》對此亦有記載，但王罕在其中的作用則被有意弱化甚至毫無蹤跡：《聖武親征錄》和《史集》衹是在金朝論功行賞的最後纔以寥寥數字提及王罕及其封"王"一事，至於《太祖紀》與《續編》，則在此役中對王罕隻字未提，等於說王罕領導鐵木真助金大敗塔塔兒的歷史功績在這二書中被徹底抹殺了。

大敗塔塔兒後不久，鐵木真即發兵消滅了主兒乞。關於此事的起因，《元朝秘史》第136節說是"太祖落後下的老小營在哈澧氻海子邊，被主兒勤將五十人剝了衣服，十人殺了"，故而復仇。然漢文文獻記載則與此有異。《聖武親征錄》、《太祖紀》與《續編》皆認爲，最初是鐵木真在哈連徒澤（即哈澧勒海子）的部衆爲乃蠻所掠，故向主兒乞尋求援助，不料所派使臣遭到對方羞辱，五十人被剝掉衣服，十人被殺，因此發兵攻滅主兒乞。按，哈澧勒海子大致在克魯倫河上游南流向東折的河灣之西南一帶[②]，位於克烈部王罕著名的黑林行宮（在土兀剌河上游）東南。然據學者研究，乃蠻強盛時其活動範圍最東至哈剌和林與杭愛山[③]，東距哈澧勒海子相去甚遠，派兵長途跋涉劫掠鐵木真的老小營，實際上得不償失。即使乃蠻果真如此行事，鐵木真與王罕剛剛聯軍大敗塔塔兒，正可乘此大捷之餘熱，再次與克烈部王罕結盟，復仇乃蠻，而沒有必要向實力無法與克烈部相提並論的主兒乞求援，因此，從當時的客觀情形分析，漢文史料所記此事緣起的真實性是令人懷疑的。此外，波斯文《史集》的《成吉思汗紀》雖與《聖武親征錄》、《太祖紀》具有共同史源，但在此事起因中並沒有提及乃蠻，而是說成吉思汗戰勝塔塔兒凱旋後，將一部分戰利品分給主兒乞，反而遭到對方的恩將仇報，所派六十人中有十人被殺，五十人被剝掉衣服。[④]這裏關於鐵木真不計前嫌、寬宏大量、仁愛無私的道

① 拉施特主編：《史集》第一卷第一分冊，第311頁；拉施特主編：《史集》第一卷第二分冊，第116頁。

② 余大鈞譯注：《蒙古秘史》，河北人民出版社，2007年，第174頁。

③ 巴哈提・依加漢：《蒙古興起前的乃蠻王國》，《內蒙古社會科學》1991年第5期，第69—70頁。

④ 拉施特主編：《史集》第一卷第二分冊，第122—123頁。

德品質，難免有誇大不實之處，但相較漢文文獻，《史集》對事件起因的描述則與《元朝秘史》更爲接近，也更符合實情。

《元朝秘史》首次出現的紀年是“雞兒年”，也就是金泰和元年（1201），是年，札木合被推舉爲古兒汗，率札答闌、合答斤、撒勒只兀惕、朵兒邊、塔塔兒、亦乞列思、弘吉剌、豁羅剌思、乃蠻、篾兒乞、斡亦剌、泰赤烏等十二部聯軍與鐵木真、王罕聯軍在闊亦田交戰。對此，漢文與波斯文史料則記作兩次戰爭：泰和元年的帖尼火魯罕之戰與泰和二年的闊亦田之戰。《元朝秘史》說由於豁魯剌思人豁里歹及時前來相告札木合稱汗並發兵攻打的消息，故鐵木真與王罕聯軍迎敵，交戰於闊亦田。實際上，鐵木真獲取敵方消息的過程極其複雜艱難，並非《元朝秘史》寥寥數語所能形容。漢文與波斯文史料記載更爲豐富，其中又以《聖武親征錄》最爲詳實：

有塔海哈者，時在衆中，上麾下昭烈氏抄兀兒與之親，往視之，偶並驅，實不知有是謀。塔海哈以馬鞭築其肋，抄兀兒顧，見塔海哈目之，抄兀兒悟，下馬佯旋。塔海哈因告以河上之盟，曰：“事急矣，汝何往？”抄兀兒驚，即還，過火魯剌氏也速該，言其事，將赴上告之。也速該曰：“我長婦之子，與忽郎不花往來無旦夕，我左右只有幼子及家人火力台耳。”因命與火力台誓而往，乘以蒼羸白馬，囑之曰：“汝至彼，惟見上及太后兼吾婿哈撒兒則言之，苟泄於他人，願斷汝腰，裂汝背。”誓訖乃行。中道，遇忽蘭八都、哈剌滅力吉台軍團，爲其巡兵所執，以舊識得解，因贈以獺色全馬，謂曰：“此馬遁可脫身，追可及人，可乘而去。”既又遇氈車白帳之隊，往札木合所者，隊中人出追抄兀兒，抄兀兒乘馬絕馳而脫，至上前，悉告前謀，上即起兵迎之，戰于海剌兒帖尼火魯罕之野，破之。札木合脫走，弘吉剌部來降。[①]

此即《史集》繫於泰和元年的帖尼火魯罕之戰。綜合《太祖紀》、《聖武親征錄》和《史集》可知，札木合一方實爲八部：札答闌、弘吉剌、朵兒邊、亦乞列思、合答斤、撒勒只兀惕、豁魯剌思、塔塔兒。《續編》記作“塔塔兒部與弘吉剌等七部”，“弘吉剌等七部”應包括札答闌。因此役大敗，札木合又四處結盟，擬捲土重來。次年（1202），終於爆發了著名的闊亦田之戰：

是秋，乃蠻盃祿可汗會滅力乞部長脫脫別吉、朶魯班、塔塔兒、哈荅斤、散只兀諸部暨阿忽出拔都、忽都花別吉等來犯我軍及汪可汗。上先遣騎乘高覘望於捏干貴因都、徹徹兒、赤忽兒黑諸山，有騎自赤忽兒黑山來告乃蠻漸至，上與汪可汗自兀魯回失連真河移軍入塞，汪可汗子亦剌合居北邊，後至，據高嶺，方下營。盃祿可汗易

① 賈敬顔：《聖武親征錄》（新校本），中華書局，2020年，第79頁。

之，曰："彼軍漫散，俟其聚，吾悉捲之。"時阿忽出、火都二部從乃蠻來，與前鋒合，將戰，遙望亦剌合軍，軍勢不可動，遂還。亦剌合尋亦入塞，會我軍擬戰，置輜重它所。上與汪可汗倚阿蘭塞爲壁，大戰於闕奕壇之野。彼祭風，風忽反，爲雪所迷，軍亂，顛溝墜塹而還。時札木合同盃祿可汗來，中道，札木合引兵回，遇立己爲可汗者諸部，悉討掠之。

此戰札木合一方實以乃蠻盃祿可汗爲首，共聯合了九部：乃蠻、札答闌、篾兒乞、朵兒邊、合答斤、塔塔兒、撒勒只兀惕、泰赤烏（阿忽出拔都）、斡亦剌（忽都花別吉）。這九部與帖尼火魯罕之戰中札木合一方的八部既有重合，也有出入，二者相合恰好爲《元朝秘史》所記闊亦田之戰中擁戴札木合的十二部。因此，可以肯定，《元朝秘史》中的闊亦田之戰，其實是將泰和元年的帖尼火魯罕之戰與泰和二年的闊亦田之戰糅合後刪減的產物。《元朝秘史》作者筆下的"雞兒年"，是帖尼火魯罕之戰發生的年代，將此年視作全書最早的紀年，可能是由於這一戰役後鐵木真完成了對東蒙古草原的初步統一。不過，泰和元年顯非闊亦田之戰爆發的年代。漢文和波斯文史料的編者對此已有辨識，故《聖武親征錄》、《太祖紀》、《續編》、《史集》皆將闊亦田之戰繫於泰和二年，並將此年視爲成吉思汗編年史的最早紀年。[①]

闊亦田之戰札木合一方大敗後，鐵木真追襲潰散的泰赤烏，遂有後者所屬的鎖兒罕失剌、者別等人主動前來降附。然而，漢文和波斯文文獻皆將鎖兒罕失剌、者別的投降，繫於十三翼之戰後，《太祖紀》和《續編》甚至還說赤老溫亦在此時投奔鐵木真。如上文第一節所述，如此處理，與實情大相徑庭，並不可取。

不久，克烈部札合敢不等亦來投奔，鐵木真與其合軍在帖兒速惕地面擊敗了來襲的篾兒乞。緊接於此，《秘史》追述了札合敢不之兄王罕與鐵木真父也速該契交的原委，並提到鐵木真在其困厄之時傾囊相助的恩德，這些情節在漢文和波斯文文獻中被置於鐵木真復仇主兒乞後敘述，從而與前後事件自然銜接。

狗兒年（1202），鐵木真殲滅了塔塔兒。不久，鐵木真與王罕合軍征乃蠻盃祿汗，此戰中，王罕軍遭到偷襲，其子桑昆之妻、子被乃蠻所擄，不得不向鐵木真求援，後者派"四傑"帶兵及時救助王罕一方。"四傑"援王罕是《元朝秘史》中的典型敘事，情節生動、引人入勝。這一事件詳見於《元朝秘史》第 163 節，且有確鑿的紀年，即狗兒年（1202），然漢文和波斯文文獻皆繫於莫那察山之戰後。關於莫那察山之戰，在《元朝秘史》的後文亦有所提及。第 177 節，鐵木真與王罕決裂後派使者譴責王罕，其中有言：

你……經過委兀、河西地面，窮乏了……因你與我父契交的上頭，我差人迎接

① 按，拉施特《史集》在泰和二年前亦有紀年，但實際上是自增干支，見周清澍：《成吉思汗生年考》，《元蒙史札》，內蒙古大學出版社，2001 年，第 418 頁。

你來我營內，又科斂着養濟你。

你後將篾兒乞百姓擄了，頭口、家業盡都與了你。

後又同追不亦魯黑於拜荅剌黑別勒赤地面，與可克薛兀撒卜剌黑對陣，你夜裏營內又虛燒着火退走了。那可克薛兀撒卜剌黑却襲着你，將桑昆妻子百姓都擄了，又將你帖列格禿有的百姓，擄了一半。你又求救於我，我使四傑將你桑昆的妻子、百姓、頭疋，都救與了你。

以上是明初譯員的節譯，“你後將篾兒乞百姓擄了”云云，係對蒙古文原意的籠統性歸納。稽以漢字音譯蒙古文可知，此即鐵木真、王罕聯軍與篾兒乞在“木[舌]魯徹薛兀勒”（Müriče se'ül，即莫那察山）的戰爭。以上《元朝秘史》第177節引文，以回憶往事的方式，將“四傑”援王罕置於莫那察之戰後敘説，從而被漢文和波斯文文獻所因襲，故成爲後者將其置於鐵木真早期無明確繫年諸事中的原因。其實，這是對《元朝秘史》明確繫年的漠視，並不符合客觀實情。

“四傑”援王罕後，鐵木真欲進一步加強與王罕的聯盟，故主動求取桑昆之妹爲朮赤之妻，但遭到拒絕，從而爲雙方關係的惡化埋下了伏筆。猪兒年（1203），桑昆主動示好，擬邀鐵木真前來談論聯姻之際將其擒拿。此事後被洩密而導致雙方徹底決裂，鐵木真戰敗後在班朮尼河誓師，在遣使指責王罕不義的同時，亦準備偷襲克烈，最終將克烈徹底摧毀。消滅在漠北強盛一時的克烈，使得鐵木真實力驟增，故藉此機會對護衛軍和千戶進行了大幅調整和重新建制。鼠兒年（1204），鐵木真又征乃蠻，將其滅亡後，依附乃蠻的朵兒邊、合荅斤、撒勒只兀惕、札荅闌、泰赤烏等部也俯首稱臣；是年秋，鐵木真又大敗篾兒乞。以上兩年《元朝秘史》的敘事基本被《史集》所承襲，然其間護衛軍和千戶的建制，則不見於漢文文獻。

牛兒年（1205），《元朝秘史》記鐵木真派速不台率軍追襲西逃的篾兒乞殘餘勢力。在漢文和波斯文文獻此年的紀事中，對此並未提及，而是代之以征西夏之事，漢文文獻甚至還明確記載攻下的是力吉里寨。這一差異其實是漢文、波斯文文獻後面紀事內容脱離《元朝秘史》敘事脈絡的分水嶺，也就是説，從牛兒年開始，漢文和波斯文史料關於成吉思汗的紀事並不完全與《元朝秘史》亦步亦趨了。

爲了便於理解，今將以上研究列表如下：

紀事	蒙古文文獻	漢文文獻			波斯文文獻	備注
	元朝秘史	聖武親征錄	太祖紀	通鑑續編	史集	
孛兒帖赤那至朵奔篾兒干的世繫。	√				√	
孛端察兒至也速該的世繫。	√		√		√	《通鑑續編》僅記孛端察兒與也速該，缺失二者中間的世繫。

續表

紀事	蒙古文文獻	漢文文獻			波斯文文獻	備注
	元朝秘史	聖武親征錄	太祖紀	通鑑續編	史集	
也速該搶婚生子、送鐵木真婚前入贅親家，塔塔兒毒殺也速該。	√					這些事件，漢文與波斯文文獻皆未載。
泰赤烏撇棄鐵木真一家，訶額侖艱難養子，鐵木真殺異母弟、奪回盜馬、奪妻復仇篾兒乞。	√					漢文與波斯文材料，將這一時期的敘述主線簡化爲成吉思汗家族與泰赤烏部的關係，並在赤老溫歸附時順帶提及成吉思汗曾被泰赤烏所擒之事，在記載隨後的十三翼之戰時，自然就將鐵木真的對手書作以泰赤烏爲首的聯軍，其實是有意弱化了札木合的歷史影響。
十三翼之戰。	√	√	√	√	√	
照烈部來降。		√	√	√	√	《太祖紀》所記照烈評價鐵木真之言，與其他三書略異。
與主兒乞宴會。	√	√	√		√	
與克烈征塔塔兒。	√	√	√	√	√	《太祖紀》與《通鑑續編》絲毫未提王罕參與此役，顯然是在刻意抹殺王罕的歷史地位。
滅主兒乞。	√	√	√	√	√	此事直接原因，蒙古文與波斯文文獻基本一致，漢文文獻則另有異說。
闊亦田之戰。	√	√	√	√	√	《元朝秘史》遺漏了此前的帖尼火魯罕之戰。
鎖兒罕失剌、者別等人的歸附。	√	√	√	√	√	此事漢文與波斯文史料所置時段並不可取，應以《元朝秘史》爲准。
札合敢不來歸。	√	√	√	√	√	《元朝秘史》繫於攻滅泰赤烏主力後，其他文獻皆置於復仇主兒乞後。
"四傑"援王罕。	√	√	√	√	√	此事漢文與波斯文文獻所繫時段有誤，應以《元朝秘史》爲準。
滅克烈、乃蠻，大敗篾兒乞等事。	√	√	√	√	√	其間，《元朝秘史》所記鐵木真對護衛軍和千戶的建制，不見於漢文文獻。
1205年速不臺帶著鐵車追襲篾兒乞殘部。	√					漢文、波斯文文獻皆失載。

從上述分析來看，關於成吉思汗混一漠北史的最早文獻記載，當屬《元朝秘史》一書，後來的漢文與波斯文文獻的總體敘事結構和內部脈絡，基本上皆沿襲了《元朝秘史》。相對而言，漢文文獻關於成吉思汗混一漠北史的記載，又與波斯文文獻最爲接近，這兩類文獻與《元朝秘史》的敘事已有一定距離，可視爲《元朝秘史》模式在後來的小修小補。

就漢文文獻來說，《聖武親征錄》、《太祖紀》所記鐵木真與主兒乞宴會，不見於《通鑑續編》；至於《通鑑續編》所記“四傑”與會班朮尼河盟誓，亦不載於《聖武親征錄》與《太祖紀》。不過，《通鑑續編》的個別地方與《太祖紀》更爲接近，如二書皆記載了阿闌豁阿與孛端察兒，亦皆忽略了王罕在征塔塔兒之戰中的作用；《通鑑續編》還有一些史文，像鐵木真招降照烈時後者對他的評價之詞，則與《聖武親征錄》如出一轍。可以說，《通鑑續編》所記成吉思汗混一漠北史，與《聖武親征錄》、《太祖紀》有著千絲萬縷的聯繫，通過以上的例證，可以肯定的是這三部漢文文獻有著共同的史源。另一方面，《通鑑續編》所記成吉思汗混一漠北史，不但在局部細節上豐富了我們對相關史事的認識，而且還與《太祖紀》一起，向我們揭示出漢文文獻《聖武親征錄》關於成吉思汗混一漠北的記載，其所據最初史源中應該還包括成吉思汗十世祖的事跡，盡管今本《聖武親征錄》中並未留下任何痕跡，這一點對於我們了解《元朝秘史》關於成吉思汗敘事模式的文獻傳承至關重要。當然，16世紀藏傳佛教主導蒙古人的意識形態後，關於成吉思汗混一漠北史的《元朝秘史》模式，又有了相當大的改塑與變動，這已超出了本書研究的範圍，值得今後的進一步梳理與探討。

本文係《元明時期蒙古認同的歷史變遷》這一科研專案（編號2020GN058）的階段性成果，得到“山東大學基本科研業務費專項資金資助”（英文名稱：Supported by “The Fundamental Research Funds of Shandong University”），謹致謝忱。

The History of the Mongolian Plateau Conquered by Chinggis Khan, as Recorded in *Tongjian-xubian:* A Study on the Interlinear Notes of “Mongolian *Taizu-Huangdi's* enthronement near the Onon River”

Cao Jincheng

The value of historical materials on “Mongolian *Taizu-Huangdi's* enthronement near the Onon River” recorded in *Tongjian-xubian*, is self-evident and has received due attention from researchers. This article attempts to change the perspective, outline its narrative context, and study events neglected or given less attention by researchers. On the basis of the narrative pattern, especially the history of the Mongolian Plateau conquered by Chinggis Khan as recorded in Secret History of the Mongols, I analyze the literary status of *Tongjian-xubian* in the literary transmission of the narrative pattern of Secret History of the Mongols.

《元史》卷一一四《后妃傳一》① 箋證之一

劉迎勝

元后宫制度雜糅蒙漢。皇后，蒙古語稱哈敦。戴后號者各朝並不限一人，各主其斡耳朵，中容妃子若干人。各帝后逝後，其斡耳朵長期維持，朝廷另擇妃子守宫。

《元史》爲后妃列兩傳，卷一一四收太祖成吉思汗至惠宗各帝主要后妃，卷一一六收追授帝號諸帝后妃。並非所有元朝后妃都被收入《后妃傳》。本傳收録各朝后妃多寡不均，大蒙古國時期諸帝自元太祖成吉思汗至元憲宗蒙哥，只各收録諸帝正后一人，世祖以降除正后外，續有收録其他后妃者。

《元史》中，記録后妃人物事蹟族屬除《后妃傳》之外，最重要者爲卷一〇六《后妃表》。成吉思汗肇興之前，其所出之蒙古部與弘吉剌部已有世婚關係，故本書卷一一八《特薛禪傳》亦爲研究元后妃重要資料。

除存留至今的各種元人文集、方志與金石之外，記載元后妃的資料不僅有域外漢文文獻，還有非漢文文獻，如有關成吉思汗皇后孛兒帖的記載，在非漢文文獻中要遠多於漢文文獻，這是元代后妃研究的重要特點。本文在前人研究的基礎上，對所匯各種有關史料詳加辨析而成。本文史文據中華書局標點本，注釋置於段後。

太祖光獻翼聖皇后[1]，名〔孛兒台〕[2]旭真[3]，弘吉剌氏[4]，特薛禪[5]之女也。特薛禪與子按陳[6]從太祖征伐有功，賜號國舅，封王爵，以統其部族。有旨："生女爲后，生男尚公主，世世不絕。"[7]世祖至元二年十二月，追謚光獻翼聖皇后[8]。冊文曰：[9]"尊祖宗，致誠孝，實王政之攸先；法天地，建鴻名，亦母儀之克稱。肆先虔於太室，庸昭示於後昆。體茲至

---

① 許正宏："《后妃傳》史源約略有四：一是仁宗、英宗、順帝三朝敕修的《后妃傳》，二是《累朝實録》、順帝朝的時政記科記事録與《經世大典·賦典·宗親歲賜》篇，三是《國朝文類》所録冊文，四是互見於《元史》相關傳記的材料（原腳注 95：王慎榮、葉幼泉、王斌：《元史探源》，吉林文史出版社，1991 年，第 120—125、152—154 頁）大抵係以方編修文書爲主。"（《元答己太后與漢文化》，《中國文化研究所學報》2011 年第 53 期，第 100 頁）

公，節以大惠。欽惟光獻皇后，宅心淵靜，稟德柔嘉。當聖神創業之初，有夙夜求賢之助。功施社稷，垂慈訓於景襄；慶衍宮闈，流徽音於莊聖。[10] 協贊龍飛之運，永詒燕翼之謀。惟周人著稱思齊，亦推本興王之跡；[11] 在漢世始謚光烈，蓋篤申追遠之情。是用稽迪舊章，增崇遺美。[12] 謹遣攝太尉某，奉玉冊玉寶，加上尊謚曰光獻翼聖皇后。伏惟淑靈降格，典禮備膺，於億萬年，茂隆丕祚。"升祔太祖廟。[13] 其餘后妃有四斡耳朵 [14] 四十餘人，不記氏族，其名悉見于表。後皆倣此。

[1] 陳怡如：忽必烈定都中原後，仿效漢王朝的典章制度，於中統三年（1262），詔建太廟於京師；至元三年（1266）十月，太廟落成，忽必烈命平章政事趙壁等集議，爲大蒙古國（1206—1259）歷代祖宗訂定謚號與廟號。追謚鐵木真爲太祖聖武皇帝；追謚皇祖妣孛兒台爲光獻皇后。① 至大二年（1309），加謚太祖皇后"翼聖"爲光獻翼聖皇后②。③

[2] 羅依果（Igor de Rachewiltz）認爲，孛兒帖意爲"天藍的、有點藍的、藍灰色的"，作爲專有名詞，相當於［女性名］莎莉丝特。④

[3]《元史譯文證補》："《元史》作孛兒台旭真。案，明茅元儀《武備志》：韃靼稱女子曰藕琴，即旭真也。蒙古文往往有此聯屬之語。如《親征錄》之帖木真斡怯，《秘史》之帖木真兀格，下二字皆非其名，譯者未言其故，作史者誤以爲名，應去。朮赤、察罕台、窩闊台、拖雷皆其所出。《元史・表》太祖后妃共三十九人，西域書未備載，但云正后五人，孛兒台爲之首。"⑤

屠寄："《蒙兀秘史》始作孛兒帖兀真，旁解兀真爲夫人。《元史》作旭真，今滿洲語稱諸王妻曰福晉，亦兀真、旭真之異譯，實漢語夫人之音譌。按，孛兒帖名義爲蒼白色。"⑥

標點本校勘記［一］：名〔孛兒台〕旭真，據本書卷一〇六《后妃表》補。按"旭真"爲漢語"夫人"之音轉，係稱號，非名。（第 2882 頁）

陳怡如：《元史・后妃傳》百衲本未載其名，今據中華書局校勘本《元史・后妃表》補入"孛兒台"。孛兒台的同名異譯：札奇斯欽的《蒙古秘史新譯並注釋》（第 66 節，第 65 頁）作"孛兒帖"；余大鈞、周建奇所翻譯的《史集》（第一卷第一分冊，第 85 頁）亦譯作"孛兒帖"。旭真，意同漢語中的夫人。根據札奇斯欽的說法，"兀真"（üjin）較"旭真"更接近《秘史》成書時代的蒙古語發音（《蒙古秘史新譯並注釋》第 94 節，第 100—101 頁，注 1）。（彙注按，"旭真"反映的是 13 世紀蒙古語詞首的 H-，如《秘史》

① 詳《元史》卷七四《祭祀三》，第 1831—1832 頁。

② 《元史》卷一〇九《公主表》，第 2694 頁；錢大昕：《廿二史考異》卷九三，第 1727—1728 頁。

③ 陳怡如：《〈元史・后妃傳〉與〈后妃表〉證補》，台灣清華大學碩士學位論文，2010 年，第 1 頁，注 1。以下簡稱《元史后妃表傳證補》。

④ Börte means "sky-blue, bluish, blue-grey"; as a proper name it corresponds exactly to our "Celeste", See Rachewiltz 1997; Rybatzki 2003, s.v. Cf. above n. 1, in *The Secret History of the Mongols, A Mongolian Epic Chronicale of the Thirteenth Century*, translated with a historical and philological commentary by Igor de Rachewiltz, Brill, Leiden-Boston, 2006, p. 334. "Rybatzki 2003" 即 V. Rybatzki, "Female Personal Names in Middle Mongolian Sources", in The Role of Women in the Altaic World: PIAC 44th Meeting, Walberberg, 2003.

⑤ 《證補三・后妃表補輯》，清光緒刻本。

⑥ 《蒙兀兒史記》卷一九《后妃列傳》，中國書店，1983 年，第 1 頁。

所記成吉思汗曾叔祖俺巴孩，在《元史》中記爲咸補海等。）

現存史冊未記載孛兒台的生卒年份，據《秘史》孛兒台與鐵木真訂親時，“比帖木真大一歲，有十歲了”。因此可從鐵木真歲數來推知。中外史料中有關鐵木真生年有三種說法：乙亥年（1155）、壬午年（1162）與丁亥年（1166）。邵循正與周清澍根據《聖武親征錄》、《南村綴耕錄》與《元史》等書所載，鐵木真卒於1227年，年六十六，倒推鐵木真生於壬午年（1162）。① 李治安援引元、明時代的藏文史籍佐證此說不誤。② 故而孛兒台當出生於1161年。至於其卒年，屠奇據《蒙古源流》記孛兒台在成吉思汗逝後居於漠北，主張孛兒台“殂後於成吉思”。③

《秘史》最後一次提到孛兒台是記1207年晃合丹氏家族離間成吉思汗與其弟哈撒兒事（《秘史》第244、245節）。羅依果推測孛兒台逝於此後，見 *The Secret History of Mongol*, p. 334。陳怡如注意到《秘史》在此年後記錄幾次重要事件中有關成吉思汗女眷时，如1219年西征二皇后忽蘭隨行，三皇后也速提醒西征前應指定繼承人；1226年征西夏也速隨行等，皆未提及孛兒台，故她很可能如羅依果所推測的，逝於1207年至1219年間。④

[4]《本證》卷五〇，證名十四：（宏）[弘]吉列，武宗至大三年。（宏）[弘]吉烈，屢見。（宏）[弘]吉列帶，成宗大德六年有（宏）[弘]吉列帶、燕里干。（宏）[弘]吉烈帶，《成宗紀》首有（宏）[弘]烈帶阿魯灰。雍吉剌，文宗天曆二年、《列女》、《脫脫尼傳》。雍吉烈，《孛蘭奚傳》。甕吉剌，屢見。甕吉剌帶，世祖至元十三年，甕吉剌帶，丑漢，即特薛禪裔孫。甕吉里，成宗大德七年“月里不花將甕吉里軍赴雲南”。

周良霄《元史北方部族表》：Bosqur 孛思忽兒弘吉剌分部，特薛禪所部（第79頁）。《元史・特薛禪傳》：“特薛禪，姓孛思忽兒，弘吉剌氏。”

屠寄：“孛兒忽兒翁吉剌氏”，並注：“蒙兀語謂漢人式房屋曰版升，聲轉爲孛思；謂圈子曰庫倫，聲轉爲忽兒（彙注按，此說無據）。德薛禪一族之翁吉剌氏，居扯克扯兒、赤忽兒古兩山間，地近金源泰州臨潢邊堡，濡染華風，築室耕牧，不逐水草移徙，與今内蒙古科爾沁等旗同俗。也速該、帖木真父子前後兩訪德薛禪家，均在是兩山間得之，時隔數年，並未遷徙。成吉思妻族稱孛思忽兒翁吉剌氏，以此其母族，別稱斡勒忽納翁吉剌氏，則元魏烏洛侯、唐烏羅護之遺俗，仍遊牧，居地在今呼倫貝爾、海剌兒水等處者也。”⑤

有關弘吉剌所受封地，參見葉新民《弘吉剌部的封建領地制度》（《蒙古史論文選集》，1983年，第220—254頁）。

有關弘吉剌氏最詳細的資料保存在拉施都丁《史集》“弘吉剌惕”部一節中，其中云：

---

① 邵循正：《成吉思汗生年問題》，原載《歷史研究》1962年第2期；收入沙日勒岱、武占海、劉毅政編：《成吉思汗研究文集1949—1990》，內蒙古人民出版社，1991年，第3—6頁。周清澍：《成吉思汗生年考》，原載《內蒙古大學學報》1962年第1期；收入沙日勒岱、武占海、劉毅政编：《成吉思汗研究文集1949—1990》，第7—17頁。

② 李治安：《成吉思汗生年問題補正》，《歷史研究》1996年第1期。

③ 《蒙兀兒史記》卷一九《后妃傳》，第2a頁。

④ 《元史后妃表傳證補》，第1頁，注1。

⑤ 《蒙兀兒史記》卷一九《后妃傳》，第1頁。

這個部落出自曾經遁入額兒古涅·昆的那兩個人的氏族。如前所述，據說這個弘吉剌惕部落，未經商議，就先于他人突然走出［峽谷］，以致踏壞了其他部落的爐灶。蒙古人斷言，弘吉剌惕人處常見的足疾就是這種行爲的後果，他們的罪孽落到了他們的脚上。在遙遠的過去，其他蒙古部落都憤恨弘吉剌惕人，因爲他們最先走出並成爲它們的反對者；在它們中間，這是家喻戶曉的。

從弘吉剌惕部落分衍出了［另一些］部落，各有其一定名號。因此，在列舉［突厥—蒙古諸部落］時，各個［部落］的名稱都是分別記載的。但因爲它們基本上［全都］是這個部落的分支，它們的禹兒惕都在哈剌溫·只敦的那邊與亦乞剌思、豁羅剌思部落在一起，……。據說，他們［弘吉剌惕人］的起源如下：從一個金器里，生出了三個兒子，這話大概是個隱喻。意思是說，生出這三個兒子的那個人，生性聰穎，［品格］完美，言行態度的教養都很卓越出衆。他被比擬作金器，首先由於這種說法爲蒙古人所使用，因爲他們有這樣一種習慣，他們見到君主時就說："我們見到了君主的金顔！"所指的是［他的］金心。

這種比喻和說法，也被使用于其他部落中間，因爲金子是人所需要的、極純潔無瑕的貴重之物。顯然，他們應當是指此而言，否則，人類從金器生出［這話］，就是不可理解的，就成爲憑空虛構了。簡而言之，這三個兒子的名字以及從他們每個人所出分支的［名稱］，如以下所詳列：

長子，主兒魯黑（jūrlūq）·篾兒干。他是現今弘吉剌惕所屬諸部落的祖先。

第二子，忽拜（q(u)bāī）·失列（šīreh）。他有兩個兒子：亦乞剌思（aīkīrās）和斡勒忽訥惕（aūlqūnūt）。

第三子，禿速不·答兀（tūsubuū dāū'ū）。他有兩個兒子：合剌訥惕（q(a)rānūt）和弘里兀惕（qūnklīūt）。

長子主兒魯黑蔑兒干，因爲從弘吉剌惕部落之根（asl）中產生了若干分支，……所以弘吉剌惕這個名稱就留歸了［他們之中的］某些人所有，現在他們還以這個名稱爲人們所知。主兒魯黑·篾兒干是這個部落的祖先。"篾兒干"一詞意謂神箭手。……

弘吉剌惕部落［所佔據的］地區，爲延伸于乞台、蒙古兩地之間，……他們現在還住在那里。在各個時期，從這些弘吉剌惕人中間，出過許多異密和貴婦。①

[5] 特薛禪，本書卷一一八有傳。《史集》"弘吉剌惕"部一節中有未見蒙、漢史料記載的內容："弘吉剌惕人還有另一支人，其首長爲德（daī）那顔。他有兩個兒子：阿勒赤（āljī）那顔和火忽（hūqū）那顔，以及一個名孛兒帖兀真的女兒。成吉思汗年轻时曾向她求婚，但她的父亲［对此］百般阻挠。由於阿勒赤那顔與成吉思汗友好，他竭力讓這個姊妹嫁給了他。她的年歲比阿勒赤那顔大。德那顔有個兄弟名叫答里台（dārītāī），他有四個兒子：合塔（qtā）、不禹兒（būyūr）、塔忽答兒（tākūdār）和主亦忽兒（jūīqūr）。他們和他們的子孫，大多數娶成吉思汗氏族的姑娘，或將［自己的姑娘］出嫁到他的［氏族］。他們的官秩（manṣāb）很高。因此得以列座於［成吉思汗］諸子之上。他們全都是左翼異密。現今也還有許多出身於

① 《史集》第一卷第一分册，余大鈞、周建奇譯，商務印書館，1983年，第261—263頁。以下簡稱《史集》漢譯本。

他們直系後裔的駙馬，供職於合罕處以及窩闊台、察合台和朮赤的領地［兀魯思］中。”[①]

[6] 按陳，本書卷一一八有傳。陳怡如：按陳，《元史》卷一八《成宗紀》（第 390 頁）作“按只”；《秘史》（第 202 節）作“阿勒赤”。鐵木真 1206 年建國，按陳在九十五千戶中位列第八十六，窩闊台“賜號國舅按陳那顏。壬辰（1232），賜銀印，封河西王，以統其國族”[②]。

《相哥八剌魯王元勳世德碑》（《鉅野縣志》卷二〇，第 52 頁）：“按陳那演，性慷慨，果決敢爲，綽有父風，以智勇擒大敵。太祖嘉重，以妹妻之。”而《元史》卷一一八《特薛禪傳》（第 2915 頁）載：“（按陳）妻哈真，追封濟寧王妃。”按陳的王妃不會僅有哈真一人。陳怡如推測哈真可能是太祖胞妹。[③]

彙注按，按陳即上引《史集》之阿勒赤（ālјī）。

[7]《考異》卷九三：“此文已見《特薛禪傳》。”

彙注按，對比《元史・特薛禪傳》：“丁酉（1237），賜錢二十萬緡，有旨：‘弘吉剌氏生女世以爲后。生男世尚公主。每歲四時孟月，聽讀所賜旨，世世不絕。’”[④] 可知，此語源出於元太宗窩闊台。屠寄以爲《元史》誤，堅持此語出自成吉思汗。[⑤]

元太宗有關弘吉剌部“生女爲后，生男尚公主，世世不絕”的話見於元代許多文獻，如劉敏中《勑賜應昌府罔極寺碑》中提道：“聖元有國以來，勳閥之家，女爲后妃，男繼尚主，世戚之重，寵絕常品者，惟弘吉剌氏而已。”（《中庵集》卷三，清鈔本，北圖藏）程鉅夫在《應昌路報恩寺碑》：“太祖初興，魯國忠武王按赤那演以佐命元勳，有分地，約世婚。”程鉅夫還“獻頌，曰：在昔太祖，龍興朔方，惟弘吉剌，忠武洸洸，佐定中原，遂開大荒，約締世婚，申錫土疆”。[⑥]

此外，程鉅夫爲追封弘吉剌氏魯王祖妣所起草的《故曾祖母某氏追封魯忠武王妃制》中有“世爲后族，實顯有功，夫乃婦天，故從其爵”（程鉅夫《程雪樓集》卷三）的句子。上述兩碑均爲弘吉剌部駙馬所建，其有關弘吉剌與成吉思汗家族世代聯姻之辭，顯然來自於弘吉剌部貴族自身。而追封魯王家族祖妣制文中有關弘吉剌氏爲皇室后族的話也肯定同樣依據該家族的自述，換而言之，有元一代弘吉剌部始終以后族自居。

那麼這種世婚關係的另一方，成吉思汗家族如何看待兩部的婚姻關係呢？元世祖忽必烈即位後，文人王磐受命爲察必撰《皇后冊文》，其中曰：“諮爾皇后，弘吉烈氏，戚裹名家，元勲貴族，備儀率禮，令德來嬪。”[⑦] 元仁宗阿納失里皇后的冊文與立后詔文稿兩者均存。阿納失里皇后的冊文由程鉅夫所撰，其中有關兩族世婚的話語爲：“諮爾弘吉剌氏，寔我家世戚，嫡嗣所自，出積德流，慶肆啟爾，來嬪於朕，淑慎孝恭，令譽昭聞。”（《元文類》卷一〇）而《立后詔》則保存在《元典章》中，其有關語句是“弘吉剌氏，蚤由世戚，來嬪我家”（《元典章》詔令卷一典章一，元刻本）。冊立皇后是皇室重典，上述幾則文獻中有

---

① 《史集》漢譯本，第一卷第一分冊，第 264 頁。
② 《元史》卷一一八《特薛禪傳》，第 2915 頁。
③ 《元史后妃表傳證補》，第 2 頁，注 5。
④ 《元史》卷一一八《特薛禪傳》，第 2915 頁。
⑤ 《蒙兀兒史記》卷二三《德薛禪傳》，第 241 頁。
⑥ 程鉅夫：《程雪樓集》卷五，明洪武二十八年與耕書堂刻本。
⑦ 蘇天爵：《元文類》卷一〇，四部叢刊景元至正本。

關對弘吉剌氏是皇室的“戚裏名家，元勲貴族”；“世戚”和“嫡嗣所自”的用辭，則反映了成吉思汗家族對兩族關係的視角，與前述弘吉剌氏自身一樣。換而言之，這種世婚關係得了到雙方的承認。

由於成吉思汗及子孫領導的蒙古帝國的領土，覆蓋歐亞大陸的大部分地區，在那些離開故土遠鎮一方的蒙古人中，也保存了對兩族世代嫁娶關係的記憶。正如前引波斯伊利汗國史家拉施都丁所撰《史集》中所述：“他們和他們子孫，大多數娶成吉思汗氏族的姑娘，或將［自己的姑娘］出嫁到他的［氏族］。他們的官秩（manṣab）很高，因此得以列座於［成吉思汗］諸子之上，……。現今也還有許多出身於他們直系後裔的駙馬，供職於合罕處以及窩闊台、察合台和朮赤的領地［兀魯思］中。”①

可見，《元史·后妃傳》與《特薛禪傳》所記元太宗有關弘吉剌氏“生女爲后，生男尚公主，世世不絕”的聖旨，不僅在元本土，而且在整個蒙古帝國均爲人所知。

陳怡如：蒙古人風俗講求“自家骨頭休成親”，鐵木真出身蒙古部孛兒只斤氏，居住在斡難河流域。鐵木真的父親也速該行經位在也里古納河的弘吉剌部，在途中與特薛禪相遇，特薛禪直呼他“親家”，說明了兩族通婚的事實。②

宇野伸浩在《弘吉剌部與成吉思汗系通婚關係的變遷》③中進一步指出這除了是世代通行的婚姻關係外，也具有姊妹交換婚（sister exchange marriage）的意義，彼此交換女兒作爲對方家族的妻子。例如鐵木真娶孛兒台，之後他將女兒禿滿倫許配給特薛禪之孫赤窟。陳怡如彙整蒙元歷代弘吉剌氏皇后如下表④：

<table>
<tr><th>序號</th><th>身分</th><th>姓名</th><th>出身</th><th>備注</th></tr>
<tr><td>1</td><td>太祖皇后</td><td>孛兒台</td><td>特薛禪女</td><td></td></tr>
<tr><td>2</td><td>睿宗皇后</td><td>伯顔</td><td>不詳</td><td>拖雷過世後，伯顔被庶子阿里不哥收繼。
（按阿里不哥非庶子）</td></tr>
<tr><td>3</td><td rowspan="2">憲宗皇后</td><td>忽都台</td><td rowspan="2">忙哥陳女</td><td rowspan="4"></td></tr>
<tr><td>4</td><td>也速兒</td></tr>
<tr><td>5</td><td rowspan="3">世祖皇后</td><td>帖木倫</td><td>脱憐女</td></tr>
<tr><td>6</td><td>察必</td><td>按陳女</td></tr>
<tr><td>7</td><td>南必</td><td>仙童女</td><td>邵循正認爲南必爲按陳女。</td></tr>
<tr><td>8</td><td>成宗皇后</td><td>失憐答里</td><td>斡羅陳女</td><td rowspan="4"></td></tr>
<tr><td>9</td><td rowspan="2">武宗皇后</td><td>真哥</td><td rowspan="2">迸不剌女</td></tr>
<tr><td>10</td><td>速哥失里</td></tr>
<tr><td>11</td><td>仁宗皇后</td><td>阿納失舍里</td><td>不詳</td></tr>
</table>

① 《史集》漢譯本，第一卷第一分册，第 264 頁。

② 《秘史》第 1 節，第 61—62 頁；蕭啓慶：《元代四大蒙古家族》，《元代史新探》，新文豐出版公司，1983 年，第 190 頁。

③ 原題爲《成吉思汗系通婚關係變遷》，刊於《東洋史研究》第 52 卷第 3 號，孟秋麗摘其中與弘吉剌氏按陳一族的世婚内容漢譯後加新標題，刊於《蒙古學信息》1997 年第 2 期，第 2 頁。

④ 《元史后妃表傳證補》，第 2—3 頁，注 6。

續表

序號	身分	姓名	出身	備注
12	泰定帝皇后	八不罕	斡留察兒女	
13		必罕	買住罕女	
14		速哥答里		
15	文宗皇后	卜答失里	瑪阿不剌女	
16	寧宗皇后	答里也忒迷失	不詳	
17	順帝皇后	伯顏忽都	孛羅帖木兒女	
18		木訥失里	不詳	
19	裕宗妃子	伯藍也怯赤	不詳	
20	顯宗皇后	普顏怯里迷失	不詳	
21	順宗皇后	答己	渾都帖木兒女	
22	烈祖皇后	月倫	不詳	斡勒忽訥氏屬於弘吉剌部的一支。

[8]《蒙兀兒史記》卷一九《后妃傳》云："至元三年（據《世祖本紀》及《祭祀志》作三年，《后妃表》及《后妃舊傳》誤作二年），追謚光獻皇后。""至大二年加謚光獻翼聖皇后。"① 陳怡如："光獻翼聖皇后"條注已提及《元史·祭祀志》記載大蒙古國歷代祖宗的追謚與祔廟是發生在至元三年（1266）。《元史·后妃傳》記至元二年（1265）追謚孛兒台，誤。②

[9] 標點本校勘記［二］：世祖至元二年十二月追謚光獻翼聖皇后冊文曰，《考異》云："案《后妃表》，至元二年追謚光獻皇后，至大二年加謚光獻翼聖皇后。《傳》但書至元追謚，而不及至大之加謚，其所載謚冊，乃至大加謚之冊，而誤以爲至元之冊。又案《祭祀志》，至元三年十月太廟成，命平章政事趙璧等集議，制尊謚廟號（《世祖紀》同），定爲八室，是累代帝、后之謚，皆定于至元之三年，而《表》與《傳》皆作二年，亦誤也。又案至元上謚，在三年十月，至大加謚則在二年十二月，此云十二月，則爲至大之謚號冊審矣。"按《考異》是，此段文字有奪誤，本書《后妃表》、《傳》至元三年追謚記載，"三"皆誤爲"二"。此處實應作"世祖至元三年十月追謚光獻皇后，武宗至大二年十二月加謚光獻翼聖皇后，冊文曰"（第2882頁）。

[10] 陳怡如：世祖朝至元三年（1266），追謚"皇考"拖雷，尊封廟號"睿宗景襄皇帝"；拖雷的妻子莎兒合黑塔泥追封爲"皇妣莊聖皇后"。此篇冊封文僅道出孛兒台與拖雷的關係，而未述及孛兒台其他子嗣。從《秘史》、《元史》與《史集》的記載可以確知孛兒台有四子：朮赤、察合台、窩闊台（1186—1241）與拖雷（1190—1232）。③

[11] 陳怡如：《詩經·大雅·思齊》："思齊，文王所以聖也。思齊大任，文王之母，思媚周姜，京室之婦。大

① 據《武宗本紀》、《祭祀志》補正。《舊傳》云："至元二年十二月，追謚光獻翼聖皇后"，是以兩次追謚誤並爲一。

② 《元史后妃表傳證補》，第3頁，注7。

③ 《元史后妃表傳證補》，第3頁，注8。

姒嗣徽音，則百斯男。”（《毛詩鄭箋》卷一六，第9b頁）此處是說周朝“三太”（太姜、太任與太姒）德行莊敬，輔翼家室的美德被書寫在《詩經》中，成爲傳世的美談；也可藉《思齊》追溯周文王的功業。冊文藉此表示應該爲孛兒台建美稱，榮其美德。①

[12] 陳怡如：冊文釋孛兒台皇后謚號來由。漢代本無對皇后追封謚號，漢明帝追封母親“光烈”。明帝以後，均以皇帝廟號結合“德”字，組成皇后的謚號。例如明帝之妻馬皇后的謚號爲“明德”，是以明帝廟號“明”字，結合“德”字所組成。漢獻帝初平年間（190—220），左中郎將蔡邕議請建立皇后謚號的禮法：“大行受大名，小行受小名。”清趙翼評議此事：“后之有專謚，始於明帝之謚陰后，繼成於蔡邕之謚鄧后。”見《後漢書》卷一〇下，第17頁；趙翼《廿二史劄記》卷一九《帝號標后謚》，第368—369頁。②

[13] 姚燧《至大三年十月赦》：“朕自嗣守丕基，致孝太室，奉上玉冊寶，加謚太祖爲法天啓運聖武皇帝、光獻翼聖皇后。”③

上述《光獻翼聖皇后傳》僅提及其出自弘吉剌氏，父親特薛禪，兄弟按陳三項信息，連其名字亦未見提及，缺實質內容，顯示《元史》作者宋濂等人對元初歷史缺乏了解。屠寄在其《成吉思汗孛兒帖可敦傳》中據《秘史》略做補充。④

《秘史》多處記孛兒帖事蹟，如第61—66節總譯記成吉思汗少年時，其父也速該帶他赴弘吉剌部訂親時記：

> 帖木真九歲時，他父親也速該將引他往母舅斡勒忽（中）訥氏處索女兒與帖木真做妻。到扯克徹兒、赤忽（中）兒古名字的山兩間，遇着翁吉剌（舌）氏人德薛禪。（第61節）
>
> 德薛禪問說：“也速該親家，你往那裏去？”也速該說：“我往這兒子母舅斡勒忽（中）訥氏索女子去。”德薛禪說：“你這兒子眼明面光。（第62節）我昨夜夢見一箇白海青，兩手拿着日月，飛來我手上立。我對人說：‘日月但曾眼見。如今這白海青拿日月來到我手上，必然好。’也速該親家，原來你今日將這兒子來，應了我的夢。必是你乞顏人的吉兆。（第63節）俺翁吉剌（舌）家在前日子裏，不與人爭國土百姓。但有顏色的女子，便獻與您皇帝人家，后妃位子裏教坐有來。（第64節）大凡結親呵，兒孩兒便看他家道，女孩兒便看他顏色。也速該親家，我家裏有箇女兒年幼小（俚）[哩]，同去（著）[看]來。”就引到他家裏去了。（第65節）
>
> 到他家裏，見了他女兒生得好，也速該心裏喜歡。其女子十歲，大帖木真一歲，名孛兒帖。當日就在他家宿了。第二日，也速該問他索這女子。德薛禪說：“豈多遍索了與呵，便重；少遍索了與呵，便輕。大凡女孩兒生了，老在家裏的理無。我將女兒與你兒子。你兒子留在這裏做女婿，兩家相從了。”也速該說：“我兒子怕狗，休教狗驚着。”就留下他一箇從馬，做定禮[的行]去

① 《元史后妃表傳證補》，第4頁，注10。
② 《元史后妃表傳證補》，第4頁，注11。
③ 蘇天爵：《國朝文類》卷九四，四部叢刊景元至正本。
④ 《蒙兀兒史記》卷一九《后妃傳》，第1頁。

了。（第 66 節）[①]

孛兒帖嫁給成吉思汗的情況，《秘史》記：

初帖木真九歲時，與德薛禪的女兒孛兒帖兀真相離了來。此時與弟別勒古台順着客魯漣（舌）河尋去。（列）[到]扯克徹兒、赤忽（中）兒忽（山兩）[龔注按，似應訂正爲“兩山”]間，尋着德薛禪家。德薛禪見了帖木真，好生大歡喜，說：“知得泰亦赤兀兄弟每嫉妒你，我好生愁着，絶望了來。今日僅得見你。”說了，將孛兒帖女兒與帖木真做了妻。德薛禪與他妻搠壇同送帖木真夫妻回去了。到客魯漣（中）[龔注按，《秘史》漢字旁注與總譯中，小字旁注之“中”字只用于喉音。此外，客魯漣河之“漣”字在他處旁注並非小字“中”字，而是“舌”，故此處之“中”應訂正爲“舌”]河兀剌（舌）黑啜勒的邊隅，德薛禪回家來了，搠壇直送他女兒到帖木真家裏。（第 94 節）

搠壇送他女兒到帖木真家回去了後，帖木真欲要孛斡兒出做伴，使別勒古台喚去。……（第 95 節）

自桑古兒河邊起了，到客魯漣（舌）河源頭不兒吉名字的地岸根前，做下營盤住了。搠壇的女孛兒帖兀真行上見公姑的禮物，將一箇黑貂鼠襖子有來。帖木真說：“在前俺的父也速該皇帝，與客列亦惕種姓的王罕（中）契合，便是父一般。他如今在土兀剌河邊黑林裏住着。我將這襖子與他。”於是帖木真兄弟三箇，將着那襖子送去，見了王罕（中）。帖木真說：“在前日子，你與我父親契合，便是父親一般。今將我妻上見公姑的禮物，將來與父親。”隨即將黑貂鼠襖子與了。王罕（中）得了襖子，大歡喜着，說道：“你離了的百姓，我與你收拾；漫散了的百姓，我與你完聚。我心下好生記着。”說了。（第 96 節）[②]

孛兒帖被篾兒乞人擄去並懷長子朮赤的情況，《秘史》記：

住間一日，清早蒼黄將明的時分，訶額侖母親家使喚的老婦人說：“母親，母親，疾快起來！田地顫動的聲聽得有。莫不是曾擾害咱每怕了的泰亦赤兀惕兄弟每又來了！母親，疾快起來！”說了。（第 98 節）

訶額侖母親說：“兒子每行，疾快喚覺起來！”說了。訶額侖隨即起來了。帖木真兄弟每隨即起來了。訶額侖、帖木真、合（中）撒兒、合（中）赤溫、帖木哥斡[惕]赤斤、別[勒]古台、孛斡兒出、者（勒）篾，每人騎了一匹馬，帖木侖是他母親馬上抱了。獨帖木真准備一箇從馬，孛兒帖夫人無馬騎了。（第 99 節）[③]

---

① 《元朝秘史》，烏蘭校勘本，中華書局，2012 年，第 21—24 頁。以下簡稱《秘史》烏蘭校勘本。

② 《元朝秘史》卷二；《秘史》烏蘭校勘本，第 59—60 頁。

③ 第 98—99 節見《秘史》烏蘭校勘本，第 62—63 頁。

彙注按，如同下文將述當年也速該搶劫訶額侖時，訶額侖的丈夫也可赤列都拋弃妻子，自顧自逃生一樣，在篾兒乞人襲來時，成吉思汗、其母訶額侖（抱上其女帖木侖）及其弟諸弟，甚至伴當孛斡兒出、者勒篾皆騎馬逃生，拋下成吉思汗之妻孛兒帖及女傭。下面還將提及被拋者還有也速該庶妻、別勒古台之母。

帖木真弟兄每隨即上馬到不兒罕山上去了。豁（中）阿黑臣名字的老婦人欲將孛兒帖夫人要藏，教坐在黑車子裏，着箇花牛駕着車子，逆着騰格里小河行了。行間，天氣昏暗將明時，迎着前面有一火軍来到根前，問說："甚麽人？"那老婦人說："我是帖木真家，於大家裏剪羊毛去来。我如今回家裏去。"那軍每說："帖木真家裏有也無？離這裏多近遠？"老婦人說："家呵，不遠。我自後房子起来来了，未知帖木真他家裏有無。"這般說了。（第100節）

那軍每去了後，豁（中）阿黑臣名字的老婦人打着駕車的花牛，欲要疾快行，將車軸折了，欲待要步行走入山林去時間，那軍每隨即將着別古勒台的母，擄在馬上疊騎着到来了，說道："這車裏有甚麽人？"豁（[中]）阿［黑］臣老婦人回說："載着羊毛有。"那軍說："兄弟每，下馬看！"於是，那軍下馬將車門扯开，看呵，見裏頭一箇年少婦人坐着有，就拖下車来，同那老婦人馬上馱了，就襲着帖木真掃道上不兒罕山去了。（第101節）

那軍（彙注按，指襲擊鐵木真的篾兒乞人）自帖木真後襲着，繞不兒罕山三遍，拿不得。這廂、那廂要取直路趕呵，都遇着陷泥、密林，行不得入，只得自後趕着，因此拿不得了。那軍每原来是三種篾兒乞人：一種是兀都亦惕篾兒乞，脫［黑］脫阿；一種是兀洼思篾兒乞，荅亦兒兀孫；一種是合（中）阿惕篾兒乞，合（中）阿台荅兒麻剌。這三種篾兒乞爲在先也速該於赤列都根前，奪要訶額侖的冤仇，如今報来。那篾兒乞共說道："奪要訶額侖的仇，已將帖木真的妻拿了，這仇也報了。"說訖，下山回家去了。（第102節）①

帖木真未知篾兒乞是實回去，是潛伏着。使別（勒）古台、孛斡兒出、者（勒）篾三人自後察探。去了三宿，見篾兒乞遠了，帖木真纔下山來，椎胸告天說："因豁阿黑臣老母如黃鼠狼般能聽，銀鼠般能見的上頭，我所以躲得過，我的小性命被不兒罕山遮救了。這山久後時常祭祀，我的子子孫孫也一般祭祀。"說訖，向日將繫腰掛在項上，將帽子掛在手上，椎胸跪了幾跪，將馬妳子灑奠了。（第103節）②

對於帖木真向王罕與札木合借兵打敗篾兒乞救回孛兒帖的過程，《秘史》記：

那些說了，於是帖木真、合撒兒、別（勒）古台三箇前往土剌河的黑林行，脫斡鄰（勒）王罕處去到了，說："不想被三種篾兒乞（惕）每，將我妻子每擄着要了，皇帝父親怎生般將我妻子救

① 第100—102節見《秘史》烏蘭校勘本，第63—65頁。

② 據《元朝秘史》卷二；《秘史》烏蘭校勘本，第65—66頁。

與？”麼道。王罕說：“去年你與我將貂鼠襖子來時，我曾說離散了的百姓，我與你收聚。我心上常記着有來。如今，我依着那言語，將篾兒乞（惕）每滅着，你的妻孛兒帖還救與你。你可教札木合兒弟知道。他在豁兒豁納黑主不兒地面裏住有。我這裏起二萬軍馬做右手，教札木合起二萬軍馬做左手，相約會的日子教札木合定奪來。”（第104節）

帖木真兄弟三箇回到家了。帖木真使合撒兒、别（勒）古台往札木合行去，教對他說：“我的妻子被篾兒乞（惕）每擄要了。咱每本是一宗族的人，這等冤仇如何報？”又將王罕的言語說將去了。合撒兒每，將前頭的言語對札木合都說了。札木合說：“我也聽得帖木真安荅的妻被人擄了，我心上好生痛。如今這三種篾兒乞（惕）脫（黑）脫阿，在不兀剌客額兒地面裏有，歹亦兒兀孫在斡兒洹、薛涼格河兩間，塔（勒）渾阿剌的地面裏有，合阿台荅兒馬剌，在合剌只客額兒地面裏有。咱每可用豬鬃草拴做筏子，徑直渡過勤（勒）豁河，到篾兒乞（惕）脫（黑）脫阿地面裏，自他房子的天窗處入去一般，將他百姓可盡絶擄了。”（第105節）①

自孛脫罕孛斡兒只地面起程，至勤（勒）豁名字的河邊拴筏子渡了，到不兀剌地面，將脫（黑）脫阿妻子、百姓盡絶擄了。脫（黑）脫阿睡的時間，也可以拿得來。因渡勤（勒）豁河去，河邊有脫（黑）脫阿打魚捕獸的人，連夜先去報知。所以脫（黑）脫阿就與歹亦兒兀孫幾箇人，罄身順薛涼格河，走入巴兒忽真地面裏去了。（第109節）

那篾兒乞（惕）的百姓，連夜順薛涼格河荒忙走的其間，咱的軍每也緊隨着，就夜裏擄掠。行間，帖木真於那走的百姓內，喚他的妻“孛兒帖！孛兒帖！”名字。孛兒帖在那百姓內聽着，認得是帖木真的聲音。跳下車來，與豁阿黑臣老婦人，一同走來帖木真馬根前，拿住轡繩。此時有月明，都相認得了。帖木真當夜便使人對王罕、札木合兩箇說：“我尋的人已自得了。咱每夜裏且休行，可就這裏下營。”說將去了。當時就那裏下了營。漫散走的篾兒乞（惕）百姓每也下營宿了。孛兒帖兀真行救將來的緣故，是這般。（第110節）

初兀都亦惕脫黑脫阿、兀洼思歹亦兒（舌）兀孫、合（中）阿台荅兒（舌）馬剌，這三種篾兒（舌）乞惕領着三百人来時，爲在前脫黑脫阿的弟赤列都，他妻訶額侖被也速該奪要了，因此来報仇。繞了不峏（舌）罕（中）山三遭，拿不得帖木真，只得了孛兒（舌）帖將去，配與赤列都弟赤勒格兒（舌）力士爲妻。今次軍馬到，赤勒格兒（舌）懼怕，逃出去時說道：“我如箇黑老鳥般，命分裏只可喫殘皮。却想要喫雁與鵝鴇，因這般惹了孛兒（舌）帖夫人。如今衆篾兒（舌）乞惕百姓行做了禍。那禍將到我頭上来也。刁着獨自的性命，黑暗窄狹處鑽入去呵，可以遮救得。”麼道，說着，逃走去了。（第111節）②

按《秘史》的記載，孛兒帖是在帖木真、王罕與札木合聯軍擊敗篾兒乞惕人戰中被救回的。但對孛兒帖回到成吉思汗身邊的過程，拉施都丁的幾處記載，均與《秘史》相當不同。

---

① 第104—105節，據《元朝秘史》卷三；《秘史》烏蘭校勘本，第84—86頁。

② 據《元朝秘史》卷三；《秘史》烏蘭校勘本，第89—92頁。

第一處爲《部族志》：

據說，當篾兒乞惕部利用可乘之機搶劫了成吉思汗家室時，篾兒乞惕人曾將他的懷有朮赤在身的妻子送到王汗（aūnk-khān）處，因爲當時篾兒乞惕人與王汗之間已經媾和；由於他［王汗］同成吉思汗的父親有老交情，而他又稱他爲自己的兒子，所以王汗將這位哈敦當作兒媳留在身邊，並以純正和同情的眼光看她。當異密們說："［你］應當娶她［爲妻］"時，他回答道："她是我的兒媳，不用帶邪念的眼光看她"。成吉思汗得知後，便派遣了［上述］撒巴，即撒兒塔黑的祖父（第158頁，注2：與上文所說撒巴爲撒兒塔黑之父相矛盾），去要這位哈敦。王汗給他以禮遇，並［將這位哈敦］交給了他。他們［撒巴和成吉思汗之妻］動身教到成吉思汗處來；在途中，朮赤出世了；由於中途危險，他們不可能停下來準備襁褓；撒巴便用些麵粉做成一個軟面團，將嬰兒裹在裹面，並將它［裹着嬰兒的面團］置於自己的衣襟裹，小心地帶着，不便他的肢體受傷。嬰兒被稱爲朮赤，因爲他是猝然降生的。[①]

第二處爲《成吉思汗紀》：

大皇后孛兒帖旭真，弘吉剌惕部首領和君主德那顏的女兒。她在所有后妃中居長，最受尊敬，是威望極高的四個大兒子和五個女兒的母親。［她的］長子爲朮赤，欽察草原的所有君主與宗王都是他的後裔。

據人們斷言：當成吉思汗和篾兒乞惕部作戰，篾兒乞惕部獲勝時，孛兒帖旭真肚裏懷着朮赤。篾兒乞惕部俘獲了她。由於那時篾兒乞惕部和王汗和好，他們將她送到了王汗處。王汗很尊敬地看待她，由於他和成吉思汗的父親是故交，將她當作兒媳看待，稱成吉思汗爲兒子。他的異密們對他說："你爲什麽不娶她呢？"他答道："她是我的兒媳，如果我心懷邪念地看她，就太下賤、太不老實了。"成吉思汗得知這個情況後，便派遣札剌亦兒部撒兒塔黑那顏的祖父撒巴到王罕處去，將妻子要回來。王汗以應份的尊敬將她交給了他。在她返回成吉思汗處的路上生下了朮赤。由於路上很危險，無法停下來［給嬰兒］準備襁褓，撒巴揉了一小團麵粉，將他裹住，並用前襟抱住，小心翼翼地將他無恙地帶了回來。由於他是突然地降生到世上的，故被稱爲朮赤。[②]

第三處爲《朮赤汗傳》：

他爲［成吉思汗的］長后、弘吉剌惕部德那顏的女兒孛兒帖旭真所生，她有四個兒子和五個女兒。在成吉思汗創業的初年，在時代的篇幅上還未出現他統治世界的痕跡時，他的妻子，上述

① 《史集》漢譯本，第一卷第一分册，第158頁。
② 《史集》漢譯本，第一卷第二分册，商務印書館，1986年，第85—86頁。

孛兒帖旭真，已經懷下了朮赤汗。就在這時，篾兒乞惕部落利用一個機會洗劫了成吉思汗的住處，［擄］走了他的已經懷孕的妻子。盡管在此之前，該部落曾與客列亦惕［部］君主王汗爲敵並發生過紛爭，但是這時，他們之間已經和好了，因此他們［篾兒乞惕人］把孛兒帖旭真送到了王汗處。因爲後者［王汗］與成吉思汗的父親是義兄弟（第113頁，原注1：直譯作“是安答”——ANDH；參閱符拉基米爾佐夫書，第61—61頁），稱成吉思汗爲兒子，所以他敬重孛兒帖旭真，把她當作年輕的兒媳撫養起來，防止她受外人覬覦。由於她很漂亮能幹，［王汗的］異密們互相說道：“爲什麼王汗不把孛兒帖旭真娶了？”他［王汗］回答道：“她以我的兒子的年輕妻子的身份留在我們這裏。要是懷着邪念看她，那就很卑鄙。”當成吉思汗知道了這個情況以後，他派遣札剌亦兒部落的王兀惕（第113頁，原注2：王兀惕，即大王，波斯原文作ANDKQWT，見符拉基米爾佐夫書，第176頁）之中的一個名叫撒巴（第113頁，原注3：SBA；見貝勒津：《綱要》，導言，第53頁）的異密去向王汗請求送回孛兒帖旭真，這個人就是阿魯渾汗年幼時奉阿八哈汗詔旨擔任他［阿魯渾汗］的帳殿異密和呼羅珊禡楞答而長官的撒兒塔黑那顔的祖父。

王汗給了他關照，把她和撒巴一起送走了。在途中突然出生了一個兒子，以此之故，他被叫做朮赤。由於路途上不安全，沒有可能停下來，做一個搖籃又困難，撒巴便和了一些軟泥，把孩子裹住，把他納入自己［衣服］下襬，使他不受驚擾。他小心地帶着孩子，送到了成吉思汗處。①

上述三則記述當均出自隨旭烈兀來到波斯的撒巴家族的口碑資料。《史集》所記證明《秘史》有關王罕與札木合聯軍擊敗蔑兒乞後，帖木真於亂軍中尋得其妻孛兒帖之事並不存在。這一點說明《秘史》敘事者不太熟悉帖木真婚後那一段歷史。

[14] 宇野伸浩撰、馮繼欽譯《蒙古帝國的斡耳朵》：那珂通世認爲這四個斡耳朵分別設在各處，並比定爲曲雕阿蘭、薩里川、黑林和乃蠻舊營。箭內亙繼承那珂氏說，並基本認爲斡耳朵爲固定的宮殿。宇野伸浩提出，過去認爲的四個成吉思汗的斡耳朵所在地，只不過是移營地而已。成吉思汗的斡耳朵應是四個斡耳朵在一起的一個大遊牧集團，每季節異地駐營。作爲兀魯思中樞的斡耳朵，具有面南左右展開的形式。②

陳怡如：近代學者對斡耳朵的詞源及語義提出不盡相同的看法，見王德忠、李春燕：《遼代斡魯朵問題研究綜述》，《遼金史研究》第3輯（彙注按，應爲《東北史地·遼金史研究》2009年第3輯），第74—75頁。③

太宗昭慈皇后，名脫列哥那[1]，乃馬真氏，[2]生定宗。[3]歲辛丑[4]十一月，太宗崩，后稱制攝國者五年。[5]丙午[6]，會諸王百官，議立定宗。[7]朝政多出於后。[8]至元二年崩，[9]追謚昭慈皇后，[10]升祔太宗廟。

---

① 《史集》漢譯本，第二卷，商務印書館，1985年，第112—113頁。

② 原刊日本《東方學》第76輯（1988年7月），漢譯刊《蒙古學資料與情報》1989年第2期，見第1頁。

③ 《元史后妃表傳證補》，第4頁，注11。

[1]《本證》卷四一，證名五：脫（忽列）［列忽］（據點校本《元史》改）乃，《憲宗紀》。秃納吉納，同表。《考異》云：脫列哥那六皇后乃馬真氏，太宗崩後攝國。陳桱《通鑑續編》太宗崩，六皇后秃里吉納治國事。則脫列哥那、秃里吉納本一人，譯音有輕重耳。而《后妃表》別有秃納吉納六皇后，疑是重出。

有關脫列哥那的名稱與遼皇后稱號忒俚蹇之間的關係，參見劉迎勝：脫烈哥那 Töregene，突厥語 Turkān，音譯圖爾坎、帖里蹇，常見於突厥族女王名字中，意爲“王后、夫人”。遼朝皇后稱號爲“忒里蹇”。脫烈哥那 Töregene 應源於此 Turkān。①

脫列哥那皇后因地位重要，中外多位學者曾有研究。伯希和與韓百詩在討論花剌子模沙的母后“忒厘蹇哈敦”的稱號時，曾聯繫六皇后脫列哥那名稱的意義問題，他們寫道：

> 有人試圖通過 türägän 或 *törägän 一種輔助的形式來解釋所熟知的迄今尚很神秘的窩闊台的妻子，貴由之母脫列哥那（törägänä），其在《元朝秘史》（第 198 節）中寫爲 Dörägänä；她曾嫁給一個蔑兒乞人（脫黑脫阿別乞之子火都），但其本人是乃蠻人（參見伯希和：《蒙古人與教廷》，第 193 頁）。《秘史》的轉寫者們沒有這個名稱發音的傳統，但《元史》中的漢文形式“脫列哥那”表示 Törägänä，而志費尼和拉施都丁的書寫形式必然指向 Törägänä；然而我們引述的一種漢文形式 T'ie-lie-nie（帖列揑？），如果它是正確的話，則表示 *Tärānä ＜ *Tärä'änä，它應當肯定讀爲 Tärägän，如果這些名稱是有關係的話。巴托爾德本人提及過一個 ترکانه “王女”（或“皇后”）的例子，且補充道：這裏的詞尾是代詞的尾碼。我不一定要證實其意義，但，即使是這樣，它在這種情況下也不應該轉寫爲 *türägänä 或 *törägänä，即使可失哈里（Kāšγrī）的添加母音以後的形式 tärgän 是正確的，我們也可以假設 *törägän 是一種方言（乃蠻）的 tärgän，例如 Qara'una 就是 qara'un 一樣。②

1951 年，蔡美彪先生在北京大學所藏藝風堂繆氏舊藏碑拓中發現了 1240 年河南濟源紫微宮碑拓本（繆荃蓀：《藝風堂金石文字續目》），後收入《元代白話碑集錄》，於 1955 年在中國社會科學出版社出版。此碑所刊懿旨稱爲“也可合敦大皇后懿旨並諸妃子懿旨”。蔡美彪在注文中將此“也可合敦”釋爲脫列哥那六皇后“乃馬真氏”。這一推測，曾爲國內外學者所贊同，美國已故柯立夫（F. W. Cleaves）教

---

① 劉迎勝：《巴托爾德〈突厥斯坦〉漢譯本讀後》，《中國蒙元史學術研討會暨方齡貴教授九十華誕慶祝會文集》，民族出版社，2010 年，第 101 頁。

② “On est tenté d'expliquer par une forme secondaire de türägän ou *törägän, á savoir *törägänä, le 'nom' jusqu'ici mystérieux de l'épouse d'Ögädäi, mere de Güyük, dont l'Histoire secrete (§ 198) transcript le nom Dörägänä; elle avait été mariée á un Märkit (Qodu, fils de Toqto'a-bägi), mais était elle-même une Naiman (cf. Pellort, les Mongols et la Papauté, 193). Les transcripteurs de l'Histoire secrete n'avaient plus de tradition sur la pronunciation du nom, mais la forme chinoise 脫列哥那 T'o-lie-ko-no du Yuan che représente Törägänä, et celles de Ĵuwaīnī et Raš ī du-'d-Dīn doivent ramener áTörägänä; une forme chinoise T'ie-lie-nie que j'ai cite également représente, si elle est correcte, *Tärānä ＜ *Tärä'änä, et ceci serait decisive pour une lecture Tärägän si les noms sont apparentés. Barthold mentionne lui-même un exemple de ترکانه au sens de 'reine' dame, en ajoutant que la finale est ici 'le suffixe pronominal'. Je n'ai pas les moyens de vérifier, mais, même s'il en est ainsi et qu'il ne faille pas transcrire en ce cas *türägänä ou *törägänä, et même ausi si la vocalization tärgän de Kāšγrī est correcte, on peut supposer que *törägän est une forme dialectale (naiman?) de tärgän ce que par expemple Qara'una est á qara'un”, in P. Pelliot et L. Hambis, *Histoire des Campagnes de Gengis Khan, Cheng-wu Ts'in-tcheng Lou*(《〈聖武親征錄〉譯注》), Leiden, 1951, p. 91.

授和澳大利亞羅依果教授曾相繼撰文討論。[①]羅依果在此基礎上，進一步提出，脫列哥那的“六皇后”之稱，爲“大皇后”之誤。後來，蔡美彪先生認爲此碑中所提及的“也可合敦大皇后”應爲太宗正宮皇后孛剌黑臣，訂正了當初將之考訂爲脫列哥那乃馬真后之說，並在提交1987年9月14日至21日於烏蘭巴托（Ulaan Bator）舉行的第五屆國際蒙古學家大會（the Fifth International Congress of Mongolist）論文“Events relating to Töregene Khtaun”中介紹自己的新見，其文摘要刊於沙·比拉（Sh. Bira）編輯的《國際蒙古學家會議論文集》[②]（彙注按，有若干印刷錯誤）。嗣後，蔡美彪撰《脫列哥那后史事考辨》。[③]羅依果在蔡文發表後，又撰文回應[④]，再加論證脫列哥那是“大皇后”而非“六皇后”，並舉《貴顯世系》所列窩闊台12位后妃之名與氏族中第六位爲乃馬人，但並非脫列哥那爲證，力辨史籍中記脫列哥那爲“乃馬真”氏系因世祖定都大都以後，早先蒙古國時在和林的典籍散失致誤。此後，因羅依果在《秘史》英譯本第198節注中，再次寫道：

> 成吉思汗所送給窩闊台的忽都（Qudu，即忽禿 Qutu，比照注141）之妻朵列哥捏（Döregene）∽脫列哥那（Töregene；比照注197），是一位有名的人物。她似乎原來是乃蠻人，可能有聶思脫里教背景。她在窩闊台朝後期掌握大權，並在其逝世之後成爲帝國的攝政（1241—1246）。她是貴由（Güyük，1206—1248）之母，爲其選汗出力甚多。在1246年8月24日哈剌和林附近選汗過程中，方濟各會特使普蘭·伽爾賓的約翰（John of Pian di Carpine）在場，且在其旅行記中提及她。見道森編：《蒙古出使記》（C. Dawson, ed., *The Mongol Mission. Narratives and Letters of the Franciscan Missionaries in Mongolia and China in the Thirteenth and Fourteenth Centuries*, translated by a Nun of Stanbrook Abbey, Sheed and Ward, London-New York, 1955, repr. New York, 1966），第61、65頁；並參見上述本篤（Benedict the Pole）的描述，第82頁；《蒙古記事》（SDM，即G. di Pian di Carpine, *Storia dei Mongoli*, ed. by P. Daffiná, C. Leonardi, M. C. Lungaroti, E. Menestò L. Petach, Spoleto, 1989），第390、393頁。她可能在選汗之後不久去世。波斯史家的著述與漢文史料中有關她的記載甚多。關於此人，見《蒙古人與教廷》（MPa），第193—195頁；《〈聖武親征錄〉譯注》（HCG），第90頁。她在西方被稱爲禿剌乞納（Turakina），而在中國稱爲乃馬真（＝Naimaĵin“乃蠻人”）和“六皇后”或“第六皇后”。後一種稱謂未有令人滿意的解釋，因爲波、漢史料均將她列爲窩闊台的第二而不是第六皇后，屬於皇帝的主要的斡耳朵（其長后是孛剌黑臣［Boraqčin］）。見《史集》第二卷英譯本《成吉思汗的繼承者》，第18頁；《元史》卷一〇六，標點本，第2693—2694頁；我已經在de Rachewiltz 1981中詳論此問題，且在de Rachewiltz 1999a中提供新史料支持我對這一令人費解問題的解釋。對於名稱Döregene / Töregene，比照Rybatzki［2003］，s.v.，

① F. W. Cleaves, “The Sino-Mongolian Inscription of 1240”, in *Harvard Journal of Asiatic Studies*, Vol.23, 1960-1961; Igor de Rachewiltz, “Some Remarks on Töregene’s Edict of 1240”, *Papers on East Asian History*, Vol.23, 1981.

② Olon Ulsyn Mongolč Ėrdėmtniĭ V Ix Xural. Fifth International Congress of Mongolist，卷3，烏蘭巴托，1992年，第265—267頁。

③ 蔡美彪：《脫列哥那后史事考辨》，《蒙古史研究》第三輯，1989年，第12—29頁。

④ Igor de Rachewiltz, “Was Töregene Qatun Ögödei’s ‘Sixth Empress’?” in *EAH* (East Asian History), Canberra, 17/18; June/December 1999, pp. 71-76；此文有中央民族大學李文君漢譯《脫列哥那是窩闊台的“六皇后”嗎》，《蒙古學信息》2002年第1期。

即 *Female Personal Names in Middle Mongolian Sources*, in press（《中古蒙古文史料中的女性名稱》，待印）。①

針對羅依果教授認爲脫列哥那“六皇后”的稱號令人困惑，且提出“六皇后”當爲“大皇后”之訛誤的意見，蔡美彪先生寫道：《元史》紀傳屢見脫列哥那事，都只稱她爲六皇后、皇后或皇太后，而從未稱爲大皇后。蒙古舊制，也可哈敦大皇后守大斡耳朵，與其他后妃有著嚴格的區別。按照脫列哥那的出身，她也不可能是窩闊台的也可哈敦。蔡先生在引述《秘史》第 198 節有關成吉思汗擊敗蔑兒乞，將脫列哥那賜給窩闊台的記載之後，引據《史集·窩闊台罕紀》有關她係自蔑兒乞擄來，及有關她或爲蔑兒乞部長答亦兒兀孫（成吉思汗的忽蘭哈敦之父）的哈敦，或爲脫黑脫阿之子（未提及忽都之名）的哈敦。此第二說可與《秘史》互證。其地位至多與忽蘭、也遂、也速干相當，可以成爲守斡耳朵的哈敦，但不可能是守大斡耳朵的也可哈敦。

脫列哥那並非太宗后妃中最受寵信者。據《部族志》，別克鄰部（Bekrin）的木哥哈敦原爲成吉思汗之妃，後爲太宗收繼。志費尼與拉施都丁均稱太宗最寵愛之妻爲木哥（Mugai）哈敦。② 志費尼在太宗言行錄中幾次記錄窩闊台軼事，都有木哥哈敦在場，而未見脫列哥那。太宗逝後，最初發號施令者，也是木哥。皇子闊出逝後，太宗欲將皇位傳給皇孫失烈門，而非貴由，可見太宗在世時，脫列哥那、貴由母子實際上是處於不被寵信的境地，因而脫列哥那不可能先於木哥而繼守大斡耳朵。

太宗逝後，先由木哥哈敦發號施令，在木哥死後，脫列哥那才取得攝國地位。如果她在太宗生前就是大皇后，在太宗逝後應明正言順地攝國稱制，但她在太宗逝後幾個月才攝國，正說明其地位低於木哥。③

蔡先生繼而羅列脫列哥那在漢文史料中被稱爲“六皇后”的史料，如：《元史》卷二《太宗紀》：壬寅年春六皇后乃馬真氏稱制；《元史》卷二《定宗紀》：母曰六皇后，乃馬真氏及貴由即位後，而朝政猶出於六皇后兩條；本《后妃表》：脫列哥那六皇后乃馬真氏及與之重出禿納吉納六皇后兩條；《元史》卷一二四《忙哥撒兒傳》：六皇后攝政；《元史》卷一六六《孟德傳》：歲甲辰（1244），定宗母六皇后稱制，大王按

① “Döregene(∽ Töregene; cf. above, n. 197), the wife of Qudu (i.e. Qutu or Qudu; cf. n. 141) that Činggis Qan gave to Ögödei, is a well-known figure. It seems that she was originally a Naiman of possibly Nestorian Christian background. She gained great political power in the latter part of Ögödei's reign and became regent of the empire after his death (1241-1246). She was the mother of Güyük (1206-1248), for whose election as qa'an she was largely responsible. At the election, which took place on 24 August 1246 near Qara Qurum, the Franciscan envoy John of Pian di Carpine was present, and mentions her in the narrative of his journey. See, MM 61, 65 (cf. also the account of Benedict the Pole, ibid., 82); SDM, 390, 393. She died probably soon after the election. There are many references to her in the works of the Persian historians and in the Chinese sources. On her see MPa 193-195; HCG, 90. She is known in the West as Turakina, and in China as Nai-ma-chen 乃馬真 (=Naimaĵin, 'the Naiman') and Liu huang-hou 六皇后 or 'the Sixth Empress'. The latter designation has not been satisfactorily explained, since both the Persian and Chinese sources list her as the second, not sixth, wife of Ögödei, belonging to the emperor's principal ordo (his first wife was Boraqčin). See Successors, 18; YS 106, 2693-2694; I have discussed this problem at length in de Rachewiltz 1981 and de Rachewiltz 1999a, where new source materials in presented to support me earlier tentative explanation of this puzzling question. For the name Döregene/Töregene, cf. Rybatzki [2003], s.v.", in *The Secret History of the Mongols, A Monglian Epic Chronicle of the Thirteenth Century*, translated with a historical and philological commentary by Igor de Rachewiltz, Brill Leiden, Boston, 2006, pp. 728-729.

② 《世界征服者傳》波義耳英譯本，第一卷，第 218 頁；何高濟漢譯，商務印書館，2004 年，第 254 頁；《史集》漢譯本，第一卷第一分冊，第 244 頁。

③ 蔡美彪：《脫列哥那后史事考辨》，第 14—15 頁。

只台以德爲萬戶；《元史》卷一八〇《耶律希亮傳》：初，六皇后命以赤貼氏歸鑄；希亮生於和林南之涼樓曰禿思忽（原誤作禿忽思），六皇后遂以地名之；時六皇后之妹主后位，與宗王火者皆欲東覲。

蔡先生繼而論證道：以上脫列哥那皆作“六皇后”。漢字“大”不可能處處皆誤爲“六”。他特別提出本《后妃表》中與脫列哥那重出之“禿納吉納六皇后”，與《耶律希亮傳》。禿納吉納即脫列哥那，重出說明另有史源，不同來源的資料均記她爲“六皇后”，證明“六皇后”不是筆誤。而《耶律希亮傳》所據之資料《耶律公神道碑》（即耶律希亮神道碑）仍然保存在危素之《危太朴文集》中，碑文中三次出現“六皇后”的稱謂（《危太朴文續集》卷二，嘉業堂刊本）。①

阿布拉莫夫斯基注 186：“在《元史》卷一一四，葉一正面至葉二背面，她本人的名字爲脫列哥那。在《秘史》第 198 節中寫爲“朵列格捏”，爲忽都之妻。成吉思汗在俘獲蔑兒乞人之後，將她送給窩闊台爲妻。《伽爾賓尼遊記》（Risch, Fr., *Johann de Plano Carpini*, Leipzig, 1930）第 326 頁稱之爲 Torakina。只有《元史》稱其爲乃蠻人；波斯史籍說她屬於兀窪思・蔑兒乞（Juvaini, *The History of the World-Conqueror*, Manchester, 1958, p. 239; Rashid al-Din, *The Successors of Genghis Khan*, New York and London, 1971, p. 18）。她爲何成爲“第六皇后”，在《元史》卷一〇六中未見。《元史》卷一一四稱其爲“昭慈”皇后。志費尼書第 239—244 頁與拉施都丁書第 176—178 頁，在記述脫列哥那時，較《元史》更爲詳盡。並見伯希和《蒙古人與教廷》（Pelliot, P., *Les Mongoles et la Papauté*, Paris, 1923）第 193—194 頁。” ②

陳怡如引邱軼皓《窩闊台后妃譜系新證——基於漢文、波斯文獻的考察，兼辨脫列哥那非太宗“六皇后”》也認同羅依果的論點，認爲《元史》編撰者混淆了脫列哥那與“六皇后乃馬真氏”的身份，但這名“六皇后乃馬真氏”並非 Küčüder。陳桱《通鑑續編》所載“七皇后業里訖納”，在《蒙古世系譜》（邱氏譯作《貴顯世系》）中稱她出身乃蠻部。邱氏推論太宗大皇后孛剌合真過世後（約 1241 年以前），每一位皇后的位序皆得到提升，“七皇后業里訖納”也晉升爲六皇后，成爲名副其實的“六皇后乃馬真氏”。③

彙注按，宋遺民鄭思肖亦知脫列哥那皇后位居第六，他在其《心史》中寫道：兀窟帶（窩闊台）“及死，兀窟帶妻六婦據國” ④，足證脫列哥那確爲六皇后，羅依果有關其“六皇后”之號爲“大皇后”之誤的說法不能成立。

至於其族屬，《史集》第二卷《窩闊台合罕紀》：“二皇后爲出自強大的（AWHAT[波伊勒英譯本第 18 頁作 Uhaz，爲部落名稱的組成部分。——漢譯者]，按，兀窪思）蔑兒乞惕部落的脫列哥那。在某些記載中，說她是強大的蔑兒乞惕部酋長答亦兒・兀孫的妻子。當答亦兒・兀孫被殺死後，她被搶走，送到了窩闊台罕處。窩闊台合罕便認識了她（波伊勒英譯本第 18 頁作‘娶了她’。——漢譯者）。而在此之前，答

① 蔡美彪：《脫列哥那后史事考辨》，第 14—15 頁。

② Sie hiess mit persönlichem Namen T'o-lieh-ko-na, YS 114, 1v-2r. In der GG § 198 erscheint sie als Döregene, Frau des Hudu, die Činggis Qan, nachdem er die Merkit gefangengenommen hatte, dem Ögedei zur Frau gab. CARPINI, S. 326 nennt sie Torakina. Nur das YS sagt, sie sei eine Naiman; die persischen Quellen sagen, sie gehört zu dem Uwaz-Merkit. (JUVAINI, S. 239; RASHID, S. 18). Warum sie die “sechste Kaiserin” (liu huang-hou) wird, ist aus der Liste der Kaiserinen der Yuan, YS 106, nicht ersichtlich. YS 114, 1v wird sie die “Chao-tz'u”, Kaiserin, genannt. JUVAINI, (S. 239-244) UND RASHID (S. 176-178) sind ausführlicher in ihrer Berichterstattung über Töregene als das YS. Siehe auch PELLIOT, Paputé, S. 193-194.

③《元史后妃表傳證補》，第 5 頁，注 15。

④ 鄭思肖著，陳福康校點：《鄭思肖集》，上海古籍出版社，1991 年，第 177 頁。

亦兒・兀孫曾把自己的女兒忽蘭哈敦嫁給了成吉思汗。根據另一種說法，她出身於這個部落，但不是答亦兒・兀孫的妻子。相傳在合赤溫……（QAĴWQAL）和赤剌溫兄弟們被擒獲時，三個人的妻子在遭到襲擊後，全部被帶來看管著。窩闊台合罕對察合台說道：‘我們用暴力去佔有她們。’察合台不同意。窩闊台昂然而去，他把脫列哥那推倒之後，強娶了她。成吉思汗同意了［此事］，（並將其餘兩個妻子給了另外的人。——圓括號內詞句，B、P、L、伯勞舍本均脫漏）。這個皇后不很漂亮，但生來好用權勢，有如《貴由汗紀》（A本作“蒙哥合罕”）中所將紀述，她曾一度臨朝稱制。正如《貴由汗紀》中所述，她因爲不聽成吉思汗的遺囑，也不聽從宗親們的話，在成吉思汗的家族中播下了糾紛的種子。”①

陳怡如：《元史》卷三《憲宗紀》（第44頁）記載“皇后脫忽列乃”，中華書局標點本《元史》校勘“脫列忽乃”，此爲脫列哥那的同名異譯。《元史》卷一〇九《后妃表》（第2694頁）又作“秃納吉訥”；《蒙古秘史新譯並注釋》（第198節，第277頁）作“朵列格揑”；《南村輟耕錄》（卷一，第9頁）作“秃里吉納”。

蔑里乞部的合赤溫、赤剌溫與一位佚名者是三兄弟，而脫列哥那與另兩位婦女是三兄弟的妻子，這個說法與《秘史》相似，《史集》所載三兄弟中的佚名者應是忽都。由此看來，脫列哥那是忽都妻子的這一說法較爲可靠。見《史集》第一卷第一分冊《篾兒乞惕部落》，第189頁；第二卷《窩闊台合罕紀》，第6—7頁。

陳怡如注意到羅依果辨析脫列哥那族屬的討論。羅依果《脫列哥那合敦是窩闊台的“六皇后”嗎？》（第19—24頁）據《蒙古世系譜》（*Mu'izz al-ansāb*，彙注按，即《貴顯世系》）記載一位波斯文音譯Küčüder（李文君譯成“庫出勒”）的窩闊台妃子，位序第六，且出身乃蠻部。羅依果推論《元史》編撰者在面對原始史料時，由於部分史料已散逸，造成他們犯了張冠李戴的錯誤，可能將這名Küčüder妃子的出身與位序，誤植爲脫列哥那的。②

彙注按，漢文史料所記脫列哥那爲乃蠻人應無誤。穆斯林史料中有關她是兀洼思篾兒乞人的說法，並非指其族屬，而不過是說她原爲篾兒乞貴族之妻，在平定該部時被俘而已。這位見之於《貴顯世系》的乃蠻女子Küčüder，應爲窩闊台的另一位乃蠻妃子，並不能作爲否認脫列哥那爲乃蠻氏的證據，更不宜輕易指證史家將倆人族屬混淆。

[2] 屠寄：“疑是塔陽罕太亦不合之女。”③

[3] 陳怡如：《史集》第二卷《窩闊台合罕紀》（第7、10—12頁）記載貴由、闊端、闊出、哈剌察兒與合失等五人均出自脫列哥那。近年來數位學者已考證闊端與合失均非脫列哥那所出。《蒙兀兒史記》卷一九《后妃列傳》（第5a頁）記載闊端爲乞里吉忽帖尼所出。此說並非無稽之談。根據《史集》第二卷《貴由汗紀》（第210—211頁），脫列哥那在攝政期間（1241—1246），違背太宗傳位於皇孫失烈門的遺詔，立己子貴由爲帝。闊端曾保護脫列哥那的敵手，顯示兩者關係並不親近。蒙哥即位（1251）後重新分配窩闊台系諸王領地，《元史》卷三《憲宗紀》（第45頁）記：“分遷諸王於各所……蒙哥都及太宗皇后乞里吉忽帖

① 《史集》漢譯本，第二卷，第6—7頁。

② 《元史后妃表傳證補》，第5頁，注15。

③ 《蒙兀兒史記》卷一九《后妃傳第一》，第5頁。

尼於擴端所居地之西。”“擴端”與“闊端”是同名異譯。從《史集》第二卷《窩闊台合罕紀》（第 10 頁）與《元史》卷一〇七《宗室世系表》（第 2717 頁）都可確知蒙哥都是闊端子，由此推知乞里吉忽帖尼是闊端的生母（胡小鵬《元代西北歷史與民族研究》）。

有關合失的身世，相關記載與研究雖多，但各家說法不一。《蒙兀兒史記》（卷一九，第 5a 頁）主張合失在太宗諸子中年紀最長，必然爲長妻所出。此說爲王曉欣所反駁。王氏撰《合失身份及相關問題再考》（第 61—70 頁），考證合失年齒並非最長，且從無史料明載孛剌合真有子，以爲屠氏之說牽強附會。再次，陳桱《通鑑續編》記載：“其長曰合西歹，二皇后孛灰所生也。”“孛灰”與“昂灰”，“合西歹”與“合失”，均是同名異譯。王曉欣進一步論證合失在太宗朝的地位甚高，曾具備皇位繼承人資格，加上生母貴爲二皇后，因此史家在考證窩闊台子嗣的排序時，曾將合失視爲長子。邱軼皓在《窩闊台后妃譜系新證——基於漢文、波斯文獻的考察，兼辨脫列哥那非太宗“六皇后”》文中援引《蒙古世系譜》（邱氏譯作《貴顯世系》），“Ārūkhūī khātūn 昂灰，她出自弘吉剌惕部落，是合西歹汗之母”，指出《通鑑續編》與《蒙古世系譜》中西史料不約而同主張合失爲昂灰子，更加確定了此說的可信度。[①]

[4] 辛丑，公元 1241 年。

[5] 志費尼在其書中專列《脫列哥那哈敦諸事》（ذکر توراکینا خاتون, ẕikr-i Tūrākīnā khātūn）一節，其開頭部分記載了太宗逝後，脫列哥那取得攝政地位的過程，當時：

> 其長子貴由（پسر بزرگتر او کیوک, pisar-i buzurgtar-i ū kuyūk）尚未從欽察軍中歸來（از لشکر قفچاق نزول کرده, az laškar-i Qifčāq nuzūl karda，校勘者可疾維尼所用抄本中［皆藏巴黎國民圖書館］，其句末的動詞 کرده, *karda*“幹”、“做”，爲肯定式，全句意爲已從欽察軍中歸來；在 B 與 J 兩抄本中作 کرده بود, karda būd，“他早已做了”，亦爲肯定式，過去完成時第三人稱單數，整句譯言“早已從欽察軍中歸來”，或［此前］“已從欽察軍中歸來”；而在 D 抄本中爲 کرد, kard，“他做了”，也是肯定式，過去時第三人稱單數，全句可譯爲“他已從欽察軍中歸來”；只有 H 抄本該動詞爲 نکرده, nakarda，爲否定式，“未幹”、“未做”，此句因此意義變爲“他尚未從欽察軍中歸來”。——見可疾維尼波斯文集校本，第 195 頁，校勘記 4。兹取 H 本意義），因此按照既往成規處置（بر قرار ماضی تنفیذ, bar qarār-i māẓī tanfīẕ），命令和貴族及黎庶的集會（احکام و اجتماع انام از خواص عوام, aḥkām wa ijtimā‘-i anām az khwāṣ ‘awām），就在其哈屯木格哈敦的斡耳朵和宮廷的門前（بر در اردو و بارگاه خاتون او موکا خاتون, bar dar-i urdū wa bārgāh-i khātūn-i ū mūkā khātūn）舉行（صورت می یافت, ṣūrat mīyāft），她早先係依舊例裁決從其父親成吉思汗傳給了他（که از پدرش چنگز خان بحکم آذین بدو رسیده بود, ka az pidar-aš Čingiz khān ba-hukm-i āzin ba-dū rasīda būd，校勘者可疾維尼所用抄本中，此句 بحکم آذین, ba-ḥukm-i āẕīn 中的آذین, āẕīn 意爲“裝扮”、“收拾”，意義不合。而在 D 與 H 兩抄本中，該詞寫爲 آیین, āyīn，“慣例”、“規定”。——見可疾維尼波斯文集校本，第 195 頁，校勘記 6。兹取 D 與 H 本意義）。但因脫列哥那哈敦是年長諸子之母（چون توراکینا خاتون مادر پسران بزرگتر بود, čūn Tūrākīnā khātūn mādar-i

① 《元史后妃表傳證補》，第 6 頁，注 16。

pisarān buzurgtar būd），且更爲機智聰慧（و بذکا و دها بیشتر, wa ba-ẓakā’wa dahā-yi bīštar），向出自各支兄弟們與合罕的各位兄弟們的後裔的宗王們派出了使臣（زادگان از برادران و برادر زادگان قاآن روان کرد ایلچیان بنزدیک پادشاه, īlčī-yān ba-nazdīk-i pādšāh zādigān az barādarān wa barādar zādigān-i qa’ān rawān kard），通告情況與噩耗（معلم از احوال و وقوع حادثه, ma‘lam az aḥwāl wa wuqū‘ ḥādi ṣa），且在汗位確定一致之前，應有某人作爲統治者和首領（و تا بوقتی که باتفاق خانی معین شود کسی باید حاکم و سرور باشد, wa tā ba-waqtī ka ba-itifāq-i khānī ma‘yan šwad kisī bāyad ḥākim wa sarwar bāšad），爲的是國政不會荒廢（تا کار ملک مهمل نشود, tā kār-i mulk muhmal na-šawad），公衆之事不受損害（و امور جمهور مختل نگردد, wa umūr-i jumhūr mukhtal na-gardad），衛士與軍隊居於穩固（و جانب حشم و لشکر مضبوط ماند, wa jānib-i ḥašam wa laškar maẓbūṭ mānad），庶民利益得以保護（و مصا لح رعایا محفوظ, wa muṣāliḥ-i ra‘āyā maḥfūẑ）。

察合台和其他王公派了人（جغاتای و دیگر پادشاه زادگان کس فرستادند, Jaghātāy wa digar pādšāh zādigān kas firistādand），［表示］脱列哥那哈屯是有權據有汗位的諸［皇］子之母（که استحقاق خانیت دارند که توراکینا خاتون مادر پسرانست, ka Tūrākīnā khātūn mādar-i pisarān-st ka istiḥqāq-i khāniyat dārand），在開忽里台大會之前（تا بوقت آنک قوریلتای شود, tā ba-waqt-i ānk Qūrīltāy šawad），她來安排國事（کار ملک را مرتب می دارد, kār-i mulk-rā murratab mī-dārad），有才幹之人應留任（و کفاة بر قرار در خدمت باشند, wa kufāt bar qarār-i dar khidmat bāšand），以此來自那部法典中新舊札撒才不會被違反（چناک یاسای قدیم حدیث از آنچ قانون آنست منحرف نشود, čināk yāsā-yi qadīm-i hadīṣ az ānč qānūn-i ān-st munharif na-šawad）。①

木哥哈敦，查《元史》卷一〇六《后妃表》中，於成吉思汗諸妃及太宗諸妃中皆未見。《元史·祭祀志》列太宗神位配享者爲脱列哥那皇后。

對照漢文與波斯文史料可知，第一，太宗逝後僅十天，脱列哥那皇后已就議立新君事向耶律楚材諮詢。她向諸王宗親遣使應在此後。第二，察合台回復應在稱制之前。

宋子貞：《耶律公神道碑》記乃馬真后稱制之初事："奥都剌合蠻方以貨取朝政，執政者亦皆阿附，唯憚公沮其事，則以銀五萬兩賂公。公不受，事有不便於民者，輒中止之。時后已稱制，則以御寶空紙付奥都剌合蠻，令從意書填。公奏曰：'天下先帝之天下，典章號令自先帝出，必欲如此，臣不敢奉詔。'尋復有旨，奥都剌合蠻奏準事理，令史若不書填則斷其手。公曰：'軍國之事，先帝悉委老臣，令史何與焉？事若合理，自是遵行。若不合理，死且不避，況斷手乎？'因厲聲曰：'老臣事太祖、太宗三十餘年，固不負於國家，皇后亦不能以無罪殺臣。'后雖怨其忤己，亦以先朝勳舊，曲加敬憚焉。"②

① 志費尼：《世界征服者傳》（تاریخ جهاگشای, علاء الدین عطا ملک بن بهاء الدین محمد بن محمد الجوینی, ‘Alā’al-Dīn ‘Aṭā Malik Bin Bahā’ al-Dīn Muhammad Bin Muhammad al- Juvainī, Tārīkh-i Jahāgušāī）可疾維尼波斯文刊本，第 1 卷（The Ta’ríkh-i-Jahán-Gushá of ‘Alá’u d-Dín ‘Atá Malik-i Juwayní, composed in A.H. 658-A.D. 1260, part I, containing the history of Chingiz Khān and his successors, ed. with an introduction, notes and indices from several old mss by Mírzá Muhammad Ibn ‘Abdu’l-Wahháb-i Qazwíní, and printed for the trustees of the "E. J. W. Gibb Memorial", Vol.XVI, I., Leiden: E. J. Brill, Imprimerie Orientale, London: Luzac & Co., 46 Great Russell Street, W.C., 1912），吉布紀念集，萊頓—倫敦，1912 年，第 195—196 頁。以下簡稱《世界征服者傳》可疾維尼波斯文刊本。試比較何高濟漢譯本，第 282 頁。

② 《國朝文類》卷五七；並見耶律楚材：《湛然居士文集》，第 333 頁。

據志費尼記載，太宗在位時脫列哥那皇后與牙剌瓦赤和鎮海關係不睦，當時兩人應分別在和林與燕京。脫列哥那準備逮捕他們，在令下之前，鎮海事先逃往河西太宗子闊端處；而牙剌瓦赤也在使者抵燕京後逃到闊端處。脫列哥那向闊端遣使索要，但闊端以等待忽里台宗親大會決定加以拒絕。①

漢文史料脫列哥那攝政時期，此二人幾乎未被提及，似可證實志費尼記載有據。志費尼還提到，執掌原西遼故地（即後來憲宗時代別十八里等處行尚書省轄區）的牙剌瓦赤之子麻速忽，亦逃至拔都處躲避。遭到清洗的還有執掌花剌子模故地（即憲宗時代阿母河等處行尚書省轄區）的闊里吉思。志費尼提到，脫列哥那攝國時，太宗的一位回回妃子法蒂瑪掌握大權。其書中有一節專述此人。②

陳怡如：羅依果的《脫列哥那合敦是窩闊台的“六皇后”嗎？》（第 21 頁）援引宋子貞的《中書令耶律公神道碑》（《國朝文類》卷五七，第 20b 頁）記載窩闊台晚年因酗酒而久病床榻，唯獨脫列哥那得以召見大臣耶律楚材詢問對策。推知窩闊台過世前後的那段時間，脫列哥那已經握有實權。最終，在窩闊台過世後（1241），脫列哥那取得攝政權。

《史集》第二卷《貴由汗紀》（第 209 頁）稱脫列哥那未與宗親商議便擅自奪取國家政權。劉靜貞《蒙古汗位帝系移轉過程中的三位女性 —— 脫列哥那、莎兒合黑塔泥與海迷失》③分析蒙古婦女攝政的條件是在丈夫過世後，經由夫家的宗親們同意，予以遺孀合法的攝政權。根據志費尼《世界征服者史》（第 176、193、272 頁）的記載，窩闊台過世後，他的兄弟中唯有察合台仍在世，是家族中的長者。察合台系的宗王認同脫列哥那具備代理政事的才能，同意由她攝政。④

[6] 丙午，公元 1246 年。

[7] 六皇后脫列哥那在太宗去世的當月，即向耶律楚材詢問繼位人問題。宋子貞《耶律公神道碑》記：“癸卯（元太宗十三年十一月二十日，1241 年 12 月 23 日），后以儲嗣問公。公曰：‘此非外姓臣所當議，自有先帝遺詔在，遵之則社稷甚幸！’”⑤

窩闊台遺詔傳位的應是失烈門。⑥

陳怡如：參見 Morris Rossabi, “Khubilai Khan and the Women in his Family”, *Studia Sino-Mongolica: Festschr*. Dedicated to Herbert Franke, ed. Wolfgang Bauer, Wiesabden: Steiner (《忽必烈汗及其家中女眷》，沃爾夫岡・鮑厄編：《漢一蒙學刊：傅海波祝壽專輯》), pp. 164-165。⑦

[8] 陳怡如：西方傳教士約翰普蘭諾加賓尼（John of Plan Carpini）的《蒙古史》（收入《出使蒙古記》，第 62 頁）記錄貴由在 1246 年的 8 月 24 日登極。《元史・定宗紀》（卷二，第 39 頁）亦記載定宗（1246 年 8 月）時，“帝雖御極，而朝政猶出於六皇后”。⑧

[9] 陳怡如：《史集》第二卷《貴由汗紀》（第 213 頁）與《世界征服者史》均記載她卒於貴由即位兩三個月

① 《世界征服者傳》可疾維尼波斯文刊本，第 1 卷，第 196—198 頁；何高濟漢譯本，第 283—284 頁。
② 何高濟漢譯本，第 283—291 頁。
③ 《中國婦女史論文集》第 2 輯，臺湾商務印書館，1983 年，第 197 頁，注 17。
④ 《元史后妃表傳證補》，第 6 頁，注 17。
⑤ 《國朝文類》卷五七；並見耶律楚材：《湛然居士文集》，第 332 頁。
⑥ 蔡美彪：《脫列哥那后史事考辨》，《蒙古史研究》第三輯，第 12 頁。
⑦ 《元史后妃表傳證補》，第 6 頁，注 16。
⑧ 《元史后妃表傳證補》，第 6、7 頁，注 19。

後，也就是 1246 年 10 月至 11 月間。蔡美彪曾考證脫列哥那的卒年，其要點爲①：

一、《元史》卷二《定宗紀》（第 39 頁）著定宗元年七月（1246 年 8 月），“帝雖御極，而朝政猶出於六皇后（脫列哥那）”。

二、傳教士約翰普蘭諾加賓尼（John of Plan Carpini）拜訪貴由時，曾多次前往脫列哥那的營帳。最後一次的記錄是在貴由登極大典（1246 年 8 月 24 日）後三個月（1246 年 11 月 13 日）。參看《蒙古史》，收入《出使蒙古記》，第 67 頁。

三、《元史》卷一八〇《耶律希亮傳》（第 4159 頁）載：“初，六皇后命以赤帖吉氏歸鑄，生希亮於和林南之涼樓，曰禿忽思，六皇后遂以其地名之。”而耶律希亮“泰定四年（1327）卒，年八十一”，由此推算他是在 1247 年出生。可見脫列哥那在 1247年時尚在人世，才可能爲耶律希亮命名。

四、《元史》卷三《憲宗紀》（第 44 頁）記載在 1248 年的宗親大會上，畏兀八剌以太宗生前之言議立失烈門，忙哥撒兒曰：“汝言誠是，然先皇后立定宗時，汝何不言耶？”此“先皇后”應當就是脫列哥那，她在 1248 年時已不在人世。

蔡美彪主張脫列哥那至遲逝於 1248 年，如《后妃傳》所言至元二年（1265）崩。②

[10] 標點本校勘記［三］：至元二年崩追謚昭慈皇后，“二年”當作“三年”，詳前條校勘記。又按拉施特《史集》，定宗即位後兩三月，脫列哥那即死。《元史譯文證補》（第 2882 頁）云此處“崩”字妄增，是。

定宗欽淑皇后，名斡兀立海迷失[1]。定宗崩，后抱子失列門垂簾聽政者六月[2]。至元二年，[3]追謚欽淑皇后。[4]

[1]《本證》卷一七，證誤十七：案失書氏族。

《考異》卷九三：《史》失書其氏族。學界對海迷失的族屬問題討論已久。屠寄：“古余克汗海迷失三可敦斡亦剌惕氏（《舊傳》斡兀立海迷失，上三字即斡亦剌變音）忽都合別乞之女也，語出乞迷亞可丁《蒙兀史》。”③彙注按，海迷失皇后名字的前三字“斡兀立”oqul 並非如屠寄所言爲“斡亦剌惕”之變音，而是突厥語“年青人”的意思，多用於男子，用於女性較少。

白翠琴：關於斡兀立海迷失三皇后主要有三種說法。一種是《史集》爲主，認爲有兩個海迷失，一個是斡亦剌部忽都合別乞之女，嫁蒙哥汗爲妻，一個是篾兒乞部人，爲貴由之皇后。另一種看法，是以《多桑蒙古史》、《蒙兀兒史記》和洪均《元史譯文證補》等爲代表，其認爲貴由汗之皇后斡兀立海迷失是斡亦剌部忽都合別乞之女。第三種看法，以《新元史》爲代表，認爲貴由汗皇妃中有兩個海迷失。④

英國學者波義耳對斡兀立海迷失皇后注：AΓWL ΓAYMŠ。據拉施特 Oqul-Qaimish 爲篾里乞人（赫塔（吉）［古］諾夫俄譯本，第 116 頁）；正是他接見了路易九世遣來的第一次使節，她致法蘭西國王的復函

① 《元史后妃表傳證補》，第 7 頁，注 20。

② 參見蔡美彪：《脫列哥那史事考辨》，第 17—18 頁。

③ 《蒙兀兒史記》卷一九《后妃傳》，第 5 頁。

④ 《斡亦剌貴族與成吉思汗系聯姻考述》，《民族研究》1984 年第 1 期，第 53 頁。

保存在約因維爾（Joinville）的書中。見伯希和：《蒙古和羅馬教廷》，第 213 頁。在蒙哥致聖路易的信函中，她被稱作迦木思（Camus）："…… 當貴由汗（Keu Chan）死後，你的使臣們到達此宮廷。而他的妻子迦木思送給你納失失料子和函件。但對這個大國的幸福和安寧，以及戰爭和和平的事，這個比狗還賤的女人對它們能懂得什麽？……"（柔克義，第 249—250 頁）①

拉施都丁在其《史集·部族志》中兩次提及斡兀立海迷失皇后的族屬，第一次在是有關篾兒乞貴族答亦兒·兀孫所部降而復叛之事，成吉思汗下令殺盡篾兒乞人後，列舉活下的篾兒乞人，曰："斡兀立·海迷失（aūğūl-q(a)īm(i)š）哈敦，爲貴由汗的長后；她給他生了兩個兒子：忽察（khūâĵeh）和腦忽（nāqū）。"② 此即上述波義耳注之所本。

第二次是在記斡亦剌惕部部長忽都合別乞有二子後，又説："有爲蒙哥合罕所娶的一個女兒斡兀立·海迷失（ağūl-qūīmš）。由先，成吉思汗曾有意娶她爲妻，但事情沒辦成。據説，雖然她是忽必烈合罕和旭烈兀汗的嫂子，她總是稱他們爲兒子，而他們對她十分恭敬。"③ 此應即屠寄所引乞迷亞可丁《蒙兀史》之所本，她亦見於《五世系》與《貴顯世系》，此兩書皆稱她原爲拖雷妃，後爲蒙哥收繼，故而不可能是貴由皇后。且其名稱與海迷失皇后的拼法不同，漢文不宜譯爲"斡兀立海迷失"。

《元史》卷一〇六《后妃表》稱："斡兀立海迷失三皇后。"按此推測，在娶斡兀立海迷失之前，貴由應曾娶過兩個妃子。

[2]《蒙兀兒史記》卷一九《后妃傳》云："按失烈門爲古余克汗弟闊出之子，而云抱子誤一；可敦自戊申春古余克汗殂後，至辛亥六月蒙格汗即位止，中間攝國凡三載有奇，而云六月，誤二，今訂正之。"

陳怡如：失列門，《元史·憲宗紀》（卷二，第 44—45 頁）與《史集》（第二卷，第 11 頁）均作失烈門；《元史·宗室世系表》（卷一〇七，第 2717 頁）作昔列門，本文按《元史》本紀作失烈門。他是闊出之子，即窩闊台孫，並非斡兀立海迷失之子。《史集·蒙哥合罕紀》（第二卷，第 254 頁）記載失烈門母親名合答合赤哈敦。斡兀立海迷失有二子忽察、腦忽（前揭書，第 208、222 頁）定宗三年（1248）三月，貴由逝於西征途中。《史集·貴由汗紀》（第二卷，第 221—222 頁）描述貴由過世後，貴由的叔母莎兒合黑塔泥贈與海迷失"孛黑塔黑"。"孛黑塔黑"，《秘史》（第 74 節）作"孛黑塔剌周"（boghtalaju）；在漢籍中則作"固姑"（kükül）、"故姑"、"故故"等（史衛民：《元代社會生活史》，第 80—83 頁）。這是蒙古已婚婦女所配戴的高帽，蒙元皇后寫真像可見一斑（王耀庭：《蒙元王朝帝后圖像》）。莎兒合黑塔泥給予遺孀孛黑塔黑有何用意，我們可以從相關材料推知。《史集》記載伊利汗國君主爲王后戴上孛黑塔黑，如"（阿八哈汗）收娶了旭烈兀的妃子禿乞台哈敦，他給'她的'頭上戴上孛黑塔黑以代替脱忽思哈敦，把她立爲皇后"（《史集》第三卷《阿八哈汗傳》，第 100 頁）。相關記載不止一例。陳怡如推論加授"孛黑塔黑"似爲授與某稱身份的表現。《史集》記載斡兀立海迷失獲得孛黑塔黑後，"拔都也同樣慰問了她，並表示友好。他説：'請斡兀海迷失按照鎮海和［其他］大臣們的意見在原來基礎上治理國事。'"顯示家族長

① 《世界征服者傳》漢譯本，上册，第 312 頁，注 1。
② 《史集》漢譯本，第一卷第一分册，第 189 頁。
③ 《史集》漢譯本，第一卷第一分册，第 193—194 頁。

輩認同斡兀立海迷失的地位，授與她合法攝政的權力。

蒙古宗親召開選汗會議，“時定宗皇后海迷失所遣使者八剌在坐”。從貴由駕崩（1248）至憲宗蒙哥登位，斡兀立海迷失共稱制三年餘，並非《元史・后妃傳》所載聽政六月。①

[3]《蒙兀兒史記》卷一九《后妃傳》云：“至元三年冬十月，追謚淑聖皇后。”

標點本校勘記［四］：至元二年，“二年”當作“三年”，見本卷校勘記〔二〕（第2883頁）。

[4] 志費尼與拉施都丁均未列專節敘斡兀立海迷失皇后事，主要記錄的是貴由死後其任監國期間竭力阻止蒙哥即位以及蒙哥即位後被處死之事。志費尼記元定宗貴由逝後：

> 斡兀立海迷失遣使去見唆魯禾帖尼和拔都，向他們報告所發生的事；而且在跟大臣們商量她應返回合罕的斡耳朵呢，還是前貴由汗的斡耳朵所在之霍博和葉密立後，按照她自己的意見，她啓程到葉密立。唆魯禾帖尼別吉，按照他們的舊習，送給她衣服和一頂顧姑②，以及勸慰和哀悼的使信。拔都用同樣的方式撫慰她，以美諾來勉勵她；就中他提出，斡兀立海迷失，一如既往，應與大臣們共同治理朝政，照指一切必須的庶務。③

在拔都營地召集忽里台大會，確定由蒙哥繼位之後：

> 斡兀立海迷失整天跟珊蠻策劃於密室，以實現他們的妄念和狂想。④忽察和腦忽呢，他們在其母面各據一宫；這樣就一個地方有三個統治者。在別處，王公們也按他們自己的願望做生意，各地的達官貴人憑他們的私意依附於一黨。因爲彼此不合以及跟他們的年長族人有矛盾，斡兀立海迷失以及諸子的事情不可收了；他們的力度和詭計更是逸出了正義之道。至於鎮海，在辦事中他既軟弱又爲難，他的勸告不爲他們的明智之耳所採納：因爲年輕，他們任性胡來，斡兀立海迷失則以抑沮賢良爲樂。……（中略）因此他們遣使者去見拔都說：“我們不同意選舉另外的汗，我們決不承認那個協定。……”

拉施都丁記，貴由逝後，“從斡兀勒海迷失之命，貴由汗之墳墓遷至彼斡耳朵之葉密立”。其餘有關向

① 《元史后妃表傳證補》，第8頁，注23。

② boghtagh，原注2：顧姑（boghtagh、boghtaq）是已婚婦女的頭飾。它是魯不魯克的bocca，即*bocta，魯不魯克描寫它如下：“再者他們有一種他們稱之爲bocca的頭飾，用樹皮或他們能找到的這類輕物質制成，而它大如兩手合掐，高有一腕尺多，闊如柱頭，這個bocca，他們用貴重的絲絹包起來，它裏面是空的，在柱頭頂，即在它的頂面，他們插上也有一腕尺多長的一簇羽莖或細枝。這個羽莖，他們在頂端飾以孔雀羽毛，圍著（頂的）邊上有野鴨尾制成的羽毛，尚有寶石。貴婦們在她們的頭上戴上這種頭飾，用一根amess把它向下拉緊，爲那個目的在它的頂上替它打開一個孔，並且她們把她們的頭髮塞進去，將頭髮置於她們的腦後打成一個髻，把它放進bocca中，然後她們把bocca緊拉在顎下。因此，當幾個婦女騎馬時，打老遠看她們，她們就象士兵，頭戴盔，豎執矛。因這個bocca象一頂頭盔，它上面的羽莖象一支矛。”（柔克義，第73—74頁）

③ 《世界征服者傳》漢譯本，上册，第309頁。

④ 原注4：魯不魯克的威廉聽蒙“親口說，迦木思（彙注按，即海迷失）是一個最壞的巫婆，她用她的巫術毀滅了她的整個家庭”（柔克義，第250頁）。

拔都與唆魯禾帖尼通報貴由去世之內容，見《史集》第二卷，周良霄漢文譯注本，第219頁。

志費尼記載，在蒙哥及其他諸王親貴等聚集怯綠連之地舉行即位大典時，再派出“昔烈門必闍赤[①]去見斡兀立海迷失和他的兒子忽察和腦忽，派阿藍答兒必闍赤[②]去見也速蒙哥，致以如下使信：‘成吉思汗家族中的大多數人已會齊，忽鄰勒塔之事因爲你們拖延至今。再沒有搶劫和躭誤的時間了。如果你們有和解和團結的願望，你們應新版忙地出席忽鄰勒塔，庶幾朝政可以一致地處理……’”[③]他又記：“最後，王公們派去一名使者說，他們已聚會在［蒙哥］御前。因此腦忽就啓程去參加他們，隨後的忽察，最後海迷失也去了。”[④]

在述蒙哥即位後處置政敵，處死鎮海之後，志費尼記載道：“最後來的是海迷失哈敦：她和失烈門之母哈答合赤[⑤]。她是窩闊台第三子闊出[⑥]一道被送往別吉的斡耳朵。忙哥撒兒趕到那裏去，因這些女人的兒子們承認是陰謀的策劃者，她們在受到審問和坦白了她們的罪行後因她們的行爲而受刑。”[⑦]

拉施都丁對海迷失皇后最後的結局較志費尼爲詳，他寫道：

> 對於尚未到來之斡兀立海迷失與忽察，彼遣失列門必闍赤 Shilemün bitikchi 爲使，致言如下：“如汝等果無與於諸人之謀叛，則宜速來朝，此於汝等之幸福至關重要。”當失列門致詞畢，忽察斡兀立欲以可鄙之愚行淩犯使者。然彼有一妻，位在諸妻之末，然聰慧過之，阻其所欲爲，且言：“傳命，使者之責也。自古從無折辱使人者，［雖］強賊之使者亦然。吾人何得加害於來自蒙哥合罕之使臣乎？殺此一人，何害於彼之王權？特恐諸惡將從此而生矣！……（中略）蒙哥合罕秩爲兄長，位居父執，我等當從命而詣彼所。”察忽納其忠言，致禮於失列門。彼與其妻同至汗庭。緣於好運而傾聽忠言，彼得免陷於無邊苦惱之泥潭，而登於安全之彼岸。
>
> 至若忽察之母斡兀勒海迷失，彼遣使回覆云：“汝等諸宗王曾具誓書，應允王位當永留窩闊台合罕之家族，而不背叛其後裔。汝等緣何竟食言而肥？”使者既述訖，蒙哥合罕震怒，乃書寫下述之聖旨云：“成吉思汗之兄弟拙赤哈撒兒、斡赤斤與別里古台那顏之諸妻，皆來與忽里台，共量大計。然斡兀勒海迷失則否。若諸哈木與貴由汗斡耳朵之諸異密合答、鎮海及巴剌 Bala，將擁任何人爲統治者或可敦，其人竟因其衆從之言而爲統治者或可敦者，則彼當見其所當見者。”彼立即遣使執之，以皮繩接縛其雙手帶至。當彼既至後，彼被遣與失列門之母合達合失 Qadaqach 同詣唆魯和帖尼別姬之斡耳朵。忙哥撒兒扎魯忽赤剝其衣裸之，曳至王庭，開始審訊。彼言：“此身惟

---

① Shilemün Bitikchi，原注40：Shilemün，如同Siremün，看來是Soloman的突厥蒙古語形式。見前，第I冊，第251頁，注（14）。

② ‘Alam-Dar Bitkchi，原注41：一個取波斯名‘Alam-Dār（旗手）的蒙古人，見於伯勞舍編拉施特，第383及以下各頁。

③《世界征服者傳》漢譯本，下冊，第672頁。

④《世界征服者傳》漢譯本，上冊，第312頁；拉施都丁之對應記載見《史集》第二卷，周良霄漢文譯注本，第236頁。

⑤ Qadaqach，原注119：QDAQAĴ。拉施特之Qataqash［赫塔（吉）［古］諸夫，第163頁］關於此名的拼法，見伯希和：《蒙古和羅馬教廷》，第203頁注（3）。

⑥ 赫塔（吉）［古］諸夫錯拼爲Kerju的妻子，弘吉剌部人。她的祖父是成吉思汗長妻孛兒台旭真的兄弟按陳那顏（Alchi Noyan），因此孛兒台是她的姑祖。

⑦ 原注120：關於斡兀立海迷失本人之受審和處決，見伯勞舍編，拉施特：《史集》，第304頁，格魯賽，前引書，第310頁。引自《世界征服者傳》漢譯本，下冊，第692頁。

一王者得見，何得於人前裸之？”彼之罪行既已勘定，乃裹以氈沉諸河中。（按：《元史·憲宗紀》二年，“定宗后及失列門母以厭禳事覺，並賜死”。）①

憲宗貞節皇后，名忽都台[1]，弘吉剌氏[2]，特薛禪孫忙哥陳之女也[3]。蚤崩。[4]后妹也速兒繼爲妃[5]。至元二年，追謚貞節皇后，[6]升祔憲宗廟。

[1] 據本書卷一〇六《后妃表》，憲宗長后爲火魯剌思部人火里差，當係他爲太宗二皇后昂灰養子時，太宗爲其所娶。

本書標點本《后妃表》校勘記〔五〕：“忽都台”，蒙語，義爲“有福”。（第2703頁）

陳怡如：忽禿台，《史集》第二卷《蒙哥合罕紀》（第232、271頁）作“忽禿灰”、“忽禿黑台”。忽都台生有二子班禿、玉龍答失，與一女伯雅倫公主，見《史集》第二卷《蒙哥合罕紀》，第232—233頁。在西方傳教士魯不魯乞（William of Rubruck）訪問蒙古期間（1253—1254）所寫下的行紀《魯不魯乞東游記》（第180—181、190—191頁）中，描述忽都台、蒙哥與子女前往教堂，參與基督教聶思脫里派教徒的禮拜。Morris Rossabi在“Khubilai Khan and the Women in his Family”（p. 162）一文中推論蒙哥的母莎兒合黑塔泥爲己子擇妃，由於她自己信仰基督教，故而忽都台當爲基督徒。陳怡如據忽都台出自弘吉剌部，指該部族很可能同蒙古諸部一樣信仰薩蠻教，她與蒙哥成婚以前，應非基督徒。上述魯不魯乞所記忽都台出席基督教禮拜，可能是受夫家的宗教氣氛影響。②

[2]《史集》兩次提及忽都台族屬。第一次在《部族志》“弘吉剌惕部”節“亦乞剌思”條，其中記：“蒙哥的長后忽禿黑台（彙注按，即忽都台）哈敦，出自此部，她是孛禿駙馬之子忽勒帶（hūldāī）的女兒。”③而在《蒙哥合罕紀》中，他又寫道：蒙哥的“正后是忽都灰④哈敦，是成吉思汗的女婿亦乞列思部人不花駙馬之子兀魯帶的女兒”。⑤

彙注按，《秘史》與元代漢籍雖然注錄亦乞列思氏名，但從未提及其起源及近親。只有前引《史集·部族志》“弘吉剌惕部”節記載，亦乞列思爲弘吉剌部中一個氏族，是故在元代漢籍中常被歸入弘吉剌氏。但這裏，《史集》顯然誤記了忽都台家系與氏族，詳下。

[3]《本證》卷一七，證誤十七：案《特薛禪傳》作按陳從孫忙哥陳女。按陳爲特薛禪子，則忙哥陳非特薛禪孫矣。

《考異》卷九三：按，《特薛禪傳》以忙哥陳爲按陳從孫。

《元史》卷一〇六《后妃表》：“忽〔都〕台皇后弘吉剌氏，按陳從孫女。”

《元史》卷一一八《特薛禪傳》：“凡其女之爲后者，自光獻翼聖皇后以降，憲宗貞節皇后諱忽〔都〕

① 《史集》第二卷，周良霄漢文譯注本，第246—247頁。

② 《元史后妃表傳證補》，第9頁，注26。

③ 《史集》漢譯本，第一卷第一冊，第267頁。

④ 波伊勒英譯本第197頁作Qutuqtai，并注爲魯布魯克的Cotata。——漢譯者。

⑤ 《史集》漢譯本，第二卷，第232頁。

台，及后妹也速兒，皆按陳從孫忙哥陳之女。”

周良霄注：忽都台可敦，據《元史·后妃傳》、《后妃表》及《特薛禪傳》，皆云係弘吉（刺）[剌]氏，按陳那顏之從孫忙哥陳之女（或云特薛禪孫忙哥陳之女）。此云亦乞列思部，誤。①

彙注按，前已提及，《元史》卷一一八《孛禿傳》，亦乞列思駙馬孛禿死後，其子鎖兒哈繼，“娶皇子斡赤女安禿公主，生女是爲憲宗皇后”。亦乞列思與火魯剌思均爲弘吉剌之分部。此女如係火里差皇后，則拉施都丁可能混淆了她與忽都台皇后。

陳怡如圖示忽都台世系：

《后妃傳》：特薛禪—□□—忙哥陳—忽都台

《后妃表》：特薛禪—按陳

—□□—□□—忽都台

《特薛禪傳》：特薛禪—按陳

—□□—忙哥陳—忽都台

並引錢大昕的《元史氏族表》（第48頁）與韓百詩的《〈元史·諸王表〉箋證》弘吉剌世系圖，都作忙哥陳爲按陳從子。她以爲《后妃傳》與《后妃表》的記載較爲可靠。②

[4] 屠寄：“汗既昇遐，大臣擁戴阿里不哥，可敦在內主持尤力（語出乞迷亞可丁書。《舊傳》云早崩，誤也）。未幾殂。”③

[5] 本書卷一〇六《后妃表》：“也速兒皇后（貞節妹也）。”

屠寄：“蓋忽都黑台殂後，繼守第一斡兒朵思事當在中統以後，《舊傳》云繼爲妃，抑若側室者，然語義殊誤。”④

陳怡如：妻子過世後，丈夫續娶妻子的姊妹作爲繼室，這是蒙古社會盛行的娶姨習俗（sororate）。⑤蒙元皇室行娶姨婚的例子有：紐林的斤駙馬娶不魯罕，妻子過世後，納妻妹八卜叉爲繼室；尤真伯駙馬娶蒙哥之女失鄰，失鄰過世，納失鄰妹必赤合。見虞集：《高昌王世勳之碑》，《道園學古錄》卷二四，第18a頁；《史集》第二卷《蒙哥合罕紀》，第233—234頁。

西方傳教士魯不魯乞在1254年到訪蒙古時，記錄了忽都台當時的活動，可知忽都台在他離開蒙古返回前（1254年5月）仍在世，其卒應當在1254年5月之後、1259年憲宗逝前。《史集·蒙哥合罕紀》（第二卷，第271頁）記載蒙哥逝後，靈柩被輪置於四斡耳朵內供衆人舉哀。第一天在第一斡耳朵，即忽都台的斡耳朵。陳怡如推論此時掌守第一斡耳朵者已非忽都台本人，而是也速兒。屠寄根據《多桑蒙古史》

---

① 《史集》第二卷，周良霄漢文譯注本，第228頁。

② 《元史后妃表傳證補》，第9頁，注28。

③ 《蒙兀兒史記》卷一九《后妃傳》，第7頁。

④ 《蒙兀兒史記》卷一九《后妃傳》，第7頁。

⑤ 參見 Jennifer Holmgren, “Observation on Marriage and Inheritance Practices in Early Mongol and Yuan Society, with Particular Reference to the Levirate”, in *Journal of Asian History*, Vol. 20-2, pp. 142-143。

（上卷，第279頁）記載阿里不哥與忽必烈内訌時（1260），忽都台曾擁戴阿里不哥，因此主張也速兒在中統元年（1260）以後繼承斡耳朵。見《蒙兀兒史記》卷一九，第7a頁。①

[6] 標點本校勘記［五］：至元二年，“二年”當作“三年”，見本卷校勘記〔二〕（第2883頁）。

世祖昭睿順聖皇后[1]，名察必[2]，弘吉剌氏[3]，濟寧忠武王按陳[4]之女也[5]。生裕宗[6]。中統初，立爲皇后[7]。至元十年三月，授册寶，上尊號貞懿昭聖順天睿文光應皇后[8]。

[1] 箭内亙：帖古倫雖稱大皇后，守大斡耳朵，但其事跡謚號皆不傳，殊可怪也。然《表》中第二皇后察必之生皇太子真金，在太宗皇后朵咧格揑攝政之第二年（1243），中統元年立爲皇后。至元十年，與皇太子同受玉冊。則察必似爲第一位皇后。唯據《特薛禅傳》，帖古倫皇后，按陳那顏之孫（或裔孫）之脫憐之女。果然，則帖古倫爲察必之從孫，而守第一斡耳朵，位在察必之上，愈屬可怪。屠寄謂帖古倫事忽必烈潛邸爲元妃云云，全屬想象之語，不足據也。按察必似爲元妃，於太宗晚年侍世潛邸，太宗崩後兩年生真金，此時察必之從孫帖古倫，即令已生，亦不過兩三歲之孩童耳。更以門地之言之，察必爲太祖賜號國舅按察那顏之女。虽同爲弘吉剌氏，絕非脫憐之女帖古倫可比。乃稱帖古倫曰大皇后，爲大斡耳朵之主，實《后妃表》之謬誤也。按《世祖紀》“中統元年”條，曾列舉此年對皇族之歲賜額。其最後云：“先朝皇后帖古倫，銀二千五百兩，羅絨等折寶鈔二十三錠有奇。皇后斡者思銀二千五百兩。兀魯忽乃妃子，銀五千兩。自是歲以爲常。”又至元七年以後，每年皆有“賜先朝后妃及諸王金銀幣帛如歲例”之語，可知帖古倫非世祖之皇后，乃先朝之皇后也。右文中之斡者思，即太祖第四斡耳朵皇后斡者忽思。兀魯兀納妃子，乃太宗之妃，滅里之母，業紇納妃子也。帖古倫以係守定宗大斡耳朵之人，因世祖以前四朝皇后中之大皇后惟定宗朝不明故也。要之世祖之大皇后察必而非帖古倫。所謂帖古倫大皇后，非世祖皇后，當係定宗皇后也。

察必皇后若果爲大皇后而守大斡耳朵者，則喃必皇后果爲第二斡耳朵之主人否？按《后妃傳》云：“喃必皇后，弘吉剌氏，納陳孫仙童之女也。至元二十年納爲皇后，繼守正宮。時世祖春秋高，頗預政。相臣常不得見帝，輒因后奏事焉。有子一人，名鐵蔑赤。”《特薛禪傳》亦云：“諱喃必，冊繼守正宮者，納陳孫仙童之女”云云。納陳者，按陳之子也。察必以至元十八年二月崩，《后妃傳》係於十四年者誤也。今從《本紀》及《后妃表》。喃必既以二十年正月納爲皇后，繼守正宮，則必代察必而爲大皇后，故爲大斡耳朵之主。如是則《后妃表》所謂第二斡耳朵两皇后，皆相繼而守大斡耳朵，則第二斡耳朵之皇后果爲何人，全不能明。或以脫憐之女帖古倫皇后擬之。果然，則編《后妃表》者，所以將定宗之大皇后帖古倫誤爲世祖大皇后，而將應屬大斡耳朵之察必喃必誤入第二斡耳朵者，蓋以其名相同故也。②

柯立夫：謚號賜於至元三十一年五月，即1294年5月24至6月24日。見下。③

[2] 柯立夫《元史・察必傳》英文譯注第140—141頁腳注3：

---

① 《元史后妃表傳證補》，第9—10頁，注29。

② 箭内亙：《元朝怯薛及斡耳朵考》，陳捷、陳清泉譯，商務印書館，1933年，第87—88頁。

③ *The Biography of the Empress Čabi in the Yüan shih, Harvard Ukrainian Studies, Vol.3/4, Part 1: Essays presented to Omeljan Pritsak on his Sixtieth Biethday* by his Colleagues and Students (1979-1980), pp. 138-150.（以下簡稱《元史・察必傳》英文譯注）見第140頁，腳注1。

在《元史》卷一百六《后妃表》（第36冊）的登錄中，察必被記在忽必烈“第二斡耳朵”之下。參見伯希和《馬可波羅注》，第一卷，第567頁。至於其名字，伯希和引述了形式：“（2）察必，在波斯語中爲Čabui，在薩囊徹辰《蒙古源流》[568]中變爲Čambui，但對[568]Čabui未做解釋；與布洛曬相反，它與梵文jambu無關。”面對漢文形式“察必”（*Ch'a-pi*），波斯文形式*Čābūī*與蒙古文形式*Čambui*，我們的確處於一個語文學的問題之中。盡管如此，漢文中的察必代表蒙語的*Čabi*看來是非常肯定的。（乾隆時代的荒唐改動的轉寫徹伯爾不可信，關於此參見柯立夫：《漢蒙合璧1335年的張英瑞神道碑》，《哈佛亞洲研究》1950年第13期，第1—131頁，及圖版1-35，［第3頁，第17頁及腳注121]。）然而，對這樣的形式有一個直接的解說，因爲在王惲的《秋澗先生大全文集》卷八十（第20冊）中所找到的《中堂事記》，我們可讀到（第22頁，第6—7行）關於開平府“都東北足十里，有大松林，異鳥群集，曰察必鶻，蓋產於此山”。參見勞延煊：《王惲的〈中堂事記〉，譯注及序言》，哈佛大學博士學位論文，1962年，第102頁，腳注405。

這一點確定後，我們就可以順序看到布洛克曼的《依據馬合木·可失哈里的突厥語字彙［所編］中古突厥語詞典》，匈牙利東方圖書館，卷一（布達佩斯與萊比錫），1928年，第51頁記有：“čalvy (R.III, 1936) 1. 鷹 1, 360, 11；……”理查·弗賴在其對費克列特·額舍勒壇的《白宮的塞勒柱史》評論（《哈佛亞洲研究》1947年第2期，第230—237頁），將前兩個含混不清的詞勘同爲“現代突厥語的çavlı，小鷹或獵鷹”（第233頁）；並參見威廉·拉德洛夫：《突厥方言詞典》（聖彼德堡，1905年），第1936頁。亦可參見威廉·拉德洛夫：《突厥方言詞典》，第3卷（海牙，1960年），在彼處我們在奧斯曼突厥語中找到，一隻小的，尚未馴化的（按，柯立夫誤寫爲dessirter，應爲dressierter）獵鷹，一種雀鷹。

至於在突厥語中失去*l*的例證，我的同事與朋友昔納西·特勤在1979年5月21的一則通信中引述了以下內容：*atmış* ＜ *altmış*, 當代伊斯坦布爾土語“六十”；*otur* ＜ *oltur* 當代書面語“坐”；*gax* (＜ *kalk*) 當代土耳其東南安那托利亞方言“起來”；*gä*(＜ *kel*) 當代土耳其西部安那托利亞方言“來”；最後*āp-käl*(＜ *alïp-käl*) 西伯利亞突厥語“帶來”（字面意思“有、存在”）。亦可參見馬爾蒂·列塞能：《突厥語語音史》，《東方研究》（赫爾辛基）1949年第15期，第211—212頁。這些缺失*l*的例證提示，同樣在*čavlï*中，*l*的消失或發生於傳入蒙古語之前，或在傳入過程中，如果察必（Čabi）在後一種語言中的確源於突厥語的話。

*Čavlï*中的*v*在蒙古語中變爲*b*是完全正常的。參見突厥語的čav借入蒙古語爲čab。有關後來語音變化的詳盡情況，參見柯立夫：《Aldar čab ∽ Čab aldar》，《哈佛亞洲研究》1955年第18期，第221—233頁。

至於拉施都丁的波斯文中的*Čābūī*形式，似爲突厥語形式的一種對應，其中與*v*轉爲*b*同步，*čavlï*中的*l*變爲*u*。一個有趣的觀察就是，在拉施都丁書赫塔古洛夫譯，西蒙諾夫編輯的俄譯本《史集》（列寧格勒，1952年）第一卷第一冊，第185頁中有一個男性名稱*Чапu*。然而我不清楚，它是否是察必（Čabi）的另一種形式。

至於撒囊徹辰編年史中的形式*Čambui*，本質上就是拉施都丁的*Čābūī*，再加上*b*之前的*m*音。

這並非純粹是蒙語方面的第二層級的發展，也是一個逆向的時常可見的 *b* 出現於 *m* 之後的例證，參見田清波：《有關〈元朝秘史〉的一些段落》，麻省劍橋，1953年，第329頁，LV。

總之，*Čabi*、*Čābūī* 與 *Čambui* 這些形式，似均爲突厥語 *čavlï*“獵鷹”的對應形式，其中之 *l* 或在突厥語自身，或在蒙古語中皆服從於不同的語音變化。①

柯立夫《察必傳》作箋注 The Biography of the Empress Čabi in the Yüan shih, Harvard Ukranian Studies, 3-4: 138-150；羅沙比在其《忽必烈汗及其家中女眷》中考察察必的生平事蹟，及其對世祖朝政的影響。參陳怡如《元史后妃表傳證補》（第10頁，注32）。

---

① In the entry in the “*Hou-fei piao* [Table of Empresses and Concubines]” in the *Yüan shih* 106 (*ts‘e* 36). 3ra-3va, Ch‘a-pi is registered under the “*Tï-erh wo-erh-to* [Second *Ordo*]” of Qubilai. Cf. also Pelliot, *Notes on Marco Polo*, I: 567. As to her name, Pelliot (pp. 567-68) cited the forms: “(2) 察必 Ch‘a-pi, جابوی Čabui in Rašīdu-’d Dīn, altered to Čambui in《Sanang Setsen》[568] ‘Čabui’ remains unexplained; contrary to Blochet (Bl. II, 352), it can have nothing to do with Skr. *jambu* ”. Confronted by the forms *Ch‘a-pi* in Chinese, *Čābūī* in Persian, and *Čambui* in Mongolian we are indeed, in the presence of a philological problem. That the Chinese *Ch‘a-pi* represents a Mongolian *Čabi* seems, nonetheless, virtually certain. (No credence can be given, to the ridiculous revised transcription Cha‘-po-erh of the Ch‘ien-lung period, for which cf. Francis Woodman Cleaves, “The Sino-Mongolian Inscription of 1335 in Memory of Chang Ying-jui”, *HJAS* 13, nos. 1-2 [June, 1950]: 1-131 and plates 1-35 [pp. 5 and 17, fn.121].) There is, moreover, and immediate explanation of this form as such, for in the *Chung-t‘ang shih-chi* of Wang Yün, found in his *Ch‘iu-chien hisien-sheng ta-ch‘üan wen-chi* 80 (ts’e 20), we can read (22r6-7) in reference to K‘ai-p‘ing fu: “Not [quite] ten *li* to the north-east from the capital, there is a great pine forest. Among the unsual birds which flock [here] are the *ch‘a-pi ku* [‘čabi falcons’]. It would seem that they are native here.” Cf. also Yan-shuan Lao, “the Chung-t‘ang shih-chi of Wang Yün: An Annotated Translation with an Introduction” (Ph.D. diss., Harvard University, 1962), p. 102, fn. 405.

With this established, we may then proceeded to observe that C. Brokelmann, *Mitteltürkischer Wortschatz nach Maḥmūd al-Kašyarīs Dīvān ḷuγāt at-Turk*, Bibliotheca Orientalis Hungarica, Vol. 1 (Budapest and Leipiz, 1928), p. 51, registered: “čalvy (R.III, 1936) 1. Falke 1, 360, 11; …” V. M. Nadeljaev et al., *Drevnetjurkskij clovar’* (Leningrad, 1969), p. 142b, also registered: čavlï II сокол (MK 2174). ” Richard N. Frye, in his review of Fikret Işıltan, Die Seltschuken-geschichte des Aḳserāyī (*HJAS* 10, no. 2 [September 1947]: 230-37, dentified (p. 233) the first of two puzzling words as “the modern Turkish çavlı ‘young hawk or falcon’; cf. W. Radloff, *Versuch eines Wörterbuches der Türk-Dialekte* (St. Petersburg, 1905) 3. 1936.” Cf. also Wilhelm Radloff, *Versuch eines Wörterbuches der Türk-Dialekte*, Vol. 3 (The Hague, 1960), p. 1936, where for the Oslmanli Turkish we find: ein junger, noch nicht dessirter Falke, ein Sperber.

For the examples of the loss of *l* in Turkish, my colleague and friend Dr. Şinasi Tegin cited the following in a communication dated in 21 May 1979: *atmış<altmış*, ‘sixty’ in the present-day vernacular of Istanbul, *otur<oltur* ‘sit’ in the present-day written language. *gax* (<*kalk*) ‘get up’ in the present-day Anatolian dialect of Southeast Turkey, *gä* (<*kel*)‘come’in the present-day Anatolian dialect of West Turkey, and finally *āp-käl* (<*alïp-käl*) ‘bring’(literally ‘having taken come’) in Siberian Turkish. Cf. also Martti Räsänen, “Materialen zur Lautgeschichte der Türkishen Sprachen”, *Studia Orientalia* (Helsinki), 15 (1949): 211-212. These examples of disappearance of *l* tend to suggest that in *čavlï*, too, the *l* disappeared either prior to or in the course of its passage into Mongolian, if čabi in the latter language is, in deed, the Turkish čavlï in origin.

That the *v* of *čavlï* became *b* in Mongolian is perfectly normal. Cf. the Mongolian čab< Turkish čav. For detailed remarks in reference to the latter phonological change, cf. Francis Woodman Cleaves, “Aldar čab ∽ Čab aldar”, *HJAS* 18, nos. 1-2 (June, 1955): 221-33.

As for the form *Čābūī* in the Persian of Rašīd al-Dīn, it would appear to be reflective of a Turkish form in which the *l* in *čavlï* had become *u* with the simultaneous passage of *v* to *b*. It is interesting to observe in passing that there is a male name *Чапи* in Rašīd al-Dīn, Sbornik letopiserej, Vol. 1, bks. 1, translated by Xetagurov, ed. by Semenov (Leningrad, 1952), p. 185. However, I do not know wether it is another form of Čabi or not.

As for the form *Čambui* in the chronicle of Saγan Sečen, it is essentially the *Čābūī* of Rašīd al-Dīn with the additional phon-ological feature of *m* before *b*. This is not only a purely secondary Mongolian development, but it also an instance of inverse of the more commonly attested appearance of *b* after *m*. For the latter, cf. Antoine Mostaert, Sur Quelques passage de l’Histoire Secrète des Mongols (Cambridge, Mass., 1953), p. 329, LV.

In sum the forms *Čabi*, *Čābūī*, and *Čambui* all appear to reflect a an original Turkish *čavlï* “falcon”, in which the *l* either in Turkish itself or in Mongolian was subjected to diverse phonolocal modifications.

[3] 柯立夫："至於弘吉剌，參考伯希和《突厥語及蒙古語中帶有或缺啓首 q-(k-) 的形式》，《通報》1944 年第 37 期，第 [73]—101 頁（具體見第 77—78 頁，腳注 1）。"①

[4] 按陳，本書卷一一八有傳。

《本證》卷四十五，證名九：按赤，《太宗紀》八年、《木華黎傳》、《杜豐傳》。按只，《成宗紀》元貞元年、《王珍傳》。按嗔，《后妃表》世祖察必皇后父、《公主表》魯國公主位。按真，《劉黑馬傳》。"那顔"《紀》、《傳》或作"那演"，或作"那衍"，或作"那延"。《耶律留哥傳》稱按陳那衍。

柯立夫《元史·察必傳》英文譯注第 141 頁腳注 5：

> 至於按陳，參見伯希和《有關〈聖武親征錄〉中的一段》，《蔡元培週年紀念專號》（即《中央研究院歷史語言所集刊》），第一卷（北平，1934 年），第 907—938 頁（具體見第 908—117、924—931 頁，腳注 1—24："1. 斡陳那顔。"）……拉施都丁，以及在波義耳書《成吉思汗的繼承者們》第 241 頁說："忽必烈合罕有許多妻妾，最中爲長者是弘吉剌部統治家族中按陳那顔的女兒察必哈敦。"在其文《突厥語及蒙古語中帶有或缺啓首 q-(k-) 的形式》，第 911 頁，伯希和未做評述地表示道："當拉施都丁說（貝勒津，第一卷，第 152 頁；布洛歇，第二卷，第 352—353 頁），另外，忽必烈娶了 جابون Ĵabun，按陳那顔之女（校正爲 جابوى Čabui），很清楚這就是《元史》（卷一〇六，第二葉 b）中的同一個人，那裏說忽必烈娶了按嗔那顔之女察必。"然而在其《馬可波羅注》中（第 568 頁），他勉強地評說道："察必是弘吉剌氏，《元史》（卷一〇六，第二葉 b；卷一一八，第二葉 b）與拉施都丁均一致將她塑造這按陳那顔的一個女兒；這是難以令人置信的，因爲這將使她較帖古倫高三輩（並參見屠寄，卷十九，第七葉 b）。"②

[5]《元史》卷一〇六《后妃表》："察必皇后弘吉列氏，魯忠武王按嗔那顔女也。"

拉施都丁："忽必烈合罕妻妾甚衆，其最長者曰察必可敦 Chabui Khatun，弘吉剌氏統治家族之按陳那顔 Alchi noyan 之女（按：《元史·后妃傳》：世祖昭睿順聖皇后，名察必，弘吉剌氏，濟寧忠武王按陳之女也）。彼極美且媚，甚受寵愛。"③

《考異》："世祖察必皇后。案，《后妃表》但當列氏族名號冊謚年月而已，此於察必皇后云：后性明

---

① For the Hung-chi-la (Qunggira[d]), cf. Paul Pelliot, "Les Forms avec et sans q-(k-) initial en turc et en mongol", *T'oung pao*, 37, bks. 3-4 (1944): [73]-101 (pp. 77-78, fn. 1).（《元史·察必傳》英文譯注，見第 141 頁，腳注 4。）

② For Alčin, cf. Paul Pelliot, "Sur un passage de *Cheng-wou ts'ing-tcheng lou*", in the *Ts'ai Yüan P'ei Anniversary Volume* (= *Bulltin of the Institute of History and Philology of the Academia Sinica*), Vol. 1 (Peiping, 1934), pp. 907-938 (pp. 908-917 and 924-31, fns. 1-24: "1. Wo-t'chen-n-yen")…Rašīd al-Dīn also in Boyle, *Successors*, p. 241, says: "Qubilai Qa'an had many wives and concubines, of whom the most senior was Chabui Khatun, the daughter of Alchi Noyan of the family of the rulers of the Qonqrat. " In his article ("Les Forms", p. 911) Pelliot remarked without comment: "Quand Rašīdu'd-Dīn dit (Berezin, I, 152; Blochet, II, 352-353) que Khubilai épousa, entre autres جابون Ĵabun (à corriger en جابوى Čabui), fille d'Ilči-noyan, il est clair qu'il s'agit des memes personnages que dans le *Yuan che* (106, 2b), où il est dit Khubilai épousa 察必 Tch'a-pi (*Čabi), fille de 按嗔 Ngan-tch'en-noyan (Alčin-noyan)." However, in his *Notes on Marco Polo* (p. 568), he was constrained to observe that "Čabui was a Qonγrat, and both the YS (106, 2b; 118, 2b) and Rašīdu'd-Dīn agree in making her a daughter of Alčin-noyan; this is hard to believe, as it would make her three generations older than Tägülün (cf. also T'u Chi, 19, 7b)".

③ 《史集》第二卷，周良霄漢文譯注本，第 275 頁。

敏達於事機，至元之政，左右彌縫，當時以爲蓋有力焉。於南必皇后云：世祖春秋高，后頗預政，相臣常不得見帝，輒因后奏事焉。於成宗卜魯罕皇后云：成宗晚年多疾，后居中用事，而能信任相臣哈剌哈孫，以成大德之治，識者猶有取焉。於順宗荅已妃子云：后性聰慧然，不事檢飭。及正位東朝，淫恣益甚，內則黑驢母亦列失八用事，外則幸臣失列門、紐隣等，及時宰迭木帖兒怙寵作非，濁亂朝政。及英宗立權，倖誅而後勢燄頓息焉。此數條俱已見本傳，而復出於此去此存彼可也。”（《元史》卷六，清乾隆四十五年刻本）

《蒙兀兒史記》卷一九《后妃傳》（第 7 頁）云：“阿勒赤，名見《秘史》。《后妃表》，作按嗔；《舊傳》作按陳。按，帖古倫爲阿勒赤之曾孫女，察必爲阿勒赤之女，年輩相差三世，而同爲忽必烈汗之后，疑《舊史》按陳下有脱誤。”

[6] 裕宗即真金太子，本書卷一一五有傳。

陳怡如：裕宗名真金，察必次子，其另三子爲朵兒只、忙哥剌與那木罕（《元史》卷一一五《裕宗傳》，第 2888—2893 頁；《史集》第二卷《忽必烈合罕紀》，第 282—285 頁）。《史集・弘吉剌惕部落》（第一卷第一分冊，第 267 頁）敘述察必生五女，未載其名。①

[7] 本書卷一〇六《后妃表》：“中統初立爲皇后。”

至元十年《立后建諸詔》：“朕自纂承大統之後，即命皇后弘吉剌氏正位中宮。”詳下。

[8]《立后建諸詔》：“至元十年三月□日（校勘記［1］）：三月□日，《元史》卷八《世祖紀五》載此詔頒於至元十年三月辛未，即三月十八日）欽奉聖旨：蓋聞自古帝王之治天下也，莫不立后以正家，建儲以定國。朕自纂承大統之後，即命皇后弘吉剌氏正位中宮。仰惟太祖聖武皇帝之遺訓，俯協諸王昆弟之僉言，乃塚嫡燕王真金爲皇太子積有日矣。比者，朝臣懇奏冊寶之禮宜即舉行。已於今年三月十三日，授皇后以玉冊、寶章，授皇太子以玉冊、金寶，從典禮也。諮爾懷生，體予至意！故兹詔示，想宜知悉。”②

王磐《皇后冊文》：“維至元十年，歲次癸酉，三月甲寅朔十三日丙寅，皇帝若曰：‘天地合德，故能覆載萬物而不遺；日月並明，所以照臨六合而無外。至哉夫婦之大義，實配陰陽之兩儀。咨爾皇后弘吉烈氏，戚里名家，元勲貴族，備儀率禮，令德來嬪。自朕奉藩之初，至于踐阼之日，明識遠慮，裨益宏多。雖褘翟正位于長秋，而典冊未光于大禮。兹者文臣敷奏，寔應朕心。今遣攝太尉、中書右丞相安童，持節授爾玉冊寶章，備物充庭，式遵古典。於戲！恭順接下，九族形雍睦之風，儉素相高；萬世衍靈長之福，服兹寵命，益懋徽猷。’”（《元文類》卷十）

元明善：至元十年，安童“奏以玉冊玉寶上皇后弘吉烈氏，以玉冊金寶立燕王爲皇太子，兼中書令，判樞密院。清河元公撰《勲德碑》”③。

《元史》卷一〇六《后妃表》：“中統初立爲皇后，至元十年授冊寶，尋又上尊號曰貞懿昭順天睿文光應皇后。”

《本證》卷一七，證誤十七：案《世祖紀》至元十二年十二月，中書右丞相忽都帶兒，請上皇后尊號

① 《元史后妃表傳證補》，第 10 頁，注 34。
② 《元典章》詔令卷一典章一，陳高華、張帆、劉曉、党寶海點校，中華書局、天津古籍出版社，2011 年，第 8—9 頁。
③ 蘇天爵：《元朝名臣事略》，姚景安點校，中華書局，1995 年，第 10 頁。

曰“貞懿昭聖順天睿文光應皇后，不許”。此疑誤。

《考異》卷九三：按，《世祖紀》，至元十二年十二月，中書省右丞相忽都帶兒等請上皇后曰貞懿順聖昭天睿文光應皇后，不許。此云至元十年上尊號，與《紀》不合，所載尊號十字，先後亦微異。

《蒙兀兒史記》卷一九《后妃傳》（第7頁）云：“邵氏遠平云：世祖至元二十一年始壽憲天述道仁文藝武大廣孝皇帝之尊號，而后以十八年二月崩，恐無先受尊號之理。特本《傳》及《表》皆云然，俟考，寄按，《本紀》無此文，當是至元二十一年因汗受尊號同時追上者。”

標點本校勘記［六］：貞懿昭聖順天睿文光應皇后，疑有倒錯。見卷一〇六校勘記〔八〕（第2883頁）。

陳怡如：察必在至元十年（1273）被冊封爲皇后，然而是否也在同年獲封尊號，有待商榷。卷八，第171頁載：“（至元十二年，1275）中書左丞相忽都帶兒與內外文武百僚及緇黃耆庶，請上……皇后曰尊號貞懿順聖昭天睿文光應皇后，不許。”《世祖八》（卷一一，第230頁）記載：“（至元十八年，1281）貞懿順聖昭天睿文光應皇后弘吉剌氏崩。”因此陳怡如推論察必應該在至元十二年以後、十八年以前獲封尊號。再次，《后妃傳》與《后妃表》記載察必的封號爲“貞懿‘昭聖順天’睿文光應皇后”，宜從《本紀》改作“貞懿‘順聖昭天’睿文光應皇后”。①

一日，四怯薛官奏割京城外近地牧馬，帝既允，方以圖進。后至帝前，將諫，先陽責太保劉秉忠[1]曰：“汝漢人[2]聰明者，言則帝聽，汝何爲不諫。向初到定都時，若以地牧馬則可，今軍蘸[3]俱分業已定，奪之可乎？”帝默然，命寢其事。

[1] 劉秉忠，字仲晦，初名侃，因爲僧，改名子聰，後更名秉忠，本書卷一五七有傳。其任太保之事，《國朝名臣事略》卷七記：“至元元年，翰林學士承旨王鶚奏言：‘書記秉忠，效忠藩邸，積有歲年，參帷幄之密謀，定社稷之大計，忠勤勞績，宜被褒崇。今聖明御極，萬物惟新，而秉忠猶以野服散號守其初心，深所未安，宜正其衣冠，崇以顯秩。’帝覽奏，即日今有司備禮冊，授公光祿大夫，位太保，參領中書省事。”②其本傳內容少異。

柯立夫《元史·察必傳》英文譯注，第142頁，腳注14：“參見陳學霖《元世祖宮庭中的佛道政治家劉秉忠（1216—1274）》，《通報》1967年第53期，第[98]—146頁。”③

[2] 柯立夫《元史·察必傳》英文譯注第142頁腳注15：“即北方中國人。關於此語及其行用的歷史，參見蕭啓慶《〈元史·兵志〉譯注》，第176頁，腳注70。”④

金代中原人稱漢兒，南宋境內宋人稱中國人。陶宗儀稱漢人八種，包括契丹、高麗、女直、竹溫（即漢兒）、渤海等。有關研究參見劉浦江：《說“漢人”——遼金時代民族融合的一個側面》，《民族研究》

---

① 《元史后妃表傳證補》，第11頁，注36。

② 《國朝名臣事略》，姚景安點校，中華書局，1996年，第113頁。

③ Cf. Hoc-lam Chan 陳學霖, “Liu Ping-chung 劉秉忠(1216-1274): A Buddihst-Taoist Statesman at the Court of Khubilai Khan”, in *T'oung pao* 53, bks 1-3(1967): [98]-146.

④ I.e., Northern Chinese. For the history and use of the term, cf. Ch'ing-ch'ing Hsiao, *Military Establishment of the Yüan Dynasty*, p. 176, fn. 70.

1998年第4期，第57—65頁；楊曉春：《元末高麗人記載中的中國北方社會——讀〈老乞大〉中的“漢兒”相關内容札記》，《常州大學學報》2016年第2期，第69—77頁。

[3] 柯立夫《元史·察必傳》英文譯注第143頁腳注16將“蘸”對應以蒙古語ĵam，並注曰：“參見伯希和：《關於驛傳中繼站（按，即驛站）——yam或ĵam》，《通報》1930年第27期，第192—195頁。”①

彙注按，柯立夫將“蘸”釋爲“站”。

后嘗於太府監支繒帛表裏[1]各一，帝謂后曰：“此軍國所需，非私家物，后何可得支？”后自是率宮人親執女工，拘諸舊弓絃練之，緝爲紬，以爲衣，其韌密比綾綺。宣徽院羊臑皮[2]置不用，后取之合縫爲地毯。其勤儉有節而無棄物，類如此。[3]

[1] 柯立夫《元史·察必傳》英文譯注第143頁腳注20：“關於表裏，參見柯立夫《炮彈門宮（彙注按，即奥斯曼帝國蘇丹故宮托普卡普宮，位於土其耳伊斯坦布爾）博物院所藏漢蒙合璧聖旨》，《哈佛亞洲研究》1950年第13期，第431—446頁，及圖版1—8（第438頁，腳注6）。”②

彙注按，柯立夫將“表裏”讀爲“裏表”。

[2] 柯立夫《元史·察必傳》英文譯注第143頁腳注22將“羊臑皮”譯爲skins of sheep scapulae，並注曰：“關於蒙古人用羊肩胛骨卜卦，參見《元史》卷一四九《郭寶玉傳》，彼處可讀到‘睿宗令軍中祈雪，又燒羊胛骨，卜得吉兆，夜大雪，深三尺。’”③

《說文》：“臑，臂。羊豕曰臑。”臑，人體上肢或动物的前肢。《儀禮·特牲饋食禮》：“尸俎，右肩、臂、臑、肫、胳。”④

[3] 另史料說明察必皇后在建佛寺方面一擲千金。

大都城西高良河畔的大護國仁王寺爲察必皇后所建，該寺又稱高良河寺。據《元史》記載，至元七年十二月辛酉“建大護國仁王寺于高良河”⑤。單從《元史》的記載，很難看出誰主導了這所佛寺的建立。程鉅夫的《大護國仁王寺恆產之碑》是一篇幫助我們瞭解這所寺院的資料，該文記載：“至元七年秋，昭睿順聖皇后於都城西高良河之濱，大建佛寺而祝厘焉。肇基發跡，天人之應，神物之感，雲臻霧集，昭爛赫奕，三年而成。”（程鉅夫《程雪樓集》卷九）昭睿順聖皇后即忽必烈正后弘吉剌氏察必，是她主導了這所寺院

① Cf. Paul Pelliot, “Sur yam ou ĵam, relais postal”, in *T'oung pao* 27 (1930), pp. 192-195.

② For *li-piao*, “inners and outers”, cf. Francis Woodman Cleaves, “The Sino-Mongolian Edict of 1453 in the Topkapı Sarayı Müzesi”, in *HJAS* 13, nos. 3-4 (December 1950), pp. 431-46 and plates 1-8 (438, fn. 6).

③ For the use of sheep scapulae by Mongols for divination, cf. *Yüan shih* 149 (ts'e 45, 13v1-2), where we read: “Jui-tsung (Tolui) ordered [his] army yo pray for snow and also to scorch sheep scapulae (yang-chia-ku) to divine. An auspicious omen (chi-chao) was obtained. In the night there was a heavy snowfall three feet deep.”

④ 張衍、許夢麟主編：《通假大字典》，黑龍江人民出版社，1998年，第664頁。

⑤ 《元史》卷七《世祖紀》，標點本，第132頁。此年十二月辛酉已經是1271年。佛教典籍中有關大護國仁王寺建於至元七年底的記載，均應取自《元史·世祖紀》的這一記載，見釋志磐：《佛祖統紀》卷四八，明刻本，北大圖書館藏本；釋心泰：《佛法金湯編》卷一六，明萬曆二十八年（1600）刻本，北大圖書館藏本。

的建立。至於建寺的時間，程鉅夫所記在至元七年（1270）秋，與《元史》所記年底相差數月，但程鉅夫明言，建寺持續了三個月。

釋志磐提到，至元“七年，詔請膽巴金剛上師住持仁王寺。十二月建大護國仁王寺于高良河。勅更定僧服色”[①]。前已論及，至元七年十二月，即1271年初，只是下詔修建該寺的日子，寺成是在三年之後。膽巴佛師即便住持該寺，也不可能在寺院尚在建設之時，而只能在寺建成之後。實際上，膽巴入護國仁王寺是在成宗即位之後。

負責籌建護國仁王寺的是曾任右丞的漢人李明之。程鉅夫的《白鶴歌並序》提到，右丞李君明之性至孝爲世祖與察必皇后所知，擢爲大護國仁王寺總管。至於建寺的過程，程鉅夫説：“寺之役方興，高深大小之宜，君實度之。梓匠工役之勤，君實董之。簿書之期會，錢穀之出納，一無私焉，迄致重門複殿，金碧交輝，巍巍煌煌，爲京師諸寶坊冠冕。”

曾寫詩贊美此寺的有翰林王鹿庵、李韋軒、商左山等人。後來“繼作者無慮百家”（程鉅夫《程雪樓集》卷二九）。元貞元年（1295）膽巴國師奉詔住持大護國仁王寺時，也發現“其嚴好若天宮內苑移下人間”[②]。可見其壯麗名冠大都。

對其地望，程鉅夫僅言在大都之西“高良河之濱”。李文田曾錄宋路振《乘軺錄》的有關記載：“幽州城永和館、孫侯館，出北安門十里至高梁河，又三十里孤溝河，又三十五里長城，至順州。”[③]

至於高良河寺的供養之費從何而來，何人管理寺產，程鉅夫寫道：“以佛法不徒行，必依於人。人不可以無食，中宮乃斥妝奩營產業以豐殖之。已而効地獻利者，隨方而至。物衆事繁，建總管府統于內，置提舉司提領所分治於外，歲滋月積，府之政日以懈，田失故額，租賦不登，寺之賴日以削。”

這是説，察必皇后以中宮粉妝之費經營產業所得利錢，來用做護國仁王寺的香火開支的啟動資金，從此以後便有人奉獻土地和金錢。由於寺產規模巨大，元政府遂設立兩個機構，一個是總管府，管理寺內事務；一個是提舉司，管理寺外的事處。這種運作機制維持了數十年，敝端越來越明顯，寺田的租額變得模糊，寺里收不到租，以致經濟情況惡化。於是至大元年，“罷總管府建會福院，以平章政事、宣政院使按巴哈瑪爾布哈爲會福院使”。

根據程鉅夫的記載，我們瞭解到護國仁王寺從至元七年開始建造，歷三年，至元十年成。寺內事務的管理機構是總管府，而寺外產業的管理機構則是提舉司。這種體制運作了三十餘年，至武宗即位後，總管府改爲會福院。《元史》記載至大元年（1308）十月乙巳“改護國仁王寺昭應規運總管府爲會福院，秩從二品”[④]，印證了程鉅夫所記不誤。

值得注意的是《元史》中的以下記載：大德五年（1301）春正月壬子“奉安昭睿順聖皇后御容于護國仁王寺”[⑤]。昭睿順聖皇后即世祖正妻察必皇后，她的遺像供奉在護國仁王寺之中。而那木罕是察必之子，

① 《佛祖統紀》卷四八；釋心泰《佛法金湯編》卷一六，也抄錄了這段文字。
② 《佛祖通載》卷二二，元至正七年（1347）釋念常募刻本，北大圖書館藏本。
③ 李文田：《元史地名考》，清光緒二十四年（1898）胡玉縉抄本，不分卷，復旦大學藏，第68頁。
④ 《元史》卷二二《武宗紀》，標點本，第504頁。
⑤ 《元史》卷二〇《成宗紀》，標點本，第433頁。

其遺像被供奉該寺之中是在二十餘年之後。換而言之，寺中所供奉的是察必皇后母子的遺像。

元代所有皇后中，僅世祖察必皇后擁有獨立的影堂。察必皇后的遺像供奉在兩處，除了與世祖遺像一起供奉在世祖影堂大聖壽萬安寺中之外，還供奉在大護國仁王寺中。而那木罕的遺像同其母親的遺像一起在該寺供奉。①

十三年，平宋，幼主朝于上都。大宴，衆皆歡甚，唯后不樂。帝曰："我今平江南，自此不用兵甲，衆人皆喜，爾獨不樂，何耶？"后跪奏曰："妾聞自古無千歲之國，毋使吾子孫及此則幸矣。"[1] 帝以宋府庫故物各聚置殿庭上，召后視之，后遍視即去。帝遣宦者追問后，欲何所取。后曰："宋人貯蓄以遺其子孫，子孫不能守，而歸於我，我何忍取一物耶！"時宋太后全氏至京，不習北方風土，后爲奏令回江南，帝不允，至三奏，帝乃答曰："爾婦人無遠慮，若使之南還，或浮言一動，即廢其家，非所以愛之也。苟能愛之，時加存卹，使之便安可也。"后退，益厚待之。[2]

[1] 按陪同宋恭帝與兩太后北上的汪元量記載，宋廢帝母子曾受皇元室多次宴請：

> 皇帝初開第一筵，天顔問勞思（《詩淵》、葉本、李本"思"作"意"。鮑校：吴本"思"作"意"）綿綿。大元皇后同茶飯，宴罷歸來月滿天。②（這裏提到的"大元皇后"，即察必。）
>
> 第九筵開盡帝妃，三宫端坐受金巵。須臾殿上都酣醉，拍手高歌舞雁兒。③

[2] 據汪元量記載，宋廢帝母子多次受世祖與皇后賞賜。如：

> 每月支糧萬石鈞，日支羊肉六千斤。御厨請給葡萄酒，别賜天鵝與野麐。④
>
> 雪裹天家賜炕羊，兩壺九醖紫霞觴。三宫夜給千條燭，更賜高麗黑玉香。⑤
>
> 雪子飛飛塞面寒，地爐石炭共團欒。天家賜酒十銀甕，熊掌天鵝三玉盤。⑥

其中有一次明確記"大元皇后"，即察必皇后賜賞：

> 三殿加餐強自寬，內家日日問平安。大元皇后來相探，特賜絲紬二百單。⑦

① 參見劉迎勝：《從北平王到北安王——那木罕二三題》，南京大學元史研究室、民族與邊疆研究中心主辦：《元史及民族與邊疆研究集刊》第二十一輯，上海古籍出版社，2009年，第1—40頁；收入氏著：《蒙元史考論》，蘭州大學出版社，2014年。

② 《增訂〈湖山類稿〉》卷二《湖州歌九十八首》其七十，孔凡禮輯校，中華書局，1984年，第52頁。

③ 《湖州歌九十八首》其七十八，第54頁。

④ 《湖州歌九十八首》其八十三，第55頁。

⑤ 《湖州歌九十八首》其八十六，第55頁。

⑥ 《湖州歌九十八首》其九十，第56頁。

⑦ 《湖州歌九十八首》其八十七，第56頁。

胡帽舊無前簷，帝因射，日色炫目[1]，以語后，后即益前簷。帝大喜，遂命爲式。又製一衣，前有裳無衽，後長倍於前，亦無領袖，綴以兩襻，名曰比甲，以便弓馬，時皆傚之[2]。后性明敏，達於事機[3]，國家初政，左右匡正，當時與有力焉。

[1] 周良霄《〈元史〉校點獻疑》："射"下有逗號，據加。

[2] 明四夷館本《回回館雜字》增續"衣服"門："بیکیا（bīkiyā），比甲，本音（比甲）。"①

華夫、丁忠元、李德壎、李一行等《中國名物大典》：比甲，元代一種無領無袖便於騎射的衣裝。類似前代的裲襠、半臂，後世的背心、坎肩。《元史·后妃傳一·世祖后察必》：……《金瓶梅詞話》第二十七回："李瓶兒是大紅蕉布比甲，金蓮是銀紅比甲，都用羊皮金滾邊，妝花楣子。"蒲松齡《聊齋志異·胡人姑》："視之，［女子］不甚修長，衣絳紅，外襲雪花比甲。"何垠注："比甲，半臂也，俗呼背心。"②

[3] 陳怡如引《元史》卷四《世祖紀》注："歲己未（1259），皇弟（忽必烈）駐兵鄂渚。""時先朝諸臣阿藍答兒……等謀立阿里不哥。阿里不哥者，睿宗第七子，帝之弟也。於是阿藍答兒發兵於漠北諸部，脫里赤括兵於漠南諸州，而阿藍答兒乘傳調兵，去開平僅百餘里。皇后聞之，使人謂之曰：'發兵大事，太祖皇帝曾孫真金在此，何故不令知之？'阿藍答兒不能答。繼又聞脫里赤亦至燕，后即遣脫歡、愛莫干馳至軍前密報，請速還。"③

十（四）〔八〕年二月崩[1]。三十一年，成宗即位，五月，追諡昭睿順聖皇后，其冊文曰："奉先思孝，臣子之至情；節惠勿名[2]，古今之大典。惟殷娥有明德之號，而周任著思齊之稱。[3]爰考舊章，式崇尊諡。恭惟先皇后，厚德載物，正位承天。隆內治於公宮，綱大倫於天下。曩事龍潛之邸，及乘虎變之秋。鄂渚班師，洞識事機之會；上都踐祚，居多輔佐之謀[4]。先物之明，獨斷于衷；進賢之志，允協于上。左右我聖祖，建帝王之極功；撫育我前人，嗣社稷之重託。臣下之勤勞灼見，生民之疾苦周知。儷宸極二十年，垂慈範千萬世。惟全美聖而益聖，宜顯冊書而屢書。不勝惓惓懇懇之誠，敬展尊尊親親之義，以揚盛烈，以對耿光。謹遣某官某奉玉冊玉寶，上尊諡曰昭睿順聖皇后。欽惟淑靈在天，明鑒逮下。增輝煒管，茂揚徽懿之音；合饗太宮，益衍壽昌之福。"升祔世祖廟。[5]

[1]《元史》卷一〇六《后妃表》：后於"十八年崩"。

拉施都丁：察必皇后"於猴年，當回曆682/1283—1284年，早於忽必烈合罕死"④（按，《元史·后妃傳》：言后死於至元十四年二月，誤；應從本紀作十八年二月。此云猴年（甲申）、至元二十一年，

① 參見劉迎勝：《〈回回館雜字〉與〈回回館譯語〉研究》，中國人民大學出版社，2008年。

② 《中国名物大典》上卷，濟南出版社，1993年，第568頁。

③ 《元史后妃表傳證補》，第12頁，注41。

④ 《史集》第二卷，周良霄漢文譯注本，第275頁。

亦误）。

標點本校勘記［七］：十（四）〔八〕年二月崩，道光本與本書卷一一《世祖紀》至元十八年二月乙未條、卷一〇六《后妃表》合，從改。（第 2883 頁）

洪金富《元〈析津志・原廟・行香〉篇疏證》（《歷史語言研究所集刊》第七十九卷第一分，第 7、8 頁）：據《元史》卷一一《世祖紀八》，察必卒於至元十八年二月二十九日乙未。《析津志・原廟・行香》："察必皇后，愍忌，南梁河寺，正官，［二月］初十日。""老太后，週年，白塔寺，正官，［二月］二十九日。"老太后指察必，週年爲逝世周年，日期與《元史》卷一一《世祖紀八》所載相符。察必的生日（愍忌）或在二月初十日。至於生卒兩日行香爲何一在高梁河寺（原誤高爲南，即大護國仁王寺），一在白塔寺（即大聖壽萬安寺），尚待研究。

[2] 陳怡如：乾隆武英殿本《元史・后妃傳》作"節惠易名"，意指謚法，並認爲應當依殿本修正。①

[3] 陳怡如：《詩經・商頌・長發》："有娀方將，帝立子生商。"有娀氏簡狄爲帝嚳之妻，生契，爲商之始祖（《毛詩鄭箋》卷 20，第 12b 頁）。周任爲周文王之母太任。其美德見載《詩經・思齊》。②

[4] 此即當指前引《世祖紀》中所記"阿藍答兒發兵於漠北諸部，脫里赤括兵於漠南諸州，而阿藍答兒乘傳調兵，去開平僅百餘里。皇后聞之，使人謂之曰：'發兵大事，太祖皇帝曾孫真金在此，何故不令知之？'阿藍答兒不能答。繼又聞脫里赤亦至燕，后即遣脫歡、愛莫干馳至軍前密報，請速還"之事。

[5] 姚燧《至大三年十月赦》："朕自嗣守丕基，致孝太室，奉上玉冊寶，加謚……世祖聖德神功文武皇帝、昭睿順聖皇后。"③

南必皇后[1]，弘吉剌氏，納陳孫仙童之女也。[2]至元二十年，納爲皇后，繼守正宮[3]。時世祖春秋高[4]，頗預政，相臣常不得見帝，輒因后奏事焉[5]。有子一人，名鐵蔑赤。

[1] 邵循正："（辛）Nambūī：《拉史忽必烈合罕紀》第 6 頁原注 4：Blochet II, 372 云：'忽必烈合罕第十二子（名，各寫本均缺），Nambūī-Khātūn 所生，可敦爲納陳駙馬（Nāčī-gurgan）女，察必皇后卒後一年，世祖娶之入主營帳（yūrt）與斡兒朵（ūrdū），以其爲察必皇后之從女也。'其《蒙古部落考》（彙注按，即《史集・部族志》）宏吉烈條④，亦云：'察必皇后卒，忽必烈合罕娶其侄女 Nambūī⑤繼其位。'""按 Nambūī 即《元史》之南必（喃必）。""察必皇后崩年，據本紀及《后妃表》，爲至元十八年二月，而《傳》係之於十四年，誤。喃必至元二十年正月納爲皇后，繼守正宮，相去一年多，益證拉史所記可靠。"⑥

[2] 本書卷一一八《特薛禪傳》："諱喃必，冊繼守正宮者，納陳孫僊童之女。"

邵循正：《蒙古部落考》宏吉烈條：喃必"納陳駙馬女也"。"惟《元史・特薛禪傳》謂爲'納陳孫僊

① 《元史后妃表傳證補》，第 13 頁，注 43。
② 《元史后妃表傳證補》，第 13 頁，注 44、45。
③ 蘇天爵編：《國朝文類》卷九四。
④ 第 6 頁原注 5：Trudy vost. otd. VII, 202。
⑤ 第 6 頁原注 5：諸寫本皆誤，Bérézine 定本作"tajyūī"，不可從。
⑥ 《〈元史〉、剌失德丁〈集史・蒙古帝世系〉所記世祖后妃考》，第 6—7 頁。

童之女’，此則納陳女，察必皇后從女，蓋《元史》誤也。《元史·諸公主表》云：‘魯國公主薛只干，太祖孫女，適斡陳弟納陳駙馬。’是納陳妻，世祖之姊妹，或從姊妹，顧世祖娶其曾孫女爲后，此恐不可能。況世祖女囊家真公主女嫁納陳子（同上），則納陳爲喃必之父較近理。”[1]

陳怡如以世系圖呈現南必家系：

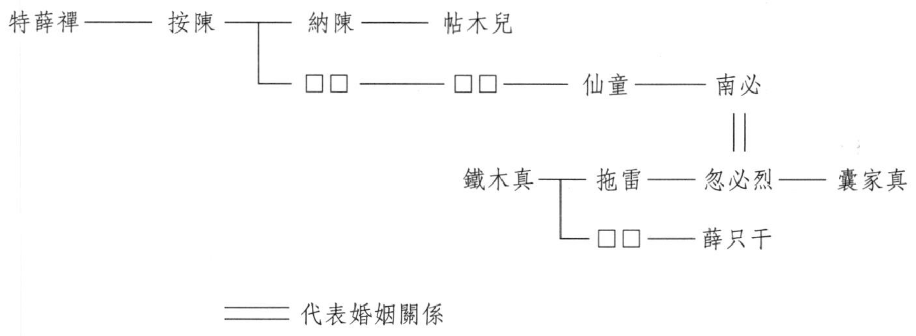

邵循正《〈元史〉、剌失德丁〈集史·蒙古帝室世系〉所記世祖后妃考》（第6—7頁）不認同《元史》的記載：與忽必烈同輩分的從姊妹薛只干與納陳成婚；忽必烈女囊家真與納陳子帖木兒成婚。忽必烈似不可能與年幼他三個輩份的南必成婚。邵氏因此主張南必是納陳之女，與《史集·弘吉剌惕部落》（第一卷第一分冊，第267頁）記載相同。[2]

[3] 箭內亙：“繼守正宮”一詞透露了察必與南必先後擁有大皇后的身份，兩人位居大斡耳朵，而非第二斡耳朵。[3]

[4] 陳怡如：忽必烈（1215—1294）納南必爲后時，年六十九歲。[4]

[5]《元史》卷一〇六《后妃表》：“南必皇后弘吉列氏。至元二十年納爲皇后，時世祖春秋高，后頗預政，相臣常不得見帝，輒因后奏事焉。”

陳怡如：Morris Rossabi 評析忽必烈晚年面對察必皇后（d. 1281）、太子真金（d. 1286）接連過世，以及征戰日本、占城、安南、爪哇失利，性情抑鬱，不再親理政事，允許南必以其名義決策並頒布旨令。但他以爲在此期間，南必未曾做出特別重要的決策。參見“Khubilai Khan and the Women in his Family”, p. 171。[5]

---

① 《〈元史〉、剌失德丁〈集史·蒙古帝室世系〉所記世祖后妃考》，第6—7頁。

② 《元史后妃表傳證補》，第14頁，注49。

③ 《元朝斡耳朵考》，第88—89頁。

④ 《元史后妃表傳證補》，第14頁，注51。

⑤ 《元史后妃表傳證補》，第14頁，注52。

A Study on Chapter I of "Biographies of Empresses and Concubines" of *Yuanshi* (I)

Liu Yingsheng

The harem system of the Yuan was a mixture of Mongolian and traditional Han-Chinese practices. The Mongolian term for empress was Khatun, which was not only used by the formal wife of a Yuan emperor. Each *Khatun* had her own *ordu*, in which other royal concubines also lived. *Ordus* were maintained continuously after the death of an empress, and then headed by another concubine appointed by the royal court.

There are two chapters describing Yuan empresses and royal concubines. Chapter 114 treats the empresses and royal concubines from Čingiz Khan up to those of the last Yuan emperor, while chapter 116 treats those who received the title of emperor posthumously. Not all of the Yuan empresses and royal concubines are included in these two chapters. The number of biographies collected in this chapter differs from one reign to another. For emperors of the Yeke Mongol Ulus, namely from Čingiz Khan to Möngke Qa'an, only the main empress was included, while from the reign of Kublai Khan, besides the main empresses, some royal concubines were also included.

Apart from chapter 114 and 116, chapter 106 is the most important source for this information. In the time before Čingiz Khan was enthroned, intermarriage existed between his clan and the tribe of Qongrat. Therefore chapter 118 ("Biography of Tei Sečen"), treating a noble of this tribe, is important for this research.

Apart from the works of authors, local gazetteers and inscriptions, information (sometimes in the Chinese language) can be found in other East Asian and non-Chinese sources, e.g. there is more information about Börte, the main *Khatun* of Čingiz Khan in non-Chinese materials that in Chinese sources. This is an important difference between the study of Yuan empresses and concubines and those of other dynasties. In this paper, based on previous research, various sources examined.

書　評

葉卡捷琳娜·尼查葉娃《使臣·談判·禮物：古代晚期東羅馬外交制度》

李　強

該書是一部關於 4—6 世紀羅馬—拜占庭帝國外交制度研究的百科全書式的力作。著者葉卡捷琳娜·尼查葉娃博士（Ekaterina Nechaeva）①，目前是法國里爾第三大學古代世界歷史、考古學和文學研究中心副研究員。該書是其博士論文的修訂本。尼查葉娃博士很早就開始關注羅馬—拜占庭帝國與外部的交往問題。她 2001 年於俄羅斯聖彼德堡大學完成的碩士研究選題是“古代晚期的蠻族與外交（5—6 世紀）”（Diplomacy and the Barbarians in Late Antiquity [5th-6th centuries AD]）。2007 年，她以“古代晚期外交制度（4—6 世紀的東羅馬帝國）”（Systems of Diplomacy in Late Antiquity [Eastern Roman Empire 4th-6th centuries AD]）爲博士論文選題，於義大利錫耶納大學獲得博士學位。由此可見，該書是其十餘年持續研究的成果。除此外，近年來她先後發表了一系列與該專題相關的研究論文，如《羅馬與伊朗以及草原族群的外交模式》②、《君主在國外的形象：早期拜占庭外交中的帝王畫像》③、《東羅馬與早期拜占庭的外交》④ 等。

作爲一部少有的系統研究羅馬—拜占庭帝國外交問題的著作，該書自問世以來引起了學

---

① 關於作者俄文姓名的翻譯，筆者得到了東北師範大學外國專家俄羅斯歷史學者奧莉婭博士的幫助，特此致謝。

② “Patterns of Roman Diplomacy with Iran and the Steppe Peoples,” in Nicola Di Cosmo, Michael Maas, eds., *Eurasian Empires in Late Antiquity: Rome, China, Iran and the Steppe* (Maas M.: Cambridge University Press, 2018), pp. 357-368.

③ “The Sovereign’s Image Abroad: Imperial Portraits in Early Byzantine Diplomacy,” *Ephemeris Dacoromana* 14 (2012), pp. 199-213.

④ “Υστερορωμαϊκή και πρωτοβυζαντινή διπλωματία (The Byzantine Diplomacy) (in co-authorship with Nicolas Drocourt),” in Lounghis T. and Kislinger E., eds., *Βυζάντιο: Ιστορία και πολιτισμός. Ερευνητικά πορίσματα* (Athens, 2015), σ. 151-187.

界較多關注。[①] 如作者所言，該書的目的是研究“在古代晚期東羅馬外交的現象、構成以及其作爲整個體系的運作”（該書第 15 頁）。其中，她的主要關注點落腳在“外交制度的構成，其運作以及發展的模式”（該書第 15 頁）。雖然羅馬—拜占庭帝國的外交問題一直是其制度史中的重要組成部分，但是由於史料分散等原因，相關研究有限。[②] 在此之前，有兩部與羅馬—拜占庭帝國外交相關的專題性著作一直是學者們瞭解這一領域的重要參考書目。其中之一是 A. D. 李（A. D. Lee）的《情報與邊疆：古代晚期羅馬的對外關係》（*Information and Frontiers: Roman Foreign Relations in Late Antiquity*）。[③] 雖然此書關注的時空範圍與尼查葉娃的研究多有重合（公元 3 世紀初到 7 世紀初的波斯與帝國北部邊疆），但是其中心是情報信息，作者通過對羅馬帝國周邊環境以及與外方的外交關係的考察，揭示帝國對邊疆情報信息的收集以及其對帝國對外關係的重要價值。另一部著作是 R. C. 布洛克利（R. C. Blockley）的《東羅馬外交政策：從戴克里先到阿納斯塔修斯時期的構建與實施》（*East Roman Foreign Policy: Formation and Conduct from Diocletian to Anastasius*）。[④] 此書詳細考察了從戴克里先到阿納斯塔修斯時期，羅馬帝國的對外關係方式的轉變，即由軍事戰爭轉向外交手段，由此構成了帝國對外政策的新特點。因此，從著述的內容上來看，尼查葉娃的著作可以說是上述兩部著作的繼續[⑤]，但是從主題來看，尼查葉娃的著作更加全面和深入。

尼查葉娃將其研究的時間斷限定在古代晚期，在這裏有必要簡單交代一下其含義。“古代晚期”是 20 世紀 70 年代興起於英美歷史學界的一種主要的研究理論和範式之一，它的出現是源於對“羅馬帝國衰亡”說的反思，同時受到年鑒學派的積極影響，其關注的核心是以地中海爲中心的多文明的宗教、文化與藝術的延續與發展。古代晚期研究的主要開創者愛爾蘭裔美國歷史學家彼得·布朗強調，古代晚期是 200—700 年間地中海及其周邊世界的社會和文化變革時代。[⑥] 他在 1996 年出版的《西方基督教王國的興起：勝利與分化》一書中，對自己所宣導的古代晚期研究進行了總結性闡發，他提出，這不再是一個羅馬帝國衰亡的歷史；其次，這是一個爲現代歐洲奠基的新時代，具有獨特的社會結構；第三，從意識形態角度而言，這是一個早期中世紀基督教世界，西歐獨特的基督教想像開始定型。北京大學李隆國教授在研究羅馬帝

① 先後有多篇書評對該書予以很高評價，見 Geoffrey B. Greatrex, “Ekaterina Nechaeva: Embassies-Negotiations-Gifts,” *sehepunkte* 14 (2014), Nr. 9, http://www.sehepunkte.de/2014/09/25200.html, accessed on 30-09-2019; Doug Lee, “Ekaterina Nechaeva, Embassies-Negotiations-Gifts,” *Bryn Mawr Classical Review* (2015.06.25), accessed on 04-10-2019; Avshalom Laniado, “Ekaterina Nechaeva, Embassies-Negotiations-Gifts,” *Latmos*, 75/4 (2016): 1107-1109; Christian Michel, “Ekaterina Nechaeva: Embassies-Negotiations-Gifts,” *Journal of Ancient History and Archaeology*, No. 6.2 (2019): 89-90。

② 尤其在拜占庭外交方面的研究，迪米特里·奥伯林斯基（Dimitri Obolensky）和亞歷山大·卡芝丹（Alexander Kazhdan）兩位 20 世紀重要的拜占庭史家都曾強調，這一領域尚缺少有力的作品，見 Alexander Kazhdan, “The Notion of Byzantine Diplomacy,” in Jonathan Shepard and Simon Franklin, *Byzantine Diplomacy: Papers from the Twenty-fourth Spring Symposium of Byzantine Studies, Cambridge, March 1990* (Hampshire, UK: Ashgate, 1992)。

③ A. D. Lee, *Information and Frontiers: Roman Foreign Relations in Late Antiquity* (Cambridge, UK: Cambridge University, 1993).

④ R. C. Blockley, *East Roman Foreign Policy: Formation and Conduct from Diocletian to Anastasius* (Leeds: Cairns, 1992).

⑤ Geoffrey B. Greatrex, “Ekaterina Nechaeva: Embassies-Negotiations-Gifts”.

⑥ Peter Brown, *The World of Late Antiquity: AD 150-750* (New York: Thames and Hudson, 1971), content and preface.

國轉型的過程中，開始較早關注古代晚期研究，並首先撰文介紹。[①]之後，作爲國内拜占庭學的專業學者，南開大學陳志強教授從拜占庭學的角度對古代晚期研究與拜占庭研究的關係問題提出了具有啟示意義的探討。[②]在實踐研究層面，國内也已經有學者開始從古代晚期的角度探討地中海世界的城市、環境以及宗教問題等。[③]

從時間角度來看，古代晚期囊括了3世紀後的羅馬帝國和早期拜占庭帝國時期。該時期，帝國在内外環境上都發生了重大的變化。經歷了3世紀危機後，在皇帝戴克里先和君士坦丁的改革下，帝國内部在軍事上由主動進攻轉向軍事防禦，在經濟上確立了以索裏德爲中心的貨幣體系，而在文化上則由多神教向基督教過渡。在大遷徙時代的背景下，帝國外部在東、西和北部邊疆都面臨著不同族群的侵擾，爲了適應新的外部環境，帝國在用兵的同時，亦頻繁派遣使者出使外邦。因此，古代晚期是一個帝國發生轉型的重要時期。而尼查葉娃研究的這一時期的帝國外交恰恰也處於這一轉型大潮中。

尼查葉娃的著作由引言、五章、結論以及附錄構成。筆者將按章節進行介紹。

在引言中，尼查葉娃做了三個方面的工作：第一，指出研究的主旨和時空範圍。她開篇即指出，本書的目的是研究“古代晚期東羅馬外交的現象、構成以及其作爲整個體系的運作”（該書第15頁）；在全書的時空範圍方面，她將其限定在4—6世紀的羅馬東方。第二，史料闡釋。她提到，自己充分利用了這一時期的各種史料，但是其重點依舊放在了這一時期最核心的史料上，即凱撒利亞的普羅科比、阿加西阿斯、西莫卡塔的著述以及君士坦丁七世的《論使臣》。[④]第三，概念分析。我們知道，“外交”一詞是現代的概念，因此明確闡述其古代的含義是瞭解本書的關鍵。她指出，古代晚期雖然並沒有我們今天使用的外交（diplomacy）一詞，但是在羅馬—拜占庭帝國的實踐中已經存在現代外交的各種形式，而其考察的重點就是這些方式如何構成體系，在帝國的框架下運作。

第一章是外交的機制（Mechanism of diplomacy）。顧名思義，尼查葉娃要考察的是帝國外交的運行機制。如她所言，本章的重點是三個層面：一是決策的制定、運轉與機構；二是外交禮節、儀式與管理；三是實現外交目標的方式。在第一部分中，她強調了皇帝在決策中的重要意義，即皇帝是帝國外交決策的制定者，而皇帝個人的性格、喜好、雄心和規劃則影響了帝國的外交政策。在皇帝之後，才是以總理大臣（Magister Officiorum）爲首的廷臣在外交運轉中

① 李隆國：《古代晚期研究的興起》，《光明日報》2011年12月22日第11版；李隆國：《從“羅馬帝國衰亡”到“羅馬世界轉型”——晚期羅馬史研究範式的轉變》，《世界歷史》2012年第3期。

② 陳志強：《古代晚期研究：早期拜占庭研究的超越》，《世界歷史》2014年第4期。

③ 焦漢豐：《古代晚期的宗教暴力、殉道與政治合法性》，上海師範大學碩士學位論文，2013年；焦漢豐：《古代晚期城市的内涵、特點及研究現狀》，《都市文化研究》2015年第1期；鄭秀豔：《古代晚期的科林斯城市研究》，上海師範大學博士學位論文，2015年；焦漢豐：《古代晚期神廟的命運》，《都市文化研究》2016年第2期；劉榕榕、董曉佳：《古代晚期地中海地區“塵幕事件”述論——兼論南北朝時期建康“雨黃塵”事件》，《安徽史學》2016年第2期；焦漢豐：《古代晚期異教的衰弱探跡——基於神廟視角的研究》，上海師範大學博士學位論文，2017年；疏會玲：《古代晚期基督教社會猶太人的法律地位——基於羅馬法的考察》，《歷史教學問題》2017年第1期。

④ 君士坦丁七世的《論使臣》是對早期文獻記錄的摘編，因此其内容反映了早期拜占庭帝國時期的狀況。

發揮的作用，他們主要是外交活動的執行者。在第二部分中，她強調，古代晚期帝國的外交活動與禮節和禮儀密切相連，並且有嚴格的規定。尤其在談判的外交活動中，皇帝居高臨下，接待外來使臣，而違反這一形式則可能導致使臣殞命。在第三部分中，她認爲，達成外交目標的形式多樣且複雜，而且各種形式之間也很難區別清楚，此外戰爭同時也可以是一種外交形式，借此可以影響對方的決策。

第二章作者討論了"外交談判"（Diplomatic negotiation）。其中，尼查葉娃重點分析了談判的執行者以及使臣的目的和談判程式。首先她提出，在古代晚期尤其是4世紀以後，參與外交談判的主要人物是帝國使臣，而非統治者本人。這樣的間接聯繫確保了皇帝的地位，使他在必要的情況下，可以否認使者的決定。在關於出使目的上，她指出，不同類型的使團會根據不同的出使物件被派出。她在R. C. 布洛克利提出的使團體系（大型、中型和小型）的基礎上提出了一個具有說服力的使者類型，即全權使團（plenipotentiary embassies）。這種使團即便斡旋的餘地受限，但是他們被賦予在邊境地區締結合約的權力。而關於談判的程式則是嚴格按照外交的禮節來進行，包括不同的步驟和內容。

第三章是關於"使團的結構和人員"（Embassy structure and personnel）。在本章，作者主要探討了古代晚期外交工作的不斷職業化。使者可以有來自文官或武官的背景，如有必要，在任命出使之前可以被提拔到較高的地位——這樣的地位與他們將要出使的國家是相對應的，例如，匈人和波斯——前往這裏的使者通常是律師，間或是醫生。再一次，尼查葉娃在以往研究的基礎上，分析了使節的隨行人員、譯者的問題，以及那些可能跟隨使團的人。正如她所指出的，使團爲情報工作提供了一個好機會，就像諾諾蘇斯（Nonnosus）和普利斯庫斯（Priscus）的記載所表明的那樣。[①] 她進一步討論了這種任務的後勤工作，護衛隊的問題，食物供給以及所經歷的困難，氣候或者受制於對方；密探也是這一部分的討論內容之一。

第四章題爲"古代晚期外交實踐中的禮物"（Gifts in the diplomatic practice）。尼查葉娃指出，除了被送到羅馬帝國的常見之物，其他所知甚少，因爲史料相對匱乏。她強調了這些物品的政治宣傳的價值，例如，可以通過使臣的禮物，將他們描繪爲進貢者，這是古代晚期藝術中很流行的場景。尼查葉娃還進一步討論了與周邊民族的禮物交換，她得出結論，羅馬給予外部民族的禮物通常被認爲是體現帝國的優越感，例如，授予帝國的官職徽章和皇帝的圖像。

第五章集中討論"古代晚期外交實踐中的標誌"（Insignia in the diplomatic practice）。在該部分中，尼查葉娃首先指出，授予外族服飾標誌是羅馬帝國用來確認統治和彰顯帝國權威的手段。她提到，我們擁有古代晚期關於上述服飾標誌的豐富的史料，而對其予以研究可以明晰帝國對外邦與帝國等級關係的定位。她通過仔細分析6世紀的史料，描述了帝國授予國外統治者的官職象徵，如羅馬皇帝授予拉齊卡國王的職位。尼查葉娃合理地發現藩屬國王中的等級制度

① Priscus和Nonnosus都是拜占庭帝國使臣，前者曾於5世紀初出使阿提拉大營，後者於6世紀30年代出使阿克森姆（埃塞俄比亞），兩人都留下了關於出使的記載。

的標誌，這主要是通過不同類型的胸針、靴子以及斗篷來區分的。

最後是對全書的一個簡短的總結。通過對全書的通篇考察，尼查葉娃指出，羅馬—拜占庭外交是皇帝與其他帝國外部族群和統治者之間的一種交流的體制。這種外交由古代晚期之前的政權之間的直接談判向其後的、由中間人來執行的基於外交禮節和儀式的更加複雜的交流轉變。應該說，作者的上述總結簡練直接地揭示了古代晚期從羅馬到拜占庭帝國外交制度轉變的總體特徵。

本書的附錄內容非常豐富。作者不僅爲我們整理了羅馬—拜占庭授予周邊其他族群的禮物以及後者送往帝國禮物的清單，並且將史料中關於帝國授予拉齊卡國王、亞美尼亞總督和摩爾人首領的服飾標誌的記載也羅列了出來。這可以令讀者對帝國與周邊族群關係的親疏等級差別一目了然。

總覽全書可以發現，尼查葉娃爲我們提供了一部信息異常豐富的羅馬—拜占庭外交體系的工具書。儘管一些評論者提及作者在術語的選擇、史料運用方面不夠謹慎[①]，但是，本書從內容的豐富性、史料的全面性以及論題的深入性等方面，都是對古代晚期羅馬—拜占庭外交制度史的一個重大貢獻。該書不僅對羅馬—拜占庭帝國外交的內部結構、形式、實踐以及變革進行了全面的展現，而且從這一專門的角度向我們揭示了古代晚期地中海世界轉型的整體特徵。該書不僅是研究羅馬—拜占庭帝國外交關係的必備參考書，更是關於古代晚期地中海史的重要著作。另外，從該書的內容和使用的文獻可以注意到，尼查葉娃對多種語言運用自如並且對史料掌握嫺熟，這使得我們不得不思考中國學人在從事世界古代中世紀史學研究中，與西方學者的差距和我們自身的缺陷，並且從中尋找到我們的發展道路。

① 參見書評：Doug Lee, “Ekaterina Nechaeva, Embassies-Negotiations-Gifts”; Avshalom Laniado, “Ekaterina Nechaeva, Embassies-Negotiations-Gifts”。

岩崎力《西夏建國史研究》評介

周永杰

此書於2018年12月出版，是日本汲古書院《汲古叢書》的一種。20世紀70年代，岩崎力先生即致力於北宋時期吐蕃研究，由於吐蕃和党項的地緣關係密切，研究會涉及党項的歷史。1986年、1990年先後發表《西夏建國與宗哥族的動向》、《西夏建國與黨項諸部》探討西夏建國时期的蕃部，2000年至2017年先後發表9篇關於西夏建國的文章，對党項內徙到李繼遷期間的政治發展進行長時段考察。本書是在上述論文基礎上，增寫李德明、李元昊時期的歷史而成，如果從八十年代算起，可以説该書是岩崎力先生三十多年研究的總結。

此前，日本學界已有岡崎精郎《党項古代史研究》出版（1972年），岩崎力先生寫過書評，稱其爲當時日本學界研究党項史的唯一書籍。《西夏建國史研究》是作者在岡崎氏基礎上繼續耕耘的成果。與前者不同的是，本書以“西夏建國”爲整體框架論述党項歷史，主要關注特定地域和族群環境中政治集團的整合過程。岩崎力先生強調，以往將党項民族國家的建立視爲拓跋部單一政治集團的發展是一種誤解，西夏建國在實踐層面表現爲西北各部族集團內部及互相之間，各部族集團與中央王朝之間的複雜互動，這種複雜關係的交織促進政治集團的消長，拓跋部在此環境中不斷調整政治路線最終建立民族國家。該書就是在反思日本學界研究的基礎上展開的。

本書共十二章，分三個部分，一是建國前史的研究，囊括党項內徙到李繼捧獻地期間的歷史；二是李繼遷建國運動始末；三是西夏建國，主要是李德明和李元昊時期的政治發展。篇目中的綱領反映出作者對党項歷史發展階段的認識。需要注意的是，前揭岡崎精郎先生書中將李繼遷和李德明時期的歷史稱爲“西夏建國前史”。岩崎力先生則以李繼遷爲基準，將之前的歷史稱爲建國前史。從西夏追奉李繼遷爲太祖的情況看，岩崎力先生的劃分是從西夏人的歷史敘述譜系出發的，這種党項本位的歷史敘事是本書的一大特點。

第一部分題爲“建國前史的研究”。主要討論李繼捧獻地前，党項大族的政治發展。分爲五章，第一章隋唐時期的党項，認爲党項可能淵於宕昌，隨著中原王朝經略，党項“八大部”

相繼内附，在吐蕃東進壓力下遷徙至環水、洛水以及黄河東側一帶，形成東山、平夏等諸部族集團。依據《文獻通考》中“召靜邊州大首領、左羽林大將軍拓跋朝光等五刺史入朝”，指出唐朝曾建立由拓跋朝光爲中心、跨部族集團的一元化党項部族體制。迫於吐蕃東進壓力，党項部族體制變化，野利氏爲核心的東山部東移形成南山党項，拓跋部對東、南山蕃部的一元統治模式結束；党項分化爲三個地域集團，涇水、洛水上游野利氏主導的南山部，無定河流域一帶拓跋部主導的平夏部，黄河北流、東流、南流沿線的大梁族、小梁族、藏才族、折氏等部族，其中野利氏集團和拓跋氏集團通過氏族旁支在絲路中樞涼州競爭。9世紀後半葉吐蕃式微（長慶會盟之後），党項勢力崛起，宣宗朝對党項高壓政策失敗後，党項各政治集團開始活躍在邊疆政治中。上述党項三大地域集團的形成以及平夏拓跋部與南山野利氏在涼州的競爭構成了全書討論的基礎。

該部分21頁，關於“大首領”爲全體党項統領的觀點，可以看到兩則不同的材料。據《冊府元龜》所載開元九年制書中“党項大首長故右監門衛將軍員外置同正員使持節淳恤等一十八州諸軍事，兼靜邊州都督仍充防禦部落使拓跋思泰”（《全唐文》“大首長”作“大首領”），可知拓跋氏作爲“大首長”或“大首領”的稱謂在開元九年已經出現，其職務爲羈縻府靜邊州都督府長官。出土《拓跋守寂墓誌》所記職務也是靜邊州都督府長官。[①] 可見所謂“大首領”並不統領東山党項等部，不是全體党項部族的首領。岩崎力先生所引材料中拓跋守寂也是“靜邊州大首領”，所引旁證《西夏書事》雖提供了拓跋姓首領在東山党項地區任職的信息，但並未說明他們與平夏拓跋氏的關係，況且該書史源向來爲史家詬病。因此，關於拓跋氏主導的党項一元部族體制之論尚難成立。

第二章夏州定難軍建置前後的政情。認爲拓跋思恭崛起受到唐末政治環境的刺激，尤其是沙陀李氏集團發展的誘發。拓跋思恭竊據宥州後，標志著平夏部族從羈縻體制中脱穎而出，其崛起主要採取積極姿態參與中原政治事務的策略，結合河西蕃部（主要是南山党項）在拓跋氏和其他政治勢力中的動向，否定了岡崎精郎關於拓跋思恭勤王時期已實現對党項諸部統治的觀點，認爲拓跋氏與南山党項的聯合到宋初才實現。

該部分關於拓跋思恭憑借部族首領身份獲得宥州刺史的觀點主要是基於傳世文獻的推測，定難軍墓誌對此有不同記載。《白敬立墓誌》記載：拓跋思恭擔任宥州刺史前，曾是夏州節度使教練使，期間夏州曾發生征防卒政變和拓跋思恭針對此事件的再次政變。這爲認識定難軍建立前的政情提供了另一條線索，拓跋思恭並非全然是在部落政治體制中成長，其在節度使體制中也有重要地位，這種經歷和身份在其政治發展中的作用應該受到重視，並非僅是由羈縻體制下部落首領發展爲割據政權的單線政治發展路徑。

第三章唐末党項的動向。將拓跋思恭的發展置於朝藩關係、藩藩關係、平夏部與其他部族集團的地緣政治中考察。認爲黄巢之亂後，拓跋思恭越過横山山脈向洛水地區南山党項發展，

① 康蘭英主編：《榆林碑石》，三秦出版社，2003年，第224頁。

隔黃河與李克用勢力對峙。面臨李茂貞勢力對南山党項的滲透，乾寧四年定難節度使李思諫出任靜難軍節度使；從朝藩關係視角看，李思諫移任靜難軍，是唐王朝依靠李克用、李思諫勢力對抗李茂貞的策略。進一步將學界爭議較大的“李承慶繼任案”置於上述線索中考察，指出李思諫離任與保大節度使李思孝的調任，使李氏勢力與根據地隔離；結合當時鹽州雄毅軍使孫德昭賜名李繼昭的情況，認爲李承慶很可能是賜名，其繼任定難軍節度使是中央聯合朱全忠制衡定難軍勢力的結果。説明乾寧四年以後拓跋部李氏勢力出現低沉期。

第四章五代時期的党項。依據李仁福“三軍”擁立以及蕃漢指揮使等記錄，指出定難軍政治出現部落色彩衰退、軍政色彩加強之趨勢，夏州由部族體制向軍閥轉化。後梁爲牽制晉、岐聯盟，支持拓跋部李氏發展，拓跋部在定難軍復興。後唐明宗削藩夏州，某種程度上延續沙陀政權對定難軍的敵視政策。此時期，党項系節度使頻出，府州折氏作爲沙陀政權牽制拓跋部的勢力而崛起，賀德倫、高萬金家族、劉景岩、李萬全等南山党項也得到發展，党項各部族集團進一步發展。並根據姓氏關聯指出，野利氏南山党項集團和拓跋平夏部旁支在西涼府一帶均有分布，吐蕃式微後，兩大政治集團展開爭奪西涼府貿易路線控制權的鬥爭。

該部分有兩處結論需要修正。144 頁，作者據《資治通鑑》中折從阮征討党項野雞族的記載“從阮奏：‘酋長李萬全等受詔立誓外，自餘猶不服，方討之。’”[①]以及顯德六年“以延州留後、檢校太傅李萬全爲延州節度使，進封開國公”[②]，認爲延州節度使李萬全爲党項野雞族首領。不過，《宋史·李萬全傳》記載：“李萬全，吐谷渾部人。善左右射，隸護聖軍爲騎士，累遷至本軍都校，與田景咸、王暉等從周祖入汴，號十軍主。顯德中，爲彰武軍節度。宋初，加檢校太尉、横海軍節度。”[③]彰武軍節度使即延州節度使，吐谷渾李萬全爲周祖入汴親從“十軍主”之一，其升遷情況和“開國公”的封爵符合在後周的政治地位，任職延州節度使（彰武軍節度）的李萬全係吐谷渾，而非南山党項。

162 頁，作者根據《新唐書》中“慶州有破丑氏族三、野利氏族五、把利氏族一，與吐蕃姻援，贊普悉王之，因是擾邊凡十年”[④]，又五代時期党項酋長李八薩王中“八薩”與“破丑”的對音，指出李八薩王就是党項破丑氏酋長，認爲李繼遷時期方才實現對南山党項破丑氏的聯合。需要指出的是，出土拓跋部李氏家族墓誌顯示[⑤]，李仁福祖父李重建時期（晚唐）拓跋部就與破丑氏聯姻，定難軍節度使與破丑氏的聯姻一直延續至李光睿時期。現有研究還未明確破丑氏晚唐時期的遷徙情況，若依岩崎力先生推論，破丑氏部族一直分布於慶州一帶的話，那麼拓跋部和南山破丑氏的聯繫早在晚唐就存在，而不是李繼遷時期；如果已經遷徙的話，那麼西夏建國過程中異常活躍的破丑氏就不一定屬於南山党項，不能作爲李繼遷時期聯合南山党項策

① 《資治通鑑》卷二九一，後周顯德三年壬戌，中華書局，1956 年，第 9488 頁。
② 《舊五代史》卷一二〇《恭帝紀》，中華書局，1976 年，第 1594 頁。
③ 《宋史》卷二六一《李萬全傳》，中華書局，1985 年，第 9049 頁。
④ 《新唐書》卷二二一上《党項傳》，中華書局，1975 年，第 6217 頁。
⑤ 康蘭英整理：《榆林碑石》。

略的證據。岩崎力先生關於破丑氏和拓跋部關係的觀點需要修正。

第五章夏州定難軍節度使的終結與豐州藏才族的興起。將党項三大地域集團的發展置於宋初西北戰略格局中考察，指出太祖時期爲牽制北漢，保留定難軍的政治地位；平夏党項則借機向横山地區發展，綏州之亂表明拓跋部整合以啜母族（作者認爲“啜母族”即“衛慕氏”的音轉）爲中心的綏州部落時面臨挑戰。出於保障貿易路線的需要，太祖加强對環水流域南山党項集團的控制。由於府州折氏在宋朝對抗北漢、遼朝的戰略中扮演重要角色，地位進一步提高。宋朝强化蕃部控制策略使豐州藏才族脱離遼朝羈管，投入宋朝陣營，西北局發生變化：一是遼宋在西北的對抗升溫，藏才族在宋朝政治地位提升；二是上述形勢客觀上實現對定難軍的包圍，爲太宗不置定難軍節度使，實行削藩提供了戰略可能。

此處需要補充一點。岩崎力先生將拓跋部李氏在定難軍的權力建構與部族體制的矛盾作爲分析定難軍政治的重要線索，在李思諫復鎮、綏州叛亂、李繼捧時期的内訌等重要事件中都採取這種分析路徑。但應該注意到，定難軍節度使雖然由蕃族主導，但其政治運作仍然是在藩鎮體制中實現。出土墓誌顯示存在白敬立家族這樣由羈縻府長官躋身定難軍高層的情況，但同樣不容忽視，其擔任定難軍職官時並不同時兼任部落職務；與此同時還存在劉敬瑭、康成等由低級將官升任高級將領、刺史的現象；李氏家族成員也被授予藩鎮職銜，並實行遷轉，在政治生活中藩鎮職官體系仍起作用。在這種情況下，提出綏州刺史李彝敏叛亂，以及李繼捧時期内訌屬於部族長（本書語境中指定難軍將領和州刺史等）對定難軍節度使李氏權力體制反抗的結論，在論證上尚需補充藩鎮官員如何連接部族、代表部族利益等諸環節。

第二部分題爲“李繼遷建國運動始末”。分五章，第一章爲李繼遷的登場。依據《宋史·夏國傳》李繼遷家族若干成員任職銀州防禦使的記載，推理定難軍州郡權力由蕃部大族世襲。認爲宋初史料中李克遠任銀州刺史表明節度使借助銀州刺史李克遠牽制世襲銀州防禦使的李繼遷家族。李繼捧繼任未得到“三軍”（部族長武裝）的認可，銀州刺史叛亂導致節度使體制崩潰，納土内附。通過對罔氏與衛慕氏、米母氏、啜母氏的對音，指出李繼遷母族係南山党項啜母氏，出奔地斤澤後，在漢人謀士輔助下采取聯合南山蕃部的策略，通過啜母氏的協調，平夏拓跋部與野利氏、破丑氏主導的南山党項走向聯合。

此部分有三點需要補充。一是，岩崎力先生根據銀州防禦使的記錄推理定難軍州刺史係由豪族世襲。整理傳世文獻和出土墓誌所記綏州刺史有（括號内爲文獻中記錄年份或在職的時間）：白忠信（895）、李彝殷（933—935）、李彝敏（943）、李仁立（943）、李仁裕（945）、李仁寶（945）李彝謹（946—952）、李光琇（971）、匕羅（971）、李光憲（978、979）、李光文（982）、李光憲（982）。其中李彝殷與李彝謹、李光憲與李克文爲兄弟，李光琇與匕羅爲父子，而且《李彝謹墓誌》明確記載其上任和轉遷的時間。宥州刺史可考的有三位：李仁裕（924）、劉敬瑭（925—931）、李仁立（943）。綜上，綏州和宥州刺史看不出世襲現象，還存在任期制，很難支持上述推理。

二是，關於聯合南山党項破丑氏的觀點，第一部分第四章中已提及，此處不再贅述。

三是，268 頁，作者對一則材料的解讀需要修正。“太祖建隆二年，代州刺史折乜埋來朝。乜埋，党項之大姓，世居河右，有捍邊之功，故授以方州，召令入覲而遣還。”[①] 作者解釋爲折乜埋遙領代州和方州刺史，“授以方州”是制書用語，引文“乜埋”以後部分屬於追記折乜埋來朝前的情況，“授以方州”即指授給折乜埋代州刺史，不是另授予“方州”。

第二章李繼遷的外交戰略。依據統和四年李繼遷和兀泥佶移（作者認爲是野利氏集團首領）同時接受遼朝官爵的記錄，指出李繼遷已獲得對南山党項的支配權，控制了青白鹽和朝貢貿易路線。在此背景下宋朝派遣李繼捧復鎮定難軍，因不滿宋朝限制政策，李繼捧亦降附遼朝。在宋朝增加夏州軍事力量後，李繼遷兄弟和兀泥佶移等又接受宋朝官爵，由於此前已接受遼朝官爵、與遼朝聯姻，李繼遷集團委蛇於宋遼之間；並趁宋朝青白鹽政策引起蕃部動亂之機，加強對南山党項控制，展現了李繼遷立國過程中外交策略的彈性。

第三章李繼遷的艱苦鬥爭。梳理淳化四年末到至道三年一月間李繼遷的鬥爭過程，指出李繼遷重建夏州的策略，包括發動政變控制夏州、遷徙綏州部族充實夏州、控制貿易要衝槖駝會等，均在李繼隆等宋軍攻勢中失敗，不得已與宋朝達成第一次停戰協定。宋太宗派遣鄭文寶主持西北防務，鄭氏在慶州到靈州一線建築城寨，推行青白鹽專賣政策，導致蕃部叛亂，李繼遷趁機撕毀停戰協定，一舉控制靈州、西涼府一帶，實施圍困戰略。宋朝五路伐夏，由於部署失當與李繼隆擅自變策，未能實現戰略目標，不過鄜延路王超部的奇襲，仍使李繼遷集團遭到損失，圍困戰略進程受到牽制。

第四章李繼遷的區域經營與北部河西党項的選擇。根據遼朝封授西平王的記載，認爲李繼遷獲得了定難軍的合法性和正統性。與此同時，真宗即位，由於西邊連續失利，宋朝授予李繼遷家族官職，李繼遷二元外交取得勝利，與宋朝達成第二次休戰協定。依據至道三年七月以後遼朝南伐和李繼遷對麟府路的戰爭記載，推測此時期李繼遷與遼朝實施聯合攻宋的戰略，認爲這與遼朝企圖控制黃河幾字灣附近蕃部的戰略意圖有關，這種合作表明李繼遷與遼朝對該地區蕃部秩序達成某種戰略共識。並以唐龍鎮一帶蕃部爲案例，考察在李繼遷、宋朝、遼朝的夾縫中，北部河西党項的立場擺動。

該部分中需要指出的是，岩崎力先生對中華本《太平寰宇記》標點的一處修正。407 頁，《太平寰宇記》卷三八“關西道一四府州”條的記錄，中華本原作“西北至沒兒雀、悉命女、女越都等蕃族三百五十里”[②]，岩崎力引用時修正爲“西北至沒兒雀悉命、女女越都等蕃族三百五十里”。按《宋史·党項傳》記載：雍熙二年七月，“兀泥三族首領佶移等、女女四族首領殺越都等歸化，並賜敕書撫之”[③]。又同書同卷：至道二年七月，“李繼隆出討繼遷，賜麟府州兀泥巾族大首領突厥羅、女女殺族大首領越都、女女夢勒族大首領越移、女女忙族大首領越置、女女籰兒族大首領黨移、沒兒族大首領莫末移、路乜族大首領越移、細乜族大首領

① 《宋史》卷四九一《党項傳》，第 14138 頁。

② 《太平寰宇記》卷三八《關西道十四·府州》，中華書局，2007 年，第 813 頁。

③ 《宋史》卷四九一《党項傳》，第 14140 頁。

慶元、路才族大首領羅保、細母族大首領羅保保乜凡十族敕書招懷之”[①]。可見沒兒和女女爲族名，雀悉命和越都爲該部首領名，不應點斷。

第五章李繼遷的憑陵與挫折。作者根據宋朝史籍中的戰爭記錄，考察李繼遷圍困靈州與攻掠靈州周邊城鎮的戰略戰術，將靈州戰役置於宋遼衝突視野中，揭示出李繼遷靈活運用戰爭與外交的大戰略。認爲佔領靈州後，李繼遷採取東面作戰、南面作戰、西面作戰等大攻勢，尤其對涼州潘羅支西面作戰中的滲透戰法進行了細緻的考察。將戰爭與蕃部組織化視爲李繼遷建國運動的一體兩面，指出建都靈州和佔領西涼府的建國方針在組織層面上表現爲持續的蕃部動員，引起蕃部不滿並大量歸附宋朝。在此背景下，指出李繼遷“遺言”的出現表明李氏集團高層仿效遼朝多獲歲賜以休養生息的政治路線確立。

第三部分題爲“西夏的建國”，分爲兩章。第一章李德明的選擇，依據宋朝史料中蕃部內附和招撫記錄，指出李繼遷去世後，李氏政權內出現蕃部離散現象，政權面臨危機。由於潘羅支系由李繼遷親信刺殺，以此爲線索推演出李德明繼任後的政治策略，認爲李德明需要憑藉復仇塑造政治權威，制定了以刺殺爲中心的西涼作戰計畫。梳理景德盟約確立的過程，揭示了李德明對宋朝交涉與宋遼澶淵之盟進程的關聯性。分析宋遼史料指出，盟約後李德明外交上與遼宋保持和平關係；經濟上積極與宋朝開展朝貢貿易、榷場貿易、走私貿易；軍事上進攻甘州失利後趨向收縮。由於政治路線的轉變，政治集團高層出現分化，一方逐漸“宋化”，政治立場傾向保持現狀；另一方主張保持蕃部傳統，希望擴張以謀求更高的“國際地位”。

本章有幾處史料存在誤排或誤寫。一是，500 頁，引文寫作“萬子都虞候及都軍吳守正馬幹”。四庫本《續資治通鑑長編》（下文作《長編》）作“馬翰”，中華標點本《長編》作“馬尾”，由於作者使用的是四庫本《長編》，此處“馬幹”應作“馬翰”。

二是，576、577、581、630 頁，出現“和輝爾”，四庫本《長編》作“輝和爾”，中華標點本《長編》作“回鶻”，按照四庫本應該寫作“輝和爾”。

第二章李元昊的西夏建國。作者將李德明去世之謎置於西夏兩種政治路線鬥爭中考察，指出李元昊祖述李繼遷的武鬥建國主張得到部分蕃族支持，獲得軍權後李元昊即制定河西作戰計劃，最終控制河西走廊。政治路線確立後展開對權力結構的整頓，保守勢力代表李德明被幽禁並死去。認爲《宋史・夏國傳》中關於對吐蕃作戰的史料，反映的是明道二年到寶元二年間的系列戰爭，並非學界認爲的一次戰爭；對唃廝囉作戰的目的是解除對宋戰爭的後方牽制。李元昊誅殺母族，肅清蕃部大族中的反對派，既是政治路線轉向的需要，也是突破李德明時期部族聯合體制，建立專制獨裁政體的重要手段。政治清洗完成後，元昊即進行民族主義國家體制整備，建立皇帝制度、官僚制度、軍隊，設置監軍司體制進行領域控制，充實行政制度，創設西夏文字等。從宋朝史料中邊境地區蕃部騷亂、修築堡寨等記錄分析了李元昊的戰爭動員，以及

---

① 《宋史》卷四九一《党項傳》，第 14142 頁。

發動旨在國家得到承認、獲得歲幣、擴大貿易等的三次戰爭過程，戰略目標實現後，與宋朝達成慶曆盟約。戰後的政治肅清運動，是西夏政權中野利氏與沒藏氏權力鬥爭的結果，李元昊去世後西夏形成以沒藏訛龐爲中心的外戚專制體制。

讀完本書，可以順著作者的思路梳理出西夏建國的線索：党項內遷後，基於地域分布形成三大部族集團；各部族集團的發展，以及平夏党項與其他部族集團的關係；党項政權由部族體制向專制主義集權政體的發展；由於党項政權發軔於中原王朝邊疆郡縣區域，上述進程還交織著與中原王朝或者毗鄰各政權的互動。由此可以發現作者將党項民族共同體與政治共同體視作兩個關聯但不同步的進程，早先的宮崎市定也有類似的看法，“中國國境附近的異民族的自覺，與遠在外蒙古等民族的自覺不能同等看待”，“中國周圍異民族的民族的自覺，實際上也受中國國家政策的刺激不少”。[①] 就此而言，不管是對於岡崎精郎研究成果，還是對於日本學界邊疆民族和王朝特性的觀點，岩崎力先生都做了回應，體現出本書的學術脈絡和宏觀思考。

宏大的歷史敘述並沒有掩蓋作者對歷史細節的探求，本書呈現的西夏建國史回環曲折且充滿變數。岩崎力先生揭示出党項政權在李思諫時期存在低沉期、李德明時期保守路線的主導性，擺脫了線性史觀的束縛，給予西夏建國歷史以更豐富的解釋空間。歷史線索的突破離不開作者綿密的邏輯、細緻的分析、詳實的敘述風格。在本位材料匱乏的党項（西夏）早期歷史研究中，這種研究手法尤爲難能可貴。分章評介中已提到的“刺殺潘羅支計劃”，作者利用李繼遷“親信”等極容易被忽視的字眼和潘羅支遇刺前後部落的動向，即對潘羅支政權內部的矛盾、李德明戰略選擇等諸多問題進行推理，對於理解河西局勢具有重要價值。這樣探掘歷史隱幽的例子還有很多，綜合起來使中觀、宏觀命題的論述十分飽滿、生動。宏觀視野與微觀考察組成對於西夏建國的解釋體系，其系統性在西夏史領域中具有重要意義。

除去隨章補充的論述外，還需要提請讀者注意本書的史料問題。近三十年出土多方党項的墓誌，大陸學界已廣泛使用，極大推進了對於党項早期史的認識。本書卻沒有使用這批材料，新材料對研究的推進沒有體現出來；如前文指出，新材料甚或已動搖作者依據傳世文獻推理的某些結論，不能不說是非常遺憾的事情。另外，書中使用的古籍，都沒有明確的版本信息，以我們可以判斷的《續資治通鑑長編》爲例，作者使用的應該是四庫系統版本。由於修撰《四庫全書》過程中，館臣對其中的少數民族稱謂、姓名進行改換，所以涉及稱謂的部分比較混亂，作者雖注意到這種現象，使用時據《宋史》進行校勘，但卻導致引文和行文非常混亂，出現上文提到的“回鶻”、“輝和爾”甚至顛倒成“和輝爾”同時出現的情況，它們在中華點校本《長編》中都是寫作“回鶻”，是更爲準確的用法。當然，並不是說中華點校本的內容就一定可靠，比如作者就對中華本《太平寰宇記》的一條標點提出了修正。就本書引

① 宮崎市定著，周偉洲譯：《西夏的興起與青白鹽問題》，《西北歷史資料》1984 年第 2 期。

用的《長編》而言，若能在中華點校本基礎上再行校勘，能省卻不少重復的勞動，也可避免論述的混亂。再比如，41 頁，作者引用《資治通鑑》卷二四九的記載：“以河、湟初附，党項未平，移邠寧軍於寧州。”根據作者的翻譯，其理解爲“河、湟初附党項未平”。兩種斷句意思截然不同。我們在閱讀本書時要時刻注意史料與通行本的差異以及作者翻譯史料時透露出的不同認識。

王錦萍《蒙古征服之後：1200—1600年華北社會秩序的變遷》讀後

飯山知保

一、概述

20世紀80年代以來，田野調查成爲中國歷史研究的基本方法之一，徹底改變了各朝代及各地域研究的面貌。其間，歷史人類學的興起給我們對中國社會史的理解帶來了決定性的影響，其研究成果在國內外學界反響強烈，在20世紀末期至今的中國歷史研究中具有里程碑式意義。歷史人類學突破斷代史的框架，30多年來的對華南社會史的研究，不僅系統梳理了長時段歷史演變進程，也闡明了華南在東亞和東南亞歷史上的位置，及其與其他地域之間的經濟和政治互動關係。與此同時，華南社會史研究的發展讓我們必須正視中國或東亞其他地區的社會歷史轉變。20多年前，所謂的“華北”還是“未知領域”之一。王錦萍教授《蒙古征服之後：1200—1600年華北社會秩序的變遷》[①]全面探討了學界多年來予以關注但見解還不充分的領域——13到17世紀的華北社會史，稱得上是一本極具開拓性和創造性的必讀之書。

近年來，地域歷史研究的逐漸發展和深化，自然而然地帶來了地理概念和定義的細化，尤其在明清史或民國史研究者看來，“華北”這一地域概念顯得頗有些粗枝大葉。王錦萍教授也十分關注近年學術發展，在導言當中（該書第21頁）就定義聲明，該書主要的區域研究對象是山西。因此，在地域歷史研究的脈絡中，《蒙古征服之後》能夠幫助我們突破斷代史的束縛，在長時段歷史的語境中深入理解山西地區社會演變。但是，該書的真正價值，還是要在更寬泛的“華北”歷史脈絡中才能夠充分體現出來。13到17世紀的中國歷史中，南北方社會歷史經驗大不相同。這不僅是由於出現了經濟中心從北向南的轉移，也是因爲契丹、女真、

① Jinping Wang, *In the Wake of the Mongols: The Making of a New Social Order in North China, 1200-1600*, Cambridge (MA): Harvard University Asia Center, 2018.

蒙古的征服和統治，給中國北方和南方帶來衝擊的程度完全不同。淮河以南地區經歷蒙古統治的時間（13 世紀 70 年代到 14 世紀五六十年代）遠不如北方之久（13 世紀 20 年代到 14 世紀 60 年代）。從鄉村統治機構到中央政府，北方所受的外來影響遠遠超過南方，南北社會的實際情況也不盡相同。因此，近年來的華南社會史研究的豐碩成果，也許並不適用於 13 到 17 世紀的北方社會。換言之，歷史人類學的發展不但引出了中國社會的“南北問題”，同時也引出了中國歷史上契丹、女真、蒙古統治歷史影響的問題。

其實，衆所周知，中國歷史上契丹、女真、蒙古統治的影響，是國際學界自 19 世紀以來就一直關注的老問題，不同語種的相關研究應該已有多達幾百篇（部）。但是，由於 13 到 17 世紀北方社會文獻史料相當缺乏，對於該時段的社會面貌，20 世紀 80 年代之前積累的研究成果爲數不多，實際上不能深入探討，相關研究似乎陷入僵局。近 30 年來，田野調查的盛行，終於帶來了突破性的變化。新發現碑刻史料的陸續出版，讓我們研究蒙古統治下北方社會的願望成爲可能。明清史和近現代史研究已證明，保存在地方社會不同機構和地方的碑刻史料，一般記載了很多當地的信息，而這種地方性，讓很多僅憑文獻史料無法進行的社會史研究成爲可能。通過田野調查和文獻史料的廣泛搜集，《蒙古征服之後》充分利用了碑刻史料，深入探討當時沒有受到中央政府或文人注意的問題（如宗教集團的社會影響和政治力量、社會和文化構建中的女性力量），對南方士人社會的構建模式適用於華北社會的理論提出質疑，且清楚地闡明了 13 到 17 世紀不同統治制度給北方帶來的不同社會變革。

在《中國歷史上的宋元明轉型》[①] 於 2003 年出版後，中國中古歷史研究的熱點之一，從“唐宋變革論”轉移到了“宋元明移行期論”。以前，中古史研究與明清史研究之間，交流不甚密切，超越元明交替的研究爲數不多。尤其在 20 世紀中國北方社會史研究中，這個傾向較爲明顯。近年來，與《中國歷史上的宋元明轉型》的出版幾乎同時，以趙世瑜教授爲代表的學者通過田野調查突破了這些框架，把金元時期視爲明清時期社會、文化習慣的發祥時期，許多相關研究開始問世。在這樣的學術發展趨勢下，《蒙古征服之後》的特點就是從蒙古統治這一視角出發。王錦萍教授充分發揮卓越的語言能力，全面吸收多種語言的蒙元史研究成果，不把蒙古統治視爲中國歷史上的外來擾亂因素，而是將其統治制度特點作爲研究的切入點，從地方社會中謀求生存的人群之視點探討金元交替所造成的社會演變，闡明金元北方社會不能根據“中古中國社會演變的南方中心敘事”（The South-Centered Narrative of Social Change in Middle-Period China）（第 14—21 頁）。通過對社會秩序重建中宗教集團所扮演的角色和其政治力量的透徹分析，《蒙古征服之後》所得出的結論頗有說服力，可以說是將 20 世紀 90 年代以後社會史研究和蒙元史研究融合爲一體，並顯示出兩種研究潮流的一個至高點。

對蒙元史研究者和明清史研究者而言，《蒙古征服之後》爲我們提供了很重要的討論平

---

① Paul J. Smith and Richard von Glahn, eds., *The Song-Yuan-Ming Transition in Chinese History*, Cambridge (MA): Harvard University Asia Center, 2003.

臺。王錦萍教授突破元明交替的思維局限，探討宗教集團社會影響力和政治力量的盛衰，指出明代諸王積極庇護地方宗教集團，其活動在相當程度上類似於元代蒙古諸王。同時，宗教集團的政治力量很明顯下降，已無世襲僧官位等現象。這些延續性和斷裂均來源於元明兩朝之間的政治制度差異，若能結合近年來關於金元到明清時代的北方家族制度、民間信仰、鄉村統治制度、水資源管理等各方面研究成果進行探討，將推動我們進一步深入理解元明交替所帶來的社會變革的面貌。

《蒙古征服之後》的研究視野頗爲廣泛，涉及社會變動、蒙元統治、性別與社會活動、宗教傳統、水利活動等不同主題，筆者愧於能力不足，並不能全面評價其研究成果。希望以後能有各領域專家從不同的角度進行討論。下面，我主要從三個研究側面（建立《亮公孝行之碑》的背景及碑刻傳統的興起、蒙元統治中“根腳”的運作、明清時期的定襄縣）來探討《蒙古征服之後》的研究成果，以及今後會衍生出怎樣的研究課題。

二、建立《亮公孝行之碑》的背景及碑刻傳統的興起

關於碑刻傳統的形成和興衰，已有極爲豐碩的研究成果，由於本人理解不深，不敢屋上架屋，在此只想對王錦萍教授著作中所利用的個別碑刻的建立背景及其社會和政治含義略做探討。《蒙古征服之後》一書中，最重要的（而且也應該是最吸引人的）碑刻之一，無疑是《亮公孝行之碑》。碑文贊揚一位擁有官位的僧人的孝行，確是其他朝代罕見的現象。王錦萍教授論述，《亮公孝行之碑》代表元代僧官優越的政治、社會地位，其建立很清楚地表明蒙元統治給中國社會和佛教集團帶來了巨大影響。而還值得繼續探討的問題是，爲什麼智裕和他的家族要特意立碑紀念亮公的孝行？其實，正如王錦萍教授所指出的（第151頁）：“金元時期很多當地（定襄）經幢和碑文贊揚僧人的‘侍師’與‘行孝’雙重行爲。”確實，《定襄金石考》收錄了不少類似的僧人爲紀念祖先和家族歷史所立的碑刻。例如，《定襄金石考》卷三《集賢庵創建觀音堂功德之碑》（收錄於《亮公孝行之碑》之後），內容也是紀念史氏家族歷史、贊揚觀音堂創建者家族“父慈子孝”、記錄立石者宣授臺山都僧判英悟大師的爲官經歷、強調大元國師等累降法旨蔭庇大師。不過，王錦萍教授同時也指出：“但是，1300年和1310年的碑刻（《亮公孝行之碑》和《宣授五臺等處釋教都總攝妙嚴大師善行之碑》）對‘孝子’佛僧理念的推崇，到了前所未有的地步。”（第151頁）

值得注意的是，除了“有顏子之惠，無盜跖之壽。有顏子之夭，無盜跖之惡”等代表儒教理念的表達以外，《亮公孝行之碑》與其他元代定襄僧人所立碑刻之間的另外一個很大差異，應該在於其碑文所帶的離奇色彩。《亮公孝行之碑》記載，有一天，“師（亮公）之欲寐，朗然伽藍報曰：‘汝有道德孝行，賜汝神龜。’師之允諾懽然，則禮深若賀謝。悚然而覺，誠可奇哉。師依教訓，親詣龍山之麓，果然地湧神龜，爲萬載之榮昌，更爲法子之後記”。此碑

文後半段記載：

> （智裕）復於大德四年特授汾州僧正，官□五品之余，門蘭有慶，富貴榮歌，謠盡喜喜，遐邇懽心，名傳四海，聲震八方。同年，刊石鐫碑，現祥奇瑞。論功則萬有餘人，論賄則五十餘定。欲行運載，全然不動。師迺向前焚香禱曰："願聖如持，龍天護祐。"駭然空中作嚮，有若天雷，雲生霧長，從空而起。神功運轉，斯者還歸。號曰神碑。師之恩厚，感得神靈。五色光生，爍然萬種。奇祥二龜，同生一穴。師乃應夢之祥。具眼未聞，可不希哉？可不罕哉？欲留永播後代之榮昌，石隕名毀，纔然□矣。

關於"神龜"和"神碑"的傳奇故事，看起來一邊強調亮公和智裕父子孝行感天，一邊凸顯出智裕的法力。智裕希望向碑文的讀者傳達什麼？又或者說，他預期的讀者是誰？

在上述金元時期定襄縣碑刻習慣的背景中，強調"孝行"是可以理解的。如王錦萍教授所指出，定襄僧人要兼有"侍師"與"行孝"雙重行爲，智裕也理所當然要是一名孝子。不過，對他法力的強調，卻是在當地碑刻傳統中前所未有的。"神碑"傳奇發生在立《亮公孝行之碑》的同一年（"神碑"可能即是《亮公孝行之碑》），應該不少當地人親眼看見有人把大碑運到大永安寺，而他們當然也知道智裕祈禱後，有沒有"駭然空中作嚮，有若天雷，雲生霧長，從空而起。神功運轉，斯者還歸"。只不過當地人完全能夠理解這種表現純屬修辭，並不介意而已。然而我們仍然找不到上述問題的答案：智裕或者真容院僧人們爲何故意強調他們的法力？即使遍尋收錄於《定襄金石考》的相關史料，也找不到一個明確回答。

一種可能性是，智裕預期的讀者是他想要獲得支持的蒙古王侯（以及有關人員）。在元代，蒙古王侯之所以保護宗教教團，在某種程度上，是爲了得到宗教成員的法力以及他們所信仰神明的保佑。而碑文能夠以拓片或者文稿的形式流傳到大都，又或者智裕和真容院僧人們也有機會直接把它交給他們的支持者。值得注意的是，《亮公孝行之碑》記載，智裕在大德四年"特授汾州僧正"之前，"至元貞特授八不砂□□（應爲"大王"）金寶令旨二道"，而此碑沒有只字片語涉及當時以答己爲代表的皇帝家族，表明智裕當年還沒得到皇家成員的蔭庇。也就是說，《宣授五臺等處釋教都總攝妙嚴大師善行之碑》所記錄的智裕與皇室之間的關係，是立《亮公孝行之碑》之後才建立的。根據同時代史料，"八不砂（大王）"應該是《元史》卷一〇七《宗室世系表》《搠只哈（撒）兒王位》所記載的"齊王八不沙（Babuša）"。八不沙（砂）是成吉思汗的同胞弟搠只哈撒兒的後裔，在其前任者（應該是其父親）勢都兒（Šigdür）因參與"乃顔之亂"（1287—1288）下臺之後，八不沙繼承了諸王位。[①] 雖然八不沙在大德十一年獲賜齊王號之前就被稱爲"大王"，但其勢力遠遠比不上皇家成員。

① 杉山正明：《モンゴル帝國と大元ウルス》，京都大學學術出版會，2004年，第203—205頁。

在定襄僧官輩出的家族中，張氏家族算是後進者。例如，上述《集賢庵創建觀音堂功德之碑》記載，代表烏蘇里史氏家族的英悟大師，早在“至元十三年，大都起建資戒大會，公爲樞密院會席裏外都提點，大元國師嘉其忠勤，特賜法旨，復充五臺山都僧判”。面對關於蔭庇關係的激烈競爭，在獲得汾州僧正官位後，若還想要繼續追求上級官階，智裕必須在蒙古王侯面前進一步展現自己的能力。或許他是根據定襄當地碑刻傳統，想要借此向更多蒙古王侯顯示自己的法力，給他們留下深刻印象，以求獲得更良好的“根腳”。下面還會探討，關於定襄縣寺廟與蒙古王侯的蔭庇關係十分複雜，只要有足夠的能力和社會影響力，後進者也完全可以建立新的“根腳”。《宣授五臺等處釋教都總攝妙嚴大師善行之碑》顯示，張裕的奮鬥獲得了回報，就在《亮公孝行之碑》建立後不到十年，他順利得到了皇帝、皇太后和皇太子的支持。

綜上所述，《亮公孝行之碑》等元代定襄僧人所立碑刻的建立背景，能夠幫助我們探索他們獲得“根腳”的戰略，這一點也許還值得繼續探討。同時，我們還需要回答的另一個問題是，爲什麼《定襄金石考》收錄了如此大量的事例？據筆者所知，在元代碑刻中，《亮公孝行之碑》等定襄碑刻屬於例外。在其他元代碑文和文獻史料中，很少有贊揚僧人孝行的，也不會揭示僧人結婚生子。因爲其他相關史料中幾乎沒有線索，所以這也是一個難以回答的問題。《定襄金石考》編者牛誠修先生十年辛勞，遍訪定襄縣內寺廟和墳墓，一共收錄了三種北魏碑、一種北齊碑、三種唐碑、十種宋碑、十六種金碑、五十二種元碑，就如牛先生自己所強調，其數量遠遠多於《山西通志》和《山右石刻叢編》（收錄一共十三種宋金元碑）[①]，很明顯是最完備的民國時期地方碑刻史料集。其他地區元代僧人所立碑刻，大多數可能在清末到民國時期已經散佚。這是一種可能性。

另外一種可能性是，這種碑刻傳統是五臺山以及其周邊地區受蒙古統治影響而興起的。《定襄金石考》收錄的金元時期僧人所立的碑刻，其形式在金元兩代有較爲明顯的差異。金代碑刻明顯比元代碑刻小，碑文也比較簡單，很少涉及定襄縣外的事情。元代碑刻則面積大，碑文篇幅長，主要記錄僧人官位與蒙古王侯或者國師、帝師的關係，以及他們所建立的寺院。雖然都稱爲“功德碑”、“善行碑”，實際上建立背景顯然不同。王錦萍教授指出，同一個家族中，有僧官輩出的分支建立大型碑刻、其他族人建立經幢的現象（第 147 頁）。這個現象可能暗示前者是從經幢發展出來的碑刻類型，代表蒙古統治給中國传统文化傳統帶來的影響。在歐亞大陸不同地區，各地文化傳統都在不同程度上受到蒙古統治的影響。例如在伊朗，蒙古統治重視成吉思汗以降功臣系譜的傳統，就改變了當地的歷史。[②] 以《亮公孝行之碑》爲代表的元代定襄碑刻，或許會是蒙古帝國統治制度與當地文化之間的融合和創新的另外一個絕好例子。

---

① 牛誠修：《定襄金石考・自敘》，三晉出版社，2018 年，第 7—8 頁。

② Ilker Evrim Binbaş, “Structure and Function of the Genealogical Tree in Islamic Historiography (1200-1500),” in Ilker Evrim Binbaş and Nurten Kılıç-Schubel, eds., *Horizons of the World: Festschrift for Isenbike Togan*, Istanbul: Ithaki Publishing, 2011, pp.465-544.

三、蒙元統治中“根腳”的運作

近年來，蒙元史研究非常關注蒙古統治中“根腳”的重要性，把它視爲蒙古帝國統治的重要原則之一。“根腳”意爲家世背景，或者與蒙古統治者的主從關係。一個人如與蒙古王侯有幾輩的根腳，他的政治地位和獲得官位的可能性則要比其他人高。出仕或者承蔭的時候，原則上所有的人都要提供根腳的材料。如《元典章》記載：“至元五年十二月初七日，中書吏禮部承奉中書省劄付內一欵：諸致仕、身故官員子孫告廕，擬合具父祖前後歷仕根脚、所（在）［居］官職，及去任、致仕、身故各各年月日緣由，抄白所授宣敕劄付、綵畫宗枝、指定承廕人嫡庶姓名年甲，申牒本處官司，勘當房親，揭照元籍青冊，扣算年甲，中間別無詐冒，保結申覆本管上司。當官再行審問，相驗相同。”[①] 憑這一條，我們可以清楚地理解根腳。不過，關於根腳以及庇護—被庇護的關係在官界的實際運作，尚存不明之處。例如，與不同蒙古王侯有主從關係的人物之間如發生矛盾，蒙古統治者要如何處理？等級相同的不同行政機構（包括投下和位下）之間雖有“約會”，保證每個機構的代表人能夠定期聚集，處理從屬於不同機構的人之間的問題，但如果當事者想要直接依靠其庇護者解決問題，應該如何進行籌劃？

關於這些問題，《定襄金石考》所收錄的金元時期僧人、道士所立的碑刻給我們提供了絕好的線索。《定襄金石考》卷四《重建興國寺碑》（至正七年）記載，有一所道觀本來叫作興國觀，但“初因某犯堂規者，斥之，廻禮爲僧，謾將本觀地土等物以爲□□□□□道罔，臺山之權勢者而獻之。彼既受口傳□□□□□以觀爲寺，擬三清殿欲立佛像”。佛僧們強迫道士們改宗，此後20餘年，道觀一直被稱爲佛寺。最後有一名“未嘗心服”的道士逃到大都，拜見“真人”（或爲全真教掌教），“訴諸朝省冤枉”。而後，“上聞欽依，奏准聖旨，下冀寧有司，改正其事。於是撤吉祥之名，復興國之號”。[②] 王錦萍教授對此碑文加以分析並指出，僧道兩者將國家介入地方社會紛爭的行爲解釋爲自己對國家權力（a grant of some government power）的利用，並借由這種利用建立自身威權（第135頁）。值得注意的是，在此碑文後半部分，興國觀道士們“護持常住，以備不虞。皇帝聖旨、高唐王鈞旨，俾群仙祝延聖壽，太上神靈在天亦將祐我元國於無窮也”[③]。爲了表現國家的支持，道士們不僅引用皇帝聖旨，還強調“高唐王鈞旨”，顯示他們在大都也得到了高唐王（即汪古駙馬王家）的支持。這次紛爭表明，想要抗衡有良好根腳的人，自己也要確保其他王侯的支持。元代中葉以後，高唐王自稱沙陀後裔，支持代州柏林寺（有李克用的影堂）[④]，在滹沱河流域擁有自己投下[⑤]，其影響力不

---

① 《元典章》吏部卷之二《典章八·官制二·承廕》“民官子孫承廕”條，陳高華、張帆、劉曉、党寶海點校，中華書局、天津古籍出版社2011年版，第254頁。

② 《定襄金石考》卷四《重建興國寺碑》，第439—440頁。

③ 《定襄金石考》卷四《重建興國寺碑》，第441頁。

④ 佚名：《柏林寺晋王影堂碑》，胡聘之編：《山右石刻叢編》卷三九，山西古籍出版社，1987年，第5a—10a頁。

⑤ 岳傑：《玉律徒德政碑》，胡聘之編：《山右石刻叢編》卷二七，第39a—41b頁。

僅在大都，可能也擴張到了山西北部。可以說，興國觀道士們找到了絕好的支持者。

元代不少碑刻顯示，當時佛寺道觀不管規模大小，都會尋找機會獲得王侯的支援，而王侯們也積極保護寺廟權益。《定襄金石考》所收錄的金元時期碑文，不但能幫助我們理解當時宗教集團的巨大政治力量，也爲我們了解地方寺廟之間的競爭關係及其與蒙古王侯的蔭庇關係提供了不少線索。寺廟是宗教活動中心，同時也擁有田地等財產，是地方社會重要的經濟力量。從上述興國觀的事例中也可以看出，蒙古王侯爲僧人、道士提供支援時，基本是以寺廟爲單位的。智裕之所以試圖掌控大永安寺，可能是想把它作爲自己和張氏家族將來政治、經濟發展的重要基礎。每個僧人和道士的根腳，都會影響乃至決定該寺廟的命運。理解這一背景，我們也就能夠理解爲何上述《集賢庵創建觀音堂功德之碑》強調大元國師等累降法旨蔭庇大師。換言之，在元代地方社會，人們可以追求不同權力核心的支援，而其中皇帝無疑是最可靠的權力來源。不過，就如興國觀紛爭中"臺山權勢者（可能是受到來自皇室或者國師支持的佛僧）"最後不得不放棄興國觀一事所表現出來的，隨着政治情況及皇帝、王侯、國師、掌教等支持者之間權力關係的變化，最終與皇帝的關係也可能會有不再能保證權益的一天。所以，最好的戰略應該是如興國觀的道士們一樣，了解當下蒙古統治者之間的權力關係，盡可能多地獲得支持。獲得了八不砂大王的兩份金寶令旨後，智裕還欲獲得來自皇室的支持，《宣授五臺等處釋教都總攝妙嚴大師善行之碑》中強調，除了聖旨以外，他還受到皇太子（愛育黎拔力八達）和皇太后（答己）的特旨和懿旨。這種關係應該要放在元代蒙古王侯與地方社會之間多元的蔭庇、被蔭庇關係的背景中才能理解。作爲該時代人，智裕應該非常清楚，當時皇帝海山與皇太子愛育黎拔力八達、皇太后答己之間的關係十分複雜，爲了確保張氏家族和大永安寺的繁榮，分別獲得來自三個權力核心的支持，則可謂機關算盡。智裕和張氏家族的事例，既表明了元代僧人的政治力量及其來源，也提示了當時"根腳"和支持—被支持關係運作的複雜性。

四、明清時期的定襄縣

最後一個問題只不過是筆者個人的願望：追尋《亮公孝行之碑》等金元時期碑刻在元代末期以後的歷史，以此探討 14 到 20 世紀定襄縣的社會變遷。20 世紀 20 年代，牛誠修先生之所以能看到《亮公孝行之碑》，是因爲元代以來，無論經歷多少次社會變動，始終有人關注、保護或者利用此碑刻。因此，一方碑刻的來歷，能夠給我們提供深入理解當地社會歷史的線索。據筆者所知，定襄縣明清時期文物也爲數不少。除了方志、家譜等民間文獻以外，現在還有不少明清碑刻，據說其中幾塊至今還爲當地家族所保護，尚值得繼續進行田野調查。牛誠修先生在《定襄金石考》記錄了不少碑刻在民國時期的狀況，也頗有研究價值。有些金元時期的經幢、墓碑已被棄於道路，無人問津，或者從家族墳墓搬到了寺廟裏。有些碑刻則還在家族墳墓，暗示該家族從元代就一直保持著一定的社會勢力。

除了現存碑刻以外，牛誠修先生所編的文稿，也有很大價值。如上所述，牛先生花了十年的時間，走遍定襄縣“山川、寺院、墳墓”[①]，最後收集到八十五種碑刻，其學術貢獻非常大。而且牛先生不僅收錄碑文，還進行了採訪，記錄下當年碑刻所處的環境。可惜的是，《定襄金石考》反映的只不過是牛先生淵博學識的一部分，其收錄物件碑刻年代也以元代爲下限。不過，牛先生有一篇注明日期爲“民國廿六年九月”的文章，題爲“《定襄金石考》弁言”，記錄了牛先生當時有意編撰新的《定襄縣誌》，並爲之收集了許多民間文獻和碑刻，編爲《定襄文獻索真》。[②]可見，《定襄文獻索真》是牛先生的文物探索的集大成者。其目錄上有“卷七　第十章　金石”[③]，可能也收錄了明清碑刻。《定襄文獻索真》成書後，最終沒有出版問世。牛先生逝世後，其“族子”牛元成先生保存了《定襄文獻索真》抄本，“文革”後把它還給了牛誠修先生的長子。[④]民國時期以來，不少碑刻已經散佚了，如果現在還能看到《定襄文獻索真》，我們將能夠得到盡可能多的關於明清時期定襄文獻和碑刻的重要信息。到那時，《蒙古征服之後》所探討的金元時期定襄縣的社會變遷，以及勾勒出的張氏家族等的生動故事，都會成爲新研究的絕佳切入點。綜上所述，王錦萍教授的《蒙古征服之後》涉及的研究面很廣，不但回答了有關13到17世紀華北社會史中長期存在的老問題，成爲以不同朝代歷史爲對象的研究者之間的討論平臺，而且，書中的探討和成果必然還會引起更多新的討論，成爲新的研究課題的出發點。筆者才疏學淺，不敢將這篇文章稱爲一篇書評，在此請求王錦萍教授和讀者們諒解。據說此書不久將出版中譯本。希望以後會有更多學者進行評議和討論。

---

① 張友桐：《敘》(《定襄金石考》，第3—5頁)。關於牛誠修先生訪碑活動，參見李召軒《牛明允先生事略》及張淑琳《定襄牛明允先生暨德配韓夫人墓誌銘》(《定襄文史資料》第四輯《近現代定襄先賢錄》，定襄县政協文史資料委員會，1991年，第33—36、50—51頁)。

② 牛誠修：《〈定襄文獻索真〉弁言》，《定襄文史資料》第四輯《近現代定襄先賢錄》，第68—69頁。

③ 《〈定襄文獻索真〉目次》，《定襄文史資料》第四輯《近現代定襄先賢錄》，第71頁。

④ 牛元成：《牛誠修晚年鄉居散記》，《定襄文史資料》第四輯《近現代定襄先賢錄》，第37—43頁。作者牛元成先生1991年爲“離休教師”，把牛誠修先生叫作“族祖”。

清代中朝關係史的一部力作

——評孫衛國《從“尊明”到“奉清”：朝鮮王朝對清意識的嬗變（1627—1910）》

李花子

孫衛國著《從“尊明”到“奉清”：朝鮮王朝對清意識的嬗變（1627—1910）》，於2018年9月，作爲《臺大哈佛燕京學術叢書》第五種，也是本叢書中第一部大陸學者的專著，由臺灣大學出版中心出版。本書是作者繼2007年由商務印書館出版《大明旗號與小中華意識：朝鮮王朝尊周思明問題研究（1637—1800）》後的又一部力作，是對相關問題的進一步深入研究，可以說是姊妹篇。如果說前書重在探討朝鮮王朝“尊周思明”的表現，那麼本書重在探討其對清觀的嬗變，即朝鮮王朝由“尊明反清”向“尊明奉清”的轉變。

本書分爲上、下兩編。上編是“朝鮮王朝對清意識之面面觀”，共八章，共時性地多重層面討論了朝鮮王朝對清意識的演變。前三章奠定論述的基本格局，視野宏闊。先從最關鍵的“小中華”思想入手，特別考證出“小中華”一詞，初始於佛教，發端於統一新羅時期，這個論斷令人耳目一新。高麗時期爲大家普遍接受，宋朝曾將高麗使館稱之爲“小中華館”。朝鮮王朝成爲明朝的藩國以後，“小中華”的內涵得到充實完善，表現爲“慕華”思想；明清易代之後，其核心理念發生了突變，表現爲“尊攘”思想，即“尊周思明”和“尊明攘清”。第二章討論了作爲根基歷史的檀君朝鮮和箕子朝鮮。認爲在整個朝鮮王朝時期，箕子作爲“文明始祖”受到崇拜和祭祀，其地位始終高於檀君，只是到了近代在反日和爭取民族獨立的過程中，檀君最終取代了箕子。作者指出當下意識與認同成爲解釋古史的一個重要視角，檀君朝鮮與箕子朝鮮作爲朝鮮的古史神話傳說，難以考證其真實與否，但從思想史的角度來探討歷史上對其認同的變化，顯示出作者獨到的眼光。第三章討論了朝鮮王朝的關王崇拜。作者否認了朝鮮王朝關王崇拜與《三國演義》傳播有關的論斷，認爲是在壬辰抗倭戰爭時期（1592—1598），由明朝將領引入朝鮮，在各地建立了數處關王廟，目的是爲了激發尚武精神和提高戰鬥力。戰爭結束後，關王廟一度荒廢，但隨著肅宗時期“尊明反清”思想的彌漫，關王崇拜重新興起，成爲朝鮮“尊周思明”的重要場所，最終實現了本土化，這是《大明旗號與小中華意識》一書的深入和完善。前三章抓住幾個關鍵問題，從思想史的角度展開論述，呈現了朝鮮王朝對清觀的不同層面。

朝鮮王朝對清意識的演變，跟清朝對朝鮮政策的變化密切相關，故第四、五章，作者回到了清與朝鮮關係的具體問題上。在吸收學界已有成果的基礎上，從中朝關係史的角度，探討了入關前清與朝鮮關係的演變；同時從清的角度，系統梳理了清對朝鮮宗藩政策的演變過程，包括釋放人質、減免歲貢等德化政策，這些政策的實施，使得朝鮮感受到清朝德化的恩澤，爲朝鮮對清觀的演變提供了現實基礎。這樣的論述深化了清代中朝關係史的研究。

以儒教立國的朝鮮王朝，在明清易代的大變局中，固守儒家“尊王攘夷”的思想理念，內部出現了多次大討論，故而第六、七章以兩個具體個案，揭示朝鮮君臣的矛盾與糾結。第六章以朝鮮王朝著名性理學家宋時烈與李端相的思想爲中心，重點分析清初朝鮮的“復仇雪恥”與“北伐”理念，指出朝鮮以《春秋公羊傳》和朱熹的思想作爲理論依據，高舉爲明朝“復仇雪恥”的大旗，這成爲朝鮮相當長一段時期裏講求義理的表現。作者指出，朝鮮對滅亡了的明朝表忠心，這其中有深刻的現實政治動機，即朝鮮王朝需要確立其正統性，儒林需要將其行動與思想統一起來。第七章以朝鮮對待鄭氏控制下的臺灣漂流人的做法及所反映的“尊明貶清”的文化心態，鮮明地揭示了朝鮮王朝對清意識的矛盾。丁未年（1667），臺灣商人林寅觀等95人遭遇颱風，漂流到朝鮮，他們身著明朝衣冠，帶著印有永曆年號的曆書，使朝鮮第一次深切感受到南明的存在。對於如何處置他們，朝鮮君臣展開了激烈討論，最終還是屈從於現實的考慮，將他們送到遼東，卻全被處死。這樣一個悲慘教訓，令朝鮮君臣陷於深深的自責之中。一方面，他們隨後改變對待漂流人的政策，不再將臺灣鄭氏政權的漂流人送回清朝，而是就地遣送；另一方面，在義州顯忠祠旁設壇祭祀這些漂流人。這說明在義理與現實面前，朝鮮雖然不得已屈從了現實，但是在文化心態和認同層面上仍是“尊明貶清”。這樣兩個專題的論述，給我們呈現了朝鮮王朝對清意識的複雜性與矛盾性。

上編最後一章，也就是第八章，抓住朝鮮王朝對清朝稱呼用詞的變化，探討對清認識從“尊明貶清”到“尊明奉清”的轉變。從最初稱“胡”、“夷”、“虜”，到北學派稱“清國”，近代則同明朝一樣稱“中國”，抑或稱“大清”，表達一種尊崇之意。但是終清一代，朝鮮並不稱清朝爲中華。這種用詞的變化，深刻地映襯著朝鮮君臣對清意識的嬗變；從邏輯關係上來看，這樣的論述也有總結概括的用意。

如果說，本書上編著重討論朝鮮王朝對清意識不同層面的變化，更多的是從思想史與觀念史角度進行論述的話，那麼，下編“燕行使視野下朝鮮王朝對清意識的嬗變”，主要通過對朝鮮燕行使與清人交往的分析，選取幾個代表性的事例，歷時性地呈現朝鮮對清認識的嬗變。清入關以後，朝鮮燕行使最初在北京並無行動自由，他們思想上也不屑與清人交往；乾隆初年，燕行使雖可自由出入會同館，大多數燕行使深受“尊攘思想”的影響，依然不願交往清人。洪大容的到來，徹底改變了這種狀況，從而開啟一個中朝學人頻繁交往的時代。下編六章，選取六個典型個案，清晰地呈現了清代中朝學人交往的變化，具體而微地反映了朝鮮對清意識的演變。

第九章論述了朝鮮士人洪大容與清朝浙江三士嚴誠、潘庭筠和陸飛等交往的詳細經過。1765年洪大容作爲書狀官的子弟軍官來到北京，與赴京趕考的浙江三士交往，進行了七次筆談，從此結成了生死情誼。作者詳細論述了他們相識的經過、相互討論的學術問題、離別的情感及其影響，闡明其意義，並指出：從下級學人開始，打開了雙方學人借助燕行進行交流的大門，並通過其後到達北京的北學派人物朴齊家等，“將朝鮮人從‘尊周’的夢幻中喚醒，將一個真實的清朝呈現在朝鮮人面前”，開啟了朝鮮學人以現實的態度去認識清朝的歷程，也開始了朝鮮向近代化的過渡。第十章集中討論了朝鮮青年士人李德懋、朴齊家、柳德恭、李書九的詩集《韓客巾衍集》，被柳琴帶到北京，從此以詩會友，結識李調元等清朝學人的經過。之所以選取這本詩集，是因爲其作者是朝鮮北學派的重要人物，四位青年士人中的三位隨後到了北京，回國後批判“尊周論”，提倡“利用厚生”的北學思想，從此開創了中朝學人交往的新時代，雙方書函往來不絕，詩文唱和不斷，成就了中朝學術文化交流史上的佳話。作者認爲《韓客巾衍集》的西傳，催生了朝鮮北學派的形成。

洪大容一個人的行爲，引領著一批下層青年士人的跟隨，從而開啟了朝鮮王朝“北學”的潮流，進而影響朝鮮上層人士對清態度的轉變。第十一章選取乾嘉時期，清朝與朝鮮兩位學界領袖和高官紀昀和洪良浩的交往，分析二人所討論的學術，結下的深厚友誼，以及對朝鮮北學運動的推動等，深入地揭示朝鮮對清觀的演變。第十二章則是道咸時期，朝鮮譯官李尚迪與張曜孫家族交往及雙方詩文唱和的內容，李尚迪作爲譯官曾十二次來華，他廣泛結交清朝士人，甚至在清朝士人的幫助下在北京多次刊印詩文集《恩誦堂集》。同時，張曜孫將整個家族成員都向李尚迪推介，李尚迪不僅結識一大批清朝士人，而且成爲張曜孫家族的朋友。這樣的交往就不只是局限於士人之間，而是進入了家族內部。嘉道以後，儘管中朝士人見面次數不多，書函往來卻不絕，真誠相交，彼此皆視對方爲“知己”，共同進入一個“情”的世界：重視感情，珍視友誼，惺惺相惜。而當時朝鮮與清朝的關係也日漸進入一個水乳交融的時代。

近代當清朝與朝鮮共同面對來自西方和日本威脅之時，清朝不僅是朝鮮瞭解西方的窗口，更是其依靠的對象，書中第十三、十四章以朝鮮開化派重要代表人物朴珪壽及其弟子金允植爲代表細緻分析，清晰地呈現出朝鮮對清觀的改變，不僅僅表現在思想上，在具體的行動上亦有體現。第十三章討論朴珪壽與清咸同士人的交往，以及參加清人雅會並祭拜宣南顧祠（顧炎武），通過與清人交往瞭解西洋動態等內容。書中特別指出，如果說洪大容開啟清代中朝學人交往，完全出自個人意願的話，朴珪壽的時代，則幾乎變成了朝鮮獲取相關信息的必備途徑。朴珪壽臨行前，國王竟然指令他利用清人的朋友，打探有關西洋的消息，成爲他使行活動的重要部分。第十四章討論朝鮮領選使金允植的天津之行及其與李鴻章等清朝官員的接觸，雙方通過筆談討論朝美議和，以及金允植在“壬午兵變”中的作用。作者指出，正是金允植在天津學習清朝洋務的經歷，對朝鮮的近代化發展，產生了至關重要的影響。而他在與清朝官員的交往中，不但獲得相關西洋信息，更是多方向清人尋求幫助，希望獲得解決洋擾問題的良策，與清人的交往活動，正是他使行的重要組成部分，也是他試圖藉此尋求解決國內問題辦法的機會。

以上選取的朝方人物各具代表性：洪大容是開啟北學風氣之人；朴齊家、柳德恭是提倡北學的重要代表；洪良浩也是北學派的重要代表，作爲朝鮮學界領袖和高官，對推動實施北學具有重要作用；朴珪壽是朝鮮開化派的重要代表；金允植作爲朴珪壽的學生，也是朝鮮溫和改良派及親清派的重要人物。他們對朝鮮近代化均有重要影響。而考察他們思想變化的背景均有與清朝士人及官員交往的經歷，由此作者分析指出，到了近代當朝鮮面臨西方列強和日本帝國主義的侵略時，朝鮮仰仗清朝擺脫危機的意識增強，真正回歸到了如“尊明”那樣的“奉清”了。即便如此，作者仍指出其思想根底裏清朝非中華的意識仍然存在，文中特別討論了朴珪壽出資白銀五十兩，托北京友人修護以明神宗母親爲化身的九蓮菩薩像，說明“尊明”是朝鮮士人意識中永遠的底色，這大概也是作者使用“奉清”一詞，而不用“尊清”一詞的原因吧。

本書運用史料十分豐富，包括《燕行錄全集》、《燕行錄續集》、《燕行錄全集・日本所藏編》，以及《韓國文集叢刊》、《朝鮮王朝實錄》等資料，還包括作者在哈佛燕京圖書館搜集到的資料，如嚴誠的《日下題襟集》手抄本、李尚迪的《恩誦堂集》及《續集》的不同版本等。由於資料豐富，加之作者文筆優美流暢，分析深入精到，層層剝繭、層層深入，論述又具有故事性，因而雖說是思想史的著作，卻一點不顯單調，讀起來生動有趣、引人入勝。特別是朝鮮燕行使與清朝學人詩文唱和的部分，引用了不少雙方唱和詩文和筆記文章等，從中可以領略到中朝學人所達到的很高的文學境地，在研讀歷史的過程中，徜徉於東亞文人特有的詩的意境、情的世界。

作者在論述過程中，不但根據史料進行客觀分析，還運用中外著名學者如費正清、夫馬進、杜贊奇、葛兆光、王明珂等人的最新理論成果展開敘述，使讀者通過本書的研讀，可以接觸到學界最新成果和前沿理論。

如果說有美中不足，由於本書是作者圍繞朝鮮對清觀的嬗變而寫的十四篇論文的合成集，雖然作者在撰寫本書的過程中進行了不少刪改，但是有些內容難免重複。另外，本書吸收了學界已有成果，包括韓國學者的成果，但是與本書內容直接相關的韓國學者的主要觀點並沒有反映出來。從韓國學者的研究來看，由於朝鮮王朝對清朝的不認同，反而助長了朝鮮文化的獨特性，擺脫了對中國文化的過分依賴，如鄭玉子稱之爲“真景文化”，即“小中華”到了朝鮮後期發展爲“朝鮮中華主義”，形成了獨具特色的朝鮮“真景文化”。另外，全書中的“諮文”應作“咨文”。

瑕不掩瑜，綜上所述，本書上、下兩編，上編共時性地討論了朝鮮王朝對清意識的多重面相，下編以幾個代表性的燕行使爲代表，歷時性地刻畫了朝鮮對清意識的變化歷程。二者相輔相成，使一些看似關係不大的層面，全都統屬於朝鮮王朝對清意識的大旗之下，體現出作者的匠心獨用。儘管朝鮮王朝的對清意識，前人已有不少論斷，相關層面也有論述，但是本書從理論上構築出新的體系，在具體問題上，基於原始材料的豐富與分析論證視角的獨特性，也多有創新，立體性、多角度地呈現了朝鮮王朝由“尊明反清”到“尊明奉清”的嬗變，因而本書是清代中朝關係史中又一部頗有創見的佳作。